Jane Austen

A Life

Claire Tomalin

简·奥斯丁传

广西师范大学出版社
·桂林·

（英）克莱尔·托马林 著 周春塘 译 朱 玉 校译

著作权合同登记号桂图登字:20－2019－124号

图书在版编目(CIP)数据

简·奥斯丁传/(英)克莱尔·托马林著;周春塘译;朱玉校译.—桂林:广西师范大学出版社,2020.5
(文学纪念碑)
ISBN 978-7-5598-2293-2

Ⅰ.①简… Ⅱ.①克… ②周… ③朱… Ⅲ.①奥斯丁(Austen, Jane 1775-1817)-传记 Ⅳ.①K835.615.6

中国版本图书馆CIP数据核字(2019)第222457号

出品人:刘广汉　　策　划:魏　东
责任编辑:魏　东　　封面设计及插画:赵　瑾

广西师范大学出版社出版发行
(广西桂林市五里店路9号　　邮政编码:541004
网址:http://www.bbtpress.com)
出版人:黄轩庄
全国新华书店经销
销售热线:021-65200318　021-31260822-898
山东韵杰文化科技有限公司
(山东省淄博市桓台县桓台大道西首　邮政编码:256401)
开本:690mm×960mm　1/16
印张:27　插页:24　字数:350千字
2020年5月第1版　2020年5月第1次印刷
定价:118.00元

为简・奥斯丁第一本回忆录所作的钢版画,1869 年,底本为卡桑德拉・奥斯丁的速写。“尽管整体上不太像……但那神情一看就是她。”简的侄女卡罗琳写道。

媒体评介

托马林的这本传记反映了奥斯丁本人的苛刻标准。书中焕发着睿智、才思与洞见之光。

——角谷美智子,《纽约时报》

托马林以极强的情感烈度描写简·奥斯丁,使她变得前所未有的鲜明清晰。

——露西·休斯-哈莱特,《星期日泰晤士报》

完美的传记:内容翔实,妙趣横生,充满温情。托马林让我们深深地置身其中,以至于奥斯丁临终的病情与死亡使读者感同身受,仿佛发生在自己身上的悲剧。

——德克·博加德,《每日电讯报》,年度最佳书籍托马林以锲而不舍的研究和目光敏锐的同情考察了家庭、友情、地方的种种细节和情感烈度，呈现了一幅权威、优雅、凝练、广阔的英国社会图景，也使简拨云见日、明媚可见。

——维多利亚·格伦迪宁，《每日电讯报》，年度最佳书籍

托马林一丝不苟的研究和富于灵感的想象让我们看到一位勇敢、犀利的人物跃然纸上……这部精彩的传记让你迫切想要重新阅读与品味奥斯丁的六部伟大小说。

——瓦尔·赫尼西，《女人杂志》

真的太精彩了。我觉得未来许多年内都不会再有比克莱尔·托马林这本更好的简·奥斯丁传记了。她对奥斯丁小说的解读充满真知灼见。常常，她仿佛就站在奥斯丁的书桌后，观察她写作。

——菲利普·亨舍，《星期日邮报》

托马林是我们最伟大的传记作家之一。她的天才在于能够在奥斯丁的人生故事中捕捉到音调的变换、光影的交替、悲喜之交加，这些也是她小说的特征……托马林使我们对奥斯丁的人生与作品有了更加丰富、明朗的理解。

——杰姬·伍施拉格，《金融时报》

学术而共情……克莱尔·托马林是最优秀、最无我的传记作家，因为，在她的字里行间，她将自由交还给简·奥斯丁，也交给我们——奥斯丁以及托马林的读者，使我们欣赏着风土人情、衣服款式，“沙发上的交谈”，以及“窄巷里的萤火虫”。

——希拉里·曼特尔，《纽约书评》

在所有的奥斯丁传记中,这本最好……它使读者更深切地理解了那六本完美小说的创作背景和动机。

——《哈珀与女王》

你可以想象,这是为数不多的一本能够得到主人公认可的传记。

——《费城询问报》

和奥斯丁本人一样,托马林以一位人性专家的方式写作……她尤其擅长通过微小的文本细节营造巨大的效果……这是一本无论普通爱好者还是专业研究者都想阅读的新传记。

——《波士顿环球报》

克莱尔·托马林……我们最刻苦、最杰出、最富同情心的传记作家之一,绘制了一幅精美绝伦的肖像。

——《经济学人》

克莱尔·托马林的又一传记力作。

——《沃斯堡明星电讯报》

托马林是天生的传记作家。……她的书从始至终让我们感到,她与奥斯丁之间有着密切的血缘关系。

——《洛杉矶时报》

《简·奥斯丁传》以其主人公创作小说时所怀有的同样热忱而写成。传记故事也如同那些小说一样引人入胜。我想不出比这更高的赞誉了。

——《女性书评》

托马林格外细致地考察了奥斯丁早年生活对其成年之后性格的影响。

——《旧金山观察者与纪事报》

奥斯丁迷的图书馆再添佳作。

——《芝加哥星期日时报》

内容充实,情感丰沛。

——《新领袖》

扣人心弦。托马林……对奥斯丁家族有着百科全书式的知识,能让读者穿越到另一个时空。

——《书页》

引人入胜,爱不释手……这本书给我们提供了迄今为止最全面的视野,让我们看到奥斯丁自己在她所描绘的那个繁文缛节的世界里时而陷入的艰难处境。

——《西雅图时报》

献给我的好邻居

苏和戴维·金特曼

For my good neighbours

Sue and David Gentleman

目 录

插图目录

简·奥斯丁,纸上的铅笔与水彩画,卡桑德拉·奥斯丁绘,约1801年(The National Portrait Gallery, London)

查尔斯·奥斯丁肖像,R. 菲尔德(R. Field)绘,1807年

史蒂文顿牧师公馆(正面),安娜·勒弗罗伊绘(collection of the great-grandsons of Admiral Sir Francis Austen)

乔治·奥斯丁牧师将儿子爱德华移交给托马斯·奈特夫妇,剪影,约1778年(D. Rose Esq./Jane Austen Memorial Trust)

泰索·索尔·汉考克夫人,原名费拉德尔菲亚·奥斯丁,根据J. 斯马特(J. Smart)的小画像而作(Jane Austen Memorial Trust)

沃伦·黑斯廷斯肖像,约书亚·雷诺兹(Joshua Reynolds)作,1768年

伊莱扎·汉考克小画像(Jane Austen Memorial Trust)

儒尔当城堡,摄影(collection of the author)

威廉·约翰·丘特,粉笔与铅笔肖像,1790年(The National Trust, Southern Region)

威廉·丘特夫人,原名伊丽莎白·史密斯,素描(The National Trust, Southern Region)

托马斯·维尔·丘特,素描(The National Trust, Southern Region)

《拉弗斯托克与弗里佛克的约翰·波特尔》(*John Portal of Laverstoke and Freefolk*),油画,亨利·卡尔弗特(Henry Calvert)作(private collection. Photo: Nathan Kelly)

牛顿·沃洛普阁下,“离校者”肖像,伊顿公学(The Trustees of the Portsmouth Estates. Photo: Nathan Kelly)

库尔森·沃洛普阁下,“离校者”肖像,伊顿公学(The Trustees of the Portsmouth Estates. Photo: Nathan Kelly)

《威廉·希思科特爵士,威廉·希思科特牧师与吉尔伯特少校外出打猎》(*Sir William Heathcote, the Revd William Heathcote and Major Gilbert out Hunting*),油画,丹尼尔·加德纳(Daniel Gardner)作(National Trust Photographic Library/John Hammond)

史蒂文顿圣尼古拉斯教堂,摄影(Hampshire Record Office 65M89/Z217/1)

史蒂文顿圣尼古拉斯教堂婚姻登记薄一页(Hampshire Record Office 71M82/PR3)

史蒂文顿圣尼古拉斯教堂西侧入口(Hampshire Record Office 65M89/Z217/12)

第 271 - 272 页之间

托马斯·朗格卢瓦·勒弗罗伊小画像,G. 恩格尔哈特(G. Engleheart)作,1799 年(Photo: Hampshire Record Office 23M93/83/1/1)

曼尼冈,选自 G. F. 普罗泽(G. F. Proser)《汉普郡插图选》(*Select Illustrations of Hampshire*),1833 年

詹姆斯·利-佩罗特小画像,J. 斯马特绘(Hampshire Record Office 23M93/51/2/1)

詹姆斯·利-佩罗特夫人,原名简·乔姆利,剪影(Jane Austen Memorial Trust)

(艾萨克·彼得)乔治·勒弗罗伊牧师小画像(Helen Lefroy)

乔治·勒弗罗伊夫人,原名安妮·布里奇斯,小画像(Helen Lefroy)

戈德默沙姆庄园,肯特郡,选自 E. 黑斯蒂德(E. Hasted)《肯特郡历史与地貌测绘》(*The Historical and Topographical Survey of the County of Kent*),1799 年

托马斯·奈特夫人,原名凯瑟琳·纳奇布尔,肖像,乔治·罗姆尼(George Romney)作(private collection)

爱德华·奥斯丁夫人,原名伊丽莎白·布里奇斯,小画像(Jane Austen Memorial Trust)

乔治·奥斯丁牧师剪影(Jane Austen Memorial Trust)

《从克莱夫顿路望去的巴斯全貌》("A General View of Bath from the Claverton Road"),选自约翰·克劳德·那蒂斯(John Claude Nattes)《巴斯》(*Bath*),1806 年

莱姆里吉斯,水彩(Fotomas Index)

乔顿村舍,早期摄影(private family collection/Jane Austen Memorial Trust)

《摄政王驾驶双轮双马轻便马车》(*The Prince Regent Driving a Curricle*),版画,托马斯·罗兰森(Thomas Rowlandson)作(Courtauld Institute of Art)

《理智与情感》版画，阿瑟·伯特朗（Arthus Bertramd），巴黎，1828年（*Bibliothèque Nationale de France*, Paris）

《理智与情感》扉页版画，理查德·本特利，伦敦，1833年

《傲慢与偏见》扉页版画，理查德·本特利，伦敦，1833年

《艾略特一家：或旧时倾心》（*La Famililé Elliot, ou L'Ancienne Inclination*）版画，阿瑟·伯特朗，巴黎，1821年（Bibliothèque Nationale de France, Paris）

《曼斯菲尔德庄园》扉页版画，理查德·本特利，伦敦，1833年

《爱玛》版画，理查德·本特利，伦敦，1833年

奥斯丁夫人，原名玛莎·劳埃德，达盖尔银版照片（Jane Austen Memorial Trust）

卡桑德拉·奥斯丁，剪影（collection of the great-grandsons of Admiral Sir Francis Austen）

海军元帅弗朗西斯·奥斯丁，达盖尔银版照片（Jane Austen Memorial Trust）

文字配图

第16－17页：国家档案局学徒登记表，显示费拉德尔菲亚·奥斯丁自1745年5月9日起跟随考文特花园的女帽商赫斯特·科尔学徒（Public Record Office IR1/18f 146）

第41页：简·奥斯丁所藏《寓言选读》衬页（collection of the great-grandsons of Admiral Sir Francis Austen）

第72页："托马斯·格兰迪森爵士和他的女儿卡罗琳及夏洛特"

("Sir Thomas Grandison and his daughters Caroline and Charlotte"),塞缪尔·理查森《查尔斯·格兰迪森爵士》(1754,第一版),根据艾萨克·泰勒(Issac Taylor)的铜版画(1778)所作,1886 年

第 100 页:伊莱扎·丘特日记一页,1799 年(Hampshire Record Office 23M93/70/1/7)

第 200 页:"采坚果",选自詹姆斯·汤姆森《四季》(1726-1730),1794 年版

第 216 页:简·奥斯丁写给哥哥弗兰克的诗,为庆祝其子诞生而作(British Library Add. MSS 42180,f. 7)

第 250 页:给摄政王的献词页,出自《爱玛》首版,1816 年

第 273 页:玛丽·奥斯丁日记一页,1817 年(Hampshire Record Office 23M93/62/1/8)

已尽一切努力联系所有版权持有者。如发现有任何疏漏,出版社愿在未来的版本中弥补校正。[1]

---

① 原书两部分插图中译本合为一处,另增补二十四页插图,兹不列入插图目录。前衬图说:村舍风景,詹姆斯·沃德(James Ward)绘,约 1802-1827 年。后衬图说:考文特花园市场,托马斯·罗兰森(Thomas Rowlandson)绘,约 1795-1810 年。

致　谢

衷心感谢众多机构与个人给我建议和帮助，包括简·奥斯丁协会，肯特郡档案馆，汉普郡档案馆（特别鸣谢 Claire Skinner），温彻斯特总教堂及档案保管员 John Hardacre，温彻斯特学院及校长 J. P. Sabben-Clare、财务主管 Bill Organ，国家托管协会（特别鸣谢 Charles O'Brien），伦敦图书馆，大英图书馆，霍尔银行及其档案保管员 Hutchings 夫人，武器装备学院。

本版包括一些修订，也补充了关于费拉德尔菲亚·奥斯丁的重要新资料，这些信息来自 Robin Vick 及其严谨博大的研究，感谢他的慷慨分享。

我必须铭记，是 Jane Tapley 在听我说起巴斯皇家剧院的乔丹夫人后，鼓励我尝试奥斯丁研究。若没有她的鼓励与建议，我很怀疑自己是否有足够的勇气展开研究。为此，我对她感激不尽。

还要感谢以下人员：Tom Carpenter，Jean Bowden 以及乔顿村舍所有人员,Matilda Taylor 夫人,Fitzwalter 爵士与夫人,Nigel Havers 夫妇,Eric Beck,Anthony Storr; Irvine Loudon; Wendy Cope; Brian Southam; Anthony Neville; Paul McQuail; Nicholas Monck; Leslie Mitchell; Olwen Hufton; Eric Korn; Gráinne Kelley; Donna Poppy; Julian Litten; Jonathan 爵士及 Portal 夫人;Portsmouth 伯爵, Christine Jackson;尊敬的 Owen Chadwick 教授;Valerie Fildes;Charles Elliott,以及 Tony Lacey。

多年来,我的女儿 Jo Tomalin 和我一起分享对简·奥斯丁的喜爱。与她的讨论一直让我快乐而受益。

在法国:感谢父亲 Emile Delavenay 与姊妹 Marguerite Smith 的帮助;感谢外交部档案处,Odette Bigeon 夫人,Jean Ducourneau 先生,Michel Devert 神父,儒尔当城堡的 Yves de Coincy 先生,Michel A. Rateau 先生,及 Gaël Henaff 先生。

我尤其感恩 Deirdre Le Faye,感谢她耐心解答我的疑问,感谢她那无价之作《简·奥斯丁:家庭记录》。也感谢她发现了莉奥诺拉·奥斯丁的死亡日期。

Clive Caplan 与我分享了他对亨利·奥斯丁军旅生涯的重要研究,送给我一本 Susan Ferrier 的小说《婚姻》,并热情鼓舞我。Alwyn Austen,奥斯丁兄长弗朗西斯的曾孙,是另一位欢乐而慷慨的友人;忆起去肯特郡拜访他的情景,以及我们的出行,我依然满怀欢乐与感激。

我的丈夫 Michael Frayn 陪我走过汉普郡的许多里路,追随奥斯丁一家的足迹;也经过巴斯和莱姆里吉斯,在法国的耶尔斯步伊莱扎表姐的后尘。他很耐心,容忍着我的工作习惯,并就如何完善本书给出重要意见。

疑似简·奥斯丁剪影。艺术家不详,约 1810 – 1815 年。

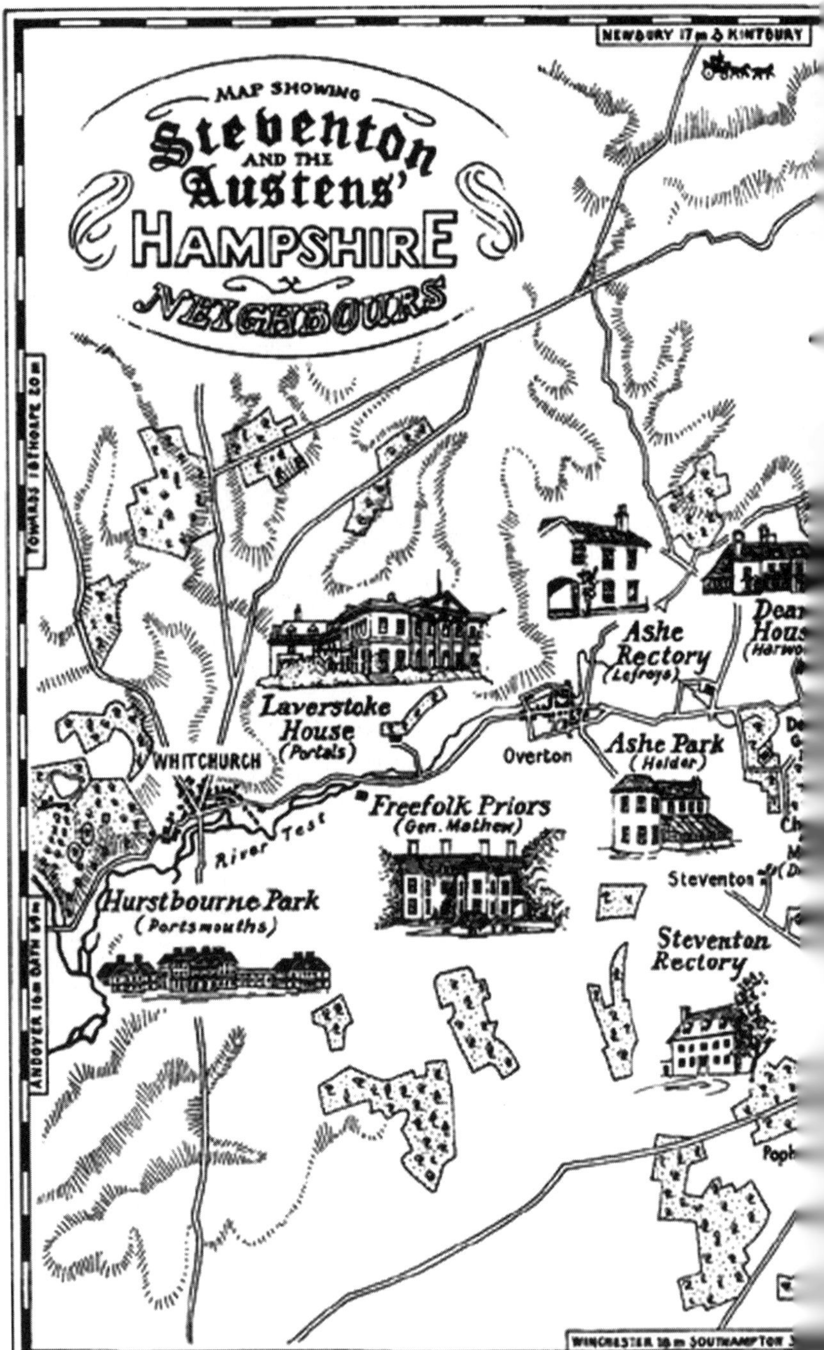

史蒂文顿与奥斯丁家的汉普郡邻居们

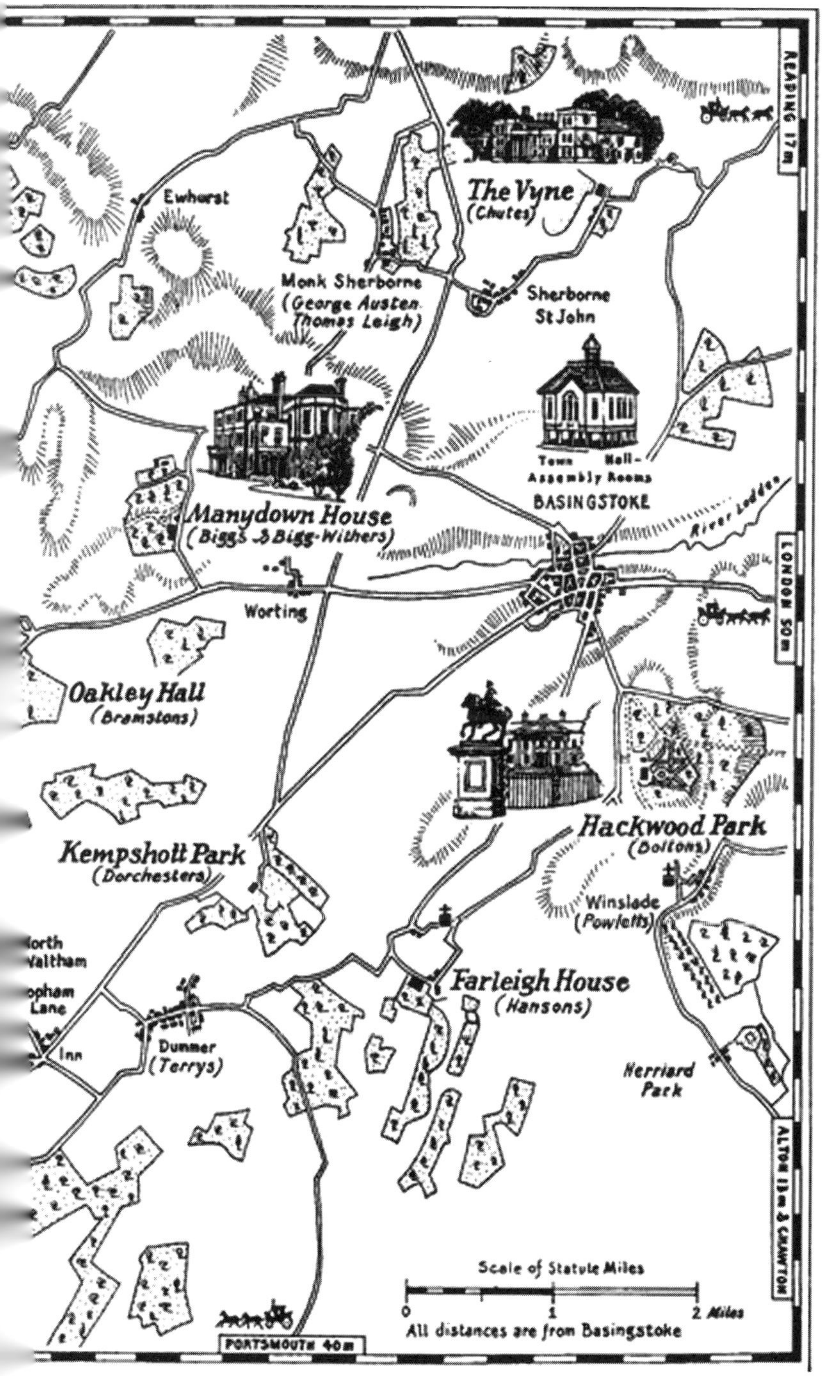

READING 17m
The Vyne
(Chutes)
Ewhurst
Monk Sherborne
(George Austen
Thomas Leigh)
Sherborne
St John
Town Hall-
Assembly Rooms
BASINGSTOKE
River Loddon
Manydown House
(Biggs & Bigg-Withers)
LONDON 50m
Worting
Oakley Hall
(Bramstons)
Hackwood Park
(Boltons)
Kempshott Park
(Dorchesters)
Winslade
(Powletts)
North
Waltham
Popham
Lane
Inn
Farleigh House
(Hansons)
Dunmer
(Terrys)
Herriard
Park
ALTON 11m & CHAWTON
Scale of Statute Miles
0
1
2 Miles
All distances are from Basingstoke
PORTSMOUTH 40m

第一章　一七七五年

1775 年的冬季寒冷凛冽。11 月 11 日，自然主义者吉尔伯特·怀特[①]看到汉普郡塞尔伯恩村里的树几乎落尽了叶子。他在日记里写道："树木开始变得光秃秃的。"十五英里外，在高高的丘陵上，在史蒂文顿的村庄里，在最后的叶落声中，教区牧师的妻子天天盼望着她第七个孩子的诞生。那年她三十六岁，结婚已十一个年头。四个健壮的男孩在牧师公馆周遭奔跑不停，包括屋后的大花园、院子、茅舍、田野和一望无际的林地。老大詹姆斯年仅十岁，受到父亲好学的影响，有点学者模样。唯一的女儿卡桑德拉则爱跟在妈妈身旁吵闹不停，跑农场、喂鸡鸭。元月到时，她将满三岁。除了奥斯丁先生的书斋，这所房栊一点也不宁静。

11 月过得匆忙，还飘起雨来，孩子们被困在家中。月底时分，下午

① 吉尔伯特·怀特（Gilbert White，1720－1793），英国自然主义者的先驱，生态学家。最有名的作品是《塞尔伯恩自然史与古迹》。

三点，天便暗了下来，午餐若想不点蜡烛，还得尽快结束。但婴儿仍然没有消息。12 月到了，也带来了流感与发烧，寒霜把湖水凝结成冰，这倒给了孩子们溜冰的好机会。不过 12 月 16 日那天，怀特的日记指出，却“有雾，有阳光，是个甜美的好日子”。

12 月 16 日正是简·奥斯丁诞生的那一天。她一再延误的产期，使她父亲开玩笑说，他和妻子“岁数大了，算不清了”，那年他四十四岁。[1]他在信件中说，婴儿傍晚时分出生，没有预兆，也没请医生，但像
2 生孩子这样寻常的事，找医生未免大惊小怪，更何况，最近的医生也在七英里路外的贝辛斯托克镇，路况又欠佳。总之，“一切顺遂而圆满”，他很高兴得到了第二个女儿，算是“姐姐卡桑德拉目前的玩偶和未来的玩伴。她的名字该叫简妮”。乔治·奥斯丁的信接下来说的，是他跟肯特和汉兹两位朋友约好了农耕竞赛，如果天气允许的话，此事是他特有的兴趣，以一块牛肉为输赢。僻远地区的乡村牧师除了是灵魂的牧人外，还是地道的农夫呢！

正如奥斯丁家庭里的所有孩子一样，女婴当时便得到父亲的洗礼，教堂仪式则要稍后举行。然而此刻，严寒的冬天也真正开始了，奥斯丁先生的农耕竞赛取消了，因为大雪纷飞，连绵不断，堆雪之高，淹没了他家大门。不久街道积满了雪，几至无法通行，鸡群走不出鸡栏，野鸟来到厨房门口寻找面包屑。“险恶的西伯利亚式天气”，怀特写道，并说雪不停地下，然后凝结，形成浪漫而怪异的形状。新生的羔羊冻倒在地，野兔来到菜园寻求食物。

牧师公馆的楼上，奥斯丁太太躺在四柱床上，包裹在温暖的羽绒被里，婴儿则睡在她身旁的摇篮中。此时在家中奔走的，很可能是奥斯丁先生的姐姐费拉德尔菲亚·汉考克，她帮忙清理和烹饪，照顾孩子的饮食，并替产妇做些洗涤工作。[2]女仆们生火煮茶，当奥斯丁太太

愿意时，洗衣妇也可从城里过来，忙上一天，虽然清洗的衣物常常在晾干前便结成冰块，而屋里无处不是待干的床单和婴儿用品。奥斯丁先生午餐后也许会照常给孩子们朗诵，但男孩们宁愿在楼上楼下乱跑，让没有地毯的地板发出噪音。奥斯丁太太至少有两个星期不能下床。

除了极少几位健壮的骑马客前来祝贺，并带来他们妻子的贺礼
外，邻居很难登门造访。圣诞节前夕，孩子们在窗口挂上了传统的花
环，而圣诞节一早，奥斯丁先生慎重地穿上马靴和外套，登山来到他狭
小、没有暖气的石砌教堂——圣尼古拉斯教堂，盼望有足够的阳光让
他向辛苦赶来的农夫和村民宣讲道义，完成庆典。迪格威一家人肯定 3
会来，他们住在教堂隔壁，是石屋庄园长期的住户；主人休·迪格威耕
种了史蒂文顿大部分土地，气派俨然像个庄主。庆典过后，奥斯丁先
生在白雪皑皑的静谧中回到家里。整个史蒂文顿的镇民不到三十户，
他们的房舍一字排开，面对牧师公馆。全镇没有商店，也没有客栈。

如果费拉德尔菲亚姑母真的在简妮家帮忙，表姐贝齐当然也会在场。贝齐是个严肃、皮肤稍黑但相当漂亮的女孩，她出生于印度，父亲此刻还在那里，费拉德尔菲亚姑母曾表示要把她送回去。贝齐那年十四岁，几乎已经成年，比任何一个史蒂文顿的孩子都大，在他们眼中，她显得无比成熟。她住惯都市，亦即伦敦，她在伦敦有一匹马，这是奥斯丁家孩子不能想望的奢侈，当她不骑马时便跟母亲坐车，从不步行。她会法语，十岁时还登台演过话剧，她有一台羽管键琴，四串珍珠，是她父亲刚送来的礼物。[3]詹姆斯、爱德华，甚至四岁早熟的亨利，都用极其羡慕的眼光打量这位表姐的行动。

当孩子们被允许进入妈妈的房间时，他们看见初生婴儿有一张圆圆的脸孔，胖胖的脸颊和一对浅黑色的明亮眼睛。大家一致同意，她初看时最像亨利，而亨利又高又大，因此简也应当会又高又大。奥斯

丁太太给简喂母乳，一如她所有的孩子。她知道不管天候好坏，她产后至少有一个月的时间不能跨出大门一步[4]，而西伯利亚式的寒冬显然没有给她太多的变数。2 月到来时，雪融化了，但洪水暴涨，她依旧裹足在家。然而如此一来，婴儿却意外得到了母亲没有分心的照顾，小简躺在一楼的卧室里，足足享受了三个月的温馨和舒适。

冬天终于结束了，费拉德尔菲亚姑母和贝齐也打道回府，奥斯丁太太恢复了她例行的家务事，重返牛栏和鸡棚。4 月 5 日早晨，天气粗暴阴暗，但阳光还是露了面，小简被牢牢裹在布包里，藏在妈妈的长袍
4 下，妈妈又加上了一两条围巾，然后全家浩浩荡荡出发前往教堂。圣尼古拉斯教堂墓地里有一株高大的紫杉树，树干里藏着教堂大门的钥匙，教堂的古钟挂在门口，而入口拱门的两侧有两颗石刻的头像，一男一女。这便是简妮庄严公开施洗和命名的地方。她有两位教母，或称“命名人”，都叫简，一位是她父亲在肯特郡的伯母，另一位是她母亲在牛津郡的堂姐。不过看样子她们没有必要千辛万苦前来出席这场命名礼，实际到来的教父可能是与奥斯丁太太表妹有姻亲关系的一位牧师，家住萨里郡。施洗礼中，教父母在事先认定是正常事。[5]事实上，他们无论是谁，都没有替教女做过任何事，但作为遍布英国南方郡县的堂表兄妹（大多从事神职工作）的巨大网络，他们在简·奥斯丁的故事中却显现了异乎寻常的意义。

要探讨简的生平并不容易。她本人没写过任何自传性的东西，如果有日记，也没传下来。她的姐姐烧毁了她手头的大部分书信，她哥哥保存的信件也被她的侄女毁掉了。幸而有少数来自其他地方的一百六十封信，但没有一件涉及她的童年，就我们所知最早的一封信写于她二十岁时。她刚过世时有些传记资料出炉，但寥寥数页，是她哥

哥亨利的手笔，而且亨利强调说，她的一生“没有轰轰烈烈”。五十年后，她的侄儿詹姆斯-爱德华·奥斯丁-利写了一本《回忆录》，再度肯定亨利对简的描述。“说到轰轰烈烈，她的一生确实一无可述：有些小小的变故，从无滔天大浪震撼她平静的生活。”简·奥斯丁平静的一生今天已被人普遍承认了。如果跟狄更斯或者她同时代的玛丽·沃尔斯通克拉夫特[①]相比，她的生活显然是无比的安详和顺利。简·奥斯丁从来没见过父亲殴打母亲，也没有在十二岁时被送往黑靴油工厂遭受折磨。然而，假如你平心静气看看她的童年，牧师公馆内的日子也并非绝对安宁无事。事实上，在那小天地里充满了风浪、烦恼，甚至伤痛，在她心中都烙下了永难磨灭的印记，一如黑靴油工厂带给狄更斯的伤痕。她的困苦将在她的小说中一一再现，而她如何克服困难， 5
化弊为利，供她驱使，也从她的生活中得到了证明。

奥斯丁夫妇一定会想到这是他们最后一次生育了，奥斯丁太太的姐姐简·库珀便只有两个孩子，在给堂嫂的信中奥斯丁太太曾热衷地说：“她（库珀）无意再生育了，她显然到此止步了。”[6]对她来说，安全停止生育无疑是件值得羡慕的事。再说，那时奥斯丁家庭的经济情况也不好，乔治负债累累，债主之一便是简·库珀的丈夫。他四处借钱，还借到了自己太太的哥哥、妹妹和妹夫头上。他每年收入有限，大约二百一十英镑，包含史蒂文顿教区和邻近迪恩村的税收在内，他自己农庄产品售出的利润是他们重要的补充，但仍然无法收支平衡。简出生前三年，他开始开班招生，他的牧师公馆有七间卧室，三间阁楼，有足够的空间开办小型学校。与此同时他还卖掉了他最后一笔年金。

---

① 玛丽·沃尔斯通克拉夫特（Mary Wollstonecraft，1759-1797），女权运动先锋者。

就在简领洗的前几天,他还通过费拉德尔菲亚大力斡旋,从一位伦敦律师手上借到三百英镑。[7]他银行账簿中永无终止、忽大忽小的负债记录,肯定会让他太太坐立不安,假如她知道这里面全盘内容的话。事实不能再简单了,养孩子需要金钱,而他们已有够多的孩子——詹姆斯,乔治,爱德华,亨利,卡桑德拉(卡西),弗朗西斯和简。分房而居是当年生育控制的一般方式,但他们没有遵守,因此又来了一个婴儿是无可避免的事。

奥斯丁太太有自己独特的育婴法,她是个一丝不苟的妇人。她开始时给婴儿几个月哺乳的时间——从卡桑德拉的例子我们知道那是三个月——然后把婴儿交给村里的乳母照顾一年或十八个月,直到孩子够大,易于在家中喂养。[8]至于简,她大概在接受洗礼后不久便给送到村里妇人家了。一个跟妈妈亲密生活在一起十四个星期的婴儿,忽然被送给陌生人和到了陌生环境,不会没有痛苦的感觉。放逐或者被
6 弃的情绪也许不会在奥斯丁太太的脑海中出现,母子感情的结合是现代人才有的概念,而婴儿可以随便交付给别人照管。但这并不是说在往返之间他们不会有遗憾。威廉·科贝特便曾为这种习惯表示不满,语重心长地问道:“谁没见过婴儿交还给妈妈时,婴儿不哭哭啼啼地要回到保姆的身边?”[9]乡村贫妇当然乐意替贵族家庭看管幼儿,赚点外快,乡下的乳母每周可以得到二先令六便士的报酬,即使一个不喂奶的妇人,也多少会有点小钱帮助家计。至于奥斯丁太太有没有找到保姆照顾她每一个孩子,或者是否在断奶后以羹匙喂食,我们不清楚,不过她在卡桑德拉的例子里曾提到“断奶”一事,可见她有可能采用喂食的方法。不论她怎样做,这中间总有点不够人情的地方,而保姆的名字也从来没人提及。[10]

这样说来,奥斯丁家的婴儿都是在村庄里抚育长大的,在养父母

的家中进食、沐浴，在茅草屋里爬滚，学走他们的第一步，开口说第一句话。当他们稍明事理，稍能与人沟通时，才回到自己的家。从现实一面说，这种做法很圆满，在没有一个家庭不遭受儿童夭折的时代，奥斯丁家没有任何损伤。在那个时代，伦敦一半的孩子活不到五岁，乡村的情况虽然较好，死亡率之高，依然令人恐慌[11]，然而奥斯丁家的孩子都长大成人，而且个个健壮。

尽管如此，你不能不担心奥斯丁太太的管教对孩子有什么后果。就看简吧！她一生跟母亲保持着感情上的距离是显而易见的事实，而这关系并不只限于母女，在简成年后写的信件中，最突出的是她的防御性和文字中对己对人缺乏柔情。你会察觉到她内在的生命敏感而活跃，但你面对的却是一个坚硬的贝壳，随时会伸出一只魔爪，将你紧紧钳住，教训一切冒犯她的事物。信件的书写人好像从来不曾打开过
自己的心房，而对这个无时无刻不躲避亲密关系的成人，你的感觉是， 7
她孩提时期便从来不知道什么是爱，哪里会有安全，她全副武装等待被弃的一天。

奥斯丁太太的安排使牧师公馆更整洁，更容易管理，而自己并不觉得残酷或反常。她和大多数人一样，相信幼儿需要的不外乎合理的清洁，吃饱穿暖，直到他们的智力开始发展。她同时代的一位女性，也是一个许多孩子的母亲，曾说她就要像是个继母了，“想方设法摆脱他们的烦恼，他们此时只如植物，稍后也不过如同动物”。[12]作为父母，奥斯丁夫妇，据他们孙儿的叙述，曾经每天，至少是尽可能地去看在外的孩子，让孩子觉得自己有两个家庭，享受两个家庭的爱护。这种方法肯定比把孩子送到老远地方寄养为好，至少父母不必跋山涉水，让孩子觉得有如陌生人一样。亨利·布鲁克在《够格的愚人》一书中，描

写主角的母亲“把他送到一个粗壮的邻居农夫乳母家,足足四年没有父母的音讯,除了偶尔来一张便条,问问孩子是否健康”。此书出版于1760 年代,通常被认为是绝对可靠的实录。[13]

不过奥斯丁家中却有一个孩子没从乳母家回来,那是老二乔治,比简年长十岁,他有痉挛的毛病,不能正常发育。对奥斯丁太太而言,这是早年她弟弟托马斯病况的重复,弟弟出生时她八岁,正是可以享受有个婴儿弟弟作为玩伴的时候,但他却被隔离了。乔治也注定了同样的命运,虽然他小时还可以偶尔回家。[14]因为他 1776 年可能还在史蒂文顿,所以,在简的兄弟姐妹中,他应该最先引起了简的注意。他能走路,不是唐氏儿,否则在缺少现代医疗知识的时代他不可能活得如此长寿。由于简成长后懂得盲哑人的手势语言,她在 1808 年的信中
8 曾提到“用手指”说话的事,可能暗示了乔治没有语言能力,但这并没有阻止他参与乡村里孩童们的游戏。

“可以告慰的是,他没有变成坏孩子,或者一个罪恶的孩子。”乔治的父亲用基督徒谦虚的口吻动人地说。[15]奥斯丁家族重视善良,也极重视成就,他们对孩子的家庭教育出奇成功,除了乔治的例子之外,他们无不坚强,从不顾影自怜,兄妹之间相互的友情和支持尤其值得称道。虽然乔治也活到了高龄,跟他叔父托马斯一同住在舍伯恩僧侣村,汉普郡的另一个村庄里。他很少被人提及,却比他哥哥詹姆斯和妹妹简还要长寿,大家没忘记他,还资助他生活的费用。1838 年死亡证明书上,他被称为一位“绅士先生”。[16]

1776 年 6 月,在简满六个月前,她的父母曾一度离开史蒂文顿,前往伦敦。那时两岁的弗兰克和三岁的卡桑德拉应当离开乡村乳母家不久,这时为了陪伴妹妹,他们很可能都开心地回到了乡村,跟小村童们大玩他们漫漫长夏的游戏。假如此时卡桑德拉把自己当作简的小

妈妈，而简第一次把手伸给卡桑德拉，这便是她们姐妹间深厚情感的最初阶段。

奥斯丁夫妇去伦敦的目的之一是拜访奥斯丁先生的姐姐费拉德尔菲亚和外甥女贝齐。当他们会面时，消息传来，费拉的丈夫汉考克在印度过世了。事实上，他好几个月前，在1775年11月便过世了，那时简还没出生，只是消息传递太慢，从印度来的信件至少要六个月才能递达。听到丈夫的死讯，汉考克夫人自然很伤心，但更糟的是，他死时身无分文，律师伍德曼告诉她："他所有的财物最多可以抵偿他的债务。"这位律师就是当初贷款给奥斯丁先生的人。[17]很不幸，汉考克先生也是小乔治的教父，从此小乔治的特别抚养费没了着落，他也担心奥斯丁众多的子女和他们偌大的家庭开销。至于他自己妻子和女儿 9
的处境，并不像初看起来那么糟。

三年前，汉考克先生的雇主东印度公司的沃伦·黑斯廷斯先生担任孟加拉国总督时，曾给他的教女贝齐·汉考克一笔五千英镑的礼金，1775年他又添赠了双倍的钱，把小贝齐变成了一个小财主——虽然钱不多，至少能让她轻松找到丈夫。汉考克家曾同意为此事保守秘密，但这两位贝齐财务的受托人，一个是伍德曼律师——沃伦·黑斯廷斯的妹夫，另一个是汉考克夫人的兄弟乔治·奥斯丁，无疑会就地在伦敦执行他被委托的任务。

事后发现，费拉德尔菲亚的状况的确没有担忧的必要，除了她女儿的财产外，我们从银行记录里知道她数月后又多开了一个账号，存入了伍德曼付给她的三千五百英镑，和另一笔将近五千英镑的"印度公司款项"。[18]新账户的开启说明了这位遗孀的小康和独立，她的亡夫很早便曾怂恿她如此做，但她没有听从，现在她选择了一个非丈夫指定的银行，而把资产存放在她兄弟开办的霍尔银行里。

汉考克母女紧密相依，现在可以自由选择居住的地方了，虽然费拉德尔菲亚姑母喜欢她的哥哥，外甥女贝齐也喜欢她的舅舅，她们还是不愿意终老英国的乡下地方。贝齐对她死去的父亲几乎没有记忆，现在又得到了一笔财产，放弃了贝齐的名字，给自己改名为伊莱扎。没人反对。

伊莱扎·汉考克变成了简·奥斯丁生命中一个中心人物；她是简的表姐，而她们之间感情很好。虽然伊莱扎大简十四岁，两人都英年早逝，简只比她多活四年，这使得她们的寿命相近。她们的不同在于伊莱扎有异国情调，像一只长着亮丽羽毛的鸟，身上带着简最爱取笑的罗曼史。伊莱扎文笔流畅，喜欢表演、音乐和跳舞，是十足的奥斯丁家族中人。她的耳朵也特别敏锐。在其他方面则与奥斯丁家人截然不同。她对婚姻不在意，敢随意表达她的情意或无情，然而她仍然是个百般孝顺的女儿，后来也成为一个温柔、慈爱的母亲。

伊莱扎和她母亲费拉德尔菲亚之间有一些尚待厘清的问题，但最关键的是伊莱扎的血缘，这点我们留待下章讨论。此刻，1776 年的夏天，乔治·奥斯丁确定了他的新状况，他的负债可以继续依照旧利率偿还给妹妹。他和太太回到汉普郡，继续他们平静的日子，也就是说，照顾农庄，贩卖小麦、大麦和忽布子[1]，开办男童学校；持行牧师职务，诸如洗礼、丧葬、主息日礼拜和关怀教区居民疾苦。那年冬天值得一提的一件事，是在简生日三天前，即 12 月 13 日，星期五，为了响应全国教区一致的行动，奥斯丁先生在他史蒂文顿教堂里举办了一场特别仪式，为美国的

---

① 忽布子（hops），一种酿造啤酒时用的草药。

暴乱①祈祷。[19]会后他缓步下山,安稳地回到他欢乐的家,而这个家让人联想到一种特有的形象:"自由的一家人,简单,好客,充满品味,这种氛围普遍地弥漫在美丽的瑞士山谷中的各个家庭。"[20]

注释

[1] 乔治·奥斯丁给堂嫂苏珊娜·沃尔特夫人的信,1775 年 12 月 17 日。见 R. A. 奥斯丁-利,《奥斯丁档案,1704-1856》(*The Austen Papers,1704-1856*,以下简称《奥斯丁档案》),第 32 页。

[2] 根据奥斯丁太太给她堂嫂苏珊娜·沃尔特夫人的信(1772 年 11 月 8 日,《奥斯丁档案》,第 28 页),费拉德尔菲亚·汉考克被要求于 1773 年 1 月来协助卡桑德拉生产,尽管那是一年中最不便于旅行的时期。此外,她至少曾有一度来帮助过乔治的出生。女性朋友或者家庭中女性成员常会被邀请助产,例如奥斯丁太太便曾于 1770 年帮助她妹妹库珀太太的生育。费拉德尔菲亚姑母 1775 年正好在伦敦,很容易来史蒂文顿。

[3] 珍珠事,见泰索·索尔·汉考克给费拉德尔菲亚的信,1775 年 5 月 22 日(《奥斯丁档案》,第 81 页),羽管键琴,见 1772 年 1 月 31 日信(《奥斯丁档案》,第 60 页),至于演话剧一事,见泰索·索尔·汉考克 1771 年 11 月 7 日给伊丽莎白·汉考克的信,大英图书馆附加手稿(Add. MSS),29,236。

[4] 伊莱扎·丘特的姊妹康普顿夫人 1790 年 1 月 1 日生产,16 日住进妈妈的卧室,27 日下楼,29 日外出,2 月 2 日参加孩子的施洗命名仪式。奥斯丁太太的儿媳伊丽莎白(婚后姓奥斯丁;婚前姓奈特)1804 年 11 月 13 日产下第九子,12 月 2 日无需搀扶即可走路,12 月 10 日第一次下楼吃饭。她直到分娩后三个月的 2 月 10 日才去教堂。两年后,1806 年 11 月 16 日,她生下第十子,12 月 15 日第一次在(楼上的)教室吃饭,1807 年 1 月 10 日第一次外出,直到 1 月 25 日才去教堂。奥斯丁家庭若干妇女坐月子的详细记录,见爱德华·奥斯丁女儿范妮的日记,保存在肯特郡档案馆,U951 F24/1-69。

① 指美国 1776 年向英国宣布《独立宣言》。

[5] 两位教母是简祖叔父肯特郡律师弗朗西斯·奥斯丁的妻子,和马斯格雷夫太太,嫁给简母亲家的表兄,钦诺(Chinnor)区的教区牧师。她的教父是大布克汉姆牧师塞缪尔·库克,娶了奥斯丁太太的表妹卡桑德拉·利(与奥斯丁太太同名),亦即贝利奥尔学院院长长子西奥菲勒斯·利的女儿。弗朗西斯·奥斯丁太太1782年去世,马斯格雷夫太太则生平不详。库克先生,按照范妮·伯尼的描述,是一位可敬的人,但跟他十一个孩子不合,只有三个孩子没有夭折。不过1814年,简曾见到库克先生,库克表示对《曼斯菲尔德庄园》一书的赞美。

[6] 奥斯丁太太给苏珊娜·沃尔特的信,1773年6月6日,《奥斯丁档案》,第29页。她的姐姐简·库珀的确生下两个孩子后便停止生育,不过她三十二岁才结婚,丈夫年纪四十岁。

[7] 1761年,乔治·奥斯丁远房堂妹的丈夫托马斯·奈特,即史蒂文顿镇全权但不在场的地主,授予他史蒂文顿教区牧师(有固定收入与房产)职位,授权他耕种隶属于教会的三亩土地。不过奈特先生也答应让他额外管辖奶酪山庄农场,故他实际上种地不少。1773年3月,坎特伯雷大主教特许他同时担任迪恩村的教区牧师(有固定收入和房产)。奥斯丁先生卖掉他南海(South Sea)养老年金一事,记录在他霍尔银行的账户中。

[8] 奥斯丁太太给苏珊娜·沃尔特的信,1773年6月6日(《奥斯丁档案》,第29页):"我起初给小女儿(卡西)哺乳一季,断奶后把她送到迪恩村里一个好妇人家看管八个星期。她健康活泼,今天穿上了短衬裙。"当然也有可能她并不完全遵照这个模式,例如她第一个孩子(詹姆斯)在家哺乳的时间便较长。施拉尔夫人只哺乳了她的第一个孩子小王后(Queenie)。詹姆斯·奥斯丁跟他母亲之间的关系也显然比其他孩子牢固。

[9] 语见1829年科贝特《给青年人的劝告》一书。引文出自劳伦斯·斯通(Lawrence Stone),《英格兰的家庭、性与婚姻,1500－1800》(*The Family, Sex and Marriage in England 1500-1800*,1982),第100页。

[10] 苏珊·费里尔在她写于1810年的小说《婚姻》(1818)第十九章

中描写了一对孪生姐妹，因为母亲不愿喂养，把其中一名交给乳母，另一名则让家里的老婶母喂食，食材是捣碎的饼干、稀饭、绞痛根粉①，和一些其他专卖店的药材，用汤匙或者"吮吸壶"喂给婴儿。这名被喂食的孩子差点送了命，被一位年轻的婶婶收养下来，替她另请了乳母。吮吸壶在十八世纪的英国开始流行，它们一般说来是陶瓷做成的，顶端有一个用布包住的小吸口。

迪尔德丽·勒·费伊在《奥斯丁家族和利特尔沃斯家族》（"The Austens and the Littleworths"）一文中（见《简·奥斯丁协会报告》〔*Jane Austen Society Report*，1987〕，第 15–20 页）谈到一对夫妇约翰和伊丽莎白·利特尔沃斯，自己也有孩子，他们的名字时常出现于奥斯丁书信中，可能便是奥斯丁孩子们寄养家庭的主人。简出生时，约翰年六十一，他妻子可能年龄上也不适合做乳母了。奥斯丁太太在 1773 年 6 月 6 日的信件中（《奥斯丁档案》，第 29 页），只说卡西的乳母是"一个迪恩村的好妇人"。爱德华则记得他的乳母名叫慕维（"Movie"）。

瓦莱丽·菲尔德斯（Valerie Fildes）在《乳母哺育》（*Wet Nursing*，1988）一书中专门讨论过乳母哺育这一话题。尤见第八章《十八世纪的乳母哺育》。婴儿三个月大时可以进食糊状食物，一种用奶和面包屑混合而成的半流质食物。1760 年代，慈善家乔纳斯·汉韦声称，用动物乳汁进行人工喂养好过乳母哺育，至少对弃婴来说如此。伦敦的弃婴医院就使用一种"奶瓶"（用于喂奶的瓶子），见瓦莱丽·菲尔德斯的《乳房，乳瓶与乳儿》（*Breasts, Bottles and Babies*，1986），但汉普郡人不大可能使用过奶瓶。

［11］根据 1764 年的统计，那年正是简·奥斯丁父母结婚的一年。资料见劳伦斯·斯通，《英格兰的家庭、性与婚姻》，第 68 页。

［12］格兰特太太，《山间来信》（三卷本，1807；写于 1773 年至 1803 年之间），第一卷，第三封信，第 35 页。

［13］詹姆斯-爱德华·奥斯丁-利，《简·奥斯丁回忆录》（1870），第 45 页。亨利·布鲁克，《够格的愚人》，全书五卷，于 1766 年至 1770 年间出版，

---

① 绞痛根粉（colic powders），或称麒麟根粉，一种止腹痛的草药。

畅销一时,卓具影响。

[14] 卡桑德拉・奥斯丁太太给苏珊娜・沃尔特的信,1772 年 11 月 8 日,《奥斯丁档案》,第 28 页。信中说,她有“四个孩子在家”,从日期上看,应当包含了乔治。

[15] 乔治・奥斯丁给苏珊娜・沃尔特的信,1770 年 7 月 8 日,《奥斯丁档案》,第 23 页。

[16] 1827 年爱德华把母亲给他的遗产(四百三十七镑二先令九个半便士)全部转赠给他的哥哥乔治。(《奥斯丁档案》,第 334 页)乔治活到七十二岁,死于浮肿。见 W. 贾维斯(W. Jarvis),《关于简・奥斯丁亲属的一些信息》(“Some Information about Jane Austen's Connections”),《简・奥斯丁协会报告》(1976),第 15 页。

[17] 约翰・伍德曼 1776 年 6 月 20 日给沃伦・黑斯廷斯的信,大英图书馆附加手稿,29,137,f. 243。

[18] 根据费拉德尔菲亚・汉考克 1777 年在霍尔银行的记录,总账号九五,第 93 页。正确的数字是三千四百三十八镑十三先令六便士(1777 年 5 月 9 日)和四千八百镑,另加几笔股息。她买了价值两千六百六十九镑五先令的康索房产,付给她舅舅弗朗西斯・奥斯丁三百八十四镑十二先令七便士。12 月她也清算了内迪娜夫人公司(可能是衣帽商)的财务。她再次出现。

[19] 诺福克郡的朗・韦斯顿地区的詹姆斯・伍德福德在前一个星期日便宣布了这项特别仪式和斋戒。他说在他“主息日那天下午,聚会所聚满了会众,几乎没有人缺席”。见《乡村牧师日记》(*Diary of a Country Parson*,五卷, 1924-1931),第一卷,第 194 页。

[20] 此语来自《乔顿府第及其主人们》(*Chawton Manor and its Owners*,1911),第 61 页,引自奥斯丁太太的一位堂兄弟,记录在利家庭的文献里。

第二章　志在青云

简·奥斯丁的小说从不散乱。她的故事结构谨严,跨越的时间也不长。在她的小说中,只有波城的凯瑟琳·德·包尔贵妇和沃尔特·艾略特男爵曾经炫耀过家世,但两者都不是其家世的代言人。简·奥斯丁爱写小家庭故事;贝内特家及其五个女儿是她用心描画的最大家庭了。她生活中的经历却有所不同。她是家中八个孩子里的一个,她被笼罩在永无休止的**堂兄弟表姐妹**关系中,那些关系遍及数郡,甚至超越英伦。家庭的历史和父母双方的亲戚至关重要。为数众多的兄弟姐妹、堂表亲戚、叔婶妯娌,这些一再出现的名姓和回旋不断的族谱世系,让外人望而生畏;然而任何人若想进入奥斯丁所熟悉的世界,至少要理清大致的关系。

就从她的母亲说起吧:奥斯丁太太出生时姓利,尽管她够现实,仍以家庭历史和贵族血统为荣。利家自认为是伦敦市长阁下的后人,而市长曾拥戴过伊丽莎白女王的登基。自此之后,利家人蒙封爵位,也变成了沃里克郡斯通利修道院的堂主;利家开始与贵族联姻。她奇特的名字卡桑德拉在她家中被广为使用,也始于卡桑德拉·威洛比,即她曾叔祖父钱多斯第一公爵夫人的名字,而公爵的余荫也就从此骄傲地传递下来。[1]她家族中不乏才智之士:叔父西奥菲勒斯·利,曾任贝利奥尔学院院长五十年;父亲托马斯·利,布道于一个更体面的教区教堂,泰晤士河岸亨利镇的哈普斯登,也是她生长的地方。她是个聪慧的孩子,写的诗曾打动西奥叔叔;不过
12 她家是通过哥哥詹姆斯从另一叔祖处获得了一笔财富,与此同时,在他的姓氏"利"后面加上"佩罗特"。至于她自己,财运并不佳,只有不到两千英镑的遗产。

当她父亲从教区退休时,她和姐姐简(那时她们二十余岁),随父搬家到巴斯,一个极为适合老人和没有夫君的年轻女性居住的南方小城,既有都市的享受,又有医疗服务。然而很不幸,这里的乐事却迅速地了结了利牧师的一生。他死后不久,卡桑德拉选择嫁给乔治·奥斯丁。她接受了作为一个乡村牧师太太辛劳的生涯,也替奥斯丁家带来她爽利自信的管理,智慧的力量,和家族的骄傲。

但奥斯丁的家庭没有贵族的关系。他们信任白纸黑字的契约。1708 年乔治的祖母便曾写下一篇长长的文件,第一句话是,"这些我写给自己和孩子们阅读的备忘录,是我本人的思想,涉及我们 1706 年、1707 年的事务"。她随即解释道,这些是她在"闲暇无事时随手写成的手稿",目的在帮助自己记忆,和"给自己一点满足感",也希望能给孩子鼓励,让他们相信智慧和沟通比继承得来的财富更有价值。[2]

祖母伊丽莎白·奥斯丁生于查尔斯二世时期,出生时姓韦勒,是汤布里奇一户绅士人家的女儿,1693 年嫁给约翰·奥斯丁,一个织造公司富商的独生子。由于双方富有,他们居住在霍斯门登一座舒适的

庄园里，十年之间，她产下一个女儿和随后六个男孩。令人遗憾的是，他们美满的田园生活被约翰日益衰败的健康破坏了，与此同时，他婚前积下的债务越来越高。他自己没有面对这个困境；他去世时，最小的儿子还在襁褓中。他有遗嘱把儿女的管教权交给妻子，但指定他的两个姐夫作为执行人；在临终时，他又要求他的父亲看管孩子。老奥斯丁先生答应了，下令不得出售家产来还清儿子的债务；在葬礼尚未举行前，他们父女、媳妇，和执行人之间的关系已经闹翻了天。遗嘱、 13
贪婪和因遗嘱而引起的斗争，在正常人中间是闹剧的由来，而一些阴暗可笑的把戏接着就要登场了。

老奥斯丁先生“忘记”了他不得出售儿媳妇家产的决定。儿媳妇提醒了他，他也同意付两百英镑来挽救。然而正当钱要过手时，老先生忽然去世。在**他的**遗嘱中，他显示了对儿媳妇公然的敌意：她的长子继承了绝大部分的遗产，其余六人几乎未得分文。奥斯丁太太央求她的姐夫们记得旧时的承诺，但他们轻松地一语带过：“这些事我不曾经手，我也不认为他们曾给过你任何承诺，而我父亲和你丈夫的死，对我和我的儿女同样是个打击。”

说实话，她的生活面临了困境。她身无分文，走告无门：“我口袋空空，我无法理解你贵大法官的意见。”在未来数年间，她变卖了全部的银饰，床头的装潢，和大部分的衣物。她依靠贷款维持家计，不过她还是设法还清了丈夫的负债。只是当孩子日见成长时，她开始担心他们的教育，因为霍斯门登镇没有任何学校可上。

现在伊丽莎白得拿出她超凡的毅力。她四处探询，听说塞文欧克斯有所学校出租，申请人得迁入居住，照拂校长，并照顾学生食宿：事实上，这位校长需要的，是一个管家妇和保姆。她前来应征，被录取了；同时也取得了校长的同意，作为工作回报，她孩子上学全部免费。

从社会角度看,这是下降,但其中的利大于害:“就我而言,我不能为孩子们做更好的事了,他们的教育是我最大的关注……因为我常常想,假如他们有学问,他们在这个世界中会有更好的际遇。”这是一种志在青云的精神,而她正是这种精神的具体表现。

1708年6月,她开始在塞文欧克斯工作。她精打细算地过了十一年,她亲见女儿成婚,男孩们取得各自的事业。她的长子由他的叔叔
14 和婶婶带大,进入剑桥,也回到了祖父的庄园;他对他较为不幸的弟弟们从不过问。1721年伊丽莎白·奥斯丁在塞文欧克斯去世,归葬于她的出生地汤布里奇。[3]她不可能大于五十岁。她一生辛劳,但也够英雄气概;她的父亲、丈夫、公公和姐夫全背叛了她和她的子女,但她一手撑天,让他们活了下来;她靠的就是坚强的精神和创造力。她便是简·奥斯丁的曾祖母。

她的次子弗朗西斯后来当了律师,定居塞文欧克斯,工作勤奋,由于对房地产精明的策划,很有收获;他结过两次婚,每次都把自己变得更富。她的第四个儿子威廉,结束跟外科医生的实习后,在汤布里奇开业,1727年结婚,对象是另一位医业人士的遗孀,她已有一个儿子,威廉·沃尔特。[4]他们婚后生下四个孩子,第一胎女儿夭折;第二个女儿,费拉德尔菲亚,生于1730年;第三个是男孩,乔治——简·奥斯丁的父亲——生于1731年;一年后又产一女婴,莉奥诺拉,但母亲却因这次的生产送了命。1736年,威廉再娶了一个比他年长许多的妻子,自己不到一年就过世了。这位后母对孩子们毫无情感,也不觉得有养育他们的义务,遂把他们强行送到伦敦叔父斯蒂芬家寄养,而自己则舒适地住在他们父亲的房子里。失去了父亲又被放逐的孤儿们,从此开始了他们波折的人生。

斯蒂芬·奥斯丁是圣保罗教堂庭院内的书商①,有妻子伊丽莎白和一个男孩。他们不愿意接受这样多的孩子,只同意收养莉奥诺拉,而把费拉德尔菲亚送往姨母家,乔治则送往汤布里奇的胡珀(Hooper)姑母家。乔治在汤布里奇过得不错,从1741年起上了六年学,学习数学,但更重要的是古典文学,因为那时的学校教育开始以希腊文和拉丁文作为基本教材。他勤奋好学,十六岁得到奖学金,指定预留给汤布里奇校区高才生进入牛津大学圣约翰学院之用。他在牛津愉快而顺利,没费多大力气便拿到学位,也决心留校,继续攻读神学。他于1751年再度获得奖学金,完成了学业。

与此同时,费拉德尔菲亚的处境比较不好。1745年5月她刚满十五岁,就到考文特花园的女帽商赫斯特·科尔太太那里当学徒。在国家档案局的记录中,科尔太太五年间给她付了四十五英镑,作为学徒 15
期间的生活费。科尔太太是克里斯托弗·科尔先生的遗孀。这样看来,当乔治在牛津受教成为绅士的当儿,他的姐姐却在伦敦市中心区做了学徒,一个不大体面的行当。[5]当时小女帽商人的称谓常有暧昧可疑的含义。约翰·克莱兰著名的色情小说《范妮·希尔》便大大利用了这种隐晦的语言,把女主角范妮引进考文特花园女帽店中,交给了科尔太太,“一个年纪中年、言行谨慎的妇人”,以女帽商为名,实际是个鸨母:“在外面的会客室或称店面中,坐着三位年轻妇女,认真做着女帽的缝制工作,隐藏她们更为值钱的买卖;另外三个更艳丽的妇人,则隐隐约约不容易看得清楚……事到如此,我不能不想,我到了伦敦一个不能更好,也不能更坏的地方了。”《范妮·希尔》一书出版于1748年至1749年间,正是费拉德尔菲亚受雇于赫斯特·科尔的一段

① 这里的书店是法国大革命时期激进分子碰面的地方。

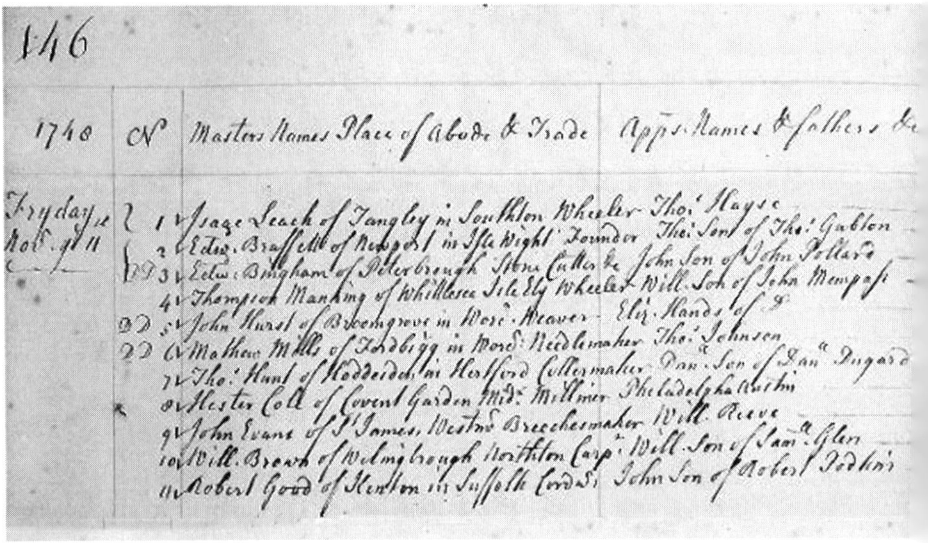
146

1748	No	Masters Names Place of Abode & Trade	Apps Names & Fathers &c
Fryday Nov. 11	1	Isaac Leach of Tangley in Southton Wheeler	Thos Hayse
	2	Edw. Braffett of Newport in Isle Wight Founder	Thos Son of Thos Gablon
	3	Edw. Bingham of Peterbrough Stone Cutter &c	John Son of John Pollard
	4	Thompson Manking of Whittlesea Isle Ely Wheeler	Will. Son of John Mempass
	5	John Hurst of Broomgrove in Worc. Weaver	Eliz. Hands of D
	6	Mathew Mills of Fordbigg in Worc. Needlemaker	Thos Johnson
	7	Thos Hunt of Hoddesdon in Hertford Collermaker	Dan. Son of Danl Dugard
	8	Hester Cole of Covent Garden Midx Millnier	Philadelphia Austin
	9	John Evans of St James, Westmr Breechesmaker	Will. Reeve
	10	Will. Brown of Welingbrough Northton Carpr	Will. Son of Saml Glen
	11	Robert Good of Kenton in Suffolk Cordr	John Son of Robert Podkin

学徒记录，出自国家档案局。倒数第四行可见费拉德尔菲亚的名字费拉德尔菲亚・奥斯汀，姓氏拼写用了另一个常见的写法。

时期，它姓名和职业上的雷同令人惊讶。有两件事值得我们注意：第一，克莱兰知不知道真实的科尔-考文特花园的秘密很难追究，但如果他借科尔之名，玩笑性地当作她特种行业的影射，肯定会让费拉德尔菲亚以及其他考文特花园学徒者，诸如莎拉和罗斯，感到尴尬。第二，即使这不是玩笑，而赫斯特・科尔的买卖确有多重的性质，我们仍然不能因克莱兰的小说而对费拉德尔菲亚有所猜测。这两位科尔太太的考文特花园的名称也许是个无巧不成书的巧合吧。

费拉德尔菲亚结束了赫斯特・科尔太太的学徒工作后，和祖母一样充满抱负，却把做帽子的经验抛得一干二净，宣称她有意去印度。男人们去印度是为了淘金，靠诚实或不诚实的手段；女人们去印度也有类似的目的，众所周知，即使心照不宣。她们想在英国男人群中猎

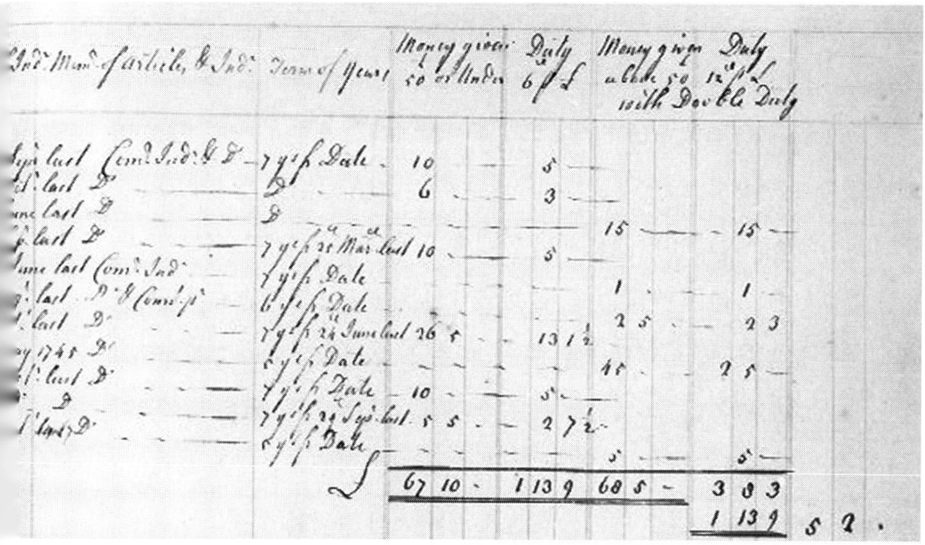

父母姓名处空白，因为她是孤儿。她自 1745 年 5 月 9 日起跟随考文特花园的女帽商赫斯特·科尔学徒。几乎可以肯定，那天是她十五岁生日。她在 1730 年 5 月 15 日受洗。

取丈夫，越有钱的越好。她们的机会不错，因为在印度的英国女人不多。费拉（她家人如此称呼她），长得聪明漂亮，在英国始终没人向她求婚。英国男士找新娘，除了貌美，还得有钱，而制帽商的头衔帮不了 16
忙。印度的机会则好多了。虽然路途艰辛，然而数十年来成为惯例，年轻妇女纷纷束装登船，远渡重洋，前往英国殖民地区。[6]费拉去印度的事，很有可能是通过她伯父律师弗朗西斯的安排，他那时任职东印度公司，替海外英国人解决婚姻问题。当然，费拉一定曾经表示她的意愿；她显然厌恶制帽生涯，有足够的勇气开始一个全新而未知的冒险。她必须向东印度公司管理局提出申请，列出在印度朋友的姓名，以及英国的支持者，或称“保证人”。

她拿到了许可证，费拉德尔菲亚的探险生活如箭在弦。她做过女帽商人学徒的历史全被湮没，在家中也没人提及。她绕道非洲驶往印度洋的旅程花费了六个月的时间，但自从踏上“孟买堡垒号”的舢板，她变成了一个完全独立自主的女人。早于此两年，一个十八岁灵巧的威斯敏斯特男孩也奔波在这海面上；他的老师遗憾他不能上大学深
17 造，但他的保护人却相信他更适合东印度公司的工作。他的名字叫沃伦・黑斯廷斯。他跟费拉一样，是穷苦出生的孤儿，都以志在青云为怀抱，他们虽然还要几年后才会相逢，却有不少相似之处。黑斯廷斯去了北方的加尔各答，而费拉却留在她登陆的马德拉斯，那是 1752 年 8 月。当时的印度一片混乱，暴动频仍，东印度公司则辛苦地平衡在政府势力和商业运作之间；然而公司也不乏趁火打劫，利用职权，暴利营私的员工。

这种员工中间的一个，便是后来费拉德尔菲亚下嫁的丈夫。费拉在马德拉斯登陆后六个月，亦即 1753 年 2 月，便与一位名叫泰索・索尔・汉考克的人结了婚。他三十岁，在印度待了五年，名分上是外科医生，实际则想利用商业的关系发财。他当时的收获平平，而且他几乎不是年轻女人梦寐以求的夫君。再说，他并不能干，不幽默，也不迷人；弗朗西斯・奥斯丁是他在伦敦的律师，因此他与费拉的撮合，很可
18 能是事先的安排。汉考克十分高兴得到了一个貌美的妻子，也很乐意好好对待她。他们结婚的消息大约是在 1753 年的夏天传到了在牛津的乔治・奥斯丁耳中。

莉奥诺拉的婚事还没苗头。她继续住在叔叔斯蒂芬和婶婶伊丽莎白家中；叔叔经营不错，在伊斯灵顿添购了一所房屋，而她也变成了一个得力的帮手。虽然她应当会在书店中帮忙，却没有人出资请她去学手艺。当她的姐姐费拉还在女帽商店时，她们曾会过面，但正当费拉要启程赴印度时，叔叔却故世了，莉奥诺拉无处可去，也没人收留

她，便继续住在婶婶家。不久婶婶再度结婚，嫁给一位欣顿先生，也是一个书商，他接纳了莉奥诺拉，却没把她当作家庭的一员。[7]

奥斯丁哥哥和汉考克姐姐常有书信来往。日子过得很快，他们不久都年近三十，汉考克夫妇在印度却没有传来生育的喜讯，而乔治也没有成婚的消息。不过此时费拉在印度的生活有了很大的改变。那是1759年，汉考克举家迁往北方的孟加拉国，开始与沃伦·黑斯廷斯成为亲密的朋友。黑斯廷斯，这位志在青云精神表现得最为彻底的男士，此时正光华灿烂，一帆风顺，有望取得孟加拉国总督的高位，而且觊觎印度总督府。他全心灌注于工作，既热爱印度的风土人情，又深入了解印度的文学，在整个东印度公司里，没人赶得上他。不过他举止傲岸，有人说他不像是英国公仆，简直就是印度君主；是个好主子，却是坏同事。尽管如此，自从1759年妻子去世后，他孤独抑郁，他们的女婴只活了几星期便夭折，此时他正在打算把小儿子乔治送回英国，给他较好的健康和教育。黑斯廷斯在加尔各答有一栋豪宅，在阿里布尔省的贝尔维迪尔也有一座花园洋房；居住在如此宽敞而辉煌的宫殿里，他肯定会感到痛苦和空虚。[8]很有可能，费拉德尔菲亚在“孟买堡垒号”船上便认识了黑斯廷斯的妻子；假如这真是事实，她将会双倍地被奉为他的上宾。[9]

黑斯廷斯此时年二十余，正当扶摇直上之际，而汉考克年过四十，没有什么明显值得称道的地方，他们二人好像有合伙经商的计划，买卖的项目包括“食盐、木材、地毯、比哈尔省出产的鸦片，和销往马德拉 19
斯的稻米”。[10]他们赚了一笔钱，而汉考克也得到了一位好友和赞助人。费拉结婚八年没有给汉考克生下任何孩子，当费拉告诉他她怀孕时，我们无法知道他有什么反应。但1761年12月，他欣然迎来了费拉产下的女婴，而且从此是个好父亲。女儿正式命名为伊丽莎白，也称贝齐,后来改名为伊莱扎。黑斯廷斯同意做她的教父;她的名字贝齐当然便是他死去的女儿的名字。

她是汉考克的女儿还是黑斯廷斯的女儿呢?克莱夫勋爵曾证实汉考克太太“十分耽情于黑斯廷斯先生”,也警告过他的太太不得与费拉做朋友;这个要求不会太不合理,即使事情并没有清楚的答案。[11]问题的蹊跷首先在费拉八年的不孕。其次一个高度的可能性,是当一个年轻鳏夫,孤独、富有、英俊,爱上了一个与他年龄相仿,漂亮又可爱的已婚女人,而她对自己的丈夫并不完全满意。但另外一种考虑是,汉考克始终是个好丈夫,好爸爸。如果他相信中间有差错,他会真的缄默无言吗?我猜想他会。他可能只是希望自己不要考虑太多;虽然他喜欢抱怨,仍是一个有爱心的人,很高兴有了一个属于自己的女儿。再说,骄傲也会使他不愿意看见事态过度的发展。

不论事情究竟怎样,当事人都表现出谦谦的君子风度,也没有流言传到牛津的乔治耳中,虽然乔治私下有点悬想。1764 年,黑斯廷斯和汉考克结束了他们的鸦片生意;黑斯廷斯取得了庞大的私人财富,而汉考克也小有所获。[12]他们一伙人,黑斯廷斯,汉考克夫妇,带着四岁的贝齐,连同他们的印度仆人,准备一同驶回英国;为这全部旅费,汉考克付出了一千五百英镑。

与此同时,乔治·奥斯丁的进展还算顺利。二十四岁时他在罗切斯特教堂被任命为牧师。他此时是托马斯·伯特伦男爵认为最适合
20 结婚的年龄;然而他却没有成婚的打算。一如他的姐姐,他小有财产,却没有自己的家;他的继母仍然占据着他们父亲汤布里奇的房屋。肯特郡跟他也脱离了关系。他住在那边的伯父弗朗西斯,跟其他的伯叔父母一样,财运一年比一年旺;而乔治这时在他母校觅得副院长的职

位。他得到一栋房屋;为了增加收入,他效法祖母,把多余的房间出租给学生。但这仍然算不上是个独立的好生活。当学校寒暑假时,他总是跑去牛津,联络旧友,果然三年后牛津聘请他为助理牧师,他欣然接受,马上回校,而且在那里又取得了一个神学学位。他在牛津很受欢迎,不久迁升训导长,管教大学部的学生,由于他仪表俊秀,双眼有神,一时以"帅气训导长"闻名。这时他肯定已经遇见了贝利奥尔学院院长的侄女,卡桑德拉·利小姐。他也有做学士院士的打算,虽然待遇优渥,却非理想。

他仍需要一些时间才有结婚的可能,虽然此时通过嫁到肯特和汉普郡地主远房堂姐的推荐,得到了史蒂文顿镇有固定收入或房产的教区牧师的承诺。卡桑德拉·利的父亲大概不会很满意把女儿嫁到如此一个穷乡僻壤的教区;总之,三年过去了,卡桑德拉父亲的过世,和他可能给她一小笔的遗产,加上乔治自己的财产和怂恿,让她接受了结婚的建议。[13]他们写了一份婚姻保证书,签了字,于 1764 年 4 月 26 日在古老的圣斯威森教堂完成婚礼,地点是巴斯市沃尔科特镇。他三十二岁,她二十四岁。奥斯丁的家人没有人出席典礼;新娘的母亲到场;弟弟詹姆斯和妹妹简是见证人。婚礼上她穿着一袭红色的马装,很像是从远道的萨默塞特和威尔特郡骑马前来汉普郡的。婚礼过后他们立即兼程出发,当晚住宿迪韦齐斯,次日抵达迪恩村教区,他们将暂时在此打住,等待荒芜已久而濒临倒塌的史蒂文顿公馆的修复。

费拉德尔菲亚在那年秋天得知弟弟结婚的消息,而于次年 1 月离 21
开了印度,六个月后,6 月 16 日抵达英国。[14]汉考克一家搬进诺福克街居住,而黑斯廷斯则把自己安顿在邻近的埃塞克斯街,靠近河滨大道。到达伦敦时,黑斯廷斯得到消息,四岁时离开他的儿子乔治在去年秋天他们登船回国之前便患白喉病死亡。死讯对汉考克太太来说,是极端的难过和尴尬,因为这个男孩是托付给她弟弟乔治和新婚妻子来照顾的,而照顾的时间最多不过六个月。事情可能是这样的:费拉把弟弟推荐给黑斯廷斯管教他的男孩,不只因为他有妻室,是个好老师,还有教区的公寓,足够成为慈爱的养父,而黑斯廷斯付给他的费用对他也不无小补。这是个很周到的计划;只不幸这孩子刚失去母亲,又离开了父亲,只身远渡重洋,投奔一个完全陌生的人家,困难已经够多,病魔不一定是唯一致命的打击。正如贝齐·汉考克后来所说,“心理和身体的痛苦是密不可分的”。[15]根据家庭的传说,奥斯丁太太很喜欢这个男孩,她和她丈夫对孩子的死亡有意想不到的惊讶。那时奥斯丁太太正怀着第一个孩子。[16]

费拉和乔治继续维持着友好的姐弟关系。1776 年夏天,她和丈夫来汉普郡拜访奥斯丁;她还协助了奥斯丁太太第二个儿子的诞生,这个儿子也叫乔治,汉考克先生做了他的教父。他在伦敦时好像也认识了莉奥诺拉,对她很感兴趣。未来两年间,奥斯丁先生偶然会向他借款,有一次借了二百二十八英镑。那时汉考克觉得他理想的家庭生活尚未达到,他想要更多的财富,因此有再回印度的计划。他于 1768 年离开了伦敦。

当汉考克不在时,黑斯廷斯曾数度在金钱上接济费拉,而她先生也表示过感谢之意;他常与费拉书信往还,汉考克也一一知悉,甚至阅读他们的信件。黑斯廷斯给费拉唯一流传下来的,不是情书,而是充
22 满温柔和爱意的一封信。他称呼她为“我亲爱而永远宝贵的朋友”,要求她“代替我亲吻我亲爱的贝齐,并告诉她我最亲切的爱。愿善良的上帝祝福你们二人!”[17]此信过后几个月,汉考克也有信告诉费拉说,黑斯廷斯“在妇人中找到了新欢”,即伊姆霍夫太太,一个非常可爱而美丽的已婚妇女,与德国夫君离婚后,她成了黑斯廷斯的第二任妻子。

费拉收到这信后的反应,是建议她带着十岁的贝齐马上去印度。回信很久才来,汉考克不同意这种想法,他替贝齐担心,万一她失去了父母之一,将会受困于加尔各答,在放荡不羁的少年中会遭到不幸,或者结婚过早:“你太清楚了,十四岁来印度的女孩,不会不引起这里花花公子的骚动,而加尔各答不缺这一流人物,好歹一大堆,无须介绍。”他的另一担忧是,她自己恐怕会落在“虚假的幸福念头中,而误以为是浪漫”。[18]几星期后,他再给费拉写信,说黑斯廷斯先生已在他教女的名下配给了五千英镑。

这些信件的意义很清楚:费拉德尔菲亚不愿意因黑斯廷斯另有新欢而失去他对自己和贝齐的关怀,想用去印度的行动打动黑斯廷斯。然而汉考克认为此举徒劳无益,也指出了其中的危险。费拉可能也曾写信给黑斯廷斯,即使他另有女友,仍得给贝齐做点实际的事,以示不忘。我们不能不说他们在举止上保留了相当多的尊严,而有此风度的,当不仅汉考克一人。

汉考克确是个谨慎且理性的人。从他跟费拉谈到她弟弟一家时可以看到:“你们姐弟生活很好,我衷心为你们高兴;但我不得不担忧你弟弟家孩子越来越多的事实。尤其是小乔治,我的教子,他连养活自己的能力都没有。”[19]奥斯丁家的生育的确也太快了一点。他们前三年每年一胎,当从迪恩村搬到史蒂文顿镇后,四年内又连续生了四 23
胎。汉考克的忧忡不无道理,但他也不必太难过。尽管在他们的照顾下死去了黑斯廷斯的一个男孩,尽管他们的第二个孩子有痉挛的毛病,尽管他们的育儿方法与众不同,乔治·奥斯丁和卡桑德拉·利二人却养育了一群聪明且志在青云的儿女。

奥斯丁家的子女知道他们有一位光芒四射的姑姑费拉德尔菲亚,

但他们可曾知道伦敦有一个默默无闻的姑母莉奥诺拉？她自从1769年养母伊丽莎白·欣顿过世后，便被交到欣顿先生手中。此后不久，汉考克提到“可怜的莉奥诺拉”，欣顿的高贵行为，以及他的已故妻子未留下任何遗产。汉考克提出为小姨子负起经济责任。[20]很明显，她没有来到她哥哥家里。她没有被接受的理由令人狐疑。“可怜的莉奥诺拉”若非有智力的问题，便是有道德上的过失，这是一种伦敦最容易发生在孤女身上的错误。汉考克是最后一个提到莉奥诺拉的人。她死亡的讯息没有在任何人的书信中出现。她至少活到了1784年，年五十岁，2月4日葬于伊斯灵顿，那时她的姐姐费拉德尔菲亚住在法国，而哥哥乔治忙于家务，已有八个子女需要他抚养。莉奥诺拉的大侄儿詹姆斯其时在牛津，小侄女简只有八岁。[21]不过在一个刻苦奋斗的家庭中，你必须刻苦奋斗来取得你的地位，不成功者很容易在这里被人遗忘。平庸、黯淡而贫穷的莉奥诺拉，不论你怎样看，都不会被人器重。

注释

［1］利家先人是托马斯·利男爵，伊丽莎白女王登基时，任伦敦市长。他的下一代获得爵位，并在沃里克郡成为斯通利修道院的堂主。后代奥斯丁太太的祖父娶了钱多斯第一公爵的姐妹玛丽·布里奇斯。公爵也是亨德尔的赞助人，反对教皇制度。

［2］这个文献藏于卡佩尔府第（Capel Manor，邻近霍斯门登）的约翰·弗朗西斯·奥斯丁太太手中，根据R. A. 奥斯丁-利于1909年的抄写，发表于1942年，《奥斯丁档案》第一章。此书对简·奥斯丁研究极具价值。

［3］资料见《奥斯丁档案》第一章，亦见麦琪·雷恩（Maggie Lane），《简·奥斯丁家族五代》（*Jane Austen through Five Generations*，1984）。

［4］威廉·沃尔特跟他后来的异母弟弟乔治和妹妹费拉德尔菲亚相处

不错。奥斯丁太太跟沃尔特太太互有书信来往，费拉德尔菲亚的女儿和沃尔特的女儿，也叫费拉德尔菲亚，也通信频繁。沃尔特家庭保存了不少他们的信件，收集在《奥斯丁档案》中。

［5］我得感谢罗宾·维克（Robin Vick）给我的信息，他在国家档案局中发现费拉德尔菲亚做学徒的故事，也蒙他指出克莱兰小说《范妮·希尔》中一个同名同姓的女帽商科尔太太，真够巧的，也开设了一家考文特花园女帽店，但暗中做色情买卖。资料库中的名字写作“费拉德尔菲亚·奥斯汀”（Philadephia Austin），是奥斯丁（Austen）通用的别体，而父母名下的空白，也证明她当时是个孤儿。在记录中其他学徒的，还有莎拉·哈里斯（Sarah Harris，1742）和罗斯·基恩（Rose Keene，1746）。

［6］凯瑟琳·曼斯菲尔德祖母的例子。她是兰卡郡的孤儿，她的姨母在十九世纪中期把她孤独一人送往新西兰。

［7］普遍认为汉考克生于1711年，但这来自错误的信息，或者说，他在印度墓碑上的数字有误。墓碑上说，他死于1775年，享年六十四岁。罗宾·维克发现，他实际生于1723年圣诞节；1724年1月10日在肯特郡西亭伯恩受洗。父亲为托马斯·索尔·汉考克牧师，母亲为伊丽莎白。父亲是沃姆斯希尔和霍林伯恩地区的教区长。这一认证通过霍林伯恩地区其他四个孩子的受洗信息而得到确认，包括奥莉维娅（1731）、柯布伦（1733），两者都曾出现在汉考克的书信中。（见《简·奥斯丁档案》）

莉奥诺拉·奥斯丁的事迹，我感谢迪尔德丽·勒·费伊的研究。

［8］参阅基思·菲林（Keith Feiling），《沃伦·黑斯廷斯》（*Warren Hastings*，1954），第40–41页。

［9］这个想法是由西德尼·格里尔（Sidney Grier）在《黑斯廷斯的一个教女》（“A God-Daughter of Warren Hastings”）一文中提出，见《圣殿酒吧》杂志（*Temple Bar*，1905年5月）。这些事情尚未得到证实，但R. A. 奥斯丁-利和迪尔德丽·勒·费伊都倾向于接受。

［10］基思·菲林，《沃伦·黑斯廷斯》，第40页。

［11］克莱夫勋爵给他妻子的信，见马克·本斯-琼斯（Mark Bence-Jones），《印度的克莱夫》（*Clive of India*，1974），第220页。

［12］基思·菲林,《沃伦·黑斯廷斯》,第 51 页。

［13］卡桑德拉·利的租赁权在牛津,而乔治·奥斯丁的则在肯特郡汤布里奇。他们结婚后两年,她卖掉部分遗产,把钱投于养老年金中。1768 年,她的母亲和他的继母去世后,他们都得到了全盘的继承权,而乔治也卖掉他的遗产,转换为南海养老年金。尽管乔治面临了诸多的经济困境,卡桑德拉的年金从未动用,她去世后,才分赠给子女。

［14］基思·菲林,《沃伦·黑斯廷斯》,第 54 页。

［15］伊莱扎·德·弗伊德(Eliza de Feuillide)给费拉德尔菲亚·沃尔特的信,1799 年 10 月 29 日,未发表信件,见汉普郡档案馆,23M93/M1。

［16］迪尔德丽·勒·费伊在《简·奥斯丁:家庭记录》(*Jane Austen: A Family Record*,1989)第 15 页中猜测说,沃伦·黑斯廷斯最初想把儿子交给利家某些人照料,他们是黑斯廷斯祖父穷苦时的邻居,住在格洛斯特郡的艾德斯特罗普。纯属意外,利家的堂妹卡桑德拉这时嫁给了奥斯丁家的乔治,她被认为是照顾黑斯廷斯儿子的最佳人选。此事虽听来合理,却未经证实。

［17］沃伦·黑斯廷斯给费拉德尔菲亚·汉考克的信,1772 年 1 月 31 日,《奥斯丁档案》,第 59–60 页。

［18］泰索·索尔·汉考克给费拉德尔菲亚·汉考克的信,1772 年 9 月 23 日,《奥斯丁档案》,第 64–65 页。

［19］泰索·索尔·汉考克给费拉德尔菲亚·汉考克的信,1772 年 9 月 23 日,《奥斯丁档案》,第 65–66 页。

［20］泰索·索尔·汉考克给费拉德尔菲亚的信,1770 年 1 月 17 日,《奥斯丁档案》,第 43–44 页。

［21］简·奥斯丁是否知道莉奥诺拉姑母的存在,我们不得而知。事实上她短时间内曾失去一个姑母和一个姨母。那时她还在学校,去年夏天因为险些丧命的高烧被送回家来。至于她的姨母,简·库珀,也于 1783 年 10 月死于高烧,四个月后,莉奥诺拉去世。

第三章　学童天地

奥斯丁夫妇开设了一所学校。当小简·奥斯丁从乳母家回到牧 24
师公馆时,泥泞的村舍与崎岖的乡路已使她变得很皮实,如今置身于一片更加嘈杂喧嚣的天地间。她父亲的牧师公馆住满了吵闹的男童,包括她的哥哥和寄宿的学生,他们之中最大的不过十四五岁。男孩们的谈笑风生占据了早午餐桌,甚至在育婴室里也能听到学童在屋里屋外的声音与活动。她熟悉的四个哥哥大大在家,具他陌生的小孩作为学生则来去不定,这些大孩子们每年前来两次,2 月和 8 月底,也离开两次,6 月和圣诞节前。奥斯丁的学校分上下两个学期,一如所有公众学校的制度。[1]

学童中有当地乡绅的儿子,也有远道前来的外地客,到达迪恩村后,步行半里路来到迪恩之门客栈,然后把孩子送上山来。他们笨重的箱笼装满了衣物,也许还有一册心爱的书和一块家里带来的糕点。他们来到的时间前后不一,运输车把他们载到门口,爬两层楼梯,到了房舍顶端的阁楼。这些细节,小简妮一一看在眼中,也得到姐姐卡桑德拉在旁的解说。

一屋子的男孩无疑会有喧嚣声，靴子进门出门、上楼下楼的踢踏声，他们的呼喊和笑声则来自睡觉的阁楼，也来自上课的客厅。如果要用显微镜和地球仪的话，他们也可自由进入奥斯丁先生的书斋，但
25 让他们最忙碌的还是拉丁文法、阅读和翻译，对比较伶俐的孩子像吉米，则额外又加上了希腊文。奥斯丁自己的孩子爱德华和亨利也都参与一般功课，弗兰克年纪小，只能跟姐姐卡桑德拉认字母，跟母亲从筹码机和卡片上学算术。小简可能东摸西扯，抓点东西，不过谁也不会注意她，除了宛然小妈妈的姐姐卡桑德拉。

奥斯丁太太手上有忙不完的事，除了蔬菜园、鸡栏和牛房，还得准备饭菜给饥肠辘辘、正在成长中的孩子吃，并维持他们衣服和被单的清洁。一个升学到牛津去的孩子，在他行李清单中便有下列的项目：九件衬衫，七双长袜，只有一条毛巾，他没有列出内衣裤和睡衣睡帽，他们很可能就穿衬衫或者光着身子睡觉。[2]在这房子的顶楼上，当然有更多杂乱的事情需要处理。

奥斯丁先生的学校由于学生不多，与其说是学校，不如说是个大家庭。当学生不上课时，他们在女孩面前像是大哥哥，无疑会逗她们玩。当时最流行的乡下室内游戏是铺一条厚厚的桌布在楼梯口上，让女孩坐在顶端，而男孩则连布带人把她们拖下楼来。你可以想象当女孩被拖下来而滚成一团时大家乐翻天的景象[3]，苹果派床单①的游戏也一样流行。史蒂文顿的学生有时也跳舞，年纪最小的人也可参加。[4]在半休假日里，他们玩板球，冬季则外出看打猎，他们可能会在

---

① 把底层床单对折至半张床的长度位置，上面铺上毯子掩盖，使人欲钻而不得，非常可笑。

野外跑上一两里路。詹姆斯有时还为猎人爬上树去追赶貂猫，因为它们常使猎犬误以为是狐狸。[5]

这里的学生有些成为奥斯丁家孩子的终生朋友，例如从伯克郡金特伯里来的福沃尔四兄弟，他们的父亲是奥斯丁先生牛津的同事，年龄跟奥斯丁兄弟相当，他们的名字分别是富尔沃-克雷文、汤姆、威廉和查尔斯。从下面奥斯丁太太写的诗中，你会看到这所学校欢乐的气氛。诗是写给一个圣诞节过后迟迟不返校的名叫吉尔伯特·伊斯特 26
的学生，他是伯克郡一位从男爵的儿子，留在家中天天跳舞。奥斯丁太太怂恿他回到“学习的大厦”，在这里“我们不是读书，便是游戏”：

　　说到维吉尔的歌，
　　我们一天上两课。
他的故事真令人心旷神怡；
　　精彩的部分你已错过，
　　快回来吧，快快活活，
我们读完了六章，还有六章等着你。

　　你的舞跳得真棒，
　　可说绝世无双，
你轻巧的脚步也够得上帅；
　　不过你该问问自己，
　　怎可天天只顾脚底，
忘记了可怜的脑袋？

　　我们给你这封信，

就是要你用点心，
想想我们给你说的话：
别让我们担忧了，
快来会你的朋友，
福沃尔，斯图尔特，迪恩，亨利，还有爱德华。[6]

一个妈妈能做出如此精彩的文字魔术游戏，肯定会吸引孩子们的注意。奥斯丁太太的信果真把吉尔伯特叫回来了，后来前往牛津时，他还小心翼翼地保存了这首诗，携带在身边。这诗不仅显示了奥斯丁太太写作的天才，还证明她与学校的授课有密切的联系。

小简妮不到三岁时，她母亲三十九岁，发现自己再度怀孕了。她和丈夫并不感到懊恼，他们决定听天由命，让上帝安排一切。1776 年 6 月底，他们的第六个也是最后一个男孩查尔斯来到了人间，唯一的幸运是在夏天，那时学校放假，家里只有他的哥哥和姐姐。两星期后，奥斯丁先生带着他的长子詹姆斯去牛津注册，入学
27 圣约翰学院。十四岁的詹姆斯来到牛津，比他爸爸来牛津时还要早两年，不过跟他父亲不同的是，詹姆斯没有成绩优异的奖学金，他来牛津是沾了他母亲家庭的光。

圣约翰学院的创始人是托马斯·怀特爵士①，而学院颁发奖学金给那些“创始人亲属”（Founder’s Kin），无论那渊源有多遥远。由于利府的家庭历史记录详细，詹姆斯不费太多精神便找到一些相关

① 托马斯·怀特（Thomas White，1492–1567），英格兰布料商，1553 年任伦敦市长，民间赞助人，1555 年创办圣约翰学院。

数据。[7]他们家庭曾与奥斯丁太太著名的贝利奥尔学院院长，高龄八十六岁而精神矍铄的叔叔同桌吃过饭。当詹姆斯为了礼貌想把新买的外套脱下时，他对他说：“年轻人，免脱了，我不会跟你打架。”[8]自此之后，詹姆斯每年10月须来回奔走于史蒂文顿和牛津之间，因为他上的是短期的大学制。① 从这时期起，他开始写诗，一如他的母亲。

1779年夏天，爱德华也离开了家。那年5月，他们的远房堂弟、史蒂文顿的业主托马斯·奈特与凯瑟琳新婚，特来拜访他们，并邀请十二岁的爱德华加入他们的蜜月旅行。他们可能猜想奥斯丁太太手头事情太多，大约会同意送一个小孩出去走走，但蜜月旅行中带上一个小男孩毕竟有点不寻常。不过爱德华向来是一个爽朗而简单的孩子，这次出游很成功，奈特家从此跟他建立了良好的友谊，送他回家后还邀请他去肯特郡玩。他们由于多年不孕，几乎将爱德华视为已出。

大约在这同时，乔治也有了新的安排，他将被安顿在离家更远的地方。奥斯丁太太与住在巴斯的姐姐简（现在嫁给一位牧师爱德华·库珀）商量过，把残障的弟弟托马斯和患病的儿子乔治，一并交给一户名叫卡勒姆的人家照料，他们家住舍伯恩僧侣村，一个安静的小村落，在贝辛斯托克的另一边。在克莱布②的诗中，我们常读到一些傻瓜冒失冲进车水马龙的车道中，而另外一些乡下人也会掉入井底，可见照 28
顾弱势者的重要，奥斯丁和利家的作为，显然便属于这一类的操心。在家庭中没有他们探望患者的记录，但依照情理，他们一定会去探望的，至少他们得按时去卡勒姆家付款。

① 这种学制学期很短，一般10月中旬开学，圣诞放假。

② 克莱布（George Crabbe，1754-1832），英国诗人。简·奥斯丁喜爱的诗人。

至于奥斯丁家育婴室里的点点滴滴,倒是简·奥斯丁给了我们一点浮光掠影。这是她唯一一次直接回忆童年经历,尽管她一直害羞,但回忆之生动,足以让你觉得仿佛和简及其兄弗朗西斯同在一屋,聆听着孩子们用汉普郡方言与保姆说话,历历在目。回忆出自下面这首诗,是三十年后,亦即 1809 年,当弗兰克的妻子玛丽生下他们的第一个男孩时,简写的贺词。她首先希望新生儿会长得像爸爸一样,然后回到童年,说这爸爸小时候精力充沛,是孩童中的领袖,“言词顽皮,举止火爆”。她还记得有一天晚上,当孩子们都被送上床后,小弗兰克却悄悄溜下床来,从门缝里对着保姆,模仿保姆温柔的口吻说道:“老天有眼,可别可别再要赖。”

> 最亲爱的弗兰克,祝你开怀,
> 恭喜玛丽顺利产下一个男孩,
> 从他身上我们会再度看见
> 又一个弗朗西斯的出现!
> 他肯定会一一传承
> 你温暖又高傲的精神。……
> 愿他重蹈育婴室里的罪恶,
> 四出窥探,到处寻乐。
> 他卷曲的秀发也会搞个怪:
> “老天有眼,可别可别再要赖。”

你可以想象,躲在哥哥身后的小妹妹会有多大的震惊和羡慕,四岁孩子眼中五岁的英雄才是真正的英雄,而弗兰克从小在家无法无天,“不怕危险,不畏疼痛/任何威胁都不理不睬”。

男孩群中长大的女孩很容易学会一些男童游戏，我们有足够的理由相信，《诺桑觉寺》里的凯瑟琳·莫兰德便是简·奥斯丁自己的写照，“喜欢男孩子的一切游戏”，宁愿玩板球和棒球*，而不玩洋娃娃、 29
睡鼠或者金丝雀。史蒂文顿公馆的后面一定也和莫兰德家一样，有一段青草土坡让孩子们打滚，而多年在“喧嚷和野蛮”中生活的方式，也使得她讨厌“封闭和干净”，宁愿在田野里瞎跑，再不然便是骑马。事实上，弗兰克七岁时曾给自己买了一匹幼马，名叫“松鼠”，还骑着“松鼠”去打过猎。他的母亲曾剪裁自己红色的结婚礼服为他缝制了一件外套。当他想提前吃早饭时，自己会在厨房里张罗。我们不难想见，弗兰克有时也会让六岁的小简试骑他的“松鼠”。

其实不管在田野里怎样瞎跑，都不会远离他们熟悉的村舍和面善的村民，没有一个异乡人，例如外来的兜售贩或者过路的水手，不会受到众人的瞩目。若走另外一条上山的小路，孩子们则会来到他们父亲的教堂和树丛深处的迪格威家。迪格威家远比牧师公馆大，古老的门廊有三层楼那么高，不过异常破旧。但这里他们也不缺少玩伴，总共有四个男孩，个个会骑马，爱打猎，年龄跟奥斯丁家孩子不相上下。

碰到雨天，他们可以在自家大谷仓里玩，那是孩子们重要的聚集地。从这里他们可以爬山走出村庄，来到奶酪山庄农场，这里每户人家都受雇于他们的父亲。若从这里再往前走便是驿道的大路了，四匹马拉的马车来去匆匆，去到难以想象的远方，例如温彻斯特、南安普顿、朴茨茅斯、安多弗、雷丁、纽伯里、巴斯和伦敦。这些大马车不仅载乘旅客，还运送邮件，虽然他们只把邮件送到迪恩之门客栈，孩子们常来这里取信带回家里。信件是他们父母最宝贵的东西，他们会一读再

* 这是英国最早提到棒球的实例，正式的名称要到1860年代才在美国出现。[9]

读，并在客厅里谈个没完，因为它们带来了婶婶、叔叔、堂兄弟姐妹的消息：汉考克姑母、伊莱扎表姐来到城里；库珀阿姨、表妹简和表弟爱德华来到巴斯；利-佩罗特舅父舅母来到伯克郡的斯卡利茨；老伯父弗朗西斯·奥斯丁迁居汤布里奇，等等。

30 他们父亲的书斋里，一排排堆着的全是书，他有一个书架占满了一面六十四平方英尺的墙，而他还在继续搜购，不仅有古典文学，还有可以给孩子们朗诵的现代书。[10]他有丰富的科学知识，会用显微镜给孩子们展示极小的世界，例如一滴雨水落在稻草中出现的“生命世界”，蝴蝶舌头上精致的花纹，昆虫的卵，或一片鱼鳞。这些神奇景象展示了神圣造物者精心策划的宇宙。[11]不过奥斯丁先生的世界不单是书斋，还有农家，孩子们常看见爸爸骑着马跟管家约翰·邦德谈话。他关心大麦、小麦的价格，还有羊跟猪，什么时候雇劳工，什么时候辞退他们，决定播什么种，何时收割，当然还有教区的工作和主息日礼拜仪式。他有时也书写自己的布道，但机会不多，他有一篇讲稿在迪恩村用了七次，在史蒂文顿用了八次。[12]他是个忙人，脾气却很好，曾经一度身为孤儿的他，无疑更重视家庭生活。他从不暴饮暴食，这是乡村牧师常有的毛病；他承担自己孩子的教育，却不失父子间友好的亲情。他相信孩子不同的习性是他们各自发展的关键：詹姆斯和亨利是学者，爱德华无心古典学术却有自己更为实际的主张，而弗朗西斯生来便是个行动家。他喜欢他们，一视同仁。他平实近人，当弗朗西斯第一次出海航行时，他给他的忠告是：认真祷告，认真刷牙，规律洗漱。[13]奥斯丁先生对牙齿的关心，倒是新鲜有趣。

每周的高潮是星期天的到来，当奥斯丁先生换上黑袍，变成了教堂牧师时，奥斯丁太太的职责便是家中的餐堂、厨房、鸡棚、牛栏和蔬菜园，而不同的季节有不同的工作。面包得烘焙，啤酒得在家中酿造并储藏在地窖里，乳牛要挤奶，奶房的女孩可以帮忙把奶酪搅拌成每天食用的牛油。洗衣妇每月来一次，用蒸汽和肥皂水清洗成堆的换洗衣物。六月制干草，孩子们会拿小钉耙来帮忙；七月煮果酱；八月收 31
获；九月猎枪响。夏季会带来自由的生活，漫长的夏日也是最宝贵的时光，其后的日子则越来越短，而点蜡烛的时间越来越长，客厅和餐堂里的炉火不熄，孩子们巴望着晴朗而霜冻的天候，好到屋外奔跑。詹姆斯曾写过“女性的脚”走不了泥泞、冰雪、雨水的村路，而男性则总是骑在马背上，这是大家公认的性别差异，因此，坏天气就成了对女人和女孩们的囚禁。手指和脚趾上的冻疮让人叫苦；奥斯丁太太的感冒比谁都更厉害，她虽然精力旺盛，有时也得上床去休息。不过这里没有特别的灾难，像乔治·黑斯廷斯那样的悲剧不曾再度发生。

在男童学校长大的简对男孩有清楚的了解，跟他们相处也融洽，男孩既然是她生活的中心，他们的笑话和兴趣也是她最早懂得的事情。她早期的写作证实了这个事实，虽然我们没有她十二岁以前的作品，但她受到的影响是显而易见的，无处不是男童的幽默：谈话从马匹和车辆开始，然后就是旅行和意外，一如今天的孩子，不是摩托车就是汽车。酗酒的美谈也会引起他们哄堂大笑，至于酒后斗嘴，喝得烂醉如泥的人，或者因饮酒而暴卒的故事也屡见不鲜。

食物是另一种笑话的来源，像“臭”鱼和野味，没有放佐料的半熟咖喱小牛肉，以及学童们不喜欢的其他菜肴，像牛蹄筋炒洋葱、牛肚、红鲱鱼、牛肝和“乌鸦”（即鸡鸭的内脏）。旅店里一位先生命令厨师为他和他的仆人煮一颗“完完整整的全蛋”。食物本身就好笑，跟它相关的事也是趣谈。一位女士在未婚夫去世时，她的脸色变成了像“奶油甜点一样惨白”；另一位女士，也叫卡桑德拉，在糕饼店吃了六粒冰

淇淋却拒绝付账,反而把糕饼店老板打倒在地;第三位,当她被人刺激
32 时,保持着"奶油干酪一样的平静"。有一对姐妹,一个爱画画,一个宰小鸡,这是学校里儿童的文字游戏。① 还有一个男孩子的最爱:一位男士抛弃他的新娘,说他结婚的日子正好是开放打猎的第一天。

另一类的笑话来自女孩的丑陋和畸形:不是"矮子、胖子或不顺眼",就是"可怕的斜眼""油头"和"驼背"。女性爱用红色和白色美容,也是男孩取乐的地方。不少的暴力始于玩笑,也会酿成命案,例子之一是吊死了人。还有为了要抓住女孩,用钢铁做成捕人器。有些人物可能因饥饿而咬断自己的手指。

简·奥斯丁是个倔强而不伤感的孩子,喜欢狂放不羁的幻想和黑色笑话。她故事中有许多残忍的幽默是她从男孩和成人群中听来,甚至参与过的经验。如果说她当时受到了震撼,那么她也懂得了如何把震撼传递给我们。

1782 年圣诞节,简七岁,听说了一些新鲜事儿。她的哥哥们表演了一场话剧。那是一出名为《玛蒂尔达》的悲剧,也是几年后她聪明地排斥了另一场话剧的理由:"那是个悲剧,因此不值一读。"[14] 选择《玛蒂尔达》是因为,它出自一位可敬的萨里牧师之手,七年前曾由加里克②上演,而且主要演员只有五人,然而简的判断的确比加里克高明。剧情发生在征服者威廉时代,麦西亚的伯爵莫卡和他的兄弟埃德温双双爱上了玛蒂尔达,一位诺曼勋爵的女儿。然而玛蒂尔达只爱埃德

① 爱画画(drawing pictures),宰小鸡(drawing pullets),这里是对"draw"一词的双关用法。前者指"画画",后者指"开膛,挖出内脏"。

② 戴维·加里克(David Garrick,1717-1779),英国著名演员、剧作家、剧院经理、制作人。对于学生和朋友,因在莎士比亚的《理查三世》中出演理查三世而引起关注。

温，于是莫卡囚禁了他们二人，计划杀死埃德温。一个主意阻止了这项阴谋，莫卡后悔了，而这对有情人终成眷属。不过这个没有韵味的剧本太像莎士比亚的东施效颦了：

困扰！恐怖！可悲！老天哪！
你怎能看不见其中的罪恶，
旷古未有的背信，而还
扬言报复吗？让雷霆爆裂
这低贱的叛贼！啊！玛蒂尔达！
虚假，欺骗，残酷的女人！……[15]

奥斯丁和福沃尔两家兄弟进入了这出弑兄悲剧的演员表，开场白 33
由詹姆斯撰写，而由汤姆·福沃尔朗诵。至于谁扮演玛蒂尔达和她的婢女呢？卡桑德拉和简都太小，一个十岁，一个七岁，让你猜是十一岁的亨利，套上了他妈妈的长袍来充数。我希望如此，不过也有可能是他们的表妹简·库珀，那年她也十一岁，不难从巴斯专程前来助兴。

詹姆斯对戏剧很认真，为这场戏他不单写了开场白，还写了收场白，把古人的舞台跟今人的舞台做了一个对比。他也卖弄了一番他对《玛蒂尔达》戏目中天气特效的知识：

当泰斯庇斯①首创模仿艺术，
他的舞台是马车，演员亦粗鲁；
没有绘出怡人的布景，展开

① 泰斯庇斯（Thespis），希腊公元前六世纪的戏剧家，是传说中开场白的创始人。

林地如波涛起伏的色彩，
没有画布高悬悦目的王宫，
没有松香闪电①划破天空；
没有滚滚雷霆将火球铸造，
没有雨声嘈杂，预告即至的风暴……

詹姆斯的开场白就这样以联韵的方式漫长地展开。他显然做了一点研究，但怎样也比不上他母亲信笔写来的小诗的可爱。不过我们不难想象，那天晚上大家至少得到了很多意想不到的快乐。《玛蒂尔达》的演出肯定曾造成邻居的轰动——迪格威家、波特尔家、特里家、莱福德家，都会被邀请来到奥斯丁的谷仓，甚至他们的孩子也会充当手执矛戟的扈从。从开场白劈头一句"哈—啰—，高贵的朋友！怎么啦，没有人睡着吧？"我们知道詹姆斯那天晚上顾虑的是什么。但此时七岁的小简坐在观众席中，不消说，一定比谁都更清醒。[16]

注释

[1] 这个信息来自奥斯丁先生的外甥女伊莱扎的叙述，她说"我的舅父告诉我们说，他的宅子只有在仲夏和圣诞节期间才有空闲，能接待他的朋友居住"。伊莱扎·德·弗伊德给费拉德尔菲亚·沃尔特的信，1786 年 5 月 23 日，《奥斯丁档案》，第 118 页。

[2] 这张行李清单是詹姆斯·伍德福德写的，他于 1762 年 10 月前往牛津新学院。你不禁希望学院会多给他一条毛巾。

[3] 舍伍德太太，婚前叫玛丽·巴特，与简·奥斯丁同年生，她的父亲也是牧师兼老师，她小时候便玩这个游戏。见 S. 凯利（S. Kelly）编的她的

① 松香闪电（rosined lightning）指舞台上的特效闪电，松香为成分之一。

《自传》(*Autobiography*,1854)。

[4] 奥斯丁太太有关跳舞的诗,是1779年写给缺席的学生吉尔伯特·伊斯特的。她责怪他逃课去跳舞,但也赞美他舞跳得好——“你的舞跳得真棒,/可说绝世无双,/你轻巧的脚步也够得上帅”——足见她亲眼见过他的舞蹈。这诗有几个不同的抄本,我引用的是奥斯丁太太的长孙女安娜·勒弗罗伊抄在红皮笔记本上的。她说原本来自伊文利·布莱克利教区的J. B. 哈里森(J. B. Harrison)牧师,可见此诗当时颇为传诵。抄本今为阿尔文·奥斯丁所有。

[5] 詹姆斯·奥斯丁告诉儿子詹姆斯-爱德华有关爬树追赶貂猫的回忆,而儿子记录在他的《维恩猎场早期回忆录》(*Recollections of the Early Days of the Vine Hunt*,1865),第15页:“我父亲小时候有时会爬到树上去赶(貂猫)。”

[6] 亨利和奈德是奥斯丁太太第三和第四个儿子,其余则是学校里的学童。

[7] 见戴维·吉尔森(David Gilson),《奥斯丁家族与牛津:创始人的亲属》(“The Austens and Oxford:‘The Founders’Kin’”),《简·奥斯丁协会报告》(1977),第43-45页。

[8] 詹姆斯-爱德华·奥斯丁-利,《简·奥斯丁回忆录》,第6-7页。

[9] 承约翰·罗·汤森德(John Rowe Townsend)告知我一册较早的书,1744年的《袖珍手册》(*Pretty Pocket-Book*)。书中一张图片中,有三个男孩在乡村草坪上玩球,每人站在三柱门的一个门柱前。图片下方有一首诗,以《垒球》为题:“棒打球飞高,男孩没命跑,目标下一垒,到‘家’乐陶陶。”

[10] 1801年奥斯丁离开史蒂文顿时,家具出售清单中包含“桌子,书房用有斗柜,地球仪,显微镜,八尺×八尺书架,小书架,桃花心木大书桌附抽屉”。见罗宾·维克,《史蒂文顿牧师公馆出售物品》(“The Sale at Stevenson Parsonage”),《简·奥斯丁协会报告》(1993),第14页。

[11] 显微镜使用者的标准手册是亨利·贝克(Henry Baker)的《显微镜的使用》(*Employment of the Microscope*),初版印行于1753年,随后曾多次再版。书中教导学者如何制作夹物片,并强调宗教的意识,观察“造物者不

可思议的力量和善良”，祂平等对待虱子、蚊蚋、跳蚤与鲸鱼、大象和狮子——未尝不是未来小说家的教材。

[12] 乔治・霍尔贝特・塔克（George Holbert Tucker），《丰厚的遗产：简・奥斯丁家族史》（*A Goodly Heritage: A History of Jane Austen's Family*, 1983），第 30 页。书中引爱玛・奥斯丁-利，《简・奥斯丁与史蒂文顿》（*Jane Austen and Steventon*, 1937），说这份经过注释的文稿保存在后人手中。

[13] 1788 年 12 月，乔治・奥斯丁给弗朗西斯・奥斯丁的信。未发表信件，藏于阿尔文・奥斯丁手中：“去到炎热的国家，个人清洁是你舒适健康的必要条件，我无须多言——我只想要求你特别注意牙齿的保养。”

[14] 她在《英格兰史》中述及爱德华四世时，没有提到“简・肖尔（Jane Shore），肖尔让人为她写了一个剧本，但那是一个悲剧”。

[15]《玛蒂尔达》的作者是托马斯・富兰克林，剧本曾于 1775 年在德鲁里巷剧院上演。

[16] 开场白第一行引自 G. 索特尔（G. Sawtell），《四个男子汉》（“Four Manly Boys”），见《简・奥斯丁协会报告》（1982），第 224 页。

第四章　上　学

听到两个小侄子被迫送往寄宿学校上学时，三十二岁的简·奥斯 34
丁曾感慨地说："八岁孩子沮丧的心情，令人心痛。"这是她切肤的感受，因为她自己七岁时便离开家，被送往学校。奥斯丁家里的男孩至少要到十一岁才会离家，而两个女儿的命运全然不同，这种强烈的差异，可能有经济上的原因。她们父母推想，她们离家后空下来的房间可以容纳更多的学生，得到更多的收费，足够弥补女孩出门上学的开销。也可能奥斯丁太太受到她姐姐库珀太太的影响，库珀太太的女儿（也叫简）也正准备上学，希望简陪伴。另一个不无紧要的因素是，库珀太太把女儿送到考利太太的学校，多少有点家庭赞助的意味。不过有一件事她们不曾过问，当时简·库珀十一岁，而简·奥斯丁只有七岁。

其实，即使在上学之前，库珀太太为了让女儿有伴，曾一再邀请简的姐姐卡桑德拉住到她们巴斯家里，简早就尝到过失去姐姐的痛苦。最明显的证明是，有一次她父亲去安多弗接回姐姐时，意外发现简带着她的弟弟查尔斯，蹒跚地走在公路上，远迎姐姐的归来。卡桑德拉离家带给简的失落感，足够说明简日后宁愿跟姐姐一道上学，也不愿独自留在家中，尝受没有姐姐的痛苦。

考利太太是奥斯丁太太的婶婶，为人可敬，她过世的丈夫曾任布
35 雷齐诺斯学院的院长，而她的学校位于牛津，也是奥斯丁家人极为熟悉的地方。詹姆斯此时便正在圣约翰学院，而奥斯丁太太的叔父仍然是贝利奥尔学院院长，这也许不是两个女孩最满意的情况，但有足够的人可以照料她们了。根本上说，奥斯丁太太一定会同意考利太太的安排，把一切顾虑置诸脑后，大胆将年幼的简送出家门。不过，许多年后从某个备忘录中，我们才发现简这次的离家是她自己的选择。她当时实在“年纪太小，没有上学的必要，然而她执意要去，她**得**跟卡桑德拉在一起，‘假如卡桑德拉的头要被砍下来，简也会让她的头被砍下来’”。[1]这话来自奥斯丁太太的孙女安娜，这实际上说的是简九岁时离家去另一所学校的情景，果真如此的话，我们就更难理解那早期的决定了。

我们可以这样猜想，继卡桑德拉去巴斯之后，简一想到要再度失去她就难以承受，而她的姐姐除了跟她共享卧室和分享私人秘密外，一定还代表某种连她母亲也缺少的意义。然而简毕竟太年幼了，此时无法预料一旦离开家庭而落到一群陌生人的手中会是什么滋味。别的孩子当然也会难受，但奥斯丁太太可能担心简生活在男孩子群中会变得放肆而难以驾驭。不过她也应当记得，当她的大嫂简·利-佩罗特于六岁从西印度被打发回到英国，也很好地渡过了这一难关。无论怎样，当时她家中有太多学童需要操心，她只好相信这是最好的安排。这便是简生平第二次的放逐。

我们不知道奥斯丁夫妇有没有实际会见过考利太太，不过他们其

中之一一定会亲自把简和卡桑德拉送往牛津。那是1783年的春天,他们与女儿分手后,随即开始了一场度假,这无疑会有一段时间与女儿失去联络。一如奥斯丁家,考利太太的学校也设在自己家中,一个惯于居住在乡村的孩子,在这里难免有不适应的地方,牛津和史蒂文顿相比,城里的生活有许多不同。再说,对一个从未面对过时间问题的七岁孩子而言,一个学期就像无边无际的沙漠在眼前铺开。远离家 36
人、父母、兄弟、熟悉的面庞与熟悉的地方让她感到迷茫与无力,也使世界变得满目凄凉。

在1780年代的英国,提供女孩子住宿的学校为数不少,因为这是女性可以体面谋生的少数方式之一,但学校的素质和管理却屡屡令人发指。当奥斯丁姐妹被送到牛津那年,一个七岁的小女孩伊丽莎白·汉姆,来自西部地区的一个富裕家庭,却进入了韦茅斯"塔克夫人的学校",那里的学生基本上只"啃面包,吃干酪",晚上则集体睡在客室里。伊丽莎白白天被限制在一间闭塞的小屋里,坐在木板凳上缝纫,为时数小时,直到眼睛睁不开来。塔克夫人偶尔会向孩子们朗读《天路历程》,振奋学生的情绪。当伊丽莎白染上了疥疮时曾被隔离,痊愈后则被送往邻近蒂弗顿一家更糟糕的学校,而管理人则是塔克夫人假冒贵族名号的妹妹。在这里,伊丽莎白跟一个比她大五岁的同乡女孩同床,原以为同乡会成为朋友,但这个女孩每晚踢她,常把她踢下床来,天亮时才发现自己睡在冰凉的地板上。[2]

共享一张床的习俗并不奇特,阿瑟·杨的爱女鲍宾在一所时髦学校里便得跟一个聋人女孩同睡一张小得可怜的床。由于聋女睡觉时只能躺在某个方位上,她常把鲍宾逼得走投无路,每晚寝不安席,终至病倒而夭折。跟简·奥斯丁一样,她也是个乡村孩子,习惯于在新鲜的空气中跑来跑去。在这里她没有自由，而随意奔跑是学校的禁忌，户外活动和食物的欠缺，导致了这场悲剧。鲍宾去世后，她父亲曾说："她恨透了学校，天哪！我真后悔把她送过去。"[3]

学童们常在学校老师的管制下饿个半死，因为老师也在贫苦中煎熬，伊丽莎白在蒂弗顿的日子便是这样度过的。早餐只是一杯热开水——她们允许用自己的茶，少许牛奶和一片半分钱的面包，午餐是煮羊肉或者牛油布丁，午茶时一个老妇人会来兜售饼干，半分钱三片，
37 免费赠送热水，晚餐则有面包、干酪和苹果汁。至于她们的功课是背字典、文法书和地理教科书，学习时不得发问。她们早上读《圣经》，下午读英国史或罗马史，每天中午十一点到十二点学习作文和算术，而舞蹈老师每周来两次。偶尔她们也会得到半天假，可以参观邻近的农场，有机会大吃农场的面包和奶酪。家书中她们不准抱怨，她们的书信都得经过"修改"，然后由校长密封后寄出。伊丽莎白最辛苦的日子是圣诞节的假期，那时学校里没有暖气也没有食物，有一天晚上她冒险下楼偷吃了一条烤鹅腿，当时她的老师们正在享受一场欢宴。你真该给这个精灵小偷喝一声彩。[4]

并非每个女孩都有这种恐怖的经历，我们至少希望考利太太会让学生吃饱。当七岁的玛丽亚·埃奇沃思母亲过世而父亲再婚后，她在德比学校一年的生活却过得不错，至少在她的回忆中颇有好感。她在那里学会了法语、意大利语、舞蹈、刺绣和铜板上的书法，每晚临睡前还为自己和同学们讲故事，彼此相互娱乐。当她被送往另一所学校时，她一无难色，在那里，她还开始使用背板和铁领来帮助纠正自己身体姿势的缺陷。[5]

即使是富贵人家或者见多识广者选上的女子学校，其中丑闻卑行的事迹仍然层出不穷。约翰生博士的一位朋友施拉尔太太，于1783

年便曾把她四岁和五岁的女儿，哈丽特和塞西莉亚送到这类学校里。那年不幸天花肆虐，哈丽特不治身亡，塞西莉亚则幸因母亲抢救得快，保住了性命，但当她十岁时，还是被送进另一所寄宿学校。玛丽·巴特，亦即后来名噪一时的女作家舍伍德太太在与简·奥斯丁同一年龄时，也在一所寄宿学校上学，跟她同房的女孩因染上疾病而去世。这个不幸女孩的父母从未来此探望，恐怕他们连孩子生病的消息都不知道，等到他们闻讯赶来时，一切都太晚了。

考利太太的学校幸亏没有发生类似事情，她曾把学生从牛津迁移 38
到南安普顿，这肯定会让奥斯丁夫妇感觉高兴，因为新学校距他们家近多了，而且迁移也是**既成事实**[1]。然而很不幸，南安普顿是个港口，从国外回来的大批军队都在这里登陆，1783 年，他们带来一场瘟疫，感染了整个市镇。奥斯丁家的两姐妹和库珀家的简都病倒在床。考利太太没有通知她们的父母，一则也许相信没有必要，认为她自己可以应付，或者不想惊动她们的父母，再不然便是无能为力或者铁石心肠。幸亏简·库珀冒着校禁，偷偷写了一封信给她在巴斯的妈妈，令人惊讶的消息让库珀太太和奥斯丁太太立即联袂来到南安普顿营救，但简·奥斯丁的病情却已恶化。

母亲把她带回家中疗养，使她恢复了健康。卡桑德拉和简·库珀也康复了，然而不幸的是，库珀太太受到感染，回到巴斯后竟于 10 月身亡。她的丈夫悲痛不已，几乎不能自持，从此简·库珀便经常住在史蒂文顿，无异于变成了奥斯丁家庭的一员，也跟她的表兄妹成为终生的朋友。

---

① 法语：fait allompli，意谓既成事实，难以逆转。

成长后的简·奥斯丁每次说到有关女教师的时候,不是挖苦便是怜悯。“用理性处理事情值得赞美,尤其是对那些无知的女教师而言。”“我宁愿做学校的老师(还有比这更糟糕的事吗?)而不愿意嫁给我不爱的男人。”“只要不当教师,我愿意做任何事,她的姐姐说,因为我上过学……知道那是怎么一回事,而你没有。”不过她从未具体谈到她自己上学的经验,唯一一次随口提及的,是她给姐姐卡桑德拉的信:“我会笑死的……就像他们在学校里所说。”[6]至少是宁愿笑死而不愿死于瘟疫吧?除此之外,她一字不提学校生活。

学校的阴影不可能没有留在她心中,她描写自己是个害羞的孩子,而害羞的孩子不快乐时一定会逃回自己的世界。七岁孩子的世界又会是什么呢?除了阅读一些她顺手可得的书本,她也可以逃入他人
39 的世界,或者自己的幻想中,正如玛丽亚·埃奇沃思那样。如果这是事实,考利太太未尝没有给过她一点间接的贡献。

《理智与情感》中的夏洛特·帕尔默便曾“在城里一座还不错的学校里度过七年的时光,也得到了一些还不错的效果”——这效果包括一幅彩色丝线纺织而成的风景画,以及把愚蠢转变为超现实的社交风度。与这稍有不同的是《爱玛》中妈妈型的戈达德太太,“她家有宽大的房舍和花园,孩子们有充分的食物,夏季可以四下乱跑,如果冬天生了冻疮,她会亲自给孩子调理”。这便是简·奥斯丁赞美的风格,而戈达德太太和她每天叽叽喳喳的助手,显然不是以考利太太为原型。私生女哈丽特·史密斯的父母应当庆幸他们把她送到戈达德那里,免去了许多无谓的操心。不过戈达德还是没有逃过简·奥斯丁笔下对寄宿学校的杀伐——“挂羊头,卖狗肉,一本正经,大话连篇,假借教育之名,挂上新道德的外衣,实际上让少女们付出昂贵的代价,抛弃了健康而换来的不过是无谓的虚荣。”[7]终其一生,简都觉得女子学校不过

是让学生和教师都感到痛苦的地方。

总之，女孩们终于回到了家，此时她们的哥哥爱德华正准备离家，成为托马斯·奈特先生夫妇的养子。他的弟弟亨利说这个过继计划父亲并不很同意，倒是母亲很感兴趣，也是为了爱德华好。一如把两个女孩送往学校的决定，奥斯丁太太在家庭中一直拥有决定权。不过过继这件事她根据事实，应当不是草率决定。爱德华那时已长大，完全懂得，也乐意接受这样的安排，事实上他十分适应奈特家庭的环境，也始终维系着与史蒂文顿的关系。奈特家庭富裕、慈爱，虽然不是特别聪明，但爱德华也不是个特别聪明或善于幻想的孩子，不过他心地纯良，天性坚强。虽然他不久即将改名为奈特，此刻他仍是忠诚的奥斯丁家庭成员，他从未放弃这份忠诚，不论当他四海巡游，娶了男爵的女儿为妻，或者继承了奈特家庭庞大的遗产。

爱德华过继和两个女儿患病之际，也正是詹姆斯在牛津获得学位 40
之时。他毕业后留校，成为学院的院士（fellow）。他常回家，也筹划过更多的戏剧写作。他也曾向外寻求鼓励，并且如愿得到了支持，因为迪恩村邻乡的阿什村里新近搬来一位牧师，乔治·勒弗罗伊，连同妻子安妮和三个小孩，安妮当时被人尊称为“勒弗罗伊夫人”，大约是对她的异国气质或者她胡格诺教派丈夫的美称。她来自肯特郡，是个负有盛名的诗人，娴熟弥尔顿、蒲伯、柯林斯、格雷，以及“莎士比亚的一段段诗文”。她是个美人，神采焕发，聪慧敏捷，懂得幽默，极得人缘，跟当地狩猎乡绅人士家里肥胖的妻室相比，她显得格外迷人。她爱社交，为“每一个派对带来生机”。虽然这是她兄弟给她的评语，但见过她的人都能证实此言不虚。她衣着典雅，发型时髦，表情也特别甜美。虽然她也有孩子和家事的负担，却从来不减少她对朋友们诗文耐心的赏析。不久她变成了简·奥斯丁最喜爱和羡慕的老师,简可以随时去找她,而她也总是从容不迫地与她往还。与日常生活中的母亲相比,这才是简心目中令人向往的母亲。

看来应是1784年,当简八岁时,她又搬回家来了,此时她已能阅读父亲书架上任何她喜爱的英文书。她懂一点法语,可能是从考利太太那儿学来的,她也有一册法文的《寓言选读》,书面上还写上了自己的名字和1783年12月的日期。在该书的衬页上,她的哥哥弗朗西斯也涂鸦式地写下了他的名字,还故意添加了许多花体的装饰。另外还有一个疲惫的学生——可能便是简自己吧!——潦草地写了一句“愿我已完工”的话,另有一行细小的文字:“妈妈生气,爸爸外出”,可能是牧师公馆里某个午后不愉快的小插曲吧![8]勒弗罗伊太太也推荐书籍,作为简父母阅读建议之外的补充。约翰生博士1784年去世,这可能激发她开始阅读他的《漫步者》,杂志中清新的散文,动人而简短的人物故事,例如攀龙附凤者,十五岁的叛逆少女,一个被收养又被放弃
41 而终至沦为娼妓的女孩等,以及许多其他故事,全都简洁有致,无疑替聪慧过人的孩子打开了一扇通向成人世界的天窗。

简后来曾有一首纪念安妮·勒弗罗伊夫人的诗,将她与约翰生博士相比,认为她是朋友中独一无二的人物,如同约翰生具有“人中第一”的伟大才华。这首诗称得上热情洋溢,却满是浮泛之词,令人失望:“天使一样的女性”,“真正的价值”,“迷人的优雅”,“真诚灵魂的魄力”,不能道出此人的真相,或让人窥见她们之间的情谊。在书信中她也曾提到勒弗罗伊夫人出席宴会,专程拜访奥斯丁家庭和随性的闲聊,但无具体的描述,也不见她们之间的互动,我们只能依赖简早期的陈说,相信她们曾经有过一段友善的往来。

那年7月,史蒂文顿的谷仓里又上演了一出话剧,这次是一出喜

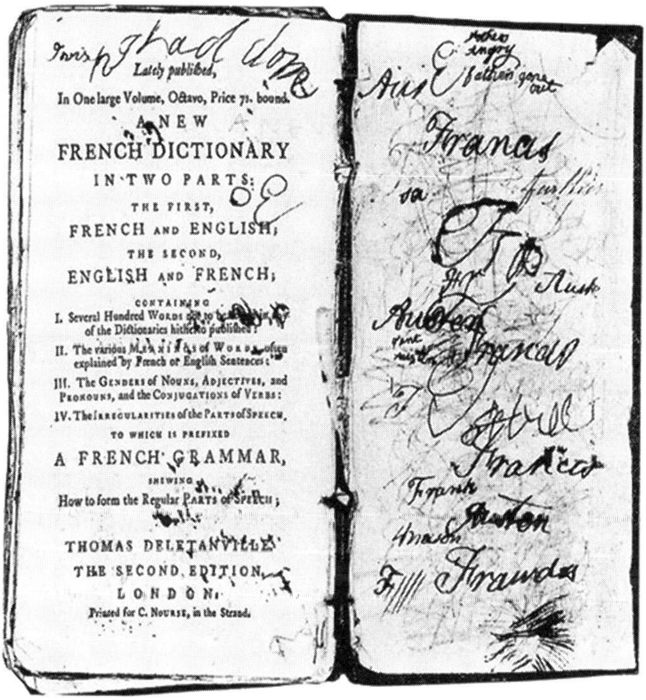

Lately published,

In One large Volume, Octavo, Price 7s. bound.

A NEW FRENCH DICTIONARY

IN TWO PARTS:

THE FIRST, FRENCH AND ENGLISH;

THE SECOND, ENGLISH AND FRENCH;

CONTAINING

I. Several Hundred Words [illegible] of the Dictionaries hitherto published:

II. The various M[illegible] of Words, often explained by French or English Sentences:

III. The Genders of Nouns, Adjectives, and Pronouns, and the Conjugations of Verbs:

IV. The Irregularities of the Parts of Speech.

TO WHICH IS PREFIXED

A FRENCH GRAMMAR,

SHEWING

How to form the Regular Parts of Speech;

THOMAS DELETANVILLE.

THE SECOND EDITION.

LONDON:

Printed for C. Nourse, in the Strand.

简・奥斯丁所藏《寓言选读》衬页

剧,是谢里丹的名作《情敌》,该戏在简出生那年曾在德鲁里巷剧院首度上演,而这回则是由“史蒂文顿的少男少女联袂登台”,这句詹姆斯
42 所写开场白里的话,是由十三岁的弟弟亨利朗诵的。这次表演的规模远比《玛蒂尔达》那次大,全剧长达五小时,一无删节。剧中有十二个演员,其中三个主要的角色是女性。詹姆斯可能还邀请了他牛津的朋友,也可能把家里的女孩子全都搬上了舞台。从他开场白里对女孩子们说的一席话可见端倪:

含苞待放的少女啊!你们吉祥的微笑
将是我们全部辛劳的酬报*;
我们年纪尚轻,无法拥有你们的深情,
但衷心期待你欢笑,最怕见你愁容;
今晚且欢笑,待更成熟的年月,
男人的气概驱除了男孩的羞怯;
我们的心被优雅与美丽吸引,
在热烈的叹息中向你感恩,
我们将再度向你们膜拜,
男孩的喜欢变成了男人之爱。

跟他早期的开场白相比,詹姆斯这一篇进步太大了,最令人讶异的,是一个十五岁尚未进入成人世界的孩子,却已体验到成人世界细

---

* 注意:奥斯丁家族用“toil”与首行的“smile”押韵;类似地,詹姆斯在很久之后写的一首诗中也用“join”与“thine”押韵。这使人想到塞缪尔·佩皮斯的相同用法,他用简写法将“point”写作“pint”,“boil”写作“bil”(bile),“join”写作“jin”(jine)。大声朗读简·奥斯丁作品的读者可留意:“埃尔顿先生兴致勃勃,是最先到来的一个。韦斯顿太太与爱玛一起坐在沙发上。他也立即加入(jined)其中……”

腻的爱情。如果这次戏中不论台上台下都有很多女孩,我们可以大胆猜想,简·库珀和卡桑德拉扮演的应当是莉迪亚和茱丽亚,而简·奥斯丁也逃不掉女仆人露西的角色。在书斋里长大的孩子肯定有太多跟书本有关的笑话,例如剧中莉迪亚偷读不正经的书时,慌忙吩咐仆人露西藏书的闹剧:

莉迪亚 这里,亲爱的露西,把这些书藏起来,快呀,快!把《洋卤菜漂流记》丢到马桶里;把《罗德里克胡说》藏进洗手间;把《无邪的私情》夹在《人之职责》里;把《七情六欲》塞进你的口袋。好了,好了——现在把《查普内太太》放在桌面上,再把《福代斯福音书》打开,摆在桌子的正中央。

露 西 哇呀,烧了它吧,夫人!你的理发师早把《贞德懿 43
行》一书扯破了。

莉迪亚 不要在乎——摊开到《禁酒节食》那一章。赶快,扔给我《切斯特菲尔德伯爵家书》,对了,就是这些。

就在此刻,麻辣婆太太(奥斯丁人人饰演?)登场了,她宣布即将把一个“九岁的女孩送往寄宿学校,去那儿学一点真本领”。

事实上也确是如此,居家后一年,简·奥斯丁,连同失去母亲的简·库珀,又要离家了,再度回到学校里去。这次她们去的是雷丁的拉图内尔太太家。那里环境不错,有一栋很好的房屋,建筑在雷丁修道院附近的废墟旁,它的花园面对废墟,孩子们有足够的空间玩耍,不过尽管如此,这里并不是十全十美的去处。拉图内尔夫人的称号十分气派,但本名则是莎拉·哈基特,她来头不小的头衔是为了满足学生家长的期待,她自己完全不谙法语,只是她的学校倒真有点法国关系,她的经纪人名叫圣昆汀夫人，当法国革命爆发时，有些**流亡者**来此教书。

但拉图内尔太太是个奇怪的人，她四十余岁，有一双来历不明的假腿，对戏剧格外感兴趣。她乐此不疲地搬弄舞台明星的奇闻逸事。不过当奥斯丁夫妇选择这所修道院学校时，他们并不清楚这些细节。她自己并不教课，只充当保姆或管家，经常穿着一袭白色棉布衫、围裙、袖套、褶领、披肩，还在帽檐和胸前别上两朵大型平板的蝴蝶结。她常坐在木板钉成的会客室里，背后的墙壁上有绒线编织的墓地和杨柳图案，高高的壁炉架上陈列了一排玩具小动物。给孩子送来早点后，她便坐在火炉边，在一只她称之为“猫”的黑木三脚架上放着一盘面包和黄油，一切看来温暖而舒适。这里年轻的女教师也可戴着发卷来上课。早餐后，拉图内尔太太的侄女布朗小姐开始诵读《圣经》晨祷，不过这庄严的气氛往往被她婶母“赶快！赶快！”的催促声破坏，因为此时洗衣妇正等在隔壁，准备进来工作。

44 这所学校没什么危害，只是懒散邋遢。女孩们六人共享一间卧室，学习拼音、刺绣和法文。她们可能也学舞蹈和钢琴，这在当时是女孩基本的课程。比她们稍晚入学的一个女孩还曾学过话剧，因此戏剧也可能是简和卡桑德拉的教育之一。[9] 她们自由活动的时间很多，早课后便可做自己的事，而她们也从来没有疾病的记录。有一回，她们的哥哥爱德华·奥斯丁和爱德华·库珀甚至跑来带她们出去到雷丁附近一家客栈吃午餐，十八岁的男孩们显然认为去女校拜访学生是件趣事，而向来性格随和的拉图内尔太太也没有觉得有什么不妥。另一次有记录的拜访来自艾德斯特罗普地区的奥斯丁太太的堂兄托马斯·利牧师，当他路过雷丁时，给了两个女孩每人半个金币。他可能曾经抱怨这里的女孩子学得太少，使得奥斯丁先生怀疑他给每个人付出一年三十五英镑的学费让她们在外闲荡是否值得。不论什么理由，女孩们于1786年底离开了拉图内尔的学校，而简的教育生涯也到此正式结束了。

注释

[1] 安娜·勒弗罗伊1864年12月给詹姆斯-爱德华·奥斯丁-利的信，见迪尔德丽·勒·费伊，《安娜·勒弗罗伊关于简·奥斯丁的最初记忆》（"Anna Lefroy's Original Memories of Jane Austen"），《英语研究评论》（*Review of English Studies*），新编xxxix，155，1988年8月，第418页。

[2] 同床睡觉是当时流行的习惯，即使在收费昂贵的男童学校也不例外。当菲利普·弗朗西斯爵士计划把儿子送往哈罗公学时，曾特别说明他的孩子必须要有自己的床。见菲利普·弗朗西斯爵士，《弗朗西斯书信集》（*The Francis Letters*，两卷，1901），第一卷，第321页。他1776年9月16日给D. 戈弗雷（D. Godfrey）的信上说："我坚持他独自一人睡觉。他的学习也许由命运安排……但他的健康和道德则是我们所共同关心的。"

[3] 亚瑟·杨，《自传》（*Autobiography*，1898），第264页。

[4] 埃里克·沃克利·吉勒特（Eric Walkely Gillett）编，《伊丽莎白·哈姆自述，1783-1820》（*Elizabeth Ham by Herself 1783-1820*，1945）。

[5] 玛丽琳·巴特勒（Marilyn Butler），《玛丽亚·埃奇沃思》（*Maria Edgeworth*，1972），第51-55页。

[6] 简·奥斯丁给卡桑德拉·奥斯丁的信，1805年4月8日；见《沃特森一家》，R. W. 查普曼，《次要作品》（*Minor Works*，1954），第318页；简·奥斯丁给卡桑德拉·奥斯丁的信，1796年9月1日。

[7]《爱玛》，第一章，第3页。

[8] 附图见第39页，原件藏海军上将弗朗西斯·奥斯丁爵士的曾孙手中。书页的图片见《简·奥斯丁协会报告》（1975）合订本，第257页。

[9] 信息来自舍伍德太太的《自传》。

第五章　法国关系

45 不管那位有法国关系的“拉图内尔夫人”让简和卡桑德拉学会多少法语，她们回家后却巧遇了一场丰盛的法国飨宴，她们能操法语的表姐伊莱扎和她的母亲汉考克太太来到史蒂文顿过圣诞节，还带来了她六个月大的婴儿，名叫黑斯廷斯·弗朗索瓦·路易·欧仁·卡波·德·弗伊德。这位法国伯爵夫人的到来，连同一个有排山倒海威势的姓名且身为财产继承人的小儿子，肯定给奥斯丁家带来了一场难以想象的震撼。当简还是婴儿时，伊莱扎便已移居法国，因此简只能从她父母的谈话或书信中得知伊莱扎的消息。他们也曾把伊莱扎的肖像寄来给奥斯丁先生，画中她显得纤弱，紧张，没有笑容，幽黑的双眸间隔很大，头发涂了白粉却依然毛燥。关于她身世的一切都吸引着十岁的简：从她在印度的出生，到她最近以身怀六甲之躯从法国南部一路回到伦敦，只因她已决意：孩子必须生在英国的土地上。婚姻与身为人母的经历给她平添魅力，她看来依然年轻漂亮。她和简的生日同是12 月，只是当简十一岁时，伊莱扎已二十五岁。

当卡桑德拉和简回到家时，家中只有两个男孩，小弟弟查尔斯，天天欢天喜地、满嘴笑话的哥哥亨利，十五岁的他已长成大人那么高了。当然没有乔治，而另外三个兄弟则已远离家门。詹姆斯刚开始他的海外旅行（trip abroad）①，第一步前往法国，拜访他从未谋面的伊莱扎的法国丈夫——约翰·弗朗索瓦·卡波·德·弗伊德伯爵，当时他们居住在内拉克镇的西南区；尽管有消息称詹姆斯的船只搁浅在泽西岛上。幸运的爱德华则已抵达瑞士，正兼程前往德累斯顿和意大利。弗朗西斯此时正式入学朴茨茅斯的海军学校，这所学校虽说不上野蛮， 46
却够粗暴，他们以马鞭为纪律，而霸凌、禁闭和放纵的事件时有所闻。[1]但来这里是他自己的选择，自从4月到达后，他适应力极强，且于圣诞节时回家度过一段短短的假期。

圣诞节快到时，奥斯丁先生牧师公馆里的学生纷纷离校，但随即又住满了访客。奥斯丁太太在给她肯特郡的侄女费拉德尔菲亚·沃尔特的信中说："我们真高兴家中来了我们的表姐汉考克，也就是德·弗伊德夫人，和她的小男孩。他们于上周四到达这里，打算停留到下月底。"与此同时她还盼望库珀家侄女和侄儿的到来。"我的五个孩子都在家，亨利、弗兰克、查尔斯和两个女儿，她们都已结束了学校生活。"[2]奥斯丁太太在信中没有提到她丈夫姐姐的伯爵名分，但这位法国伯爵夫人显然给了她们家庭天大的光彩，就像一只天堂飞鸟忽然降临舍间一样。她兴高采烈地谈起伦敦生活，她和她母亲如何居住在波特曼广场（Portman Square）附近，如何乘坐一辆四匹马拉的马车出席宫廷舞会，如何被一袭千钧重的舞衣压倒在地。她还说到亲身探访公爵夫人和驾临奥尔马克大会堂（Almack's），这个伦敦最负盛名的贵族

① 亦称"壮游"（The Grand Tour），是贵族青年环游欧洲的成年礼，盛行于十八世纪。

舞厅，她在那里盘桓到凌晨五点。[3]

表姐伊莱扎一身法国装扮，有法国女仆，说起法语来完全像法国人。虽然她的伯爵丈夫不在身旁，她仍然大谈伯爵的部队、庄园和别墅，也谈到穿越遥远的法国腹心地带去到比利牛斯山的旅行，她贵族朋友戏剧性的派对和她们绚烂的巴黎生活。一如勒弗罗伊太太，她超越在女性生活的圈限之上，却没有失去自己的品味和乐趣。这位伯爵夫人毫不刻板，也不寻常，虽然她得照顾孩子，却打趣地说这孩子有"两个妈妈"——她自己和她母亲。在母亲汉考克太太面前，她还真像是个小女孩[4]，她活泼，无忧无虑，心地善良，对表弟妹们十分友善，如果他们有任何家庭活动，她也全心全意地投入，好像在这个世界上她一无牵挂。

47 奥斯丁太太为她借来一架钢琴，她每天坐在钢琴前为大家弹奏乐曲。伊莱扎这次的来访，无疑提升了简对弹琴和演奏的兴趣，还有跳舞："每个星期二我们在客厅中跳舞，都是自己的孩子，表兄、表妹……是个家庭舞会。"家中的客人要到 1 月底才离去。[5]作为家中年纪最大的亨利，这时自然成为伊莱扎的男主人和男舞伴，他机敏而奉承，也会开玩笑，伊莱扎特别喜欢他这些玩笑，尤其是当他开始奉承时。亨利极得他父亲的宠爱，简也喜欢他，伊莱扎不久也发现了他的魅力，并不反对在爱慕者当中增加一位英国的凯鲁比诺①。当她离开史蒂文顿时，还邀请他春天去伦敦。正如奥斯丁太太信中所说，"夫人生机盎然"。

伊莱扎和她的母亲可能曾给简带来一份生日礼物，一册刚出版也极流行的法文书《孩子们的朋友》，作者是儿童文学家阿诺·贝尔坎，

---

① 博马舍《费加罗的婚礼》中的人物，以风流多情著称。

书中讲述道德的故事，也有戏剧。该书有英译本，简得到的是法文袖珍本，体积小，适合小孩拿在手中。[6]贝尔坎劝人豁达大度，对仆人和动物友善，施舍穷人，勤奋工作，对女孩而言则要“行为端庄”，如有任何疑问，应当向她们的母亲求教。他写的剧本都以父母和子女为基本演员，属于“家庭节庆”的活动，为了让道德训诫深入人心，教导孩子们“勇敢、优雅，在言词、仪表和谈吐上自然大方”。伊莱扎对私人戏剧①向来便有兴趣，贝尔坎的剧本很投她的胃口，也希望奥斯丁的家庭能多加利用。但如果她真如此想，便太低估他们了。贝尔坎的书只须稍瞄一眼，便知道他以家庭为本位的道德观念刻板而情绪化，满纸废话。简大约会礼貌地感谢伊莱扎的赠书，不过她最初尝试的戏剧和故事创作已经对说教的贝尔坎作出了评判。贝尔坎苦口婆心想要教导和提升人们，而简却一头坠入闹剧、荒诞与自嘲。她创造了一个道德的虚无，而其中洋溢着的生命与能量，正是贝尔坎致力经营的世界。贝尔 48
坎的剧本缺少生命，而与此相反，奥斯丁的故事无一不是充满情趣的迪士尼卡通影片。

不论简怎样看待伊莱扎的礼物，伊莱扎自己却更有可观，简对她始终怀有眷恋之情，而她们之间的友谊持续到她表姐生命的最后一天。四年后，当简十四岁时，她把她最具雄心的一部小说《爱情和友情》献给了伊莱扎。这部作品最令人难忘的一段，是两个女主角“轮流晕倒在一张沙发上”，这个笑话其实是从谢里丹那里“剽窃”来的，但书中其余部分，跟谢里丹不相上下，至于全书三十三页的幽默感，从始到终，气势雄伟，从不衰竭。[7]用书信体来讲故事的劳拉，跟伊莱扎便有相似的生活背景：她“出生于西班牙，在法国一间修道院中接受教

① 指家庭戏剧，相对于公众戏剧表演。

育”。她的父亲是爱尔兰人，母亲是“苏格兰贵族和一位意大利歌剧女郎亲生的女儿”。她曾写信给一位中年朋友的女儿，一如伊莱扎曾写信给奥斯丁太太的女儿，也颇有伊莱扎那种漫不经心的神气。故事大部分叙述她与好友索菲娅的旅行和一些让人感怀并惊心动魄的遭遇，包括马车翻车和爱人遇难，还有一段插曲是一位可敬的长者，有一回意外发现了他失踪已久的四个孙子，但他给了他们每人一张五十英镑的钞票后，马上又把他们抛弃了。这会不会暗示伊莱扎盼望她的教父沃伦·黑斯廷斯有一天会重逢她的小儿子黑斯廷斯？

劳拉和索菲娅两人的行径完全跟贝尔坎的教诲背道而驰，她们不仅不听从父母的话，甚至不理睬父母的死讯。她们鼓励朋友和情人“从父母权威的脚镣手铐中解放出来”。她们怂恿十五岁的女孩去跟一个猎艳军官私奔，和两个年轻的私生子去抢劫他们的生母，让她活活饿死，然后去戏院演戏，变成修道院戏院里的明星。这些年轻人偷盗、欠债、赖账不还，他们表现的是黑色的喜剧，荒谬狂乱，以激情和权威否定了家庭美德和礼数。当简把这篇故事献给伊莱扎时，她显然相信伊莱扎会接受，并且分享她的幽默。

49 伊莱扎应当也察觉到了简“对我特别偏爱”，跟卡桑德拉相比，她更喜欢和简在一起：“我的心总是更喜欢简。”[8]无疑她们是谈笑的朋友，简一定会问她问题，而伊莱扎也一定会告诉简她在国内外的生活。詹姆斯也会谈到卡波·德·弗伊德公爵的个性和庄园，亨利也逐渐了解了她生活与为人的方方面面。这些表弟们的故事交相编织，但伊莱扎的身世也越来越像是个小说里的人物，不再是一个寻常的表姐了。

伊莱扎的童年是在伦敦与她的母亲和年老的父亲一起度过的，而她偶尔也会来到她教父黑斯廷斯的家。当她六岁时，她的父亲汉考克神秘地重返印度，虽然他热情而抱怨连连的书信不断，但她从没回过一封信。她年轻的教父不久也回到印度。伊莱扎没有上学，跟母亲居住在伦敦一条时髦的街上，有很好的家庭教师教她骑马、唱歌，弹竖琴、钢琴，还有跳舞，她写得一手好字，也会做简单的算术。她与其他孩子合演过话剧，学习法语，读诗，去戏院观剧。她衣着华丽，服饰讲究，去教堂，也为穷人施舍。她跟奥斯丁家的舅舅和舅母很要好，常和母亲一起去探望，前面我们已经说过了，她们也去肯特郡的表姐沃尔特家。表姐费拉德尔菲亚·沃尔特也是简·奥斯丁的表姐，而她的名字也是因她母亲而取的。她小心谨慎地收藏了伊莱扎给她的温情而有趣的信件，这些信是我们主要的信息来源。[9]

昂贵的伦敦生活持续着，而汉考克太太好像觉得不对劲，实际的原因恐怕是她闹不清自己在伦敦社交圈中真正的地位。人们对来自印度的财富有点歧视，除非你金钱多得惊人，你低微的身世才会被人遗忘，而汉考克太太显然不是这样的人物。当伊莱扎十岁时，她若即若离的教父开始出现，她也从母亲那里得知他给了她一笔小小的财富。汉考克先生曾警告他的妻子别让人知道："且让我预先交代一声
吧，即使在你最亲密的朋友面前也不要透露这个信息。对贝齐只须说 50
她的教父给了她一个大礼物，别说细节，叫她写一封恰当的谢函就好了。"[10]这有可能是她怀疑自己血缘的开始，她是个十分灵巧的孩子，却生活在一个尴尬的环境中。

她假定的父亲汉考克先生在她十三岁时过世，这时她的教父把给她的礼物又增加了一倍，此时她的身价一万英镑，金额则受托在黑斯廷斯的姐夫伍德曼先生和舅舅奥斯丁的手中。伊莱扎便是在这样的氛围中长大，明白自己的悬殊和来自印度的神秘，而这些事实，连同金钱把她推向了另一世界。

也许因为社会地位含糊不清吧,母亲在她十五岁时把她带离了英国;另一可能是受到朋友约翰·兰伯特爵士的鼓励,这位英国籍的法国男爵与汉考克先生也有商业来往。[11] 她首先带伊莱扎去了德国,于1778 年 6 月来到布鲁塞尔,随即又去巴黎。在巴黎,她们开始进入豪华的社会,接上了黑斯廷斯的人脉,人们在那里尊称他为“黑斯廷斯老爷”,是个言谈中的话题。伊莱扎备受宠爱,感觉自己进入了一个有如天方夜谭一般繁华的世界。在她写给表妹费拉的信中,极尽渲染她星光璀璨生活之能事,她描写玛丽·安托瓦内特在舞会中身穿土耳其服饰,身上挂满金刚钻、毛羽、花卉、银色薄纱和各式各样的珠宝。她品评时装、帽子、发饰、耳环和女王新宠的颜色,“一种蓬帕杜尔发式的墨色”,被人戏称为“马尔白勒将军之死”。她兴高采烈地提到朗香,“一座位于布洛涅森林的修道院”,展现出富丽堂皇的气派,蒂利耶的歌剧院,其场地之大,可以容纳“五百匹马”,虽然她还不曾看过一部歌剧。她还亲眼看见气球大师布朗夏尔先生腾空,他的气球有翅膀和方向舵。她取笑法文版的《罗密欧与朱丽叶》《李尔王》《麦克白》和《克里奥兰纳斯》“谋杀了”莎士比亚,但大大赞美博马舍的《费加罗的婚礼》。她宣布她的心“除了友情”外,对其他“完全无动于衷”,而她特别钟情于法国修道院中的一个修女,还跟她交换过照片,1780 年的酷
51 夏,当她和母亲去枫丹白露附近的孔拉维尔观光时,她说她要每周给这位修女写信,像小说中任何一个浪漫的女主角一样。

她的信件充满活力,也竭尽气力地描述一切她自认为有趣的事,不过要从这些信中了解她真正的感觉却不容易。她长大后第一件大事是她十九岁时跟一位法国军官结婚,这件事甚至让她自己也吃了一惊,她承认这不是爱情,只是听从了“我认为必须听从的那些人的,而不是我自己的意见”,那些人是“有地位、有名分的参谋人员”。[12] 谁是

那些人呢？显然不是她财富的信托人，他们远在英国，最可能的是她母亲的朋友约翰·兰伯特爵士。伊莱扎曾请她表妹费拉把给她的信由这位住在巴黎的“兰伯特骑士”（“le chevalier Lambert”）转递。[13]他有伊莱扎所说的地位和名分，他在她母亲的面前也有一定的影响力，他有一半以上的法国血统，他的父亲是法国公民，跟法国西南部有密切的关系。[14]

至于约翰爵士有没有自己的目的促成这门亲事，我们不知道，不过一位跟“黑斯廷斯老爷”有关的人曾经告知伊莱扎可以成为富有的财产继承人，以及得到其他更多的利益，如果愿意嫁给三十岁的约翰·弗朗索瓦·卡波·德·弗伊德，这位既是贵族，在南方又有庞大庄园的青年。这些猜测可能都是真的，只是都并非全部真相。伊莱扎的财富不少但并不惊人，卡波·德·弗伊德的父亲是个律师，从卑微的地位提升到内拉克市长，也曾在僻远而荒芜的朗德地区（毗邻下阿马尼亚克省）担任过“水土和碉堡”保管的任务。他没有任何头衔，至于伊莱扎相信与他儿子结婚后会得到伯爵夫人的身份，若非幻想便是误传。卡波·德·弗伊德倒可能因新娘的财产而得授以爵士，再不然便是他加斯科涅的口音产生了一点作用。也许约翰爵士期盼能以媒人的身份得到一点好处，他无疑曾参与过卡波·德·弗伊德的家务事，因为当伊莱扎去世数年后，亨利·奥斯丁曾与兰伯特的财产继承人有过交涉。[15]

伊莱扎是德·弗伊德服务于女王军团时经人介绍而认识的，在军
52 队中他被公认为最俊美的军官，1780 年早期他出入法国宫廷宴会，似乎是一名风云人物。汉考克太太十分欣赏他，不仅同意这门亲事，不久还将她自己的钱借贷给他。这正是伊莱扎的产权委托人所担心的事，委托人之一伍德曼先生在发现这门亲事对伊莱扎不利后，曾写信

给沃伦・黑斯廷斯:"他们[德・弗伊德家]看来蓄意要把[她的]钱财吸个精光",虽然汉考克太太仍然"说她十分满意,这位先生很有来头,资源也够丰富"。[16]

奥斯丁先生一度担心伊莱扎会转信天主教——的确,她修道院的朋友曾经劝她入教,不过他不免过虑了。内拉克有强烈的新教传统,卡波的家人就有不少新教徒,不管他们怎样在表面上不露声色。[17]卡波・德・弗伊德是个英国迷,伊莱扎曾说"这位伯爵最大的愿望便是一访英国",后来他还说他希望他的孩子是"一个土生土长的英国人"。[18]在法国人之中,这件事很不寻常,你会想要找个理由,虽然宗教有可能性,但更可能的是,这孩子会引起"黑斯廷斯老爷"的兴趣,因为他没有合法的子嗣,也许会垂青于伊莱扎的后代——由她的婴儿排山倒海、气势不凡的名字来看,也可作为这个猜想的证明。

伊莱扎取笑她的丈夫说:"他年轻漂亮,且不说他的军人和法国人身份吧,你能有几分把握他会对你忠心耿耿。"虽然与此同时,"他毫不含糊地宠爱着我"。[19]事实上,约翰・卡波・德・弗伊德的爱心从来没有放在伊莱扎身上,他要的是钱,不是**豪华马车**,不是巴黎奢华的生活,而是为他的故乡朗德地区做开垦工作,也就是把靠近内拉克一带将近五千亩荒废无用的"大沼泽"抽干水分,变为良田,成为高利润的农耕城乡。这理念大概来自他的父亲,当他负责管理内拉克水土和碉堡时,当时法国政府也大力鼓励土地开发,宣称给有功人士免税的优惠。德・弗伊德曾向国王提出排水和免税的申请,这是个不错的计划,但需要庞大的资金。

53　他父亲于1779年去世,遗留给他一些土地和金钱,但帮助不大。1780年他开始领取半薪,1781年与伊莱扎・汉考克结婚,1782年从国王处取得执照,这时他把伊莱扎及其母亲留在巴黎,独自前往南方监督工程。工作进行得并不顺利,一部分由于与地主发生土地权益的争执,更麻烦的是,当地农民已世世代代习惯于他们畜牧的生涯和芦苇的收割,拒绝接受新的开发。费用远远超出他的预算,他将全部的遗产投入计划,加上妻子的收入,还在汉考克太太那里负了一笔债。

伊莱扎的故事为这时经济领域中的罗曼史提供了一个最好的例子,说明十八世纪晚期的金钱如何在世界中流转。这位英国新娘变成了一支金钱导管,把印度赚来的,或者诈取得来的钱,送到法国朗德地区,在这里用来疏导古老的沼泽地,但触怒了当地居民,因为工程的利润只属于卡波・德・弗伊德一人。然而这并不是金钱和土地开发故事的结局,1784 年 5 月,伊莱扎和母亲来到南方实地参观工程的进行,卡波・德・弗伊德为了好好招待她们母女二人,租了一栋豪宅以迎合女伯爵高贵的身份,因为他自己的住处太不体面了。儒尔当城堡便是她们随后两年居留的地方,到今天它还是一个特别浪漫的城堡,更像是《睡美人》童话里的景色而不是土地开垦工程。它建造在内拉克和大沼泽之间,是一座地道的法国式“别墅”,它没有铜墙铁壁的建构,却是一座很大的石砌房屋,三层楼高,有复折式屋顶的阁楼,百叶式的窗户,在别墅正面处还建有胡椒瓶似的塔楼,它矗立在陡峭的山头,面对空旷无边的林地、乡野和天空。在 1780 年代,这是一片荒野,最近的城镇也在二十英里之外。

汉考克太太和伊莱扎登上四百五十英里南下的旅程是在 6 月的夏季,伊莱扎把大部分时间用于“晒黑皮肤,以便加强原有棕黄色的肤色”。[20]沿途也许有几户贵族人家可以拜访,但这片广大的土地只有 54
那些满口土语、不知所云的农民,他们的贫穷和粗俗让她们感觉是化外之民,但这正是朗德地区特有的乡下生活。严冬把伊莱扎关在屋子里了，全家也都发高烧，冬天结束时，她的婆婆突然死亡，这让她的丈夫悲伤不已，更加埋头在他的“工作”里。你会讶异他在荒地里奔走的范围：新挖掘的运河今天还能看见，好些玉米田、葡萄园，还有连绵不断的林地，在高低不平的小径上，你会无心踢到石头地标，上面都刻写着“1785”的字样。

他甚至还给自己盖“别墅”，一栋四四方方，看来一点也不浪漫的马路边上的房屋，虽然债台高筑，他还盖了其他的房屋，像马槽、农房、小村舍，和为此刻还在西印度的兄弟居住的房子。伊莱扎开始对这边的工程感兴趣，写信给费拉和奥斯丁家，热情洋溢地叙述这块土地是国王赠送给“德·弗伊德先生和他后代继承人永远的”礼物。[21]重要的是，一个继承人就要产生。不幸，这时她流产了，这让她极为懊恼，她现在开始专注于这片土地。这些信息鼓舞了詹姆斯·奥斯丁，他打算专程来此拜访。

不过在他启程之前，伊莱扎的丈夫带着她和她的母亲一同去了比利牛斯山，帮助大家疗养身体。巴涅尔-德-比戈尔的温泉是英国人的最爱，在那里伊莱扎还吹牛见到了年轻的切斯特菲尔德公爵，由于三心二意，他虽然已经被任命为西班牙大使，竟从来没有到达马德里。[22]巴涅尔的温泉果然有效，卡波·德·弗伊德复原了，而伊莱扎也再度怀孕。她的怀孕并没有影响她明年的旅行计划，这次她将访问朋友，参加他们家庭话剧表演的派对：“我答应过出席嘉年华……他们的社区真可爱，有优雅的戏院，也让自己的人登台演戏。”[23]在这之后，她的丈夫好像曾提醒过她把孩子生在英国的重要性，因为此时沃伦·黑斯廷斯正在伦敦。不幸大沼泽地繁重的工作让他分不了身，不能与她同行，该年5月底，伊莱扎和母亲汉考克太太终于束装出发，踏
55 上了数百里路艰辛的返英旅程。她们穿越风险莫测的英法海峡，从加

莱到多佛，由小船换为大船，对于一个有孕在身的女人来说尤其艰辛、疲累。6 月，当她们抵达伦敦时，婴儿也正好诞生。

到目前为止，这便是伊莱扎的故事。1786 年圣诞节到来时，就她自己所说的，她的生活已经完全恢复了常态。她的表哥詹姆斯・奥斯丁正前往内拉克，拉拢两个家庭的关系。她为丈夫生了一个男孩和继承人，而她最亲爱的母亲始终在她身旁，给她协助和照料，与此同时，卡波伯爵则继续忙于他为子孙万代开启财富的事业。但谁也不曾注意到，这个六月大的婴儿黑斯廷斯，根据他婶婶的叙述，胖嘟嘟，金发白肤，漂亮，却开始显现异状，虽然出生时健康，却没有得到预期的发育。

小黑斯廷斯两岁大时，既不能站立，也不能说话，只会发出噪音，他时时有痉挛现象，眼神古怪，一看便知是个不正常的男孩。伊莱扎却跟她的婶母看法不同，我们不清楚她曾否把坏消息传给她丈夫，但她认真看顾孩子，祈求进步。令人感动的是，她坚信小黑斯廷斯有新的发展，纵然那只是“重叠他**天才的**小手”，或者“很有英国风味的拳击”。表妹费拉在给她哥哥的信中担心“他将会变得像可怜的乔治・奥斯丁一样”，但伊莱扎继续吹嘘她“**神奇宝贝**的神奇天赋”，从未想过把小黑斯廷斯送到外面看管，尽管她以轻举妄动、贪图享乐著称，但她骨子里仍然有固执的善良。

在外表上她一无改变，幸而有母亲的支持和家务事的帮助，使她有余闲照常参加社交活动。亨利 4 月时来到城里，跟她往来了一个月，回家后感到非常快乐和满意。一如他哥哥詹姆斯，他也上了牛津大学，还得到了“创始人亲属”奖学金，满怀对未来美好的憧憬。他和 56
伊莱扎编制了一套计划，明年将陪伴她去法国，而根据家庭中的闲聊，

“两个人谈起这个计划都喋喋不休”。[24]

随后伊莱扎前往坦布里奇韦尔斯温泉疗养镇，即使在这样的时尚之地，她也出尽了风头，她的衣着“在大厅里最为华贵”，而她疯狂的购买力也叫人刮目相看。“星期五早上，伯爵夫人和我逛遍所有女帽店购买帽子。她帮我挑了一顶非常特别的帽子，侧面戴在头发后边，由于混色才受欢迎，我选了粉配绿，还有粉红的玫瑰和羽毛花环。现在就时兴这些最骇人的颜色。”她表妹费拉信中所言既是羡慕，又是不满。她们还去了赛马场，听了著名意大利歌星的演唱，在舞会中跟男士跳舞直到午夜，也光顾了当地的剧院。伊莱扎特别提到《此人是谁?》和《上层生活》两出话剧，前者是女作家汉娜·考利①的剧本，有关一个迷人的寡妇不知怎样选择求爱者的故事，后者则是戴维·加里克淫猥的闹剧，写一对男女如何在通奸的悬崖前勒马自救，在法国的劣行和英国的道德对照之下，踢踏小姐受到法国生活的影响，宣称说：“我们还是结婚吧！你知道，时髦人都结婚。不过我将会看不起自己，假如婚后我一点也不爱丈夫。”伊莱扎很喜欢这两出戏，建议要在史蒂文顿上演。亨利和简无疑在一起读过这些书，简对汉娜·考利的剧本很熟悉，在书信中还曾引用过她。

当费拉和她在坦布里奇韦尔斯温泉疗养镇时，伊莱扎曾对表妹坦白说，虽然伯爵丈夫对她有“强烈的”爱，她却一点也不爱丈夫，她对他只是尊重和尊敬。在这之后，她们曾去舞会跳舞，一直到凌晨两点，最后一个是活力充沛的法国乡村舞“拉布朗热”(*La Boulangère*)，六对舞伴留在舞池中，连续半小时没有休息，还要不断变换姿势。像这样连续而不受约束的舞蹈有自我放松的快感，女性生活中被允许的一种恣

---

① 汉娜·考利(Hannah Cowley,1743-1809)，英国戏剧家。

意，甚至向来稳重的费拉也感觉到了，在她后来给伊莱扎的信中曾经希望“你热爱的舞蹈能振奋你的精神”。这是女人与女人之间最能理解的情绪，对于饱受婴儿问题折磨的伊莱扎，跳舞肯定会给她天堂般的释放。 57

那年秋天，奥斯丁家庭的另一件大事是詹姆斯欧洲壮游归来。他多少爱上了法国，法国人优游自在的生活震惊了他，也更热衷于筹划史蒂文顿戏剧的演出。[25]得到伊莱扎的鼓励后，他和亨利开始准备圣诞节的表演，希望比去年更好。奥斯丁先生容许他们改装和涂改谷仓的颜色配合他们的舞台，他们立即开工，选定了两个剧本，都是伦敦舞台的戏目。他们没有选考利太太的《此人是谁?》，而是选了另一女作家苏珊娜·森特利弗①，剧名是《怪事！女人也有秘密!》。这个“怪事”便是唐娜·维奥朗特，一个葡萄牙贵族的女儿，冒着失去自己爱人的危险，帮助她姐姐跳出媒定的婚姻，即使在自己名誉和婚姻都受到威胁时，她依然守口如瓶，不透露丝毫风声。伊莱扎扮演的便是这个女主角唐娜，詹姆斯写的开场白也由她朗诵。虽然这开场白说不上是女性解放的宣言，至少赞扬了女人在葡萄牙贵族压迫下日益增长的势力：

> 感谢老天，好日子终于到来，
> 女人不再是你们的奴才。
> 聪明的男人呀，从霸权宝座上滚下，
> 放弃你们“造物者”高贵的身价。

---

① 苏珊娜·森特利弗(Susanna Centlivre，约1667～1670-1723)，英国诗人，演员，被誉为“十八世纪最成功的女戏剧家”。

在我们雄伟的进军声中称臣，
服膺我们的魅力和我们的才能。
你们的权谋敌不过我们的灵巧，
铜墙铁壁也挡不住我们一笑。

对詹姆斯而言，撰写开场白和收场白似乎是一大乐趣。在这篇开场白中，他赞美圣诞节，那些“从法国欢乐的彼岸进口”的欢乐习俗，无疑是对伊莱扎和她公爵丈夫的恭维，然后加上了对英国的恶意挖苦，亦即当“克伦威尔①和他的一帮人在圣诞糕里发现了一粒发臭的‘天主教会’”。这出话剧他们上演了两次，圣诞节后欲罢不能，1 月里又
58 演了一次，这次额外加了一出喜剧《机会》[26]，而加里克的《上层生活》也登场了，给了伊莱扎一个表演踢踏小姐（Miss Tittup）的好机会。[27]

戏剧热占了上风，这个娱乐是给左邻右舍献上的好礼，但谁都知道，开心的是参与的家人，而最刺激、兴奋的事则发生在幕后。亨利早已觉得他在伊莱扎身上有点特殊的关系，而詹姆斯比他大五岁，事实上伊莱扎是个已婚妇女，任何争执都是徒然。不过伊莱扎有招蜂引蝶的习性——“她那炉火纯青、身兼英法之长的技术”，一如詹姆斯的儿子八年后认真的回忆——两兄弟都为她着迷。[28]他们年轻的妹妹从旁看到听到的，只是他们对人选、服装、阅读和排练等事情的争吵。数年后，简给詹姆斯提供了一出她自己编写的剧本，首页的献词便说道：“我谦恭地把这个剧本送交给你，请求你的保护和惠顾，虽然我知道它比不上那些大名鼎鼎的喜剧，例如《妒忌学校》（*The School for*

① 奥利弗·克伦威尔（Oliver Cromwell，1599–1658），英国政治家，清教徒，排斥天主教会。詹姆斯把“天主教会”写成 Popery（教皇主义），显示他轻蔑的用意。

Jealousy）和《风尘仆仆》（*The Travelled Man*）……”她还能想到什么？

圣诞节来到前，伊莱扎预言了“一个极为光彩的派对，大量的娱乐节目，全屋将挤满宾客，开不完的舞会”。她至少没有失望。话剧和跳舞转移了她对儿子的焦虑，而儿子迟早要见到他的父亲，事实上，她自己已有两年没见到丈夫，但看起来她并不急于回法国。

奥斯丁先生的学生 2 月即将返校的事实，意味着伊莱扎必得离开史蒂文顿，她离开了奥斯丁家，回到自己果园街的住处。她走后奥斯丁家又再表演了一场话剧：菲尔丁的《大拇指汤姆》，一个悲剧性的讽刺剧。大约在此阶段，简已经写好了三幕剧《神秘》的剧本，作为她给父亲的献礼，剧中明显充满了二十世纪的情调：

第一幕

第一场

花园里

科里登上。

科里登：安静点！有人来了！ 59

［科里登下

老亨巴格与儿子同上，谈话中。

老亨巴格：这便是我要你听我的理由。你肯定这事恰当吗？

小亨巴格：我肯定，先生，我也将完全依照你的意思去办。

老亨巴格：很好，我们回屋里去吧。

［同下

在伦敦，伊莱扎除了担心儿子，还得担心她的教父。沃伦·黑斯廷斯刚从印度待罪回来，准备接受审判，罪名是违抗治下的民众，即将面对一长串以言辞犀利著称的议会检察官，包括伯克（Burke）、谢里丹和福克斯（Fox）。这对他是个既可怕又丢脸的审讯，对社会却是应季的时髦娱乐，群众一大清早便在威斯敏斯特门前排队，等待入场看热闹。谢里丹的口才常会使男人落泪，使女人晕倒。此时的黑斯廷斯面色苍白、脆弱、倨傲，虽也得到一些人的同情，在声势显赫的检察官面前却完全失去了光彩。[29]

虽然如此，他依然是个富有的财主，在审讯期间，他与妻子住在圣詹姆斯广场，在温莎还拥有一栋豪宅。尽管身处煎熬，他还在豪华的氛围中款待过伊莱扎和（我们不难猜测的）汉考克太太，也让她们使用他歌剧院里的包厢。伊莱扎还曾亲自去过威斯敏斯特大厅，从早上十点坐到下午四点，聆听他所遭受的炮火攻击。奥斯丁家庭从来便是黑斯廷斯无条件的支持者，虽然这次的过庭终于落幕，但那已到了 1795 年，为时太久，黑斯廷斯再也恢复不了他昔日的财富与地位。对伊莱扎圆满的世界来说，这无疑是另一裂缝。

她邀请亨利去法国的计划没有实现，因为他——有逆他的意志——必得前往牛津，加入詹姆斯在圣约翰学院的行列。7 月，伊莱扎在她果园街的家里招待奥斯丁夫妇，卡桑德拉和简陪同，他们正从肯特郡旅行回来，在返家途中。其后伊莱扎也去牛津拜访了詹姆斯和亨利，在她写给表妹的信中，可见这次相聚的欢欣：

> 60 我们参观了几所学院，还有博物馆，我们殷勤的圣约翰亲戚把我们招待得真好。大学里的花园大大吸引了我，我真希望也变成**学院的一员**，天天漫步其间。我也爱上了他们的黑袍，幻想戴上一块方帽时的神气。我不相信你会认得亨利，他头发抹了粉，衣装完全**入时**，再说，他也比他父亲更高了。我们还去了布莱尼

> 姆宫①。我喜欢它的苑囿，我认为那是个迷人的去处，楼宇的外观也好，但令人失望的是它的家具，古老又残破……[30]

关于布莱尼姆宫就说到这儿。从信中我们无疑可以知道，在两个表弟中她倾心的是谁了。至于她的丈夫，他要到1788年的冬天，当黑斯廷斯两岁半时，才能见到自己的儿子，那时他的妻子和岳母终于回到了巴黎。他给这个大沼泽地的继承人做了什么交代，我们不得而知，他显然不会同意妻子乐观的看法，父亲从来不会对令人失望的孩子感兴趣。那时经济的困难正缠扰着他，法国国内的政治动荡也增加了他的烦恼，他得有许多耐性陪伴妻子逗乐孩子，听孩子一半英语、一半法语的聒噪，还把孩子“吃了一半的苹果或糕点大方地送给满室的宾客”。[31]

“我们在这里很不顺利，德·弗伊德从乡下带来了间歇性的烧热。”汉考克太太在给伍德曼先生的信中说道。伊莱扎这个冬天也“日见消瘦”而且头痛频频，唯一够健康的是“我们亲爱的小男孩”。[32]1789年6月，汉考克太太和伊莱扎为了财务的缘故回到伦敦，她们带来自己的女仆，居留在伍德曼先生家，为了不增添麻烦，母女二人共享一张床。在这以后信件忽然中断，历史说明了其中的原委：7月14日，巴黎群众攻陷了巴士底狱——这个法国王朝专制的政权象征。革命改变了法国和欧洲，而在我们小规模的故事中，卡波·德·弗伊德的一切也变了，包括他的计划，他的妻子，以及妻子在英国的家庭。

---

① 布莱尼姆宫(Blenheim Palace)，建于1705年至1722年间，是英国唯一民间建筑而称“宫”的，也是英国园林之典范。

注释

[1] 乔治·霍尔贝特·塔克,《丰厚的遗产》,第166页。引文来自克里斯托弗·劳埃德(Christopher Lloyd),《朴茨茅斯与格林尼治的皇家海军学院》(“The Royal Naval Colleges at Portsmouth and Greenwich”),《水手之镜》(*The Mariner's Mirror*,1966)。

[2] 卡桑德拉·奥斯丁太太给费拉德尔菲亚·沃尔特的信,1786年12月31日,引自迪尔德丽·勒·费伊,《三封奥斯丁家书》(“Three Austen Family Letters”),《注释与问询》(*Notes and Queries*),1985年9月,第333-334页。

[3] 这些伦敦经验见伊莱扎·德·弗伊德给费拉德尔菲亚·沃尔特的信,1787年4月9日,《奥斯丁档案》,第122-123页。

[4] “他的两个妈妈”一语来自上引信件,第123页。

[5] 本段全部引文来自奥斯丁太太给费拉德尔菲亚·沃尔特的信,1786年12月31日,引自迪尔德丽·勒·费伊,《三封奥斯丁家书》,《注释与问询》,1985年9月,第333-334页。

[6] 简·奥斯丁拥有法语原版十二卷本贝尔坎作品集多卷。在第一册上写着“简·奥斯丁,1786年12月18日”。第二卷至第九卷也有相同的字样。第五卷则出现一个不同的字迹,用法语写道:“给亲爱的简·奥斯丁”。信息来自戴维·吉尔森,《简·奥斯丁文献目录》(*A Bibliography of Jane Austen*,1982)。

[7] 《评论家》,第三幕,第一场,舞台说明,“她们轮流晕倒在彼此的手臂中”。

[8] 伊莱扎·德·弗伊德给费拉德尔菲亚·沃尔特的信,1792年10月26日,《奥斯丁档案》,第148页。

[9] 她们的信件大多已收录于《奥斯丁档案》;其后又有几封出现于1942年,今存汉普郡档案馆微缩胶片中。

[10] 泰索·索尔·汉考克给费拉德尔菲亚·汉考克的信,1772年12月11日,《奥斯丁档案》,第68页。

[11] 汉考克太太的霍尔银行账号于1778年有数度付款给约翰·兰伯特爵士的记录,而霍尔银行信件簿册也提到兰伯特在巴黎收到一笔,金额为

两百英镑,日期是1778年6月2日。

［12］伊莱扎·德·弗伊德给费拉德尔菲亚·沃尔特的信,1782年3月27日,《奥斯丁档案》,第99-100页。

［13］汉考克太太1778年10月到12月间的霍尔银行账簿里有付给约翰·兰伯特爵士金额达三百七十英镑的记录,而1780年还有进账(账簿100号,第406页)。1780年6月,伊莱扎让费拉写信给她,“由巴黎的兰伯特骑士转交”,《奥斯丁档案》,第92页。

［14］根据《德布雷特的英格兰男爵名册》(*DeBrett's Baronetage of England*)的记载,约翰爵士的父亲曾一度居住在雷岛(Isle de Ré),距拉罗谢尔(La Rochelle)不远。

［15］例如1824年亨利·奥斯丁在霍尔银行的账簿上有一笔进款。

［16］约翰·伍德曼给沃伦·黑斯廷斯的信,1781年12月26日,《奥斯丁档案》,第98页。原件存大英图书馆附加手稿,29, 152, f. 150。

［17］雅克·卡波(Jacques Capot)于1713年注册为新教徒,他的名字出现在赴日内瓦的人的名单上,见《法国新教教会史学会简报》(*Bulletins de la Société de l'Histoire du Protestantisme français*),第七十六卷(1926),第240页。

让娜·卡波小姐(Demoiselle Jeanne Capot)于1683年与内拉克新教家庭的P.默尔(P. Meulh)结婚。G.谢-戴昂(G. Chaix-d'Est-Ange),《十九世纪末法国古老或名人家庭词典》(*Dictionaire des Familles Françaises anciennes ou notables à la fin du XLXème siècle*),第十卷(1903-1929),第441页。

［18］伊莱扎·德·弗伊德给费拉德尔菲亚·沃尔特的信,1782年3月27日,《奥斯丁档案》,第100页;1786年1月17日,《奥斯丁档案》,第115页:“假如德·弗伊德先生有一个儿子,他极希望他成为一个土生土长的英国人。”

［19］伊莱扎·德·弗伊德给费拉德尔菲亚·沃尔特的信,1782年3月27日,《奥斯丁档案》,第104、100页。

［20］伊莱扎·德·弗伊德给费拉德尔菲亚·沃尔特的信,1786年5月23日,《奥斯丁档案》,第119页。

［21］伊莱扎·德·弗伊德给费拉德尔菲亚·沃尔特的信,信件存于

简·奥斯丁纪念信托基金(Jane Austen Memorial Trust),引自迪尔德丽·勒·费伊,《三封奥斯丁家书》,《注释与问询》,1985 年 9 月。

[22] 伊莱扎·德·弗伊德给费拉德尔菲亚·沃尔特的信,1786 年 1 月 17 日,《奥斯丁档案》,第 114–115 页。关于切斯特菲尔德勋爵的信息来自《国家传记词典》(*Dictionary of National Biography*, DNB)。

[23] 伊莱扎·德·弗伊德给费拉德尔菲亚·沃尔特的信,1786 年 1 月 17 日,《奥斯丁档案》,第 114、115 页。

[24] 费拉德尔菲亚·沃尔特给詹姆斯·沃尔特的信,1788 年 7 月 23 日,《奥斯丁档案》,第 130 页。

[25] 詹姆斯对法国的复杂感受见于他后来发表于《闲游者》的文章。故事之一是一个法国贵族妇女勾引英国少年,而他从中逃了出来。

[26]《机会》是戴维·加里克改编博蒙特和弗莱彻而成的剧本。

[27] 詹姆斯诗集中有一首是《上层生活》的开场白,注明作于此年,见汉普郡档案馆,23M93/60/3/2。

[28] 见詹姆斯–爱德华·奥斯丁–利,《简·奥斯丁回忆录》,第 26 页。他还认为,简姑姑"很小就善于观察。很有可能,《曼斯菲尔德庄园》戏剧场景中生动刻画的事件和情感就源于她对这些娱乐的回忆"。

[29] 威廉·库珀是简·奥斯丁仰慕的诗人之一,曾在威斯敏斯特学校与黑斯廷斯同学,在此时写了下面这首诗:

> 黑斯廷斯!我认识你年轻的面貌
> 仁爱、健谈,还加上心肠好。
> 我怎能相信你昔日的雍容,
> 变成今日的罪恶和途穷。
> 但尽管你的忧忡和磨难,
> 折磨你的人并非人间典范。

[30] 伊丽莎白·德·弗伊德给费拉德尔菲亚·沃尔特的信,1788 年 8 月 22 日,《奥斯丁档案》,第 133 页。

［31］费拉德尔菲亚·沃尔特给詹姆斯·沃尔特的信,1788 年 7 月 23 日,《奥斯丁档案》,第 130 页;伊丽莎白·德·弗伊德给费拉德尔菲亚·沃尔特的信,1789 年 2 月 11 日,《奥斯丁档案》,第 137-138 页。

［32］费拉德尔菲亚·汉考克给约翰·伍德曼的信,1789 年 2 月 5 日,《奥斯丁档案》,第 135-136 页。

第六章　坏行为

61　1788 年夏天，奥斯丁一家人去肯特郡度假，他们在塞文欧克斯的弗朗西斯叔叔家用餐，弗朗西斯叔叔年已九十，还念兹在兹地以家长身份关怀族人。费拉·沃尔特也在场，她在一封给伊莱扎的信中叙述了这个生气勃勃的家庭，她说他们“精神焕发，彼此之间十分友爱”。[1]在同一封信中，费拉还对简做了一个不好的描述，这段描述的重要性在于它是第一个关于简的直接介绍：她从一家人中被单独挑出来，让我们顿时意识到她个性的强悍。费拉说简“任性又矫饰”，“一点不漂亮”，也许她说的是不够女性化，因为她接着说简“很像她的哥哥亨利”，还有，她“非常拘泥”，显然不符合费拉眼中一个十二岁女孩应有的模样。从另一方面说，卡桑德拉则美丽、感性、讨人喜欢。费拉不是个友善的观察员，她也说自己的判断有时过于草率，但她的话却指出了简有她不符合女孩子传统形象的地方。一个与常人不同的孩子常常并不可爱，也许她的笑话令费拉生气，或者当费拉和卡桑德拉在谈论一些“非常有趣又有意义”的话时，她会跑来泼冷水，再不然便是她闪亮而专注的眼睛盯住费拉时，令费拉很不自在。[2]

在从肯特郡回家的路上，他们顺道去果园街探望伊莱扎和她的母亲，发现她们正在打包行李，准备返回法国。伊莱扎在回复费拉的信中提到过这次拜访，却没有涉及费拉对简不够友善的评语，她只巧妙地说了一句话："我相信这是你第一次会见卡桑德拉和简吧！"不过她大力赞美她的舅舅奥斯丁先生，说"他对我越来越亲近了，他真是个杰出而令人喜爱的人，我真诚地爱他，就像爱我自己的 62
家人"。[3]奥斯丁先生的头发已经全白，而奥斯丁太太也掉了几颗门牙，但他们的努力一如往昔，勤劳地照顾着三件大事：教区、学校和农场。他们经济上的困难已经解除，不过知道自己的工作不到六十岁不能停止。他们的女儿还要好几年才会结婚，在这时她们帮母亲管点家事和花园，给自己做衣服，也给父亲和兄弟们缝衬衫。她们也做些年轻女孩子们该做的事。卡桑德拉开始学画，简也被安排了一位钢琴老师，乔治·查德，温彻斯特天主堂的助理风琴师。简的另一才华——编写故事和剧本，虽然还说不上是成就，但已经崭露头角，而且给了家人不少乐趣。

男孩们的前景看来一片光明，圣诞节时，弗朗西斯以很高荣誉毕业于海军学校，返家向家人道别后，便乘"坚忍号"巡逻舰前往东印度。他那时不到十五岁，得等下一年才够格成为海军少尉候补军官。他随身携带的是父亲认真写给他的一封信，教他如何管教自己，牢记宗教和祷告的重要性，不要跟对他有帮助的人失去联络，以及如何认真记账。奥斯丁先生保证会时常给他写信，同时也告诉他：

作为社会的一员，你的行为在周遭人物眼中是你前途升降的

> 重要因素，足以影响你个人的幸福和安危。侮慢、不仁和自私招来厌弃和憎恨；而友善、好性情与随和则孕育了尊敬和爱护。这些道路南辕北辙，为了你自己的利益，无须我多言，你应当三思而行。[4]

这是一篇奥斯丁先生精神极佳的宣言，说明了爽朗、宽容在现实和道德层面上双重的利益，也教导儿子如何在封闭的军舰生活中培养
63 团队美德。不过后来他的幼女却说，有些时候，友善、好性情与随和为了诚恳和良心的更大美德，必须退出它们固有的地位。在这一时段内，简的写作关怀集中在暴力和罪恶上面。

弗朗西斯五年内没有再见家人，海军生涯与家庭长期的隔离，即使对如此幼小的少年也是工作的一部分。但这期间，他与家庭保持着密切联系，简写了一个故事，骄傲地献给“皇家海军舰队‘坚忍号’少尉候补军官弗朗西斯·奥斯丁”，她早年的作品都题献给身边或远道的朋友和家人。这篇《杰克与爱丽丝》的故事是弗朗西斯离家后一年简献给他的，无疑曾让弗朗西斯发笑。故事讲述一群乡下坏女孩野心勃勃，装模作样，“妒忌，鄙陋，心怀恶意”，而且“又矮又胖又丑陋”。那个野心的女孩被捕人钢镣伤了腿，不久又被对手下毒，而对手旋即被吊死。那个野心勃勃的女孩俘虏了一位公爵，另外那个装模作样的女孩则溜出海外，变成了蒙古王子的宠妃。又有一个乡村家庭“耽溺于饮酒和赌博”，他们的儿子死于酗酒，女儿与当地的寡妇——贞洁的威廉姆斯夫人打架，而夫人于一场化装舞会后被抬回家，因为醉得不省人事。简对饮酒带给女人的后果特别感兴趣，她曾明智且郑重地表示，“女人的头脑禁不起醉酒”，这很像是出自兄长的世俗箴言，无怪乎简还是把它涂抹掉了。这故事可能在

弗朗西斯出海前,他们便已联合写下了草稿,他们兄妹对成人世界的强烈好奇,对酗酒、残忍和暴卒的取笑,看来可能是《杰克与爱丽丝》故事的滥觞。简在学校生活中曾一度面临死亡,而弗朗西斯海上的命运也朝不保夕;宁为笑而死,别死于怜悯,大约便是简替她坚强的哥哥所说的一句坚强的话。[5]

弗兰克早已离家,爱德华环游世界后定居肯特郡,查尔斯则始终在家。在牛津上学的詹姆斯和亨利因为学期短,常会去探望他们,而打猎和射击的诱惑常把他们带来史蒂文顿:他们都有狩猎的执照,他们猎来的野味在家中极受欢迎。[6]1788 年圣诞节,他们也举办了话剧活动,是两出闹剧,《苏丹》和《楼梯下的高级生活》。前者说一个英国 64
女孩凭她的大胆和勇气摧毁了一座情色的后宫,后者则是关于一群拉小提琴的女仆模仿她们主人的生活方式。[7]伊莱扎此时人在巴黎,但这场话剧的消息也传给她了,戏中女主角是简·库珀,现在十七岁,是个美人,与亨利搭档演出。伊莱扎把这信转寄给表妹费拉,还加上了一句话:“我听说亨利长得更高了。”[8]

这是他们最后一次演戏,因为詹姆斯开始把注意力集中到更重要的地方去了。他此时是奥斯丁家的作家,除了开场白之类的东西外,还正式写诗,现在则进一步写作散文,并且编辑杂志。[9]1789 年 1 月,他推出了他周刊的第一期,杂志绝无业余的气味,它经过排印、出版,在公众场所以三便士的价格出售。杂志名为《闲游者》,显然有意模仿约翰生博士极富声望的《漫步者》和《闲散者》。《闲游者》每期都有一篇匿名的文章和故事,稿约向外争取,两个特约撰稿人一个是他弟弟亨利,一个是本杰明·波特尔,他们牛津的共同朋友,其余的文章多出自他自己之手。杂志销售到伦敦、伯明翰、巴斯、雷丁和牛津,维持了十四个月的寿命,而且他的一篇文章还曾获奖,转载在 1791 年《年刊》[1]上,他一定为此极为欢欣。

转载的文章是一篇都市的记录,由一位年轻的牛津某学院院士口述,谈论有关他朋友的婚事。其中之一是一个地主,已经和他房客的女儿结婚,“她一无所有,除了健康和新鲜,所受的教育也不过是乡村的寄宿学校”。而这位他称为“亲爱的妻子”(cara sposa)的人却变成了一个俗不可耐、用钱如流水的碎嘴妇人。他的哥哥则娶了一个苏格兰贵妇,她异常骄傲于她家里亲戚众多,结婚后她居然带来了半打人,跟他们永久居住在一起。第三个故事的主人则说他的婚姻比较幸福,但当这位口述者到他家后,却隔墙听到妻子责骂丈夫说,自己连饭都没得吃,还带朋友来家住,让仆人有烫不完的衣服;客人不能睡在印花棉布的客房里,因为他的靴子太脏,而必须睡在没有窗帘的绿色阁楼
65 里。这位牛津人受不了了,借故逃离了绿色阁楼,回到他单身汉的学院火炉边,感到“格外舒服”。

作家的特权可以让他在杂志中取笑地主和贵族,虽然事实上他身无分文、无寸土之地,而自己也到了该娶媳妇的时候。如何借婚姻而致富,或者怎样取得良好的神职生活,是一些他在杂志中幽默地谈到的问题。他也发表过歧视妇女的言论,这可能是牛津人的惯例吧!但竟也发生在有姐妹的男人自己身上。1789 年 3 月 28 日,《闲游者》有一封署名为“索菲娅·感伤”(Sophia Sentiment)的信,曾一度被认为出自简·奥斯丁之手,那时杂志已出版两个月。信中抱怨刊物没有照顾女性读者,建议他们应当写些“愉快、友善的故事”,例如一些有美丽名

---

① 《年刊》自 1758 年创刊,副题是“年度历史、政治、文学一览”,主要内容是分析世界上的年度大事、发展动向。首任编辑是埃德蒙·伯克。

字的情人，爱而不见，或在海上失踪，或牵涉决斗，或变得疯狂。但不同意此说的人则认为这信更像在取笑女性文学的粗劣，而不是鼓励关怀女性读者。“索菲娅·感伤”可能是詹姆斯或者亨利伪装为女子的化名。[10]

詹姆斯最好的故事之一，是叙述一位助理牧师如何替乡村主日学校募款。查尔斯·考特利爵士建议他去见主教，并同意用马车载他去皇宫。一个富有的婢女告诫他，让一般人受太多教育会有不良结果，另一人则说她已捐了太多，现在捐不起了。最后这位助理牧师向汉弗莱·减价先生（Mr. Humphrey Discount）劝募，说捐一点小钱便能防止顽童破坏他的花园，汉弗莱指着窗外两个新装置的钢镣说：“我早已准备好了，迟早小流氓会打伤他们的狗腿。”钢镣出现在詹姆斯和他妹妹的故事中，且有显著的恐怖感，虽然简把它当作笑话，詹姆斯却把它变成政治话题。如果《闲游者》篇篇如此精彩，它将是一份有分量的刊物，但事实并不然。他们偶尔有叫座的文章，谈论英法间的差异（“英 66
国人有天可能浪漫，法国人可能严肃；英国人该学习言辞，法国人该学习闭嘴”）。另一故事，描写一个家庭因看了一群流浪人演戏而疯狂迷上了戏剧，很像是他们史蒂文顿演戏历史的重演。还有一篇万事通的文章，教导牧师怎样骑马、射击。另有一篇描述牛津形形色色的人，烫着大波浪的油头粉面之人，一脸毛胡子、衣衫肮脏的学者，“能知天下事的人”，以及那些故意“装作懒散、无知和愚昧的人”。亨利笔下曾轻描淡写过镇公所舞厅里一个精力过人的女舞者，暴露她身为人母的身份；一对相亲相爱的夫妇正在做离婚的准备；还有一个舞者不屑地望着他的舞伴，“觉得她应该是个猎人”。这些写实的生活片段，无疑都从邻近的贝辛斯托克镇集会舞厅里得来。

亨利的作品有惊人的草率，他极爱谈论女人，却对女人欠缺了解。

他最糟糕的喜剧是一个男人讲述他表姐勾引他结婚的故事，她让他看见她太多的脚踝和胸部，满脸脂粉，头戴假发，还强拉他去散步，大谈《少年维特的烦恼》，而年龄比他大了许多。亨利的谈吐一定比他的写作高明，否则比他年长的表姐不会这样喜欢他。

简的喜剧已经进入佳境，虽然她两年后才有机会再给亨利献上一书，当她如此做时，她已一鸣惊人。《莱斯利城堡》是以书信体写成的故事，每个人物都有独特的个性。故事一开始，正在为姐姐的婚礼准备宴席的夏洛特·勒特雷尔听到新郎坠马受伤且有生命危险的消息时，完全不能接受，她脑中全是食物和想要对悲戚的姐姐说的安慰话，她的文字呈现了狄更斯式的光芒。我们觉得好笑，因为这是人人熟悉的情况，我们目不转睛地读她，不让自己的私事打岔，即使那是朋友的悲剧。

67 亲爱的埃洛伊萨（我说），你不必为这小事哭泣（为了安慰她的缘故，我愿意把这事化小），求你不要在意——你看，我就一点也不烦恼。虽然事后会有麻烦，因为我不仅得把我准备好的食物统统吃光，而且一旦亨利复原了（虽然不会），我还得重做酒席；如果他死了（我相信他会），我还是得为你再准备一桌酒席（不管你嫁给谁）。因此，你看，虽然此刻想到亨利你会痛苦，但他不久死去，你的痛苦会成为过去，你会再欢欣起来，而我呢，我工作依旧，麻烦依旧，而且我准备的食物两个星期也吃不完。

夏洛特是简笔下一系列妄想缠身、口齿伶俐的女士的先锋，后继者则有贝内特太太、诺里斯太太和贝茨小姐，而夏洛特的善良一如其余。当去伦敦的念头出现在简心中时，她说，“我向来便想去那里玩，尤其是沃克斯豪尔，去看看那里的冻牛肉是否切得真像传闻中那样薄，因为我怀疑，冻牛肉切片的艺术没有人能比我更专精了。”任何作家都会喜欢这样的文字，对一个十六岁的孩子来说，简直就是奇才。

简早期数年间的作品曾被她随机抄写在三个笔记本中。约作于1792年1月至4月间的未完成作品《莱斯利城堡》被抄在第二本中。在这册笔记本的封面上，她题了“Ex dono mei Patris”（“来自我父亲的礼物”）的字样，父亲对女儿才能的欣赏和鼓励令人赞叹。简用来写作的昂贵纸张一定是她父亲买的，他也供应了卡桑德拉绘画的纸张。简的《英格兰史》署名“一个残缺不全、偏见十足、一无所知的历史学家”，她还请卡桑德拉为她画插图，这是她作品中唯一一册当时便有插图的书。

《英格兰史》写的尽是家庭琐事，当简认为她自己更偏向于“罗马天主教”时，乘机开了她父亲一个玩笑。为当时不在家的弗朗西斯，她也预言说，航海家弗朗西斯·德雷克爵士一定会被“今天还年轻却雄 68
心万丈，超乎他所有亲朋好友期望的一个人”所超越。还有令人会心一笑的“字谜游戏”：“car-pet”（地毯），影射詹姆斯一世的“Car”和“Villiers”（“凯旋车”和“小丑”），而“我的第一，在国王詹姆斯一世那里成了我的第二”，“你踩在我上面了”。奥斯丁兄妹的文字游戏，让《英格兰史》读来像圣诞节火炉边大声朗诵的娱乐活动。简可能接受了她父母的选择，把他们邻居作家夏洛特·史密斯的小说作为对比。简认为伊丽莎白女王的宠臣埃塞克斯很像史密斯故事中浪漫的德拉米尔，不惜在决斗中牺牲自己的生命。简自己承认，她对历史的兴趣不在史实和时代，而在罗曼史，也许更大的理由是她可以逗乐全家吧！

在《英格兰史》末页上，简注明了日期“1791年11月26日，星期六”,那正是她十六岁生日之前。那时《闲游者》已经停刊,虽然詹姆斯还在为自己的兴趣写诗,奥斯丁太太也会偶然来一首随兴小调,简作为前途光明的作家,开始被家人接受了。在她下一个笔记簿扉页上,奥斯丁先生写下了他亲切的赞辞:“一个髫龄少女情思的奔放,无论故事与风格,堪称前无古人。”[11]他对女儿写作高度的赞赏,可能促使他容忍了她离经叛道的言论,例如《莱斯利城堡》写的是一个年轻妈妈抛弃了婴儿而与人私奔的故事,在故事后段她丈夫还改奉了天主教,以便取得离婚许可证,然后两人欢天喜地结成佳偶。对一个英国国教牧师的女儿来说,这些玩笑开得够大了。

另外一件清楚的事,是奥斯丁先生让女儿浏览他书斋里的任何书籍。作为一个孩子,她被允许看塞缪尔·理查森的《查尔斯·格兰迪森爵士》,里面不是母亲酗酒便是父亲与人通奸,再不然就是如何学习跟父亲的情妇和私生子相处,可见奥斯丁先生不能有更多的保留了,从这件事和他对简的大胆故事的冷静回应上,看得出他是不平凡女儿的不平凡父亲。根据亨利的叙述,她的阅读开始得很早,很难说“她在
69 什么时候懂得英语散文和小说中的精粹和糟粕”。这个诚实的回忆并不意味她五岁时便读了约翰生博士和塞缪尔·理查森,但清楚地勾画出一个非常年幼却早熟的小女孩匍匐在书堆前的画面,他还说,她有着令人嫉妒的“好记性”。[12]这样看来,父亲的书斋变成了培养才华的重地,因为她最初的创作冲动源于阅读他人的故事时所感到的快乐和兴奋。

不过,想要非常系统地阐述她早年的阅读并非易事,理由之一是,奥斯丁先生书斋里的五百册书早已卖出;其次,1817 年亨利写回忆录时更强调的是妹妹的虔敬与可敬,而非兼收并蓄、不拘一格的品味。

文中他说简认为约翰生和库珀是“道德作家”的楷模，她喜欢理查森胜过菲尔丁。“对粗劣的东西，她裹足不前。”他所说的裹足，大约是在阅读之后吧！她并不古板。她也喜欢菲尔丁，不但读过她哥哥买给她的《大拇指汤姆》，还读过《汤姆·琼斯》。[13]她对斯特恩的《项狄传》和《感伤旅行》了如指掌，亨利对此却只字不提。他也不曾提到任何对她极为重要的女性小说家和剧作家，例如夏洛特·伦诺克斯、伯尼、夏洛特·史密斯、玛丽亚·埃奇沃思及汉娜·考利。戏剧是他们家庭中普遍的阅读、讨论、上演和娱乐的项目，亨利也许觉得在1817年间不宜多谈。他也没有提到莎士比亚，虽然莎士比亚是“英国人的构成部分”（《曼斯菲尔德庄园》中亨利·克劳福德的话），而埃德蒙·伯特伦也同意：“谁都懂点莎士比亚……童年时代便开始了……我们人人口上挂着莎士比亚，用他的譬喻，借他的语言。”我们可以认为，埃德蒙在此既是指伯特伦一家，也包括奥斯丁一家。《诺桑觉寺》中的凯瑟琳·莫兰德便是在莎士比亚氛围中长大的，而《理智与情感》中的达什伍德则领着威洛比阅读《哈姆雷特》。不过事实上，简的信件中很少提莎士比亚，总共只有三次。

约翰生对她的影响是显而易见的，我们知道她读《拉塞拉斯》和《漫步者》《闲散者》里的文章，成年后在一封信中她称呼他为“我亲爱的约翰生博士”。她也读鲍斯威尔，他的语言和思想也会在她作品中 70
出现。有时她的句法让我们感觉像是约翰生式的再现，既严肃又智巧，例如“没有事物能挡住她，除了丈夫和良心”。这话来自她早年的故事《贵妇苏珊》，相似的语调也见于《傲慢与偏见》的首句（“这是举世公认的真理……”），《漫步者》中常有这样的开场。

不过，窥探她早年的读书经验，我们更看见她突出的独创性：她鉴赏前人，吸取前人的精华，却保留了自己的风格和想象。在她五部著作中，没有一部模仿理查森，或者范妮·伯尼，或者夏洛特·史密斯，也没有一个女主角葆有铁石一般的坚强，或男主角放不下优柔寡断的性格。她青少年时代狂热地爱恋着史密斯——这位1780年至1790年间的达夫妮·杜穆里埃，而直到今天，她的魅力不减，不论是她小说里动人的人物或景色，例如格拉斯米尔湖、威尔士山脉、瑞士、美国及法国的南方，还有她迂回曲折的叙事：像《埃米琳》《埃塞琳达》和《庄园老屋》，每部都长达四五卷。奥斯丁少年时多次提起史密斯，《英格兰史》中她说史密斯热情不羁的弗雷德里克·德拉米尔引起她特别的兴趣。德拉米尔的一切行为都导源于情绪和冲动，一旦受到阻挠，他可能会爆发疯狂。他黑暗中带有优美，为人骄傲，身世不凡，受过折磨，行为恶劣，但从不欺骗：他诱拐了埃米琳，打算带她去苏格兰结婚，但还没到巴纳便后悔了。埃米琳不爱他，只是被他迷倒而已，一如年轻的简·奥斯丁。[14]史密斯书中的人物，哭哭啼啼，天真烂漫，容易晕倒，或从马背上摔下，也被社会地位高于他们的人贱视和滥用，却不是奥斯丁的作风（除非你想到范妮·普莱斯，他们极远房的一个表妹）。史密斯的爱情故事酣畅淋漓，结构紧密，想象力超然，你可以想象奥斯丁为何爱上她的作品，也曾为之辩护：“一本写得太好的书，我总嫌它写得太短。”[15]

塞缪尔·理查森的书永远不会被人嫌短，奥斯丁在她最喜爱的《诺桑觉寺》中，让伊莎贝拉·索尔普说《查尔斯·格兰迪森爵士》“长
71 得可怕”，借这四个字泄露了她真实想法。“她对理查森作品的了解无人能及。”她的侄儿在《回忆录》中写道，她熟悉书中的每一个情节，每一个人物都像是她的朋友。[16]一部对她如此重要的书，今天却极少人知道，好像有点怪。这书有两个主人翁，格兰迪森爵士和美丽的哈丽特·拜伦，在卷一中，当格兰迪森把她从绑架中抢救回来，而且避免了

“托马斯·格兰迪森爵士和他的女儿卡罗琳及夏洛特”，塞缪尔·理查森，《查尔斯·格兰迪森爵士》(1754，第一版)

可能的强暴，夏洛特爱上了他，而这爱情延续了七卷和八十万字的篇幅还没有中断，只不过爵士的心分了两头：他另外爱着一个他早已钟情的意大利妇人，虽然信誓旦旦，也只送给她半颗心，并且以蜗牛的缓速让自己慢慢脱身。这给了读者机会慢慢去品味他们的家人和朋友，而其中的复杂性无疑把年轻的简·奥斯丁带入了大观园，眼前有看不完的亭台楼阁和探不尽的奇山异水。

理查森最成功的描写是格兰迪森的姐妹，也是哈丽特的朋友，尤其是妹妹夏洛特，言辞锋利，行为凶猛，是全书最有趣的焦点。夏洛特不愿意忍受傻瓜，厌恶结婚，她喜欢谈“婚姻的罗网”，而当自己不得已而结婚时，在婚礼上表现恶劣，口中喃喃有词，后来在马车上还不准新郎坐在她身旁。她说丈夫闯入她的私生活，跟他大吵一架，丈夫气急败坏，一拳打碎了她的大键琴，然而他热情地爱她，当怒气消散后，鼓励她别放弃自己的个性，继续她嘲弄的风格。

夏洛特疯狂的行为其实来自她父亲，托马斯·格兰迪森公爵，书中一大主题是父母的坏行为，和他们的坏行为如何影响下一代，或者下一代如何改邪归正。格兰迪森的妻子死后，他的女儿们十来岁，他邀请朋友的寡妇奥尔德姆太太来管家，后者不久变为情妇，但女儿们却不买她的账，因此父亲把她迁居到别郡（他家在汉普郡，这可能也是奥斯丁对他发生兴趣的理由）。在这时期内，夏洛特因为父亲失职，跟
73 一个猎艳的军官纠缠在一起。这时奥尔德姆太太生了两个儿子，格兰迪森不仅不娶她为妻，还不提供他们生活资源。当他去世后，他合法的儿子兼继承人善待继母，使她获得一些尊严，给予她养老金，并使同父异母的弟弟们开启新生活。类似的故事还包括他的叔叔，以及他的被监护人、一位女继承人的母亲，他都以明智和慷慨的善行挽救了他们。

《查尔斯·格兰迪森爵士》讨论了妇女的地位和境遇,她们的爱情、婚姻和情欲。书中描写了一个颇像男人的巴斯维尔特小姐曾向哈丽特求爱,她说“坐在她身旁时,曾不止一次地希望自己是男人,只为她的缘故……如果我可以,我会抓住她,把她挟在膀子下,带她私奔”。格兰迪森不同意一见钟情的说法,因为那是色情:“是一团火的冲动”,“是粗野的发作”,对女人特别不利。书里也讨论到为了失去的爱情而永远贞洁的问题,“永远的少女”是不对的:“难道女人便得端坐深闺,天天哭泣,直到眼睛变成无用之人,一切只为了理想中的生命?至于今生今世,家人亲友该怎么看待?自己难道只有三分之一的生命吗?”还有一个议题是“财富不多的女子”和“完全没有依靠”的未婚妇女,与情况相似的男人有很大的不同:男人可以“从职业中异军突起,假如从商,他的财富可以为他带来地位和完全不同的命运”。这些话题可能就是奥斯丁的兴趣所在,而类似话题也出现在她自己的著作中。《查尔斯·格兰迪森爵士》中一位可敬的老妇人曾说,“女人们若有大笔独立的资产,且能够符合情理地将其用于正途”,可以不必结婚,然而贫穷的女子却没有这种选择。整体说来,这个老女人的意思是,年轻女孩在爱情和配偶的追求中不宜太过浪漫。哈丽特·拜伦二者全无,却天真无邪地问道:“难道作为友谊最高境界的婚姻,不正是我们人人应得的东西吗?”这样的观点是奥斯丁小说中女主角全盘赞同的。

虽然上面的话题奥斯丁会感兴趣,但最符合她目的的应当是夏洛特人物的塑造了。她是个言辞坦率的年轻妇女,不管她为自己说话,或者在别人眼中,她的判断和行为不一定对,却永远魅力十足,光彩夺目,充满了人性。她姊妹般的爱与忠诚,她的揶揄,伶牙俐齿,机敏应 74
对,“她眼中的调皮让人又爱又怕”,这便是夏洛特·格兰迪森,显然是伊丽莎白·贝内特小姐的灵感来源。[17]

在范妮・伯尼的小说《塞西莉亚》里，还有一个伶俐的少女，霍诺莉亚・彭伯顿小姐，极尽能事调笑塞西莉亚和她无趣的情人，你真希望作者能用更多的笔墨来描写她。全书长达一千页，占据了简无数个寒冬的夜晚，叫她依偎在史蒂文顿镇火炉边，读书直到眼睛因过度疲劳和困苦而睁不开来。她喜欢伯尼幽默的妖怪和她独特的对话，不过她从这里学到的东西却是负面的：简短，刻薄，多变，排他。还有，她更喜欢写不完美、有人性的女主角，而非近乎完美之人。伯尼的处女作[①]之简洁非其后来的著作可比，它证明了，大众喜欢阅读女性视角下的社会喜剧。《伊芙琳娜》之后，即使像奥斯丁先生这样的人，也会让他的女儿放心大胆地走上写作的道路。

注释

［1］费拉德尔菲亚・沃尔特给伊莱扎・德・弗伊德的信，1788 年 7 月 23 日，《奥斯丁档案》，第 131 页。

［2］同上。

［3］伊莱扎・德・弗伊德给费拉德尔菲亚・沃尔特的信，1788 年 8 月 22 日，《奥斯丁档案》，第 132 页。

［4］乔治・奥斯丁给弗朗西斯・奥斯丁的信，1788 年 12 月。原信存阿尔文・奥斯丁手中。

［5］简・奥斯丁早年的阅读和写作通常可以称之为滑稽戏，但这仍不能判断它们跟《杰克与爱丽丝》有什么关系。至少在塞缪尔・理查森的《查尔斯・格兰迪森爵士》里便没有酗酒；虽有一个醉酒的女人，但她的大醉发生在台下。亨利・菲尔丁的《大拇指汤姆》稍为接近，而夏洛特・史密斯的《埃米琳》可能为两个穿插的“传奇故事”带来灵感，但仅此而已。《杰克与爱丽丝》是十足的简・奥斯丁语气，对死亡的嘲笑预示了

① 指《伊芙琳娜》，《塞西莉亚》是她的第二本书。

信件中关于死婴的玩笑，以及《劝导》中对胖妈妈哀悼儿子死亡的嘲讽，这两个段落令很多人感到不安。

［6］詹姆斯、爱德华和亨利 1785 年时都持有狩猎执照（当时亨利十四岁），他们各花了三个基尼从治安书记官（Clerk of Peace）处购得。奥斯丁先生没有执照，他可能不曾学习过射击。见罗宾·维克，《史蒂文顿牧师公馆出售物品》，《简·奥斯丁协会报告》（1993）。

［7］伊萨克·比克斯塔夫的《苏丹》当时极具盛名，且由当红演员乔丹夫人主演，詹姆斯·汤利的《楼梯下的高级生活》亦然，曾被凯蒂·克里夫（Kitty Cliff）和阿宾顿夫人（Mrs. Abington）饰演过主角凯蒂，一个卑微的女仆却梦想高尚的文化："莎似卜亚（Shikspur）。［指莎士比亚］你从来不读莎似卜亚吗？（凯蒂：）莎似卜亚！莎似卜亚！谁写的莎似卜亚呀？对了，我从没读过莎似卜亚。""那么你来此将会有无穷的乐趣。"（凯蒂：）"好哇，我会找某个午后来读它一遍。"剧中两个黑女仆有点陈腔滥调，不很出色。在这里我们没有必要说奥斯丁家孩子有超越时代的见识，亨利后来在戈德默沙姆庄园哑剧游戏中扮演一个"犹太人"也极称职。

［8］伊莱扎·德·弗伊德给费拉德尔菲亚·沃尔特的信，1789 年 2 月 11 日，《奥斯丁档案》，第 138 页。

［9］奥斯丁太太对他的写作向来就有好评，在他死后，还赞美他"文学的品味和优美写作的力量"。见卡桑德拉·奥斯丁太太给詹姆斯·利-佩罗特的信，1820 年 1 月 4 日，《奥斯丁档案》，第 265 页。

［10］1966 年扎卡里·科普在《藏书家》（*Book Collector*）中第一次提出索菲娅·感伤就是简·奥斯丁，他的理由简略地见于同年的《简·奥斯丁协会报告》。他认为，从风格上看，索菲娅的信不可能出自詹姆斯或亨利之手，而且，那些关于《闲游者》的改良建议"读起来宛如那段时期小说中盛行的充满病态情感的闹剧，简·奥斯丁当时在《爱情和友情》中恰恰讽刺过这种类型的写作"。不过他得出结论说，此信可能是简和亨利的合作，而我也觉得它不像是简一人所为。一年后简写下了《爱情和友情》的故事，书中女主角的名字便是"索菲娅"，很像是他们家中人人皆知的笑话。再者，"索菲娅"也是个寻常名字，皇家公主中便有一个索菲娅，生于 1777 年，而奥斯丁

兄妹也熟读过菲尔丁的小说。伊丽莎白·詹金斯指出,“严酷的抨击”(bitter philippics)一词出现于《闲游者》第五十八期,也出现于简的《傲慢与偏见》,证明简读过她哥哥的刊物,如果她不读,那才是怪事。然而她的用词跟她哥哥并不相同,例如《闲游者》中毫无讽刺意味的 cara sposa(亲爱的妻子),放在简《爱玛》一书中却变成了对埃尔顿太太的无情取笑,不过我们得注意,这中间有十五年的差距。《爱玛》中 cara sposa 讽刺性的运用引起了人们的注意;虽然 1780 年加里克的《美人计》(*The Belle's Strategem*)结语中,也用了 cara sposa 来挖苦考利太太。

[11] 这些早期的写作有时被视为当时小说的戏仿,第一个提出这个概念的是詹姆斯-爱德华·奥斯丁-利,见于他的《回忆录》(1870),书中谈到在“各式各样的荒唐罗曼史”中那些无聊故事和讽刺文章。1770 年代、1780 年代,感伤主义、暴力、荒谬的小说极为盛行,简·奥斯丁肯定接触过一些,但在史蒂文顿镇上则未必都能见到。

[12] 亨利关于简的生平介绍写于简死后的 1817 年 12 月,曾在 1818 年初版的《诺桑觉寺》和《劝导》中刊出。

[13] 她 1796 年 1 月 10 日的信中有清楚的交代。见第十一章。

[14] 1792 年简·奥斯丁在未完成的《凯瑟琳,或凉亭》(*Catherine, or the Bower*)中写了一段对话,谈及《埃米琳》和《埃塞琳达》。那年她十六岁。

[15] 这是凯瑟琳的话,她也说:“史密斯的书人人爱读,举世赞扬,[也曾引起比其他同类作品更多的辩论]。”这个括号内的话是奥斯丁亲手删除的,但它道出了家庭和朋友间频繁议论的事实。夏洛特·史密斯(1749-1806),是苏塞克斯一位绅士的女儿。她很早便爱读书,七岁在寄宿学校上学时开始写作(三岁时母亲去世),当她父亲再婚时,她也被说服成婚,那时她年仅十五岁,嫁给一个情趣完全不相投的男人。她二十五岁前生了七个孩子,此时她与丈夫迁居汉普郡,1774 年到 1783 年或 1784 年间,住在莱氏农庄(Ly's Farm),属于布鲁克伍德庄园,临近塞尔伯恩村,成为奥斯丁家庭的邻居。史密斯先生 1871 年成为汉普郡警长,但因挥霍无度变得穷苦,1783 年因债务在王座法庭(King's Bench)被判入狱。为了挽救家庭经济危机,史密斯太太开始出版她写的诗,并且翻译和写小说,她终于离开丈夫。

她起初同情法国革命,也因认为犯通奸罪的女人不一定是无可救药的坏人的言论,使一些读者震惊。她是库珀和罗姆尼(Romney)的朋友。她终生写作,直到去世,除小说外,还写儿童教育书籍。沃尔特·司各特欣赏她的作品,尤其是她 1793 年出版的《庄园老屋》。

[16] 詹姆斯-爱德华·奥斯丁-利,《简·奥斯丁回忆录》,第 89 页。

[17] 就我看来,夏洛特·格兰迪森这一人物与从莎士比亚至奥斯丁的喜剧性女主角一脉相承。

第七章　婚礼和葬礼

75 1780年代晚期，当简十五六岁时，奥斯丁家族起了变化，他们分散于各处，这边发展，那边减损，有人飞黄腾达，也有人笼罩在政治风涛的阴影中。不过汉考克太太和女儿伊莱扎这时还没有感受到法国革命缓缓扩散的压力。1790年，她们来到英国，这是她们常规的旅行之一。目前，旅游还没有被禁止，住在巴黎的人也没有谁感觉到人身安全受到威胁。1790年夏季，她们来到史蒂文顿，简献给伊莱扎《爱情和友情》一书就在此时，这是简到目前为止写得最长的一部书，也是她与表姐关系密切的证明。虽然伊莱扎和简维系着良好的友谊，她和亨利却有了波折，他们之间热情的冷却，伊莱扎认为是亨利的错。[1]由于他们多年来一直彼此卖弄风情，又由于亨利此时已是十九岁的成熟之人，不再是个小天使，他们的关系看来更像是权力的争斗了。这样的调情会发展到什么地步呢？一个长期与丈夫分居的女人不爱她的丈夫，却渴望生活和年轻的爱慕者，会利用时冷时热的行为来制造惊慌，让年轻男子时而愤怒、抗议，时而郁郁不乐。显然他们有过争吵，而亨利回返牛津。

伊莱扎跟随汉考克太太和黑斯廷斯也重返巴黎，她的丈夫则回到南方，继续他沼泽排水的工作。他是个热衷的保皇党，土地来自国王，他也没有别的选择，至少伊莱扎如此想，她相信他已“真心加入了皮埃蒙特和都灵的保皇家族”，而那里的法国王孙们正在做逃亡的准备。[2] 76
革命在持续中，越演越烈，也增强了理论和血腥的气味，英国，一如其他与革命无关的国家，开始感到不安，在巴黎那些惯于称呼自己为“公爵夫人”（Madame de la Comtesse）的人也开始有了困难。1791 年初，伊莱扎带着儿子和母亲再度回到英国，这次没有立即返法的打算，在马尔盖特居住了一段时期后（为了黑斯廷斯海水浴的缘故），又迁回她们果园街的老家，靠近波特曼广场，此时汉考克太太成功地教会了她孙儿认识字母。

在此期间，奥斯丁家人正忙于替爱德华安排婚事：他即将迎娶肯特郡甘斯通庄园男爵夫人的女儿伊丽莎白·布里奇斯为妻。[3] 新娘十八岁，比卡桑德拉年轻，只大简两岁。婚事得到布里奇斯、奈茨和关系最远的奥斯丁家族同意，婚期订于该年年底。布里奇斯家的女孩都很文静、漂亮，曾受教于伦敦女王广场一家最高级的寄宿学校，伊丽莎白的一对姐妹同时订婚。此时结婚的念头几乎在人人的脑中，甚至简也盘算着她未来的丈夫。她拿起一份父亲教堂里的结婚登记簿，好玩似的填写了几个假想中男士的姓名和籍贯：“亨利·弗雷德里克·霍华德·菲茨威廉，伦敦人士”，“埃德蒙·阿瑟·威廉·莫蒂默，利物浦人”。这些认真的玩笑并不奇怪，除了登记簿的末端，简用平民风格写了一行“杰克·史密斯”即将与“简·史密斯，本名奥斯丁”成婚的话。为寻一时的开心，这位保守党教堂牧师的女儿似乎让她的幻想跑向了一个新方向：我们希望能多知道一些她这方面的念头。

不论她在多大程度上生活在幻想、书籍和故事中，她仍得从儿童变为成人，亦即从观察成人生活的孩子过渡为体验成人生活的女人。当简还不到十四岁时，奥斯丁太太已五十出头，母女间年龄有明显的差距，而卡桑德拉势必要再度负起妈妈的责任，协助简的成长。十八世纪，大多数的女孩月经来得比较晚，通常在十五六岁之间，正当她们
77 在准备吸引爱慕者，并要变得优雅和沉着的紧要时刻，她们却得学习一些尴尬和不愉快的琐事。[4]试想在一个没有自来水和室内盥洗设备的环境中，再加上雷电般轰进轰出的十余岁男孩群，要想隐藏、清洗、晒干你的月经带，会有多少困难。这是另一段湮没无闻、缺少记录的历史，然而即使在最兴旺、实际的家庭中，这种必须面对的事实，没有一个女孩子不感到脆弱并处于弱势。

与其他女孩的友谊变得更为重要。简·库珀常常来史蒂文顿，不久，两个有女儿的家庭也搬来这里：玛莎和玛丽·劳埃德于1789年春天到达。劳埃德太太是个牧师的遗孀，有着一如奥斯丁太太所骄傲的贵族身世，她让大家感觉迎来了社区令人欢愉的新朋友。他们是福沃尔的远亲，而福沃尔曾在奥斯丁的学校上过学。劳埃德家的第三个女儿嫁给了福沃尔的长兄，詹姆斯·奥斯丁曾参加过他们的婚礼，因此认识他们全家人，不久，劳埃德太太还从奥斯丁先生处租赁了迪恩村的牧师公馆。玛丽成为奥斯丁太太的好友，她虽然跟简年龄相近，简却不喜欢她。简喜欢玛莎，虽然比她大十岁，却蛮有幽默感，简还写过故事和诗送她，她们也曾在必要时同睡一张床。她们可以躺下聊天、说笑话，直到凌晨两点。[5]从此以后，劳埃德一家人变成了奥斯丁家庭生活中的一部分。

同年，一家有三个未婚少女的家庭继承了曼尼冈庄园，搬来距迪恩村四英里开外的地方。比格先生，或称比格·威瑟，带着三个女儿，凯瑟

琳、伊丽莎白和阿莱西娅，他是个富有的地主，女儿们则是小额财产继承人，但这并没有妨碍他们跟身无分文的奥斯丁姐妹结为好朋友，比格家人很聪慧，与奥斯丁家很投缘。现在这个社区有了够多的年轻女性可以跟简来往，她们可以谈论共同的体验，交换并讨论书籍，品评衣服，练习舞蹈和音乐，散步，驾马车去贝辛斯托克镇购物，还可以闲话自家和邻家的私事。

詹姆斯离开了牛津，获得了副牧师的职位，迁往离家不远的奥弗顿牧师公馆。他给自己安排了一个很好的朋友圈，有时会陪同来访的 78
王族狩猎，也巧遇了一位年轻女士，她符合这位壮志凌云的牧师的全部梦想。[6]安妮·马修是一位将军的女儿，公爵的孙女；经济前途可观；她身材纤细，皮肤浅黑，眼睛特美，年龄三十二岁还待字闺中。詹姆斯没有放过他的机会，而安妮和她的家人也都接纳了他，尽管他仅身为一个教堂的副牧师。她的父亲答应给她每年一百英镑，加上詹姆斯的收入，他们可以拥有一栋房屋、一辆马车和一群猎狗。

正当詹姆斯在做快乐部署的同时，伊莱扎和她的母亲却遭逢了苦难。汉考克太太病倒了，她的一只乳房疼痛红肿，母女二人都知道事态严重，开始迫不及待地寻求救援。市面上有太多江湖郎中扬言奇迹治疗，她们找来一个闻名的“女医师”，担保她们“最令人满意的痊愈”，不论她的医术如何，她提醒她们这需要时间，但她的医疗不会比任何既有的处理更糟。[7]汉考克太太说她的疼痛有些减轻，而伊莱扎开始梦想“重见亲人恢复健康时那难以言表的快乐”，她们两人不过是在彼此安慰罢了。夏季将尽时，伊莱扎舍弃了她所有的活动，天天守在果树园街家中陪伴母亲，转移她对疾病的忧虑，而自己却煎熬在“绞心的困扰”中，过度的忙碌和烦闷使她直到 7 月间才把消息传递给奥斯丁家。爱德华闻讯立即赶来探望，那时他正准备前往大湖区，伊莱扎也拿出了她向来的幽默，取笑他这样的旅游怎能不带上自己的爱人。“我问他怎么活得下去，他用男士们惯有的轻松微笑，答复了我这个特殊的问题。”[8]她没有提到亨利。

汉考克太太无法去史蒂文顿，8 月间她感到剧痛。伊莱扎在信中写道：“她治疗的过程出奇缓慢，尽管我竭尽心力，我心难免千钧之重，我不敢想象万一我们的努力变成徒然……对我们亲密而关心的人而
79 言，朝不保夕的阴影多么可怕呀！”[9]这位女医师继续给她们保证，但伊莱扎另外找来了一位外科医生鲁普斯先生。10 月间，汉考克太太已受困于病榻之间，除了女儿和鲁普斯先生外，不见任何人。10 月底，她剧痛再度发作，伊莱扎请来医生，他开了一些鸦片酊。伊莱扎的惶恐无以复加，“濒临绝望的边缘”，无法领会医生对病情的真实观点。

希望和绝望交替而来，伊莱扎写道：“1791 年的记忆将永不会从我脑海中抹去，因为从第一个月开始……我的感受总是受到新的考验。”圣诞节到时，汉考克太太咳嗽如狂，不能进食，腹泻不止，疼痛依然如故，而肿瘤也依然如故，但她勇敢地对伊莱扎说，她觉得“疾病本身”好像有点减轻了。“对于我说不出的哀愁来说，再没有比这更讨好我的信念了。”当她写信告诉费拉，有人两度邀请她出席盛大的舞会时，伊莱扎露出了旧日欢颜，不过她无意前往。费拉在给她哥哥的信中曾伪善地说，可怜的伊莱扎，她“五光十色、放荡不羁的生活”终于尝到苦头了，也预言她的结局将是“一无朋友，终生孤独”。[11]

照顾五岁大的儿子黑斯廷斯现在更加困难了，因为他的“第二妈妈”已帮不上忙，而她又不愿意放弃对他的希望。伊莱扎不再让他穿裙子，而改穿裤子和夹克，希望有助于他的走路，虽然他连站立起来都办不到。

从法国传来的消息也没有一桩是好的。9 月间，公爵在沼泽附近

被一群愤怒的农民暴徒攻击，虽然捡回一条命，他的新房却被捣毁，而沼泽排水的工程则全部终止。他安全回到巴黎，身无分文，还欠了他岳母六千五百英镑的债。[12]

1792 年 2 月底，汉考克太太逝世于汉普斯特德，伊莱扎带她来此
地是希望她最后数周中得到一点新鲜空气。她六十年的生命实在颠
沛和辛劳，她的墓碑上说她是“泰索 · 索尔 · 汉考克之妻”，她“道德
的良善汇集了每一种基督教美德的实践”，而她虔诚的顺从帮助她度
过了“长期病痛最残酷的考验”。[13] 约翰 · 卡波 · 德 · 弗伊德设法赶
来英国，安慰他的儿子和太太，他们闷闷不乐地去了一趟巴斯。当他 80
听到如果他继续留在国外，他法国的房屋将被充公，而他自己则会成
为**流亡者**时，他匆忙赶回了巴黎。

爱德华的婚礼在 1791 年 12 月举行，那是两个婚姻联合的典礼，伊丽莎白的另一个姐妹也是新娘。简送给她哥哥的礼物是《三姐妹》，一个媒人牟利的粗暴故事，但作为两家的婚礼，即使幽默感十足的新娘也会感觉愚蠢。那场婚礼没有邀请太多朋友，简也可能没有出席，不过 1792 年 3 月，詹姆斯结婚时她或许到场了，因为地点在拉弗斯托克，离家很近。詹姆斯和安妮结婚后不久搬到史蒂文顿附近，从劳埃德的手中接下了迪恩村的牧师公馆。搬家时，简给玛莎写了一首诗，而给玛丽写了一篇小说《伊夫林》，内容有关潦草的婚姻、财物的配置、迁居、遗忘和葬礼。劳埃德搬到十八英里路外的伊伯索普村，增加了日常拜访的困难，但卡桑德拉和简不久还是被邀请去她们家小住。

是年 6 月，伦敦市中心区芒特街发生了一场暴徒与武装军警的格斗，吓坏了伊莱扎。她不是唯一的受惊者，民众群起忧虑法国革命的火焰是否会穿越海峡燃烧到英伦，汉普郡教区的要员们开始聚集一

起,表达着对皮特①政府反法政策的认同,对法国国民公会的漠视,以及对英国境内革命团体的反对。[14] 由于汉普郡清一色是传统的保守党地区,地主对英法两地革命社团活动的关心,说明了他们内心的不安。

夏季将尽时,伊莱扎带着她的男孩来到史蒂文顿,小黑斯廷斯变成了“全家开心逗乐的对象”。她感到放松,也毫不掩饰地愉快地打量着奥斯丁先生,“他跟我妈妈面孔的相似越看越真了”,她有时甚至会情不自禁地流下眼泪:“我一直都温柔地爱我舅舅,但我觉得,现在,他比以往任何时候都更加亲切,他是我失去的而永远怀念的母亲最亲近、最爱戴的亲人。”简比伊莱扎高了,一如既往地喜欢伊莱扎,伊莱扎也始终最喜欢简,她(伊莱扎)赞赏两姐妹大有进步的风度和
81 容貌,以及判断力。至于亨利,亨利现在超过六英尺高,也大有进步,事实上他“学会了许多不寻常的本领”。他的冷酷不见了,或者部分消失了,他和表姐维持着一种“非常恰当的亲戚关系,你知道,他的家人希望他从事神职工作”。[15] 另外,伊莱扎在贝辛斯托克俱乐部舞会中成为女王。

简到了十六岁,一个别扭的年龄,而作为家中最小的一员也不是件舒服的事,总看着哥哥或者姐姐们陷入风花雪月,却跟自己一无关系。12 月又有一个婚礼得做准备,简·库珀自从父亲去世后便住在史蒂文顿,她跟一位海军军官托马斯·威廉姆斯上校订了婚。他们于 7 月在怀特岛相遇,而这个月还未结束,他便求婚,她也同意,于是婚礼就这样定在圣诞节前了。一个海军军官新郎,前程无限,满怀信心能令漂亮的简大为倾倒,并缄封任何小心谨慎的警告,使之成为家中最

---

① 小威廉·皮特(William Pitt the Younger,1759-1806),英国最年轻的首相。

浪漫的一次婚礼。婚礼在史蒂文顿教堂举行,简和卡桑德拉是两个证人,主持婚礼的牧师是汤姆·福沃尔,而他和卡桑德拉两人正处于订婚的边缘。

不过他们之间却没有旋风似的求婚,因为汤姆·福沃尔除了在威尔特郡微薄的薪资外,一无所有也一无所望,而卡桑德拉则根本没有资财。双方都本分、明理,既然彼此的家庭不给他们压力,他们可能需要等上几年才能结婚,没钱就没有婚姻。詹姆斯的安娜和爱德华的伊丽莎白,正如伊莱扎所说,已经“在节节进展之中”,或者用朴茨茅斯公爵兄弟库尔森较不文雅的话说,“**有点苗头**”了。[16]这句玩笑话给简留下深刻印象,她事后还引用过它,即使一个最被珍爱的妻子,也不能控制自己的命运。

在这充满结婚、订婚的一年里,反复出现的问题是:女人在多大程度上能够掌控自己的人生。除了钱,还是钱,没有钱的女人,不论结婚与否都没有自由。伊莱扎把她母亲的经验告诉简,说费拉德尔菲亚
如何被迫以幼龄单枪匹马跑去印度,嫁给一个她不爱的男人,用她的 82
身体和陪伴换取金钱。简深受触动。那年夏天,简把她姑母的故事写进了一篇小说《凯瑟琳,或凉亭》。凯瑟琳的朋友,孤女温小姐便是她姑母费拉德尔菲亚·奥斯丁年轻时候的化身:

> 大女儿被迫接受一个表哥提供的机会,前往东印度,虽然绝不是她的意愿,却是维持生计的唯一机会,不容轻易错过。但她仍觉不妥,违反自己心意,想来也令人恶心,如果有选择余地,她宁愿选择奴役。她出众的姿色让她在孟加拉国下船后不久便找到丈夫,现在结婚也快一年了,生活优裕,只是婚姻不美满。她嫁给了一个比她大一倍,脾气古怪、仪态粗俗的男人,幸亏他的人格

> 还有可敬之处。婚后，她给朋友凯蒂写过两封信，信件始终不愉快，但她信中语焉不详，从来也不愿打开心扉，只是字里行间愁绪满怀。[17]

这个凄惨、坦率的真实故事写于她姑母汉考克太太过世后数月，奥斯丁夫妇有什么想法我们不知道，简那时十六岁，故事是献给卡桑德拉的。书中残酷的女孩买卖与其他更阳光的情节不同，是对英国乡村生活的幽默讽刺，开始接近她后来小说的语调，不过这情节她用过好几次，仿佛作者难以割舍。凯瑟琳的朋友卡米拉·斯坦利，一个议员的女儿，曾说温小姐真幸运，一到印度就找到了“出奇有钱的男人”。凯瑟琳反驳她说：“你说那是幸运吗？一个有才华、有感情的女孩被送去孟加拉，嫁给一个素不相识的男人，又看不准他的脾气，等到看准时，时间也太晚了，他可能是个暴君，是个傻瓜，可能两者都是，总之一切跟她的意愿违背。你说**那是**幸运吗？”卡米拉的话出自一个心灵空荡的富家女口中，说的只是“寻乐”。凯瑟琳心怀憧憬，为她的话感到
83 战栗并驳斥。卡米拉却对此不屑：“她又不是第一个去东印度找丈夫的女孩，假如我像她那样穷的话，我相信这一定是一件乐事。”从对费拉姑母经验的了解，我们听到了一席真正的辩论：奥斯丁写作中的独特时刻。

伊莱扎和黑斯廷斯在史蒂文顿停留到秋天，学童返回学校上课后他们还有居住的空间，因为奥斯丁家的男孩全都离家了：查尔斯十二岁时追随弗朗西斯去了朴茨茅斯海军学校，而升为上尉的弗朗西斯此时还在东印度。奥斯丁先生的经济状况进入了佳境，学生的收费和弗朗西斯叔叔以九十二岁高龄去世时留下的遗产帮了不少忙，叔叔想必

不会同意他们买政府彩票,一场以失败告终的小赌注。

简十七岁生日过后不久,1 月,爱德华和伊丽莎白在肯特郡产下一个女儿,取名范妮;4 月中,詹姆斯和安妮也添了一个女婴,取名安娜。根据家庭的说辞,奥斯丁太太午夜从床上被唤醒,提着灯笼,迈步在泥泞的道路上,赶去迪恩村为她的媳妇助产。这个婴儿后来变成了她最宠爱的孙女[18],简也升格为姑姑,欢天喜地地为侄女们写了两篇胡言乱语的贺词:给范妮的叫作《青年妇女行为宝鉴》,给安娜的叫作《零星语录》。

法国境内革命的雷声持续了三年,威胁日益强大,1793 年 2 月终于爆发了英法战争。奥斯丁家庭当下的改变是,亨利放弃了他的圣职计划,暂时退出学校加入牛津军团,成为一位“绅士后备军官”,遣派到南安普顿服役。此后七年间,他晋级为军官,偶尔回校续修学位课程,在同级军官中极得人缘,驻扎的地方则遍及布莱顿、伊普斯威奇和都柏林。一个新世界向他敞开,并非常符合他的品味。至于伊莱扎则深为革命和战争所困扰,1794 年 2 月,她的丈夫被捕,那时他人在巴黎, 04
跑去援助一个涉嫌颠覆共和国而被囚禁在监牢里的老侯爵。对于他所面临的一切,他的勇大于谋,向公安委员会的秘书行贿,这个官员戏弄了他,指认他的贿赂行为。出面作证的还有他的女管家和被称为他前情妇的女人。他的女仆罗丝·克拉丽丝是个黑人妇女,因为不识字,没有被传唤。2 月 22 日,约翰·卡波·德·弗伊德被判死刑,判刑数小时后便被送上了绞刑台。伊莱扎十二年的婚姻到此告终。

此后两年间,简·奥斯丁写了一篇短篇小说《贵妇苏珊》。[19]一如大多数她年轻时代的作品,这故事写的是坏行为,唯一不同的是,故事完整而洗练，并精深地分析了人物的行为，不像她此前及此后所写的任何东西。出自一个乡村牧师女儿之手，这是一篇异常特殊的作品，故事用书信体写成，情节缜密，宛若戏剧，语调之辛辣俨然受到复辟时期放纵的戏剧家的启发[20]，然而书中的趣味却是奥斯丁自己的。她创造了一个以掠食为乐的女强人，从头到尾自说自话，成为全书的焦点。她的邪恶是真，但她的妩媚也是真，她的故事太有趣了，读者不知不觉开始站在她那边，支持她对那一群作为受害者的傻瓜的凌迟。

《贵妇苏珊》有时被认为是伊莱扎·德·弗伊德的缩影，不仅因为她是一个聪明、漂亮的年轻寡妇。显然，这不是一幅肖像画。奥斯丁这个故事很可能受到1782年拉克洛的小说《危险关系》影响，然而除了伊莱扎，谁会把这本书送到奥斯丁手中呢？而且，即使伊莱扎手中有如此一册伤风败俗的书，很难相信她会把它介绍给一个未婚的堂妹，一方面因为书中的嘲讽，另一方面因为字里行间毫不隐晦的色情。她可能曾谈论过此书，事实上其中跟奥斯丁的故事确有相似之处，然而二书虽严格依循道德的结构，却因为赋予邪恶人物太多的才智和魅力，结果却将道德颠覆。贵妇苏珊是个坏母亲，也是风情万种的“女唐
85 璜”，她运用她的娇媚一如《危险关系》中的梅泰依夫人，操控背叛，滥
用她的受害者，不论他们是情侣、朋友，还是自己的家人。对这两位妇
人而言，权力便是快乐。

贵妇苏珊适应新环境的力量比谁都强，从来都是处变不惊，也不会不安或愤怒。甚至当事情对她不利时，她仍然保持温婉的性情，礼貌而友善；即使那些对她最不信赖的人也不得不承认，“她的容貌绝对甜美，声音和仪态有令人折服的温柔”。奥斯丁在这里想说明的一点是，贵妇苏珊的行为正是那些行为规范手册中想要年轻妇女达到的目标，你甚至可以猜想，她所想表达的“友善、好性情与随和”，跟她父亲

写给儿子弗朗西斯信中的告诫没有两样。她已经透彻懂得了如何利用社会的习俗来完成自己的愿望。

贵妇苏珊也曾强迫她的女儿嫁给一个她选择的男人,不过她用的不是暴力。女儿十六岁时,她把女儿送往寄宿学校,既为了羞辱她,也为了"广结善缘"——她的确了解英国的社会。她把女人的风韵变成魔力,改变旁人对她的误解:"征服一个傲慢的灵魂,让一个原本不喜欢你的人承认你的优越是人生一大乐趣。"对付那些不买她账的人,她至少可以用她千娇百媚的风情解除他们的武装。就她自己所知,她最大的过错在于背叛自己真实的情绪(除了给知心好友的诺言)。奥斯丁以最冷酷的方式传达出这一信息:重要的不是你做什么,而是你像什么;不是名分,而是名望。贵妇苏珊与人通奸,毁弃婚约,但决不让她有妇之夫的情人**偷偷摸摸**跑来私会:"我不让这类事情发生。最不可原谅的女人,是那些忘记了自己的义务和他人意见的"。只要不招摇撞骗,她一无所惧,她是个永远的贵妇。

看来这是个邪恶的故事,邪恶也是故事的主题,而贵妇苏珊则是个十足"没有女人味"的掠食者。[21]这书比《危险关系》要短得多,也缺少情节上的曲折,由于二书作者的时代和经验相仿,我们不免有此比拟。《贵妇苏珊》可以成为一册更好的书,假如书中配上了一个与她旗鼓相当的敌手相互激荡。就目前情况而言,她竭尽其恶,缺少充分的反衬,故事逐渐变得无聊而终于不了了之。不过凭着作者的魄力和雄 86
心,一手担当起这种意念和性格的创造,确实惊人。在奥斯丁描写成年妇女生活的作品中,此书一枝独秀,书中主人翁的智慧、胆识和面对沉闷世界而独树一帜的勇气,罕有其匹。

这篇习作非常出色,它耀眼的光芒可能吓坏了她自己,因为她用写作将自己推入一个危险的角落,过于伶俐,过于大胆,过于黑暗。她把这书藏了起来，十年后才又重新抄写一遍，但从未打算出版，显然，家人也没有鼓励她重拾旧作。如果她没有相当的兴趣和骄傲，她不会保留此书。在她后期写作中不再有这类主题，即使是最隐约的出现，说明她有意审视这一方面的想象，贵妇苏珊式的火花要等到《曼斯菲尔德庄园》里玛丽·克劳福德登场时，才又昙花一现，旋即被扑灭。然而火花不会消失，压抑只是徒劳。

注释

[1] 伊莱扎在1792年的一封信中提到这个。伊莱扎·德·弗伊德给费拉德尔菲亚·沃尔特的信，1792年10月26日，《奥斯丁档案》，第148页。

[2] 伊莱扎·德·弗伊德给费拉德尔菲亚·沃尔特的信，1791年1月7日，《奥斯丁档案》，第139–140页。

[3] Goodnestone当读作"Gunstone"（甘斯通）。

[4] 爱德华·肖特（Edward Shorter），《女性身体史》（*A History of Women's Bodies*，1983），第18–19页，认为十八世纪是女性月经初潮发生最晚的时期。法国1750年到1799年间则认为是十五岁后九个月，此后则越来越早。

[5] 见简·奥斯丁给卡桑德拉·奥斯丁的信，1799年1月8日。

[6] 迪尔德丽·勒·费伊注意到詹姆斯·奥斯丁的名字出现在1791年到1793年间威廉·波因茨（William Poyntz）所记录的肯普肖特猎场狩猎日记中，保存于温莎的皇家图书馆内。威尔斯王子在此期间常来肯普肖特狩猎。

[7] 乳腺癌有时可通过手术根除，例如范妮·伯尼于1811年在法国成功地切除了她一只乳房，但这是一个罕见的例子，需要不寻常的医生和不寻常的病人。当时没有麻醉药，她展现了异常的勇气，也写下了她亲身经历的过程。她手术后健康地存活了许多年，死于1840年，得寿八十八。

[8] 伊莱扎·德·弗伊德给费拉德尔菲亚·沃尔特的信，1791年6月

23 日,《奥斯丁档案》,第 141 页。

［9］伊莱扎·德·弗伊德给费拉德尔菲亚·沃尔特的信,1791 年 8 月 1 日,汉普郡档案馆,23M93/M1。

［10］伊莱扎·德·弗伊德给费拉德尔菲亚·沃尔特的信,1791 年 6 月 23 日,汉普郡档案馆,23M93/M1。

［11］费拉德尔菲亚·沃尔特给詹姆斯·沃尔特的信,1791 年 10 月 9 日,《奥斯丁档案》,第 143 页。

［12］这个数字见于国家档案馆所藏她的遗嘱中。

［13］墓石今天还在汉普斯特德圣约翰教堂的墓园中,不过铭文已经不在,改为简短的名姓和日期。见迪尔德丽·勒·费伊,《汉考克家族墓》(“Hancock Family Grave”),《简·奥斯丁协会报告》(1981),第 182 页。

［14］《维多利亚郡县史：汉普郡》(*Victoria County History of Hampshire*, 1900)。

［15］伊莱扎·德·弗伊德给费拉德尔菲亚·沃尔特的信,1792 年 10 月 26 日,《奥斯丁档案》,第 147–150 页。

［16］简·奥斯丁给卡桑德拉·奥斯丁的信,1801 年 1 月 5 日。

［17］《凯瑟琳,或凉亭》见于 R. W. 查普曼《次要作品》,和牛津平装本《〈凯瑟琳〉及其他作品》(*Catharine and Other Writings*),玛格丽特·安妮·杜迪(Margaret Anne Doody)和道格拉斯·默里(Douglas Murray)编辑。

［18］迪尔德丽·勒·费伊,《家庭记录》,第 77 页,内容引自哈巴克手稿。安娜·奥斯丁实际名为简·安娜·伊丽莎白,大家叫她安娜。

［19］《贵妇苏珊》唯一现存的手抄本抄写在注明为 1805 年的稿纸上,虽然有人认为 1805 年是它写成的年份,今天更多人相信应当推前至少十年。布莱恩·索瑟姆在他的《简·奥斯丁文学手稿：小说家的演化研究》(*Jane Austen's Literary Manuscripts: A Study of the Novelist's Development*, 1964)中有力地辩论说,一旦她舍弃了书信体的小说,例如 1797 年她对《埃莉诺和玛丽安》的改写,她不会回头再采用这个形式。确定日期是不可能的,最新的猜测是 1793 年到 1795 年间,奥斯丁二十岁之前。

［20］康格里夫的《两面派》,法夸尔的《情郎计》,范布勒的《旧病复发》

(谢里丹改编后更名为《斯卡布罗之行》),剧中诡计多端的贝林西娅和她的名句“天哪,阿曼达,年轻寡妇的日子真好过”,是近在眼前的例子。奥斯丁先生的图书馆中很有可能藏有这些书,我们也知道史蒂文顿曾上演加里克的《上层生活》,其中两个女主角从始至终都在密谋背叛。

[21] 威廉和 R. A. 奥斯丁-利在《简·奥斯丁:生平与书信,家庭记录》(*Jane Austen, Her Life and Letters, A Family Record*,1913)中用了“十足邪恶形象”的话,而布莱恩·索瑟姆在《简·奥斯丁文学手稿》中精彩地阐释了该书,但奇怪的是,作者只强调了她“没有女人味”,因为她较有攻击性和掠夺性。

第八章　邻　居

简·奥斯丁居家户内的生活就是读书、写作和幻想，而户外则置身于邻居群中，她进入另一片天地，充满惊奇和戏剧性。在奥斯丁孩子能找到乐趣的邻居中，不外乎牧师、乡绅、贵族、议员、企业家、医生和律师，大多数居住在离家十五英里的距离之内。你以为这是一个稳定不变，由英国之中流砥柱组成的乡村社区，然而奇怪的是，他们形成的是一个极为流动的小区。大多数人是今天所谓的“假上流阶级”，没有土地和可观的财产却一心想过贵族的生活，极少像达什伍德、达西、伯特伦、拉什沃思，或者艾略特这样的人物；始终不清楚自己地位，也不知道该去何方的宾利，才更能代表这伙人特殊的趣味。

不同于早具规模的古老大家族，很多人刚从其他地区或外国来到汉普郡，在迁徙中往往更改自己的姓名，很少人像奥斯丁家族那样有根深蒂固的地方渊源。有些人会继续迁移，若非出于自愿，便是债务催迫，或者逃避丑闻。你越用心观察，越发现他们动荡如水，随聚随散，家庭像浮萍一样，为取得新的财富而来，为失去旧的财富而去。

在某些贵族家庭中,简于1790年代曾偶尔参与他们的舞会,有一户名声响亮、来头不小的人家:肯普肖特庄园领主多切斯特,其实是个寻常出身的爱尔兰人。他的生涯始于军队,在加拿大做了一番漂亮
88 的事业,娶了伯爵的女儿,得到爵位中最低的男爵头衔,而于1783年领得每年一千英镑的终身俸。他是个可敬之人,为国家挽救了魁北克,封爵时选用了一个十足英国风味的名字,他的真实姓氏是斯特拉班的盖伊·卡尔顿,雄心万丈却没有丝毫地方背景。他肯普肖特的土地是租来的,为期数年,期满后得迁去梅登海德。[1]

多切斯特有一个哈克伍德庄园的邻居,博尔顿领主,他的名字和头衔也是后加的。他是诺森比亚人,本名托马斯·奥德,1778年才改变身份,那年他娶了博尔顿第五公爵的私生女为妻,当这女儿有望继承公爵的遗产时,他也袭用了博尔顿的名,那是1795年。那年奥斯丁二十岁,两年后博尔顿得到男爵的封号。他引起奥斯丁先生特别的兴趣,是因为他做得一手好猪栏,根据简给姐姐信中的描述,他"每天一起床就去猪栏探望"。信中她还告诉卡桑德拉,她宁愿放过两次跳舞的机会,也不愿和男爵的长子跳舞,他跳舞很糟,让人无法忍受。另一信中,她也不很礼貌地批评了博尔顿夫人戴上新假发后可笑的模样。

在博尔顿接管哈克伍德庄园前数年,那所庄园是附近很小的温斯莱德教区牧师查尔斯·波利特童年生长之地。1790年,奥斯丁家人认识他时,波利特牧师正好出任威尔士王子私人教堂牧师,虽然他从未在剑桥取得任何学位。他是一位英年早逝海军军官的儿子,但更重要的是,祖父是博尔顿第三公爵,祖母早年则是公爵情妇转夫人,也就是著名的女星拉维尼娅·芬顿,曾在《乞丐歌剧》中扮演过波利·皮查姆的角色。波利特牧师是个怪杰,非常机智,身材短小,四肢有点畸形但不减他迷人的风采,因为1796年圣诞节派对中他试图亲吻简,竟没有

让简生气，只是两年后他请简跳舞时简对他较有恶感，那时他已娶了一个“全社区公认为愚蠢、易怒又奢侈”的太太。他自己也成为挥霍无度的代名词，他妻子的打扮，“在社交场合中穿着既奢华又仿佛一丝不挂”，也让简对她不满。她去世后，他挥霍依旧，终至破产，一家被迫离 89
开大陆，终生不曾回来。你可以轻易地联想到萨克雷小说中的人物，靠布鲁塞尔寄宿学校的收入过活，却对人大谈他教会社区的回忆，或者跟威尔士亲王在哈克伍德的跳舞，以及吹嘘“我的公爵祖父”，等等。[2]

赫斯特伯恩庄园的朴茨茅斯家是个历史悠久和坚实的贵族家庭，不过在奥斯丁家人与他们来往期间，他们灾情不断，也挣扎在风言风语的可怕传闻中。闲话在社区中风行是件不可遏制的事，用简的话说，“社区里无处没有自告奋勇的侦探”，虽然实际的传言内容没有在奥斯丁书信中流传下来。[3]奥斯丁家人有理由对此事特别关心，因为这位第三伯爵从小就居住在史蒂文顿，且以利明顿贵族的身份来奥斯丁先生的学校上过学，那是1773年，简出世前两年的事。这位小贵族，依照奥斯丁太太的叙述：“年约五六岁，非常迟钝，却很乖巧，也蛮守规矩。”[4]她的儿子杰米和奈迪①“跟他们的新玩伴玩得很好”。不过六个月后，他的母亲把他领了回去，理由是“他的口吃令人担忧，也越来越糟”。[5]他被送到伦敦一位叫安吉尔的先生那里治疗，不论他的医术如何，口吃没有进步而这位小贵族却开始变得烦乱和怪起来，他外表上看来过着正常的生活，事实上他的家人把他盯得很牢。他有两个弟弟，牛顿和库尔森·沃洛普都与奥斯丁家人相识，且被送往名校

① 詹姆斯和爱德华的昵称。

伊顿公学就读。

1799 年,当利明顿三十二岁继任朴茨茅斯伯爵爵位时,他的弟弟用计使他和格蕾丝·诺顿女士结婚。格蕾丝当时四十七岁,我们不知道为何她会同意这样的婚姻,虽然她有机会变成伯爵夫人。不过他们家庭的计划是希望他们不生育,至少没有合法的后代,遗产便可以顺
90 利传给次子牛顿。朴茨茅斯伯爵缺少生理常识,以为从受精到生产需要十五个月,虽然大家相信他阳痿,不能生育,但没人敢担保。为了安全起见,他们的家庭还是聘请了几位信托人来监管财产,信托人之一是约翰·汉森,一位伦敦的律师,也是年轻的诗人拜伦的经纪人。

朴茨茅斯伯爵的另一怪癖是喜欢葬礼(“黑活儿”)和屠宰场。他常叫仆人为他表演葬礼取乐。当出访屠宰场时,他会拿起棍棒或斧头砍打在待宰的牲畜身上,同时说道:“活该!”这句可怕的话很像是童年时代惩罚经验的重演,可能出自安吉尔先生,不过这只是猜测而已。他也喜欢看仆人和动物被打,有一次他的马车夫腿部受伤,医生给他包扎妥当后躺在自己的房间里休养,他跑来看他,却把他的腿再度打断了。尽管有这些坏习惯,他的社会门面还是做得不错。1800 年 11 月,简·奥斯丁在一个舞会中见到他,他亲切地跟她谈话,还请卡桑德拉在下封信中问候她的母亲奥斯丁,她不觉得他的行为有什么反常。她接着说,“朴茨茅斯夫人那天穿了另一套衣裳”,意味她不久前在另一场合中也见到她。朴茨茅斯一家那时在他们赫斯特伯恩庄园豪华宅邸中举办过一次舞会,简曾愉快地前来参与,在活泼轻快、频换舞伴的舞会中,她没有听到任何“黑活儿”或者殴打事件,虽然她说第二天她的一只手抖个不停,也许是酒喝多了。[6]庄园的房舍属于詹姆斯·怀亚特,兴建于 1770 年代,规模宏伟,中庭建筑的两端还有侧翼,跟主建筑物几乎同等高大,四周则是辽阔的花园,有湖泊还有植满树林的

山丘。

后期的朴茨茅斯传闻更加可怕了,他的律师信托人约翰·汉森“租了”他在法利地区的一座园林,靠近贝辛斯托克镇,事实上他不付任何租金,伯爵欠他的法律顾问费抵偿了租金。汉森把他的女儿介绍给伯爵,也参与他们的射猎聚会,1805 年 8 月,拜伦在去剑桥前往汉普郡的路上,曾在这“汉普郡的浓荫沃土上”领略了一场“羽毛族群的毁灭”,也会见了若干当地的猎户,其中之一便是达默的特里一家,也是 91
奥斯丁家的朋友。[7]

汉森有一个极好的理由把家迁到汉普郡,这是他周密计划的一部分。1813 年,当伯爵夫人去世时,他立即采取了行动。他把伯爵带到伦敦,在伯爵与他女儿玛丽-安·汉森之间写了一纸婚约,并请拜伦作证,说明朴茨茅斯伯爵想跟年轻女人结婚却被弟弟们阻挠,娶了一个老妇人。这事是瞒着其他几个信托人和伯爵的两个弟弟进行的。

汉森的儿子查尔斯为他们制造了一份假结婚证书,名字处留下空白,婚礼在布鲁姆斯伯里圣乔治教堂里仓促完成,拜伦出席。事后,拜伦在他的日记中说,朴茨茅斯伯爵的“反应好像是百分之百的情愿,或者说,那是在牧师出现以前的样子”。他也报道说,他在去教堂的路上曾说“从童年时代起他便喜欢汉森小姐”,但事后又对马车夫说,他并不想有个新太太,他喜欢的其实是她的妹妹。的确,妹妹劳拉很美,姐姐玛丽-安则赶不上。不过拜伦还是说“她看来像个伯爵夫人——并向她和新郎、新娘家庭道贺,敬了他们满杯的酒(上好的雪莉酒),祝福他们幸福等然后回家。他们要我留下用餐,但办不到”。[8]看来这场罪恶的阴谋把拜伦是完全蒙在鼓里的。

新伯爵夫人辞退了所有庄园的仆人,开始她恐怖的统治,经常鞭打她的丈夫,还从父亲处请来一个律师朋友尽情打击和折磨他,使他彻底屈服。这个罪恶独裁持续进行到1822年,直到朴茨茅斯伯爵的弟弟牛顿提出法律诉讼,才宣告婚姻无效,而玛丽-安的三个孩子——其一名叫拜伦,都属私生子女。拜伦被指控为玛丽-安的情夫,但他否认了(“我只与她的父亲有关,关系全在跟情感无涉的长长律师账单中”),他的话无疑是真的。汉森一家人败诉蒙羞,失去所有的财产,但从迫害者手下救回来的朴茨茅斯伯爵则坚强如昔,活到了八十余岁的高寿。

92 朴茨茅斯故事的结局发生在简·奥斯丁死后,不过她对伯爵的婚事有过表态:那是1814年3月,她和哥哥亨利住在亨利埃塔街时,她写信给姐姐卡桑德拉,信短而难解:“好残酷的天气呀!而朴茨茅斯伯爵娶了汉森小姐!”作为一个恐怖故事,这里的情节超出了她所熟悉的,并在《诺桑觉寺》中讽刺过的哥特式恐怖小说。此书起稿于1798年,经过多年修改,而这时正是朴茨茅斯和汉森事件纠缠不清的一段时间。[9]纵然我们假定她听到有关伯爵喜欢丧葬和折磨人畜怪癖的消息并不多,但赫斯特伯恩庄园里恶魔般的邻居,若把他和《诺桑觉寺》后半部的情节放在一起,仍令人有风吹草动的联想。虽然凯瑟琳·莫兰德对这庄园的恐慌和担心结果证明不实,但对古怪、残酷的庄园主人蒂尔尼将军的畏惧却是千真万确。朴茨茅斯的传奇比起《诺桑觉寺》里凯瑟琳对蒂尔尼妻子被虐和被害的怀疑,无疑有小巫大巫之别。

1805年,拜伦在汉普郡时提到的特里先生是当地长期住户,在达默有一座美丽别致的小庄园,离史蒂文顿只有一箭之遥。[10]庄主特里先生和妻子在1770年代中期至1790年代期间生下了十三个孩子,大多数都出现在简的书信中。她对他们大体上的印象是“吵闹”,但跟他们家的女孩很要好,也跟男孩跳舞。最大的男孩是斯蒂芬,后来加入北汉普郡军团,罗伯特加入陆军,迈克则成为牧师,还跟简的侄女安娜订了婚。特里家的次女不久后成为《爱玛》的读者,她特别喜欢书中的埃尔顿太太;她的两个妹妹都与邻居的乡绅结了亲,一个嫁给史蒂文顿的迪格威,一个嫁给迪恩村的哈伍德。不过哈伍德家庭那时面临经济困难,债台高筑,无法脱身,他们的长子知道自己结不了婚,遂终生工作以便偿清父亲的债务,而年幼的儿子则从特里家地主身份降为自耕农,他们变成了汉普郡所谓的“贵族农民”①。迪格威家庭也有问题,简称之为“亲爱的哈利·迪格威”和他的特里妻子,以及大部分的 93
孩子最终都流亡巴黎,成为经济衰败下的另一批受害者。

旧货币失效,新货币登场。拉弗斯托克的波特尔,一个富有创业精神的胡格诺家庭在这世纪初期来到南安普顿,他们因受到宗教迫害逃离法国,慌忙在此落籍。1711 年,亨利·波特尔正式归化为英国公民,1712 年在特斯特河上购得比尔工厂(Bere Mill)租赁权,开始造纸。他的事业极为成功,又买下了拉弗斯托克工厂,1719 年改建,1724 年取得合同开始印制英国央行钞票。今天钞票上透明的水纹印便是他的首创。

亨利·波特尔的儿子约瑟夫变成了郡中最高治安警长,买下了拉弗斯托克的地产,而新的一代日益繁荣,到了 1790 年代,他们已经成为汉普郡的大地主了,1800 年的一场舞会中,简·奥斯丁将他们列入最大家族清单中。他们于 1796 年拆毁了拉弗斯托克庄园,改用新古典风格豪华地重建。[11] 他们这一代的兄弟们还拥有自由人修道院的采邑及阿什庄园别墅,后者他们出租给一个从西印度淘金回来的单身

---

① 贵族农民(Durbey-fields),从 d'Urberville 变来,是哈代《德伯家的苔丝》中象征贵族世家没落的玩笑话。

汉詹姆斯·霍尔德，这个一见女人便冲刺向前的男人，只要简·奥斯丁和他单独在一起，简一定会用手紧抓门把。[12]

新贵们金钱的来路常常十分暧昧。罗伯特·麦克雷斯爵士在1802年买下了尤赫斯特一带的土地，而他最早不过是怀特俱乐部①撞球场的计分员，后因做赛马赌注生意、无良放贷而致富，曾任下议院议员并且为国有功，被分封袖珍领地，授骑士爵位，但在金融界一直有不堪入耳的恶名。[13]

比格家也是个新住户，当威尔特郡的洛夫莱斯·比格从堂兄威瑟处继承了曼尼冈的财产后，他于1789年才搬来汉普郡，一个富有的鳏夫带着五个女儿和两个儿子。不久，为了玄乎其事，父亲和儿子把姓改为比格-威瑟，而女儿们却死心眼地维持着简单的“比格”本名。两个大女儿不久结了婚，长子于1794年早逝，而三个姐妹变成了奥斯丁
94 家女儿的朋友。他们十三岁的小弟弟哈里斯患口吃，一如朴茨茅斯伯爵，他的父亲给他请了一位家庭教师在家接受教育，一切情况良好。

伊丽莎白·比格吸引了两个认真的追求者，一个是她迪恩宅邸的邻居约翰·哈伍德，另一个是温彻斯特附近赫斯利庄园从男爵的儿子威廉·希思科特。希思科特家是波特府上的老朋友，颇有威望和身世，大儿子是海军，女儿都有不错的归宿，威廉则是个帅气、喜欢猎狐的牧师，在温彻斯特教堂任职。他有一幅骑在马上的画像，身穿猎装，跟父亲和猎狐队队长在一起，一张英俊的脸孔很有点达西或者威洛比的神气。[14]他的哥哥后来成为代表汉普郡的议员，在保守党占优势的汉普郡中，他们并没有受到居民的反对。

---

① 怀特俱乐部是英国最古老的俱乐部，1693年建立，只收男性会员，以放荡聚赌著称。

简·奥斯丁的父亲年轻时，双眸幽邃，五官端正，假发整洁。这位勤奋努力的孤儿获得了牛津大学奖学金。与贝利奥尔学院院长的侄女卡桑德拉·利结婚后，他离开牛津，成为一名乡村牧师。

唯一确知的简的母亲肖像，她引以为傲的贵族式鼻子跃然可见。奥斯丁太太以坚韧、务实的路线管理她的大家庭。她也喜欢读书，并在她极其有限的闲暇时分写下出色的打油诗。

史蒂文顿村庄一景。北汉普郡一个偏僻的角落，劳作者的房舍沿着街巷杂乱铺开，没有商店，没有酒吧，没有学校，也没有医生。教堂和牧师公馆位于远处。在其中的某个房舍里，奥斯丁太太将她的婴儿们委托给一个村妇照料，直到他们懂事才接回家。

詹姆斯，奥斯丁家的长子，妈妈的最爱，继承了妈妈写诗的天赋，也自视为家中的作家。他学习很好，十四岁就进了牛津，那时简才四岁。他写严肃的诗歌，也为与弟弟们在家表演的戏剧撰写开场白。他还创办了杂志《闲游者》，而他自己撰稿最多。其另一个爱好是打猎。

关于奥斯丁家的次子、先天残疾的乔治，没有照片记录。但三子爱德华是个幸运儿：性格友善、随和，深受父亲远房表兄的喜爱。当他们确认无法生育后，遂请求收养爱德华。起初，奥斯丁先生反对他们这个想法。但奥斯丁太太力劝送走爱德华。后来他继承了一笔财产和大片土地。

这张古板的肖像作于简去世之后，完全没有表现出亨利的风度。简曾写道：“天哪，好一个亨利！”他在家中最有魅力，机智风趣，风度翩翩，不总靠谱，却是爸爸和简的最爱。他在做军官的时候拿到了牛津的学位，有一场浪漫而有利的婚姻，退伍后成为银行家，在伦敦过着时尚奢华的生活。后来银行破产，他又转向神职工作，以此终生。他对简的写作怀有最强烈的兴趣，代表简与出版社交涉，无论在简生前还是身后。

卡桑德拉是位佳人，她是简的姐姐，也是最亲密的伙伴，但在未婚夫死后，她深居简出，选择独身，并过早地步入中年，着实可叹。她对简的描述令人难忘：她是“我生命中的太阳，为每一份欢乐镀上金光，给每一份悲伤带来慰藉”。

弗朗西斯，也作弗兰克，与简的年龄最为相仿。他精力充沛且积极进取，七岁时靠自己的积蓄买了一匹猎马；十二岁背井离乡，赴朴茨茅斯皇家海军学院求学；十四岁出海远东，为期五年；最终官至海军元帅。

奥斯丁家族中唯一没有正式肖像的人，除了残疾的哥哥乔治之外，就是简。记得简的人都觉得卡桑德拉的这幅速写画得不像，甚至有损形象，但这是简唯一一幅面部写生。

查尔斯，奥斯丁家族中性情温顺的幼子，步弗兰克之后尘加入海军。他对简全心全意，阅读她出版的所有作品，一口气读了三遍《爱玛》。“我喜欢她，”他写道，“甚至超过了我最喜欢的《傲慢与偏见》。”

史蒂文顿牧师公馆于 1824 年被拆毁。这是詹姆斯·奥斯丁的大女儿安娜凭模糊的记忆而作的几幅速写之一。画中呈现了公馆的正面，可以看到阁楼的窗子，奥斯丁先生的学生们曾在那里睡觉。他的书房在公馆背面，俯瞰花园和草莓地。公馆还有一个菜园、院子和茅舍，奥斯丁太太在那里饲养家禽和一头奶牛。

这幅剪影描绘了年幼的爱德华·奥斯丁被父亲正式移交给收养者、肯特郡戈德默沙姆庄园托马斯·奈特这一富贵人家的情景。此后，爱德华在肯特度过假期，但依然在史蒂文顿父亲这里接受教育，直到被送到欧陆壮游。虽然他的环境变了，但他始终和亲生家庭保持着密切的联系。

费拉德尔菲亚·奥斯丁，简的父亲的姐姐，自幼成为孤儿，和简的父亲一样贫穷，二十一岁独自前往印度谋求夫君，并与泰索·索尔·汉考克结成无爱的婚姻。

沃伦·黑斯廷斯，雷诺兹将他描画为一位年轻有为的东印度公司长官，在成为总督的路上扶摇直上，并将富甲一方。他是汉考克的赞助人。费拉德尔菲亚遇见他时，他是一位年轻鳏夫。

这张忧郁的脸庞是小贝齐（后“伊莱扎”）·汉考克，费拉唯一的孩子，黑斯廷斯的教女，也有可能是亲生女儿。黑斯廷斯曾给她一万英镑。她冰雪聪明且富有爱心，对表妹简情有独钟；她也乐于和表兄弟们打情骂俏。

儒尔当城堡，位于内拉克附近，1784 年，伊莱扎·汉考克的法国丈夫让·弗朗索瓦·卡波·德·弗伊德曾在此招待妻子和岳母。他花了她们很多钱，用于沼泽排水系统，为的却是自己发财。

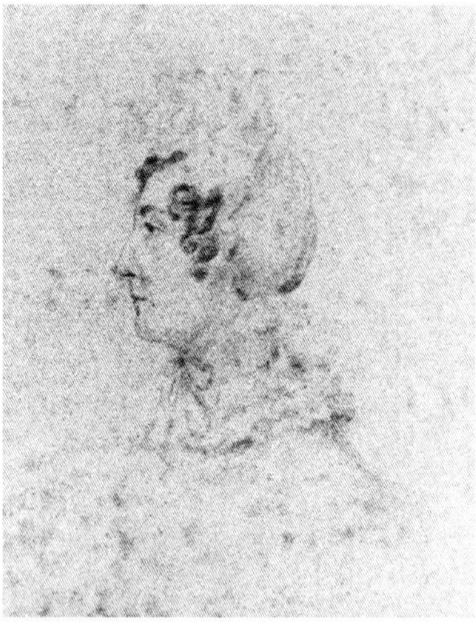

奥斯丁一家的邻居们。威廉・丘特（左图），生于诺福克郡，议员，继承了维恩庄园——汉普郡最好的宅邸之一。拥有维恩庄园使威廉・丘特成为人们眼中的如意郎君，但他喜欢打猎胜过其他任何形式的社交生活。他有一位在伦敦的议员同事同样热爱猎狐运动，他就选择了其女儿伊莱扎（右图，一幅晚期肖像速写）作为新娘。伊莱扎・丘特没有孩子。她读书、种花，为乡下穷苦人做慈善事业，也写日记，奥斯丁一家频频出现其中。她的侄女嫁给了詹姆斯・奥斯丁的儿子。

威廉・丘特的弟弟托马斯，詹姆斯和亨利・奥斯丁的好友，卡桑德拉与简的舞伴。

约翰·波特尔，另一位喜欢打猎的邻居，法国移民，在特斯特河上拥有自己的造纸厂，在此为央行印钞而发家。七十年代，一家人在拉弗斯托克建了宅院。简·奥斯丁曾于 1815 年到此拜访。波特尔夫人是她最后的访客之一。爱德华的两个儿子都娶了波特尔的女儿。

牛顿与库尔森·沃洛普阁下，第二任朴茨茅斯伯爵英俊的小儿子们。简与他们很熟。在描述一次怀孕时，她还幽默地引用了库尔森“巧妙的语言”——“有点苗头了！”他们的哥哥利明顿勋爵后成为第三任伯爵，他曾是乔治·奥斯丁牧师最初的学生之一。成年后，他那可悲有时甚至可怕的怪癖，连同家人与别人为控制他而付出的努力，在街坊邻里引起了一些黑暗而恐怖的流言蜚语。

威廉·希思科特牧师（与其父及猎狐队队长在一起），他出现在简的信件里，并娶了她的密友、曼尼冈的伊丽莎白·比格。希思科特很早离世。此后，伊丽莎白搬到温彻斯特。在简生命的最后几周里，正是她在此为简找到栖身之所。

史蒂文顿的圣尼古拉斯教堂，建于十三世纪，小巧幽僻，安静祥和。乔治·奥斯丁在此履职达三十余年之久，简即在此受洗。教堂庭院中有一棵九百岁的紫杉，树干中空，教堂大门的钥匙就放在里面。三口钟之一可追溯至 1470 年，它们一直在门廊入口处回响。拱门朴素，两边分别是男女头像雕塑。左下图是一张教区登记表。在父亲的允许下，简在上面随意涂写，还试着写下想象中丈夫的名字：亨利·弗雷德里克·霍华德·菲茨威廉（伦敦），埃德蒙·阿瑟·威廉·莫蒂默（利物浦），以及——换一种心情——杰克·史密斯。

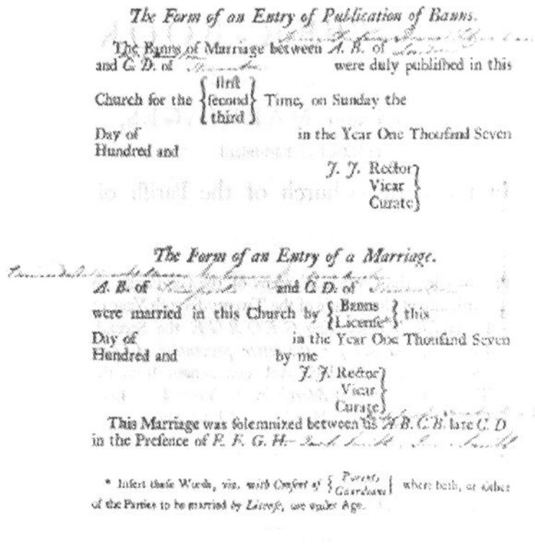

The Form of an Entry of Publication of Banns.

The Banns of Marriage between *A. B.* of and *C. D.* of were duly publiſhed in this Church for the {firſt / ſecond / third} Time, on Sunday the Day of in the Year One Thouſand Seven Hundred and

J. J. Rector / Vicar / Curate

The Form of an Entry of a Marriage.

A. B. of and *C. D.* of were married in this Church by {Banns / Licenſe*} this Day of in the Year One Thouſand Seven Hundred and by me

J. J. Rector / Vicar / Curate

This Marriage was ſolemnized between us *A. B. C. B.* late *C. D* in the Preſence of *E. F. G. H.*

* Inſert theſe Words, viz. with *Conſent of* {*Parents, / Guardians*} where both, or either of the Parties to be married by *Licenſe*, are under Age.

汤姆・勒弗罗伊。在简・奥斯丁幸存的早期书信中，他是个主要话题：她的“爱尔兰朋友”。在一次舞会上，简和他在一起开心放纵。他是来自爱尔兰的法律学生，假期来到汉普郡叔叔家做客，年方二十，与简同岁。在经济上，他依赖另一位叔叔的善意资助；由于他和简都身无分文，两人不可能订婚。当两人的相恋变得有目共睹时，他立即被送走了。虽然简用戏谑的语气谈起他，但这是一场痛苦的经历；直到三年后，她还想着他。他娶了一位女继承人，成为爱尔兰最高法院的首席法官。垂暮之年，当被问起当年的事情，他承认 1796 年曾爱过简・奥斯丁。

曼尼冈宅邸。简和汤姆曾在此共舞。这里是她的朋友、比格三姐妹的家。在她与汤姆·勒弗罗伊的浪漫故事发生七年后，她们的弟弟、曼尼冈的继承人哈里斯在简逗留期间向她求婚。当晚，简接受了他的求婚，但又在夜里改变了主意。

奥斯丁太太的哥哥詹姆斯·利，在继承一笔财产后，更名为利－佩罗特。他与妻子（右图）时而住在伯克郡的家，时而住在巴斯。由于他们没有子嗣，奥斯丁太太遂希望她的孩子们可以成为其继承人；但他们却乐于将奥斯丁一家置于悬想之中，任其猜测他们将如何处置遗产。

乔治·勒弗罗伊牧师，汤姆的叔叔，也是胡格诺派，住在与史蒂文顿仅一步之遥的阿什教区。他的妻子（右图）举止文雅、可爱动人，对简尤其友好。简也认为她“有天赋，有品味，还有温柔的灵魂”。勒弗罗伊夫人曾成立一个草席加工厂，以便救济英法战事时期汉普郡村里艰难度日的穷人。

奢华的戈德默沙姆庄园，屹立在坎特伯雷附近充满田园风光的绿地中。爱德华·奥斯丁成为这里的主人，在此养育他众多的孩子，也款待他的兄弟姐妹。亨利是常客，他曾写诗赞美戈德默沙姆庄园，并喜欢在此射猎，傍晚则在图书馆朗读剧本。卡桑德拉在嫂嫂分娩期间常来帮忙。简意识到自己被当作一个穷亲戚，她在此结交的最好的朋友是女家庭教师安妮·夏普。

奈特夫人，爱德华的养母兼恩主，是简唯一的资助人，每年给简一笔“费用”。除了父母给的有限零花钱之外，这是简全部的收入，直到三十多岁时拥有自己的稿费。

伊丽莎白·布里奇斯，肯特郡一位从男爵的女儿，1791 年十八岁时嫁给爱德华·奥斯丁。她不大喜欢简，或许因为她觉得简太聪明。她是一位尽职尽责的妻子和母亲，在其婚姻生涯中，几乎每天都处于怀孕状态。在分娩第十一个孩子后，她于 1808 年死去。

晚年的乔治·奥斯丁牧师。他的孙女安娜忆起，1801 年，当他和妻女搬到巴斯时，他的满头银丝和炯炯有神的眼睛引来人们崇敬的目光。1805 年，他在巴斯去世，葬于沃尔科特镇圣斯威森教堂，1764 年，他就是在这座教堂中举行婚礼的。

简·奥斯丁曾于1797年、1799年拜访巴斯，并精确地将巴斯作为早期小说《诺桑觉寺》和《劝导》的场景。她喜欢周围乡野的美丽风光，但却对这座城市本身渐生厌烦，特别是那“刺眼的白光”和无处藏身的社交圈。尽管她笔下的巴斯很好，但她在此居住期间似乎没怎么写作。

莱姆里吉斯，一排排房屋陡峭地分布于多塞特与德文郡汇合处的海湾。1803年、1804年简·奥斯丁拜访此地时，曾为此着迷，并通过《劝导》中的描写使其不朽，不仅是那充满戏剧性的一幕，还有对当地景致的抒情描写：柯布湾，奔流的潮水，沙滩，活动更衣室，不远处查茅斯的黑崖，还有平尼“绿色的断层和浪漫的岩石”。

在这张早期照片中，左边的房子即乔顿村舍。当前任租客、农庄管家去世后，爱德华把这幢房屋送给了妈妈和妹妹们。1809 年，他们欣慰地在此安居下来。在十年的创作枯竭之后，简・奥斯丁在此重拾笔墨。也正是在乔顿期间，她的两部早期著作出版：《理智与情感》（1811），《傲慢与偏见》（1813）；还有三部小说在此完成：《曼斯菲尔德庄园》《爱玛》和《劝导》，使这所朴素的房舍成为文学史上重要的一站。然而，这所房舍默默无闻地度过了百年之久，期间还被分隔为工人的廉租宿舍。直到二十世纪四十年代，新成立的奥斯丁协会才开始着手它的修复工作。如今，它是一座博物馆。

罗兰森的版画。画中，摄政王驾着一辆双轮双马轻便马车，一种时尚却不无风险的交通工具。亨利·奥斯丁也有一辆，他的妻子曾写到坐车的体会："有时温文尔雅，有时冒失莽撞，只好把我的脖子托付给亨利车夫的技艺。"威洛比、达西、宾利、亨利·蒂尔尼及查尔斯·马斯格罗夫都曾被简·奥斯丁赐予双轮双马轻便马车，而柯林斯先生、约翰·索普、爱德华·德纳姆爵士则拥有双轮单马轻便马车，外形相似，同样酷炫。索普曾这样形容他的单马轻便马车："跟双马轻便马车差不多，你瞧！座位，车身，剑鞘，挡板，车灯，银饰，应有尽有。"

左上：威洛比抱着扭伤脚踝的玛丽安。《理智与情感》法语版（1828）插图。

右上：病床上的玛丽安。本特利 1833 年版《理智与情感》扉页的版画，首个英文插图版。本特利版本中所有插图都出自一位名叫皮克林的无名艺术家，并由威廉·格雷特巴奇雕版制成。

下：伊丽莎白·贝内特与凯瑟琳·德·包尔夫人在朗伯恩的花园：书中最富于戏剧性的一幕。本特利 1833 年版《傲慢与偏见》插图。

左上：温特沃斯上校将小哈里·马斯格罗夫从他姑姑安妮·艾略特背上抱开，她正在护理他受伤的哥哥。1821年法语版《艾略特一家：或旧时倾心》（《劝导》）。这一定是奥斯丁小说最早的插图版。

右上：托马斯·伯特伦爵士打断了正在曼斯菲尔顿公园临时舞台上排练的耶茨。本特利1833年版《曼斯菲尔德庄园》中一幅颇具戏剧性的插图。

下：爱玛为哈丽特·史密斯画像，埃尔顿先生深情凝望。本特利1833年版《爱玛》插图。

玛莎·劳埃德，简·奥斯丁的挚友。这张达盖尔银版照片摄于其晚年。在六十三年之久的独身生活之后，她成为海军元帅弗朗西斯·奥斯丁爵士的第二任妻子。

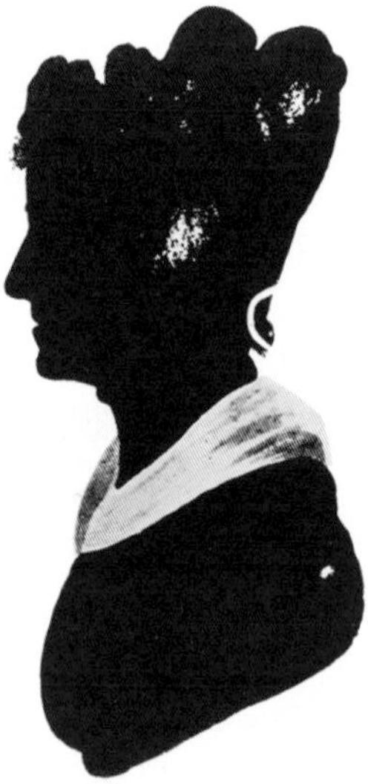

悲哀的幸存者：卡桑德拉·奥斯丁晚年剪影，神情凛然，却无欢乐。

简·奥斯丁深爱的哥哥弗兰克，海军元帅弗朗西斯·奥斯丁爵士。这张达盖尔银版照片摄于晚年。他一生活跃，晚年依然风度翩翩，是家族中最长寿者，卒于 1865 年，享年九十一岁。五十年来，他小心翼翼地保存着简的信件；但他去世后不久，其女儿范妮就销毁了这些信，没有和任何人商量。无法弥补的损失。

保守党在汉普郡的宣传口号是“希思科特与丘特万岁”。威廉·丘特——和希思科特同是议会成员,但也都是外地人——来自诺福克,本名威廉·洛布,二十岁时因继承祖母丘特的遗产“维恩庄园”而改名。维恩庄园至今犹在,是个宽大而美丽的都铎王朝风格的建筑,距贝辛斯托克镇不远。这是一宗庞大的财富,值得全家为它改名换姓,包括一个姐姐玛丽和一个非常年幼、出生于1772年的弟弟汤姆。[15]他们起初住在诺福克,1776年迁来汉普郡,汤姆·丘特那时的年龄正好可以跟奥斯丁家的孩子做朋友,他长大后还跟詹姆斯和弗兰克一起打猎,跟卡桑德拉和简一起跳舞、玩牌。他“相当聪明有趣”,而这些丘特孩子由于与奥斯丁孩子年龄相近,看来也可能是史蒂文顿上演话剧时的演员或至少是观众。汤姆跟詹姆斯特别亲近,他们维持了终生的友谊。[16]

威廉·丘特在哈罗公学就学时,曾是首相斯宾塞·珀西瓦尔①的青年助理,这可能也是他进入议会,而后进军剑桥的原因。去欧洲大陆的壮游给了他很大的帮助,他会说一口流利的法语。受到战争影响,汤姆不曾参与壮游,从剑桥直接加入1792年在汉普郡设立的骑兵军团,像亨利一样,他也变成了一位热诚的军官,在贝辛斯托克一带做 95
招募工作。他好读书,两兄弟中他较有才学。

然而,继承父亲遗产的是威廉,1790年他成为维恩庄园的园主,年三十三,单身,拥有地区内最体面的房舍。不消说,他变成了邻里中待嫁姑娘家庭相亲的对象,而这些妇人纷纷的议论肯定会在小区中广泛传播。这时简十四岁,足够成熟和有兴趣来聆听这些闲言闲语,追踪

① 斯宾塞·珀西瓦尔(Spencer Perceval,1762-1812),保守党员,英国史上唯一遇刺身亡的首相。

谁是幸运中选的少女。

在得到庄园的同时，威廉·丘特也进入议会，成为当地最有影响力和前程的政治家。不过事实证明，议会对他并没有太大吸引力，虽然他随后三十年间持续投票给保守党，但从来没有一次在议会中演说。他的心在汉普郡和他的一大群猎狗和马匹上，政治根本比不上狩猎，有时会从下议院下令把猎犬送出来，在他从威斯敏斯特骑马回家的路上，与它们碰头——那是一段七小时的路程，因此他可以在抵达终点前享受一番马鞍上的驰骋。不足为怪地，他以狩猎闻名乡里，有一次他在栅栏上摔倒，被马踢了一脚，伤了大腿，同行的猎人惊恐不已，相信他伤势不轻。当他勉强爬起来时，他的朋友约翰·波特尔焦虑地说："我担心我们丢了一个成员（our member）。"他揉揉伤处说："真的吗？我担心**我**丢了**我的肢体**。"

威廉身体结实，性格乐观，在温彻斯特巡回裁判庭区工作，选举期间与自由保有者聚餐，也出席贝辛斯托克镇俱乐部的活动。1793 年，他的姐姐玛丽筹备与奥克利庄园的乡绅威瑟·布拉姆斯顿结婚，失去为他料理家务的玛丽，或许刺激了他给自己寻找新娘的冲动，他没有任何困难但却让汉普郡的妈妈们都失望了。威尔特郡的遗产受领人
96 约书亚·史密斯有四个女儿，三个未婚，当他们 4 月来伦敦时，他把女儿伊丽莎白介绍给丘特。伊丽莎白二十余岁，害羞而严肃，丘特决定向她求婚。她的日记记录了他们的追求过程，但完全没有《傲慢与偏见》里的味道：4 月底，"丘特先生来午餐"；5 月 15 日，"丘特先生早晨来访"；6 月 10 日，"丘特先生来午宴，沙发上谈话"。[17] 沙发谈话后来两天，她写道："丘特先生早晨来。午餐。答复。"但事情还没有头绪，因为她第二天的日记写道："丘特先生来午餐。坎利夫小姐与我晚餐，与我同眠。最后决定。"这大约指的是订婚。这之后她前往韦茅斯，在

沙滩上骑马，阅读汤姆森的《四季》，当丘特先生到来时，她改读罗伯逊的《美国史》，丘特先生曾大声朗诵此书。随后回到威尔特郡，他们赴音乐会，看莎士比亚的《无事生非》。日记里面完全不谈她对丘特先生的看法，她只提到她花六便士买了一把新牙刷。

史密斯一家10月回到伦敦，丘特先生加强拜访，早上、晚上，早餐、晚餐，有时与他的弟弟汤姆一起。10月6日，这两兄弟一同前往汉普郡参加妹妹的婚礼，三天后回来。然后，15日，星期二，伊丽莎白写道："我九点半在圣玛格丽特教堂成婚，差一刻十二点出发，在巴格肖特停留二十分钟，五点一刻抵达维恩庄园。白霜，晴朗，天空无云，希望是好兆头。"这是她第一次来到华丽的维恩庄园，红砖的建筑，意大利式的门廊，还有都铎王朝的彩色玻璃和木雕，哥特式的大厅和堂屋，长长的雕板回廊，以及1770年代古典精美的梯阶。美则美矣，她一定感觉是个考验，她得面对这奇异的一切，包括管家、什役长、男仆、女仆，何况这一切都发生在她新婚的第一夜。

第二天，曼尼冈的比格小姐们与父亲来访。两天后，大批的人们进行晨访，包括詹姆斯·奥斯丁，携父母和一个妹妹（"奥斯丁小姐"）；还有当地其他人家，如迪恩的约翰·哈伍德，阿什的勒弗罗伊牧师夫妇，以及丘特的姐姐、奥克利庄园的布拉姆斯顿夫人。11月13日，新娘开始部分回访，她拜访了曼尼冈的比格小姐们，阿什的勒弗罗伊一家，以及史蒂文顿的奥斯丁一家，这次依然只有一位女儿露了面。 97
然后，她在奥克利庄园与布拉姆斯顿一家共进午餐，并留下来吃了晚饭，打牌，一种类似"呼同牌"的游戏，她称之为"对儿同"，一直玩到十一点。第二天晚上，她去巴辛斯托克会所参加了一场舞会，其间与查尔斯·波利特牧师及沃洛普兄弟中的一位跳舞；一周后，她在勒弗罗伊家午餐时遇到刚从东印度回来的弗朗西斯·奥斯丁上校。

丘特家庭跟奥斯丁家庭有许多相关的地方。维恩庄园位于舍伯恩圣约翰教区，而詹姆斯是当地的牧师，他们几乎每周都约他午餐（他妻子没有参加），一起打猎，而他和他太太都使用丘特先生议员免费邮资的符标寄信。[18]伊莱扎·丘特的日记中记录了许多跟奥斯丁家人的来往，她始终没有写对他们的名字。例如，“[1794年]1月16日，贝辛斯托克舞会，我与H.奥斯汀先生跳了六支舞”。亨利的魅力一如既往，因为伊丽莎白很少记载和同一个舞伴跳舞超过两次。“[1799年]3月26日，星期二，在奥斯汀先生家吃饭：奥斯汀夫人、小姐们，迪格威先生，还有我们俩。”“奥斯汀夫人、小姐们”指的是玛丽、卡桑德拉和简。

她和奥斯丁家姐妹友谊深厚，不仅因为她和比格家有密切的关系，而且她性情温和，有时对自己不自信也很紧张，例如当她第一次在圣诞节出席汉普郡公众舞会时，她母亲写信告诉她：“我真为你高兴，因为贝辛斯托克没有小步舞曲（Minuets），虽然你没有必要害怕，但我知道你会吓得魂不附体。”[19]她有智慧，能阅读法文和意大利文，也能用法文写些实用文。一如奥斯丁家人，她酷爱小说，读遍了范妮·伯尼、威廉·葛德文、夏洛特·史密斯、《吉尔·布拉斯》，以及卢梭的《新爱洛伊丝》；她还阅读塞维涅夫人（Mme de Sévigné）、曼特农夫人（Mme de Maintenon）、克拉伦登（Clarendon）、伏尔泰、约翰生的《漫步者》和莎士比亚。她喜欢看戏、听音乐，有一台羽管键琴。她画画不错：她丈夫利用她这一特长，让她为他的猎狐作像，认为它们和人类
98 一样应当享有这一待遇。她擅园艺，把悠长的大厅堂几乎变成了花卉温室。她喜欢自然世界，日记中描写“一颗陨星”，“窄巷里的萤火虫”；9月的一个傍晚，她为了“夜色壮丽，月亮奇美”，流连不去；在一个降霜的晴日里，她说“树木在阳光中显得特别美，闪烁如玻璃或钻石”。1802年9月她去博克斯山旅游，给了她写诗的灵感，来赞美这奇

幻的山坡、树林和景色;她认为这是英国最美的景点。[20]

不过伊莱扎·丘特却没有跟任何一位奥斯丁姐妹做成朋友,而简的书信中也很少谈到丘特夫妇,说明她并不大关注他们,尽管她很喜欢汤姆。1796 年,她提到威廉拜访史蒂文顿的事,说“我不明白他的礼貌有什么意义”。四年后她在迪恩村遇见伊莱扎和她的弟媳,曾说“她们说事后会来史蒂文顿一趟,但我们都知道那是鬼话”。[21]这话中强烈的敌意想必有因,也许她们大富人家倨傲,自认为高人一等吧!再不然便是伊莱扎·丘特占据了勒弗罗伊和比格家太多的时间与关注,伊莱扎日记中便有大量用餐和活动的记载。但这现象仍然有点奇怪,因为伊莱扎·丘特需要朋友,虽然她来自快乐舒适的家庭,她在维恩庄园的日子却异常寂寞,丈夫热衷狩猎的习惯使她显得更苦。她日记中不断写下一连串的“先生打猎”“丘特先生打猎”和“空白的一天”。日子一天天过去,数年后她也没有生育,她变得忧伤起来。

1803 年,结婚十年后,她收养了丘特先生亲戚家一个孤儿。丘特表兄的妻子去世,留下一个大家庭和三岁的女孩卡罗琳·威格特,女孩被接来维恩庄园陪伴她。纵然卡罗琳来此后每天哭泣,想念保姆和父亲,她还是成为家中的宠物,也征服了对壁毯的恐惧,在丘特太太卧室里睡了五年,然后得到自己的房间,虽然没有火炉,这些是她回忆中的事。她喜欢汤姆叔叔,他每年冬季从诺福克来维恩庄园三个月,还带来他的马“踢人”“滑头”“霹雳”,但没人想到要让她去见她的家人,
即使当她的兄弟来到温彻斯特上学时,直到十二岁她才跟家人取得联 99
系。这有点像《曼斯菲尔德庄园》里范妮·普莱斯的故事,书中还有好些奥斯丁的幻想符合了丘特家生活的情节。

奥斯丁邻居中生活最稳定的一群人却没有太多的记录。这就是

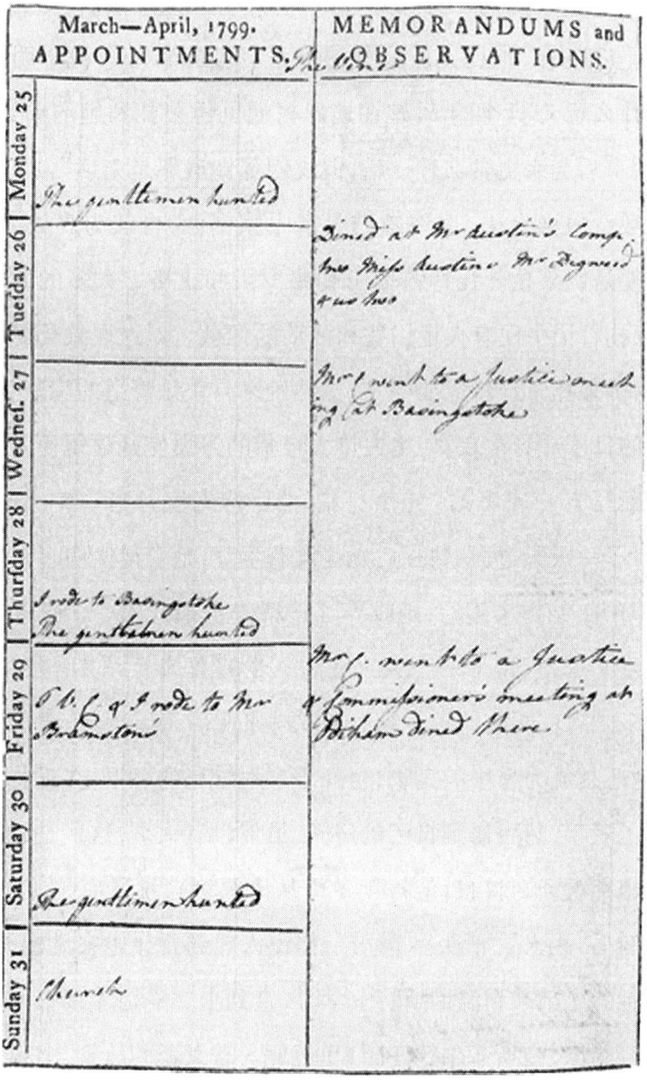

March—April, 1799. APPOINTMENTS.	MEMORANDUMS and OBSERVATIONS.
Monday 25: The gentlemen hunted	
Tuesday 26	Dined at Mr Austen's Company Miss Austen Mr Digweed & us two
Wednesf. 27	Mr C went to a Justice meeting at Basingstoke
Thursday 28: I rode to Basingstoke The gentlemen hunted	
Friday 29: [illegible] & I rode to Mr Bramston's	Mr C. went to a Justice & Commissioner's meeting at Bitham dined there
Saturday 30: The gentlemen hunted	
Sunday 31: Church	

伊莱扎·丘特日记一页

史蒂文顿村庄的社区,很多孩子在此度过童年。尽管如此,上层人士和底层阶级——詹姆斯·奥斯丁称之为“全人类的九大部分”,注定为“劳作”而生——之间的鸿沟绝对存在、不容置疑。双方都相信,上帝是这一体系的策划者。[22]伊莱扎母亲给她的信中曾说,这个村庄里一个老仆人的死去,让她丢开了仆人的基督名和“太太”的称谓,只能说:“可怜的老史蒂文斯,一身凛然,正气而死,在漫长的岁月中倒下,一无呻吟,把自己交还到造物者手中。”信中继续说:“造物者欣然将她带到这个世上,她也尽到了人生的责任”,最后祝福她得到“一个更好的命运”。[23]

奥斯丁家庭走得更近。史蒂文顿人士的名字大半出现在简的书信中,那里已婚而有子女的妇女她一律尊称“夫人”(Dame),例如斯特普尔斯夫人(伊丽莎白,育有数子),丘夫人(又一个伊丽莎白,与丈夫威廉育有四子)。罗伯特和南妮·希利亚德,斯蒂芬家庭,玛丽·哈钦斯,贝蒂·道金,巴特家庭,马修和苏珊娜·蒂伯里(育有四子),以及另一个育有四子的蒂伯里家庭,全部出现在信件中。还有丹尼尔·斯莫尔本,他太太简和八个孩子;农庄里替奥斯丁先生工作的两个管家,科比特和约翰·邦德;当然还有利特尔沃斯,或利特尔沃特。贝蒂·利特尔沃斯是个人物,爱德华·奥斯丁长大后忆起她是儿时的玩伴,也是少数几位日后生活有迹可循的人之一,她“身材娇小脆弱”,长大后却喜欢做男人的事,有一次步行往返于汉普郡和肯特郡之间,听说是替奥斯丁家送信。[24]

村里几乎所有的人都在奥斯丁的农庄工作,工资每周大约七到八先令。史蒂文顿的妇女在家纺织,贴补家用,直到世纪末期,纺织工厂 101
出现后才有了改变,但这反把她们搞得更穷苦了。村庄里比较聪明幸运的孩子可以在庄园或者牧师住宅中找到工作,男孩可以照顾马房和花园,假如做得好,还可以去赶马车,做园丁或者庄园仆人;较为体面的女孩可以挤牛奶,看管婴儿,做厨房助理或管家妇。简·奥斯丁曾经叫一个烧饭女佣为“下走”(Under),一个管家妇为“刷子”(Scrub)。如果这里面没有个人的原因,她们之间的鸿沟几乎无法跨越了。[25]村里的儿童很少上学,只要能赶牛羊或者赶乌鸦,他们便会被送去工作。他们最理想的工作地点是波特尔先生的造纸厂,那里的男孩每周收入二十二先令,而女孩则每天七便士,而且“红字母日”(节庆日)放假,工资照给,这是相当少见的。

村民的行为不能与优于他们的人相提并论,例如替奥斯丁先生服务的管家约翰·邦德在婚前让他的女友生了孩子,谁也不在意。[26]但别人则不同了,据奥斯丁太太所知,迪格威先生因仆人让女友怀孕而解雇了他,仆人后来跟这女孩结了婚,迪格威先生说他“其实喜欢这人,很难过把他赶走了,然而他还是该这么做”。[27]这种待遇上的不公平一定会让仆人感到不解。奥斯丁家人遇到问题时,比较会用善心处理,例如约翰·邦德晚年家中失火,烧了房子,詹姆斯·奥斯丁把他一家带到牧师公馆,给了他们一间阁楼和厨房的一角,让他们安然度过余生。[28]照料穷苦孩子的另一选择是贫民习艺所,根据一般教区规则,在那里的穷孩子可以得到每星期两先令六便士的津贴。但孩子们得与父母分开,来此学习卷丝,处理大麻和亚麻,但有时令他们长辈讶异的是,有些孩子宁愿在家受苦,也不愿与父母分离。

有身份的妇女都有给穷苦村民捐献的义务,她们的捐献包含毯子、衣物,小孩和婴儿用品。这些捐赠物是生活的必需品,不是奢侈。丘特太太捐出的毯子近乎批发的数量,简·奥斯丁也赠送圣诞节的礼物,根据一封她 1798 年写给卡桑德拉的信:“我给了玛丽·哈钦斯、丘夫人、玛丽·斯蒂芬和斯特普尔斯夫人每人一双绒线袜,汉娜·斯特普尔斯一件内衣，贝蒂·道金一条披肩。”由于她毫无收入，只有父母给的零用钱，而她上面列出的六件礼物清楚说明了她对贫穷邻居捐献的责任感，受赠人中当然会有她的保姆。 102

奥斯丁邻里的特色是动荡、多样、古怪，有时甚至还有暴戾的行为，对一个小说家来说，这无疑是个充满生命的材料库，供她写作的驱使。事实上，这里的富饶和复杂性已远远超过了简的需求，她对这里的人十分关注，这从她的书信中可以得到证明。然而，军界英雄、包办婚姻、疯狂伯爵和贵族世家中的纨绔少年并没有在她的小说中出现；不见踪影的还有那些腐败的乡绅、风光十足的外国制造商人，或者村姑，和教区子弟中收养的女孩，后来成为成功的职业妇女。当简·奥斯丁想从她周边生活中汲取题材时，她的手法巧妙，往往点到为止。我们不妨作一假想：喧嚷而开心的特里兄弟可能是《劝导》中穆斯格罗夫的前身；威廉·丘特来到汉普郡的景象，让我们想到《傲慢与偏见》开场的一幕；律师汉森的女儿玛丽-安多少有点像克莱太太，她的父亲谢波特先生是沃尔特·艾略特爵士“小心谨慎的民事律师”，一心想取得男爵的头衔；伊莱扎去博克斯山旅游的热情描写，在《爱玛》中有点回声；她收养她丈夫忧伤侄女的故事也在《曼斯菲尔德庄园》中再度出现。这些关联有的真实，有的虚幻，但可以肯定的是，奥斯丁只从她的邻里乡党身上择取自己所需，其他一概不要，并将其移植到与熟悉的汉普郡没有关联的人物和地点之上。

注释

［1］盖伊·卡尔顿于1760年代任魁北克州长，1775年12月到1776年5月间成功地防御了美国的来袭，而1780年代和1790年代中，以州长身份

居住于肯普肖特。今天他肯普肖特的房舍已经不存,只留下马厩。

[2] 哈克伍德庄园至今犹在,是十七世纪后期的建筑,1800 年代初期,路易斯・怀亚特曾为博尔顿家族装修扩建。

[3]《诺桑觉寺》,第二部,第 9 页。

[4] 卡桑德拉・奥斯丁太太给苏珊娜・沃尔特的信,1773 年 6 月 6 日,《奥斯丁档案》,第 29 页。

[5] 卡桑德拉・奥斯丁太太给苏珊娜・沃尔特的信,1773 年 12 月 12 日,《奥斯丁档案》,第 30 页。

[6] 简・奥斯丁去的那栋宅邸是詹姆斯・怀亚特于 1770 年代为博尔顿第二伯爵兴建的。1870 年烧毁。

[7] 拜伦给哈格里夫斯・汉森(Hargreaves Hanson)的信,1805 年 8 月 19 日,1805 年 8 月 28 日,见莱斯利・A. 马尔尚(Leslie A. Marchand)编,《拜伦书信与日记》(*Byron's Letters and Journals*)(十二卷,1973-1982),第一卷,第 76、77 页。拜伦和汉森曾在书信中打趣一位"特里先生",显然指的是达默的这位爱运动的绅士,或者其子。

[8] 莱斯利・A. 马尔尚编,《拜伦书信与日记》,第三卷,第 248 页。其他信息来自多丽斯・朗利・摩尔(Doris Langley Moore),《拜伦爵士:账目申报》(*Lord Byron: Accounts Rendered*,1974),附录三。

[9] 根据卡桑德拉・奥斯丁记载,《诺桑觉寺》开始写作于 1798 年至 1799 年。简・奥斯丁自己在该书 1816 年的"致读者"中说"它完成于 1803 年"。但那时书名为《贵妇苏珊》。1803 年,得到亨利的协助,她以十英镑的价钱把手稿卖给一家叫克罗斯比的出版公司。他们登了广告却没出版。十年后她用十英镑购回,也没做任何事。1816 年她改书名为《凯瑟琳》,写了广告仍无动静。直到 1818 年亨利把书名改为今天熟悉的《诺桑觉寺》。那时简已过世,没有机会修改和校对。

[10] 位于达默的庄园至今犹存,与同等美丽的教堂相邻。

[11] 拉弗斯托克庄园是由约瑟夫・博诺米(Joseph Bonomi)建造,今日犹存,不过已不属于原主人波特尔家族,也不对外开放。

[12] 简・奥斯丁给卡桑德拉・奥斯丁的信,1801 年 1 月 25 日。

［13］奥斯丁书信中不曾提及麦克雷斯爵士的名字，但詹姆斯-爱德华·奥斯丁-利的《维恩猎场早期回忆录》，第45页，描写他早年为奴仆，后来成为印度大富翁。只有第二部分看似准确，至少根据《国家传记词典》来看是如此。

［14］第一张插页中复制的画像是丹尼尔·加德纳（Daniel Gardner，1750？-1805）的作品，注明为"威廉·希思科特爵士，威廉·希思科特牧师，与吉尔伯特上校狩猎图"。图归国家托管协会（National Trust）所有，陈列在蒙塔丘特庄园（Montacute）正厅中。

［15］维恩庄园现归国家信托基金会所有，房舍和园囿都很别致，值得一游。

［16］汤姆·丘特过继的侄女卡罗琳·威格特1869年的回忆录中说他充满机智和乐趣，见汉普郡档案馆，31M57／1070。丘特太太晚年的日记中有许多汤姆拜访詹姆斯·奥斯丁的记录。玛丽·奥斯丁的日记亦然。

［17］伊莱扎·丘特的日记，或称淑女的袖珍笔记，现藏汉普郡档案馆。我阅览的部分是1790，1792，1793，1794，1797，1798，1799，1800，1802，1804，1807，1813，1814，1815，1816，1817。1790和1817不见。这些日记本非常精美，小牛皮封面——大多为红色，少数为棕色，一本为淡绿色——镶着金边，并有封盖，本内有一个口袋，装有额外的便笺，有些还有大理石花纹的扉页。日记本前面印有各种信息：有出租马车的价格、银行名字，其他杂七杂八的实用信息，时尚与戏剧场景，日记本后面印有当代诗歌，多为女性所作，一些本子还有讣告和出生通告，比如1798年记录了玛丽·沃尔斯通克拉夫特的噩耗。另一本日记中记录了"德鲁里巷剧院的乔丹夫人"之女的出生。在此时期，这些日记已形成自己鲜明的风格，后面还会提到詹姆斯·奥斯丁太太和范妮·奥斯丁的日记，后者是简的哥哥爱德华的长女。

［18］"免费邮资的符标"指的是议员在信封上签名，以保证该信被免费邮寄。此一特权被议员滥用，送给邻居、朋友，就连一些很体面的人也向他们索取。没有符标的信则由收件人付费。

［19］莎拉·史密斯太太给伊莱扎·丘特的信，《一七九三年圣诞》（"Xmas 1793"），汉普郡档案馆，23M93／70／3／1。

[20] 她在给朋友的信中描述过博克斯山。(见汉普郡档案馆,23M93/74/1/3)在与詹姆斯・奥斯丁共餐(10月3日)前几天的日记中也提到这座山。10月28日简和卡桑德拉留宿在詹姆斯家中。

[21] 简给卡桑德拉・奥斯丁的信,1796年1月15日,1800年10月25日。

[22] 詹姆斯・奥斯丁写的诗《早晨》("Morning"),诗为手稿,没有日期,见汉普郡档案馆,23M93/60/3/1。

[23] 莎拉・史密斯太太给伊莱扎・丘特的信,1797年手稿,见汉普郡档案馆,23M93/70/3/16。

[24] 见迪尔德丽・勒・费伊,《奥斯丁家族与利特尔沃斯家族》,《简・奥斯丁协会报告》(1987),第16页,引自贝拉(Bellas)手稿。

[25] 简・奥斯丁给卡桑德拉・奥斯丁的信,1798年10月27日,1814年6月23日。

[26] 见迪尔德丽・勒・费伊,《詹姆斯・奥斯丁为约翰・邦德所作的诗体传记》("James Austen's Poetical Biography of John Bond"),《简・奥斯丁协会报告》(1992),第9-13页。约翰・邦德和妻子结婚四个月后埋葬了他们的第一个孩子汉娜。

[27] 卡桑德拉・奥斯丁太太给玛丽・奥斯丁太太的信,1820年11月19日,汉普郡档案馆,23M93/62/2/5。

[28] 詹姆斯・奥斯丁在一首无韵诗中讲述了这个故事,原作藏于奥斯丁-利档案,汉普郡档案馆,《俭朴的乡村生活》("The Economy of Rural Life");相关部分印于迪尔德丽・勒・费伊《詹姆斯・奥斯丁为约翰・邦德所作的诗体传记》,《简・奥斯丁协会报告》(1992),第10-12页。

第九章　舞　蹈

“你的妹妹们也出门吗?”凯瑟琳夫人问伊丽莎白。伊丽莎白回答说:“是,夫人,出门。”凯瑟琳夫人难掩讶异之色,因为她们家中最小的妹妹才十五岁。但想把莉迪亚·贝内特留在家中,即使是有决心的父母也办不到,同贝内特一家一样,奥斯丁一家也不认为出门有什么大不了的。这里是乡间,奥斯丁家里的女儿从最小年纪开始就在家中跳乡村舞蹈,认识邻里间所有的少男少女,孩子们共舞,兄弟跟姐妹共舞,女孩子跟女孩子共舞,习以为常。他们每年还推出新花样,妇人们随身携带的手册中便详细列出了这些名目——它们都从基本舞步变化而来,跳跃、组伴、成环、携手连臂、交错结伴、拍掌、鞠躬和宫廷式的施礼;这些主题的变化,大家熟悉得有如黑暗中在自家楼梯上下的奔跑。

从自家的舞蹈到勒弗罗伊或迪格威家的跳舞派对,是极自然的过程,达默的特里和曼尼冈的比格,只是他们的家更堂皇罢了。当简·奥斯丁十五岁时,她已拥有一袭平纹细布礼服和一根别致的丝带,以备正式舞会之用。不过更多的舞会是即席性的，随时可来，例如饭局后或者黄昏茶点之余，大家把家具往边推开，挪出空地，并与现场愿意跳舞的人结成舞伴，便可翩翩起舞了。在汉普郡，冬季傍晚的家庭娱乐主要便是舞蹈，音乐则有赖妈妈、婶婶的键琴，仆人的小提琴偶尔也
104 可凑数。简会弹钢琴，但以她的年龄，只要有大人在场，人们不会让她牺牲这年轻人的娱乐。一如表姐伊莱扎和费拉，“简爱跳舞，也跳得很好”。[1]虽然如此，她还是爱取笑舞蹈的社交目的和预期力量：在《傲慢与偏见》中她让梅里顿寻找女婿的母亲们相信，“喜欢跳舞肯定是让人陷入情网的不二法门”。她也借达西先生的口吻道出了男性保守的看法，“连野蛮人也会跳舞呀！”不错。然而，事实证明妈妈们说对了，舞蹈甚至使达西先生不再死板，变得精力充沛起来。简·贝内特小姐后来得到一个倾心于她的青年爱侣便是源于一舞，而他的爱也因此得到回报。

简·奥斯丁十七岁时开始参与贝辛斯托克镇会议厅里的舞会，那是民众付款出席的慈善舞会，即使在此，也没有过于正式的礼数，前面说过，他们连小步舞曲也没有。1793 年 11 月 14 日，简十八岁生日前一个月，新婚的丘特太太在会议厅举行了一次舞会，作为她跟邻居的见面礼。卡桑德拉和简应该都来了，还有离家五年的弗兰克刚从远东回来，十九岁，皮肤晒得黑黑的，身穿军装，是个海军上尉军官。数天后，勒弗罗伊夫妇开设了一席很大的午宴款待丘特太太，陪客中有弗兰克，却没有卡桑德拉和简，当然，弗兰克是个有用的单身男子。12 月 5 日丘特太太的舞会中也没有奥斯丁家的女孩，那天来了八九对夫妇，吃了一顿冷晚餐，派对直到凌晨两点，宾客之中有勒弗罗伊、哈伍德和比格的家庭。

那时卡桑德拉和简正准备去拜访肯特郡的表亲，行程是奥斯丁太

太规划的，她的用意是叫女儿出门帮忙别人，同时也给她们机会结交其他社区的朋友。汤布里奇的伊丽莎白·奥斯丁已经嫁到有钱人家，且迁居南安普顿，丈夫出任当地治安官员，她此刻正在待产。姐妹两人便是为此而来，也被带去海豚旅店会见亲朋，参加舞会。简做了新婴儿的教母，留在汤布里奇等候婴儿的命名仪式，卡桑德拉则先回史蒂文顿，她和亨利一同参加了贝辛斯托克的舞会，亨利和丘特太太跳了六次舞。阿莱西娅和哈丽特·比格都在，还有特里兄妹、库尔森·沃洛普（朴茨茅斯伯爵的弟弟）和查尔斯·波利特牧师。奥斯丁太太 105
写了一首打油诗给简取乐。诗是这样开头的：

我给你寄来一张名单，
他们都是舞会的靠山。
在贝辛斯托克周四的晚上，
三十六位嘉宾济济一堂。
那天的夜色美不可言，
第一对贵宾来自维恩庄园。
其次是希克斯老爷和他的太座，
还有布拉姆斯顿先生一大伙，
带着夫人和未婚的妹妹
（假如她不来，谁会见怪？）[2]

奥斯丁太太对邻居说话尖刻，颇为她的女儿欣赏，也遗传到了女儿身上。

1794 年新年到来时，汉普郡的当务之急不再是舞蹈了，整个社区开始忙于招募民兵，加强骑兵兵团。招募来的队伍是为了向法国作战，而法国已准备好攻势，堕入种种恶行：恐怖统治笼罩一切，国王和王后被送上了断头台①，基督教被抛开，发明了一种全新的日历，每周十日②。国民军的另一任务是扫荡英国境内煽动叛乱的聚会，因为民间同情法国的声浪在激进分子和穷苦而怨声载道的人群中时有所闻。贝辛斯托克镇感到极大的压力，这个小镇变成第八十四兵团屯兵之地，罗尔上校、罗德上尉以及他们许多的军官在此驻扎，在这一年的后半期给小镇带来了“极大的喧嚣”。[3]亨利·奥斯丁所属的军团在朴茨茅斯港口忙于监管法国海军俘虏，当他改驻彼得斯菲尔德后，他离家近多了。[4]这期间却不见伊莱扎的踪影，她丈夫的死讯传来英国后，她退居北方，与朋友们暂住诺森伯兰郡和杜伦一带。与此同时，她丈夫法国沼泽地的家具全被售空，却谁也没有考虑过她和她儿子对家具的所有权。[5]

106 奥斯丁家的四个男孩各自或多或少与战争有关，较轻微的是詹姆斯，他的将军岳父帮助他进阶成为随军牧师，目的在于让他多点收入，唯一的要求是，用他一小部分的薪水增聘一名教堂助理，这种公然舞弊的行为在当时是可以接受的。奥斯丁先生也为弗兰克尽了最大努力，不断跟沃伦·黑斯廷斯沟通，希望他有助于弗兰克的升迁，还建议若干联系的名字，包括上议院议员、海军上将，乃至海军大臣查塔姆先生阁下。[6]黑斯廷斯那时仍在官方受审过程中，只是诉讼的势头消失了，奥斯丁先生大致没有猜错，黑斯廷斯在这些地方还有些影响。弗兰克在英国海面上工作，帮助输遣驻扎在荷兰的英国军队。查尔斯此

① 指法王路易十六和王后玛丽·安托瓦内特于1793年被处死。

② 指法国革命日历，亦称十进制历，以十日为一旬，在1793年至1802年间颁行。

时已卒业于朴茨茅斯海军学堂,初步在德国东弗里斯兰沿海一带见习,“支持英国军队的撤退”,他被严重冻伤。[7]

早在1795年,亨利的军团的一些士兵加入了纽黑文饥民为抢夺食物而引起的暴乱。那时他正告假在牛津上课,危急中被召归队,他以生病为由,希望免责,居然得到认可。暴乱被残酷地控制住了,暴民也受到最严厉的惩罚,当亨利回到部队时,还亲眼目击了他的伙伴集体射杀罪犯的情景,当时全体布莱顿官兵共一万余人在场观看。其后9月,他随部队来到切姆斯福德的军营,然后又回牛津继续学业。他生活的奇特处在于分成隐居的学术研究和军旅生活两个部分,而军中的青年军官在查尔斯·斯宾塞上校的领导下,拥有一种和乐的社会氛围,也不放松官兵严格的纪律。[8]

这时亨利的心头另有打算。1795年2月,伊莱扎守寡一年,她的教父也摆脱了法律上对他种种的控告,亨利从圣约翰学院给他寄去一封信,向他道贺:“亲爱的先生,作为一个谦卑、沉默的国难观察者,容
许我在这欢愉的片刻,放下刻板的礼仪,当然也恳求你的容忍,并希望 107
在没有任何的冒犯下,献上我温暖、虔诚的祝贺,表达我对你所做与所承受的一切的由衷敬仰。也容许我在此为我们的祖国,和身为英国公民的我,献上祝福。”他随即还感谢他“给了我许多说不尽的恩惠”。[9]我们不知道这些恩惠是什么,应该不出引荐和金钱吧!亨利的语气不甚自然,他的用意大约是想得到沃伦·黑斯廷斯对他的肯定。

黑斯廷斯的教女在史蒂文顿跟奥斯丁家孩子演戏已是八年前的事了,那时亨利十六岁,而伊莱扎二十六岁,是个善于调情的少妇。现在她已自由,而他也完全成长,亨利在这时向她正式求婚,她没有理由不结婚,而表姐弟间的婚姻是件常事,她在奥斯丁家中也极受欢迎,她

也爱他们。他有陆军中尉的收入,而她名下也有财产,或许有更多财产可期。然而她拒绝了,雄心万丈的亨利只好在耀眼的尉官大红外套中垂头而去。也许她觉得他们太熟悉了,也许她珍惜自己的独立生活,也许她盼望一个更长时间的追求过程,不过假如她有后悔之意,骄傲的亨利也是不会马上回头的。这桩心事他从来没有向家人提及,一切就到此为止。

伊莱扎在奥斯丁家中还有另一个爱慕者——詹姆斯,不过詹姆斯已婚,且已是一个女婴的父亲。但 1795 年 5 月,当女儿安娜两岁时,他不到四十岁的妻子安妮,饭后突然病倒,数小时内不治身亡。面对自己与女儿的惶恐与伤痛,詹姆斯不得不向家人求取安慰和协助,安娜从迪恩村被送往史蒂文顿祖母和姑姑处寄养。詹姆斯虽然哀伤,但也自由了,这时也曾再度想到他寡居的表姐。安娜成了史蒂文顿一家人宠爱的对象,对于卡桑德拉和简来说,她也像是自己亲生的孩子。简对儿童细腻的观察显然是从这个小侄女身上开始的,当《傲慢与偏见》中,加德纳家小孩"浑身上下千姿百态,蹦蹦跳跳"玩耍时,我们无异于看见了一些安娜快乐的时光。

108 安娜对史蒂文顿牧师公馆的生活颇有印象,许多年后,她在回忆录中描写了简和卡桑德拉共享的楼上两间房间,内室是卧室,外室叫作"更衣室",其实更像私人起居室,有蓝色的墙纸和带条纹的蓝色窗帘。

> 我记得一条看来寻常的地毯,有巧克力颜色的底子,铺在地板上,还有一些家具。一张涂色衣柜,上面有书架,背对着隔壁的卧房,面朝火炉。我的姑姑简有一架钢琴,还有两个窗户间的一张桌子,上面挂着镜子,桌上有两只汤布里奇制的椭圆工具箱,里

面有象牙嵌镶的盒子,装着一卷卷的丝线和量尺等。[10]

安娜对精美的工具箱太感兴趣了,致使她既忘记了卡桑德拉的油彩和铅笔,也忘记了桃花心木的书桌,上面有简的笔和纸。[11]

1795 年秋季,战争进一步影响姐妹们的生活,卡桑德拉的未婚夫汤姆·福沃尔同意去做随军牧师,军队即将开往西印度与法国作战。这个工作跟詹姆斯的闲差事完全不同,汤姆必须与军士们共进退,职位是由他的远房亲戚军团上校克雷文男爵提供的,他自己也随军而行。汤姆接受这份差事是希望改善他与卡桑德拉未来的生活,因为克雷文爵士承诺军务结束时,会给他在什罗普郡提供一个美好的生活。然而谨慎一如卡桑德拉的汤姆却从未告诉别人他与卡桑德拉的订婚,他唯一做到的是,出发前十分谨慎地写了一封遗嘱。他预计年底出航。

又是一个严寒的冬天。皮特首相传令穷苦百姓,如果没有面包吃,就吃肉,面包价格疯狂上涨,让必须依赖面包为生的人感到惶恐。皮特的建议听起来很危险,如同被处死的玛丽·安托瓦内特,而伯克郡的官员们担心暴乱再度发生,决定破例提高穷人的接济,其他郡治纷纷跟进。一群自称为民主党人的暴徒于 10 月中趁国王乔治四世途经圣詹姆斯公园前往议会时,向国王袭击,砸破了马车的窗户,还不断呐喊叫嚣,高呼口号:“我们要和平! 面包!”“国王滚蛋!”“停止战 109
争!”群众被驱散了。第二天,从来不缺乏勇气的国王照样出游,带着王后和公主去考文特花园剧场看戏,这天大家相安无事。[12] 为了增强财力,皮特提议对中产阶级征收发粉税,结果却有效地结束了发粉的使用。少数人坚持继续使用发粉,像爱德华和伊丽莎白·奥斯丁,毫无疑问地,乔治·奥斯丁继续使用他涂粉的假发,不过逐渐有人追随弗兰克和查尔斯,他们把自己深色的头发剪得短短的。结果是,从画像中看,他们更像是从别的世界跑来的人,而他们的兄弟詹姆斯和爱德华却变成了永远的“古人”。

关于这个世界和这个家庭我们说得够多了。1795 那年,占据简脑海中的却是另一世界和另一家庭。当她完成《贵妇苏珊》后不久,她开始写一个规模更大的新故事,《埃莉诺和玛丽安》是她给《理智与情感》初稿的名称,就卡桑德拉记忆所及,简曾于 1796 年以前给家人朗诵过这个故事,当时它是用书信体写成,有如《贵妇苏珊》。由于手稿全部丢失,我们无法猜测有多少《埃莉诺和玛丽安》的成分还保留在《理智与情感》里,我们至少可以肯定,这故事中的两姐妹有着绝然相反的个性,姐姐讲理性,做事谨慎,而妹妹准备去过一种不够端庄,也危险重重的生活。

注释

[1] 见亨利·奥斯丁为《诺桑觉寺》和《劝导》二书所写的简的生平介绍。

[2] 布拉姆斯顿太太是威廉和汤姆·丘特的妹妹,她就是那位后来发现自己有点像《曼斯菲尔德庄园》里伯特伦夫人的人。那位未婚的妹妹是奥古斯塔·布拉姆斯顿,希克斯老爷是乡绅(Squire)迈克尔·希克斯,他于1779 年与布拉姆斯顿家一个表妹结婚,他的儿子威廉·希克斯-比奇于1832 年继承了奥克利庄园。

[3] 伊莱扎·丘特的日记,星期六,1794 年 8 月 9 日,汉普郡档案馆,23M93/70/1/4。

[4] 亨利·奥斯丁的行踪记录于克莱夫·卡普兰(Clive Caplan)的《牛津郡军团亨利·托马斯·奥斯丁上尉的军旅生涯:1793–1801》(“The Military Career of Captain Henry Thomas Austen of the Oxfordshire Regiment of Militia, 1793-1801”),当时并未发表,后来则发表于《劝导》杂志(1996,该杂

志为北美地区简·奥斯丁协会刊物)。

[5]“法兰西共和国第二年共和国历11月12日,弗伊德先生花了两千八百五十八法郎买了取火家具设施。”见米歇尔·德韦尔(Michel Devert)神甫,《加巴尔雷与巴博丹的沼泽》(“Le Marias de Gabarret et de Barbotan”),载《波尔达社区通讯》(*Bulletin de la Société de Borda*,1970),第13页。另见《法国革命期间的卡佐邦》(“Cazaubon pendant la période révolutionnaire”),载《加斯科涅书评》(*Revue de Gascogne*,1885),第328页:“1794年5月8日,拉枫丹,受托为卡波-弗伊德购买家具,属于巴博丹沼泽地区的财产:我昨晚收到了巴黎的居住证(想把它交给一个移民,卖掉他这份财产)。当夜,他兄弟的仆人也出发去注册地区居住证了。”

[6]乔治·奥斯丁给沃伦·黑斯廷斯的信,1794年11月8日,大英图书馆附加手稿,29,173, f. 281。

[7]见查尔斯关于自己生涯的记述,大英图书馆附加手稿,38,039, f. 181。

[8]所有关于亨利的军队记录见克莱夫·卡普兰未发表的文章《牛津郡军团亨利·托马斯·奥斯丁上尉的军旅生涯:1793-1801》。

[9]大英图书馆附加手稿,29,174, f. 25 (《奥斯丁档案》, 第153页)。

[10]安娜·勒弗罗伊描写她姑姑房间的文字来自家庭档案,引自康斯坦斯·希尔,《简·奥斯丁:家庭与朋友》(1902)。迪尔德丽·勒·费伊所云墙纸和窗帘的颜色引自乔治·奥斯丁有关他贝辛斯托克的物资的账目,见迪尔德丽·勒·费伊,《家庭记录》,第69页。

[11]迪尔德丽·勒·费伊猜想1794年12月5日奥斯丁先生在贝辛斯托克花十二先令购买的一张“小桃花心木书桌,有一个长抽屉和玻璃墨水瓶托”是简十九岁生日礼物。

[12]1795年10月29日,伍德福德牧师那天正好在伦敦,目击且记录了这天的经过。

第十章　洋娃娃和打牌人

传记作家会很快发现,没有可靠的人物描写或肖像,因此我们不必大惊小怪简・奥斯丁给人的印象,有人说她"清秀而美丽",有人说是"略带棕色的面容","深褐色的"头发和淡褐色的眼睛。第三个见证者则认为她有一个"相当罕见的肤色,近乎一种另类的**浅褐色**——皮肤上有雀斑,不美,但肤色却近乎完美地清透、健康……头发清秀,自然卷曲,发色既不浅也不深"。第四个人却说,她有"一双大而黑的眼睛,容光焕发,长长的黑发垂至膝盖"。[1]

这只是故事的开端。1944 年出现的简・奥斯丁侧面剪影(夹在 1816 年版《曼斯菲尔德庄园》书中),用法文标明为"可爱的简",根据最有成就的奥斯丁学者 R. W. 查普曼考证,可能真是简的头像,大鼻子,小嘴巴,虽然安娜认为她的鼻子不大。她的父亲有长而窄的鼻子和一双看来深邃的眼睛,这个特色可从她姑母汉考克、表姐伊莱扎身上和她所有兄弟的画像中看到。不过有人说奥斯丁先生的眼睛是浅褐色的,也遗传给了亨利和简。我们可以肯定的是,她没有她母亲引以为傲的鹰钩鼻子，这个她自认为是贵族血统的记号。[2]

福沃尔家的长子童年时代便认识简，坚持简的漂亮：“真的很美——聪慧的脸上带着许多光彩，像个洋娃娃，不，这无法让你体会到她丰富的表情，她像个孩子，一个生龙活虎、充满趣味的孩子。”在所有描写简的记录中，这话最动人心弦，因为你感觉到他的语言从回忆而来，描绘了一个生动的美人形象，其中有感情因素，却并未被感情所扭曲。另外一个见证人是简后期生活中的邻居，她说简是个“高挑瘦削 111
的人，有很高的颧骨，色泽丰润，眼睛闪闪发光，不大，却欢愉而智慧”。而且批评1870年《回忆录》木刻版画中简的脸，说显得太宽、太胖了。这里所说的高颧骨，不曾在卡桑德拉的速写中显现出来，有人认为她的脸颊“有点太丰满”，脸庞则是圆圆的。很爱姑姑的侄女安娜在结束她的描述时说：“我们很难理解，为何这么多的优点却没有造成一个绝对的美人？”这个婉转的语词，我解读为：一般人不以她的容貌为美。[3]安娜宣称卡桑德拉给姑姑简画的像“不像且丑”，这画像在卡桑德拉生前并未曝光。[4]然而我们也不能不注意到一个事实，奥斯丁兄妹中，仅有的两个既无正式肖像也无剪影的人，便是乔治和简。

上面已经说过表姐费拉·沃尔特不认为简小时候漂亮。伊莱扎称呼卡桑德拉和简为“英国最美的两个女孩”，但这显然是伊莱扎好心而过分的溢美之词。亨利赞美他妹妹的仪容，也赞美她在种种优点之外一枝独秀的个性，却没有提到她有人人公认的美。亨利引用诗人约翰·多恩的诗句，说他妹妹“雄辩的血液”在她温柔的“脸颊”间流转，让我们想到她粉红或略带红色的面容，而有人也的确注意到她丰润而浏亮的光泽。[5]她的侄子詹姆斯-爱德华在《回忆录》中说她“非常迷人……浅浅的棕色里有丰润的光泽……脸颊丰满圆润，嘴巴和鼻子细致而端庄，榛色的眼睛发出光亮，褐色的头发自然曲卷在脸颊旁……

不过没有她姐姐那么漂亮”。他还追加了一句:“大家都认为她和她姐姐的衣着接近中年人,对她们来说似乎早了一点,也许她们喜欢如此吧！再说……她们好像也不在意时髦或漂亮的衣服。”[6]简让人把前面的卷发剪短,只留下后面的长发可以梳起来,必要时把它塞在帽下,收拾起来也更快更方便。她从来不用卷发纸,“我的头发至少可说是整洁,我全部的愿望不过如此”。在朴茨茅斯伯爵家的舞会后,她给她姐姐信上说的话,表明她并不想为此太费心思。[7]在另一场合中,她相
112 信卡桑德拉和爱德华会觉得有趣的,因为她宣告了一则新闻,她居然去村里南妮·利特尔沃特家做了一次头发。利特尔沃特是奥斯丁家里打杂的帮手,肯定不是专业的美容师,很难想象简会喜欢像勒弗罗伊太太或者嫂嫂伊丽莎白那种堆高而施粉的发髻。

她脸上没有天花的痕迹,那是她们那一代人最常见的灾难,因此也常被用来恐吓或警告虚荣的危险。简·奥斯丁并不虚荣,关于时尚和服装款式令她痛苦——而卡桑德拉对此则更感兴趣,她给简的信中累累提及。简却极少响应这方面的话题:“我讨厌谈论此事”,她在一次舞会中戴了一顶借来的极为时髦的无边便帽,但她不想多言,她还说:“我已经远远超越了可怕的制作连帽斗篷的时代。”[8]

从这话里,我们可以看出她不是个在意外表形象的人,“我不能决定我该怎样做我的长袍,我希望这些东西都是现成做好的”(1798 年的信)证实了她由衷的不情愿。许多年后,当有人劝她去伦敦做一个时兴的发式时(1813 年),她“认为它看来太丑陋”,也惋惜她能遮盖一切的小帽。与此同时她写信给卡桑德拉,说她正在做一条镶丝边的长袍,“有了丝带,这个长袍可真有用了,我可以穿它去任何地方”。能穿去任何地方都有用的服装,绝不是讲究时髦的人理想的服装。

她也不在意她小说中人物的衣着:《诺桑觉寺》中,爱伦太太对服

装的执着——“服装是她的热忱”——得到了作者以及书中最明理的亨利·蒂尔尼的全面讽刺。“看这古怪的女人！看她那古怪的袍子！老气横秋！你看她袍子的背后”：这便是爱伦太太对他人的无聊兴趣所在。书中有一段著名的文字,当年轻的凯瑟琳·莫兰德担忧她该穿什么衣服去参加舞会时,作者投入了她自己的评语:“女人只要悦己就好。没有男人会因此而多爱她一分,也没有女人会因此而更喜欢她。”

不论这话是1790年代还是1803年说的,这是她惯有的态度。她在书信中可能会评论女人把水果戴在帽子上,但说女人的头上长出花来或 113
许更为自然,她也会准确地指出衣料应有的颜色。然而我们得到的印象是,如果她生在两百年后的今天,她会穿上一条老旧的裤子,格子衬衫,开开心心地去教堂,而只为晚间正式场合保留一件够体面的衣裳。

有关她的体形,已达成共识:“纤细优雅”,“高挑苗条,但不驼背”,是个“高挑瘦削的人”,即使像“一条薄而直挺的木片或铁片”,说的也是同一回事。[9]这让她的侧面剪影出现了更多的可疑点,它的胸部显然不像是瘦削的人。亨利赞美简的身材“委实优雅,不超过中等身高是无法增加这份优雅的”。如此优雅的评语,只有兄妹情深才说得出来。她的侄子詹姆斯-爱德华说她“高而纤细,步履轻快稳健,整个身体焕发着她的健康和活力”。[10]她步伐快而果断,也被安娜证实了。[11]

从这个人杂烩的叙述中我们得到了什么结论呢?简高而瘦,头发卷曲,颜色稍深,而非金色。她有一缕头发保留下来,但颜色如今呈黄铜色,那是头发年久褪色的缘故,她帽底下卷曲而深色的头发可以从卡桑德拉的速写中看得很清楚。[12]她的眼睛不大,也不是蓝色,可能是浅褐或者浅黑,目光明亮有神,尽管她经常有眼疾,有时还造成眼睛不适。鼻子和嘴巴较小。圆而像洋娃娃般的脸颊常因运动或激情而红光四射。她不是美人,但那些最了解她且能感受到她表情中的活力、灵敏和智慧的人觉得她很有魅力。当然,正如所有的人一样,她的容貌会改变,当她跟喜欢的人在一起时,她闪耀着欢乐的光芒,而厌烦和不信任会使她脸色紧绷,愁眉不展,无疑,她那时确实变得吓人,正如一位不大友善的目击者玛丽·米特福德所说,她就如同一个打牌人——一本正经,一板一眼,沉默寡言。[13]

注释

[1] 这里的四种意见都是简·奥斯丁死后,一些与她有过多次交往的人的陈说,而三位是她亲密的亲戚——埃格顿·布里奇斯爵士(勒弗罗伊太太的兄弟),是简 1786 年到 1788 年的邻居,且于 1803 年再度与简相会,见他的《自传》(*Autobiography*,两卷, 1834),第二卷,第 39-42 页;她的侄女卡罗琳·奥斯丁(詹姆斯的幼女,1805 年生),见她 1867 年所写《我的姑姑简·奥斯丁:一部回忆录》(*My Aunt Jane Austen, A Memoir*,1952);侄女安娜·奥斯丁(詹姆斯的长女,1793 年生,长大后与简非常亲近),引文来自迪尔德丽·勒·费伊,《安娜·勒弗罗伊关于简·奥斯丁的最初记忆》,《英语研究评论》, 新编 xxxix,155,1988 年 8 月,第 417-421 页;还有另一侄女路易莎(爱德华的女儿,1804 年生,后来成为乔治·希尔夫人〔Lady George Hill〕),她的引文来自 1856 年帕梅拉·菲茨杰拉德(Pamela Fitzgerald)给卡莱尔勋爵(Lord Carlyle)的信,引自伊丽莎白·詹金斯,《一些背景说明》("Some Notes on Background"),《简·奥斯丁协会报告》(1980),第 166 页。

[2] 这个传言挥之不去,却无法得到证明。

[3] 这里的四个引言来自下列出处:富尔沃-克雷文·福沃尔的评语 1838 年为莫兹利太太(Mrs. Mozley)所记录,刊登于凯斯琳·蒂洛特森(Kathleen Tillotson),《泰晤士报文学增刊》,1954 年 9 月 17 日, 第 591 页。米德尔顿小姐(Miss Middleton)的描述引自迪尔德丽·勒·费伊,《乔顿回忆录》("Recollections of Chawton"),《泰晤士报文学增刊》, 1985 年 5 月,第 495 页。埃格顿·布里奇斯爵士的引文见其《自传》,第二卷,第 39 页, 安娜·勒弗罗伊的话同上注。请参看卡罗琳 1819 年 5 月 4 日给她兄弟的信,在谈到表姐玛丽安·

奈特(Marianne Knight)时说:“我无法像你那样欣赏玛丽安。她确实是美,但我从来没见过她美的时候,她最大的个人魅力,就我看来,十分像可怜的姑姑简。”(引自迪尔德丽·勒·费伊,《家庭记录》,第236页)

[4] 安娜·勒弗罗伊给詹姆斯-爱德华·奥斯丁-利的信,1869年7月20日,引自迪尔德丽·勒·费伊,《家庭记录》,第253页。

[5] 伊莱扎·德·弗伊德给费拉德尔菲亚·沃尔特的信,1791年11月14日,《奥斯丁档案》,第144页;亦见亨利为《诺桑觉寺》和《劝导》初版所写简的生平介绍。

[6] 詹姆斯-爱德华·奥斯丁-利,《简·奥斯丁回忆录》,第87页。

[7] 简·奥斯丁给卡桑德拉·奥斯丁的信,1800年11月20日。当伊丽莎白·贝内特从朗伯恩走到内德菲尔德后,她乱蓬蓬的头发遭到宾利姐姐们的批评,这说明了她们错误的价值观。

[8] 简·奥斯丁给卡桑德拉·奥斯丁的信,1799年1月8日。

[9] 埃格顿·布里奇斯,安娜·勒弗罗伊,米德尔顿小姐(乔顿的邻居)和玛丽·拉塞尔·米特福德。

[10] 詹姆斯-爱德华·奥斯丁-利,《简·奥斯丁回忆录》,第87页。

[11] 亨利的叙述见前引他写的简的生平介绍,安娜关于简的步伐的叙述参注4。

[12] 伊丽莎白·詹金斯报告称,现存于简·奥斯丁协会的简的一缕头发颜色呈黄褐色。深色头发年久会褪色。

[13] 玛丽·拉塞尔·米特福德(1787－1855),《我们的村庄》(*Our Village*)是她的成名作,在1814年12月给威廉·埃尔福德爵士(Sir William Elford)的信中,描写简·奥斯丁起初是个“最美丽,最愚蠢,最热衷追求丈夫的蝴蝶”,而后变成一个“一本正经,一板一眼,沉默寡言的‘幸福的独身者’……社会视她不过是个打牌人,或者防火墙,或者任何其他单薄直挺的木片或铁片,可以安静地待在角落,没人过问”,直到她变成《傲慢与偏见》的作者和“一个人人害怕的打牌人”。话中明显仇视的语气并非全无道理。

第十一章　一封家书

114 简·奥斯丁现存书信中最早的一封是她写给姐姐卡桑德拉的，祝她生日快乐。那是1796年1月9日星期六，简坐在父亲牧师公馆的家中写下此信。这是一份值得注意的文献，那天家中每人都写了一封善意的贺函，而简下笔如飞，利落流畅，既出于对亲爱的姐姐的祝愿，也源于单纯的写作快乐。由于此信仅是为收信者而写，字里行间难免有些私人隐语，但毕竟也像一篇小说的开端，一种熟悉的小说类型，叙述一对姐妹如何互通信息，调笑，告知经验，然后逐步走向她们人生的高峰：婚姻。实际上，简当时正以书信体撰写这样一部小说，这一事实无疑给了她许多乐趣。[1]

1795年圣诞节到来时，卡桑德拉不在家，她去伯克郡未婚夫家度假，让他们家人和自己开心点。那时汤姆在法尔茅斯等候随军队的船只开往西印度，年轻人远征半个世界总会有点风险，但是奥斯丁家已有多人安全回来，这给了他们不少信心，而汤姆的出航也不会比弗朗西斯更长。他们的谈话没有悲戚，只取笑了一番汤姆船只的名字“庞斯伯恩号"(The Ponsborne),附在信的尾端。信中也提到福沃尔家另一弟弟查尔斯,他自告奋勇答应给简买一些丝袜,因为她说她已经为白手套(跳舞用)和粉丝绸(内衣)花了太多钱,没有余钱买丝袜了。

这信主要是叙述前晚在曼尼冈参加比格家舞会的经过,但与此同 115
时,她也暗示了一些更重要也更私密的事情。她信中第二句话是:"汤姆·勒弗罗伊先生的生日是昨天,所以你们年龄相仿。"这另一位汤姆事实上应当跟简年龄相仿,同是二十岁,是个刚从爱尔兰来此的陌生人,却风光十足:一副全新面孔的汤姆·勒弗罗伊来汉普郡做客,是卡桑德拉和简从未见过的舞伴。他长得漂亮,一头金发,聪明又有魅力,刚从都柏林取得学位来伦敦学习律师行业,此次是跟随他勒弗罗伊叔叔和婶婶从阿什牧师公寓来此过节的。有此交代后,简开始大谈汤姆·勒弗罗伊。事实上,她已无法把注意力从他身上移开,"这位风度翩翩、仪表出众、性情可爱的年轻人",她也用锐利的笔尖蘸着身旁的墨水,一边滔滔不绝、愉快地谈论他。

显然,那时简也到达了卡桑德拉跟**她的**汤姆订婚的年龄,年轻女孩子关心的就是这些事。简随即把话题转向前晚的舞会:谁来了,发生什么了,以后还有什么庆祝计划。她要告诉卡桑德拉许多闲话,以及一串彼此熟悉而无须指名的名单,包含邻居、邻居的亲朋、各房亲戚、父亲以前的学生、**学生的**姐妹,还有詹姆斯和亨利的牛津朋友。两位哥哥都在场,不过简只提到詹姆斯,她没有提到他最近的丧偶,只说"他跳舞有很大进步"。这是简坚韧之处,也许他的妹妹们会鼓励他好好学跳舞,以便找到一个新太太。

舞会中教堂人士占了绝大多数,汉普郡几乎成了教堂培养新人的训练所。不过那天也有当地的地主,一位男爵和另一位男爵的遗孀(这位男爵是温彻斯特天主教堂的专职神父),她马车中还带来三个女

116 儿和一个儿子,为了娱乐、锻炼、舞池中的小小闹剧,也为了扩大乡村生活的社交圈子。[2] 简记录了贝辛斯托克镇约翰・莱福德医生的儿子,但视他的到来为坏消息,为避免了与他跳舞而感到如释重负;她比较喜欢约翰・波特尔,他英俊的表弟本杰明前天正好造访史蒂文顿。

也许受到她们十五岁的哥哥哈里斯的鼓励,比格两姐妹怂恿父亲把曼尼冈的花房加上照明,给她们的舞会增加光彩。詹姆斯・奥斯丁请阿莱西娅・比格跳了一次舞,卡桑德拉一定很高兴知道,不过她会更高兴听到伊丽莎白・比格的故事,她已处于一个有趣的阶段,会拒绝一个求婚者而鼓励另一个。她为希思科特牧师开了一场舞会,他英俊、活泼、有钱,也爱打猎,当舞会结束时,所有人都知道希思科特赶走了约翰・哈伍德,后者是一个次等地主的儿子,一心希望迎娶伊丽莎白。哈伍德家庭上星期也举办了一场舞会,但华丽的迪恩宅邸并没有软化伊丽莎白对他儿子的硬心肠。

简在信中说:"希(思科特)先生最初跟伊丽莎白跳了一次舞,后来又跳了一次,但**他们**不懂**怎样变得亲密**。不是我吹牛,他们会从我给他们的三堂课程中学乖。"她指的是她和汤姆・勒弗罗伊的交往。她称呼汤姆为"我的爱尔兰朋友",虽然卡桑德拉已在信中指责她的行为,简还是开她玩笑,要她也想象"二人种种最放荡、骇人的舞姿和坐姿"。她毫不羞愧地为她的大胆而炫耀。不过她接着说:"我**能**再做一次……只有**一次机会**了",因为汤姆・勒弗罗伊下次舞会后便要离开。他们只有三次共舞、了解彼此的机会,而他的叔叔和婶婶"因为我而取笑"他,甚至让他觉得"不好意思再来史蒂文顿"。当简最近一次在阿什村找他跳舞时,他竟"开溜"了。下一场舞会订在勒弗罗伊教区的阿什举行,时间是下星期五,1 月 15 日。

信到此中断了,不久后她再写信时,她更多地谈起她的爱尔兰朋

友，他刚刚来访过。但这只是礼貌的习俗：男士在与女伴跳舞后，第 117
二天得去拜访女伴，因此这次来访没有什么特别的，何况那天同来的还有他十三岁的堂弟乔治。乔治“表现极规矩，至于另一位呢（指汤姆），他只有**一个**过错，我相信时间会把他完全纠正过来，那就是，他早晨的外套太单薄了。他非常喜欢汤姆·琼斯，因此爱穿跟他一样颜色的衣服，我猜想那是汤姆·琼斯受伤时所穿衣服的颜色”。

她提到菲尔丁的小说《汤姆·琼斯》，这又是一种挑衅之词。简坦言，她不在乎谈论小说中露骨而滑稽的诱惑、通奸、私生子，以及牧师们油嘴滑舌的虚伪，也率直承认肉体的罪恶微不足道，一本正经、畏首畏尾之人低劣的情操才是可耻。简向卡桑德拉报告她跟汤姆·勒弗罗伊谈论《汤姆·琼斯》的事，是要她知道他们之间的谈话有多随意大胆。她甚至跟书中行为放荡的主角，一个惊世骇俗、放浪不羁的人物站在同一阵线，而抗拒着书中那些与之为敌的正经人，他们也可能是她在书本之外的敌人。身为教区牧师的女儿而阅读此种淫秽的小说一定会有人表示不满。这一番急管繁弦之后，她停下了笔，等第二天再写。[3]

当她写信那天，史蒂文顿的家中还有谁呢？她不曾提及父亲，他可能在屋后面对花园的书房里读书、打盹，或者思考明天去教堂该说的话，再不然便是在院子里跟管家约翰·邦德聊天。厨房和茅舍里肯定有仆人，但他们此刻对简无关紧要，今天在信中不值一提。她的兄弟只有亨利在家，还带来一个朋友约翰·沃伦，沃伦从小就认识他们全家，因为他曾是奥斯丁先生的学生，因此十分泰然地住在阁楼的小房间里，尽管他此时已是奥里尔学院的院士了。他跟简也是好朋友，前几天晚上还和简跳过舞，不过，舞会后，他们为了赶早班车回镇上，把他留在主路上的客栈里了。几天后，他回到汉普郡，这时简才发现

118 他并没有爱上她，理由是他送给简一幅汤姆·勒弗罗伊的画像，是他自己画的，足够证明她和汤姆的艳闻已经人人知晓。

亨利明天也该回到牛津领取硕士学位证书，然后去切姆斯福德回归军团，他对民兵团并不专心，常想换个军团，以便有一天调去好望角（简的意见："他的梦想常常落空，希望这次也会"）。尽管她爱亨利，但她非常清楚，亨利往往怀有不切实际的野心，也常常举棋不定。不过，她并不知道他同时还有一个非常不同的计划，即打算在乔顿做牧师。[4]他那时也正陷入一个复杂的经济状况，准备偿还他欠下他父亲的债，并向伊莱扎借一笔更大的债。[5]与此同时他也在追求一名少女，希望从她身上取得一笔嫁妆，因为她的父亲理查德·皮尔逊是格林尼治海军医院的负责人。"天哪，好一个亨利！"这是简在另一地方发出的叹息。[6]

奥斯丁太太在她女儿的信中被一笔带过，"我们"把她以前做的一些旧纸帽加以修饰送了出去，或许是送给邻家的孩子们了吧。这听起来像是某个仲冬的午后，她们跟小安娜逗乐玩耍时的消遣。至于她其他的兄弟们，她只提到查尔斯，他现在十六岁，在堂姐简·威廉姆斯的丈夫指挥下，在朴茨茅斯舰队中任见习候补军官，简·威廉姆斯的兄弟带着太太和小孩不久就会来到史蒂文顿。弗兰克正随本国舰队出海，在水手中严守着军纪，有件他不会跟妹妹多谈的事，在简写信的这一星期内，弗兰克在日志中写道："惩罚了十六个海员，每人鞭打十二下，因为他们在值勤时离岗。"[7]弗兰克是个优良稳健的军官，知道如何履行他的责任。

信的最后一段是星期天加上的，谈卡桑德拉的归期和她从伯克郡寄来的零星消息。例如一个孩子的死亡和纸牌戏中的输赢，这些话压缩在一个句子中，显示纸张快用尽了，却也看出她看淡生死的态度。

最后是她的签名,“……永远你的,J. A.”。

当简写这封信时,《埃莉诺和玛丽安》已完成的书稿就在房中的某个角落,这让这封信有了更大的意义。然而事实不止于此:在她保存 119
下来的信件中,只有这一封让我们看到她显然是作为自己青春故事的主角在写信,经历着属于她的短暂的活力、兴奋和奇遇,这是年轻姑娘考虑择夫时会遇到的时刻。虽然时间短暂,她却实践了她的生活,不是幻想。然而我们知道,她自己的故事并没有依照她信中的想象发展,事实上,不是汤姆·勒弗罗伊,亦非任何诸如他之人,而是高阁上的书稿,成为她的奇遇;不是婚姻,而是艺术。在艺术中,她让短暂的少女时期承载着如此深刻的智慧和感悟,很少有作家能做到这一点,即使用三倍于此的大部头书卷。然而就在此一时刻,1796 年 1 月,你似乎觉得,她可能会开心地用自己的才华来换取某种未来:嫁给汤姆·勒弗罗伊,住在未知的国度爱尔兰,有一个大家庭,儿女成群。

假如你回到此信的开端,你会发现信的第一句话暗示了她关于未来的想法:“首先我希望你能再活二十三年。”生日祝福将他们引至二十三年后的 1819 年,那时,简四十三岁,而卡桑德拉四十六岁。她们所能盼望的无疑是结了婚,换了姓,住在别的城市,有各自的丈夫和成群结队的孩子。她们将遵循母亲为她们定下的生活模式:生育子女,管理家务,照顾花园,监督牛栏和鸡房,救济贫困,拜访和接受邻人的拜访。很可能还得替自己的女儿筹备婚姻。她们会继续给彼此写信,一如她们的母亲给亲戚朋友写信,告知大家一些开心的消息,然而她们生命中最有意义的经历——少女短暂而光华的片刻,高立在舞台的中心,用自己的行动决定自己的未来,早已成为过去,在时间中化为烟云。1819 年:一个另一世纪的岁月,一个不可能的想象,却在简的笔底魔法似的展现在虚空之中。

注释

[1] 卡桑德拉·奥斯丁的笔记复制于 R. W. 查普曼的《次要作品》(1954)中(见第 242 页对页的插图),说"《理智与情感》的写作始于 1797 年。我肯定书中的故事和人物有一个较早的版本叫作《埃莉诺和玛丽安》"。根据威廉和 R. A. 奥斯丁-利,《简·奥斯丁：生平与书信,家庭记录》,这一较早版本写于 1795 年,且曾为家人朗诵。

[2] 这些威尔特郡舞会中发生的"戏剧",在奥斯丁邻居威廉·丘特太太的母亲莎拉·史密斯夫人 1795 年 10 月给她的信中有详细的描写：

> 两颗燃烧彗星的出现,给全场带来一片喧嚣。他们是谁? ——其中一个是外国来的男爵,另一个是约克郡年轻的从男爵约翰·科吉尔……没有女士不出场跳舞,一位女士的舞伴把她让给了男爵。约翰爵士几乎要跟迪金森太太跳舞了,却发现她已婚,他宁愿跟爱玛调情。可怜的萨蒙(小姐)被迫让男爵可爱的伦敦口音胜利地蛊惑了她的耳朵,但这情节只有她自己知道。漂亮的英雄逢时了。……他们只须懒洋洋地坐在椅子上,不必装模作样,美少女便会对他们刮目相看,低估自己的身价。等候遗产赠送的美女会有好多天担忧那天晚上的危险……

见汉普郡档案馆,23M93/70/3/15。

[3]《汤姆·琼斯》出版于 1749 年,书中男女都以性为本,但认为如与残酷、势利、贪婪、吝啬和虚伪相比,性的罪恶微不足道,惊骇了约翰生博士等人。书中女主角的父亲韦斯顿老爷也持这种看法,但他只知打猎、饮酒,口出秽言。传统认为此人的造型取自约翰·哈伍德的祖父。约翰·哈伍德是奥斯丁家的邻居,家居奥克利庄园, 菲尔丁曾在此小住。见简· 奥斯丁的侄子詹姆斯-爱德华·奥斯丁-利的《维恩猎场早期回忆录》,第 65 页。

[4] 亨利的计划,一如他其他的活动,非常复杂,需要向不同的人求助。他乔顿的收入是托马斯·奈特(爱德华的继父, 1794 年过世)的承诺。奥斯丁牧师史蒂文顿的收入便是奈特的赐予,其次将轮到他的儿子詹姆斯,而

乔顿是预计要给他的远房亲戚 J. R. 巴比龙的，附加条件是有人拒绝才会轮到亨利·奥斯丁。亨利知道巴比龙家在肯特郡已有教区，希望说服他，待在那里是明智之举。他开始和勒弗罗伊太太洽商，因为她认识所有相关人士。

[5] 1796 年 2 月 24 日亨利偿还了父亲三十五英镑十六先令，但 2 月 25 日又向伊莱扎借了一百五十六英镑。见霍尔银行账簿，明细 51。

[6] 简·奥斯丁给卡桑德拉·奥斯丁的信，1814 年 6 月 23 日，谈的是亨利出席了怀特俱乐部。

[7] 引自 J. H. & 伊迪丝·C. 哈巴克（Edith C. Hubback），《简·奥斯丁的海员兄弟们》（*Jane Austen's Sailor Brothers*，1906），第 29 页。亦注意 1795 年 12 月 8 日，"P. C. 史密斯因偷窃被打四十九鞭"。

第十二章　防御系统

120 “别以为一个二十岁的青年不会伤害到你。”1795 年圣诞节，伊莱扎·丘特的母亲在给女儿的信中说，警告她舞会里调情的危险，她的意思显然是指简。托马斯·朗格卢瓦·勒弗罗伊不是一个安全人物，但简却有她的防御系统，甚至在他离开她前，她已经启动了这项机制。在她给卡桑德拉的第二封信中，她取笑其他的追求者，然后开心地说起自相矛盾的话：“我有意把自己的未来交付给汤姆·勒弗罗伊先生，虽然在我眼中他不值六个便士。”然后，她拿出庄重的语气——这是她最荒诞的发明，宣布：“我最后一次跟汤姆·勒弗罗伊调笑的日子终于到了，当你读到这封信时，一切都已成为过去——我写此信时，悲伤使我泪流如注。”但这是玩笑话，她的目的在误导卡桑德拉；如果你回顾上周的信，她那陷入情网的心境让这笑话露了马脚。

汤姆·勒弗罗伊其实也爱上了她，即使还没向她求婚。他晚年时曾向一个侄子坦言：“他用了许多言语说明对她的爱，尽管他对这一坦言有所保留，认为那是一种小男孩式的爱。”[1] 毕竟，小男孩式的爱是爱情中最热情的一种，他的解释不仅没有降低记忆中的火焰，反而使它更耀眼。他们在一起时显然有比跳舞和长时间共坐更多的事情发生，至少是亲吻吧！这个使血液沸腾、呼吸加速的行为。尽管汤姆·勒弗罗伊崇拜汤姆·琼斯，但关键时刻，他终究不是汤姆·琼斯，而简·奥斯丁也不是索菲娅·韦斯顿。两个人都出身于错误的阶层，养成错误的习惯，以爱情的名义，可以牺牲家庭的认可。由于勒弗罗伊家有胡格诺教派的传统，他们必须努力在其移民国家立足。汤姆的父 121
亲是军人，他自己便结错了婚，此刻退休在爱尔兰养育一个庞大的家庭，在长子汤姆之前还有五个女儿。汤姆的前途有赖于曾叔祖父，靠他接济在都柏林完成了大学学业，此时在伦敦学习法律。全家的寄望清楚地落在他身上，他们不会允许他陷入与一个身无分文的女孩的恋爱，危及他的将来。

他心知肚明，一如他的家人。汉普郡勒弗罗伊一家把他送走，是为了保护简免遭其勾搭，还是为了保护他免于简对婚约的觊觎，我们不得而知。勒弗罗伊太太十分世故，不会不知道他们不可能结婚。她的儿子之一乔治（就是和汤姆一同来拜访简的那人），后来曾说他母亲遣开汤姆的原因是希望“没有更多的灾难发生”，也责怪汤姆“对待简的态度非常糟”：言外之意显然是简对他未免太认真了。[2]勒弗罗伊太太给她明智的忠告，就像是《傲慢与偏见》中加德纳太太见到伊丽莎白爱上威克姆时给她的忠告。

汤姆可能还来过汉普郡一两次，但小心翼翼地避开了与简会面的机会，因为1797年12月，勒弗罗伊家人在丘特太太给多切斯特爵士的宴会上带来了一个“年轻的侄儿”，那时简正在从巴斯回来的路上。在她1798年11月的信中（那是他们相恋三年之后），她凄清的回忆，以及她对他不灭的爱意仍清晰可见。她叙述勒弗罗伊太太的来访，没有提到侄儿,“而我放不下脸来打听他的消息,幸而不久父亲问了他的下落,我才知道他已回伦敦前往爱尔兰,他是被叫回法院去做实习的”。他“已回伦敦”的话证明他来过汉普郡,却赶在简从巴斯回来之前给迅速地送走了。奥斯丁先生在这个插曲中扮演了一个英雄式的角色,他从理性和父性的慈祥向勒弗罗伊太太提出了女儿难以启齿的问题。

1795 年圣诞后简便不曾再见汤姆·勒弗罗伊,1798 年后他定居爱尔兰。那年 12 月,简告诉卡桑德拉,“爱尔兰勒弗罗伊家的三小姐
122 要结婚了”,那以后她不再碰这话题。一年后这位爱尔兰的勒弗罗伊先生娶了一位韦克斯福德的财产继承人,他大学朋友的妹妹。他在法院始终认真工作,生了七个孩子,随着年龄的增长,事业非常成功,也更有虔敬之心。他在议会做了十一年的保守党议员,他反对天主教的解放运动,也组成了社团遣派传教士前往罗马天主教的领地。1852 年紧随着大饥荒之后,他被任命为爱尔兰最高法院院长。如果简·奥斯丁能活着看到他的作为,她一定会对此中的讽刺意味感到满足,因为这些被压迫的爱尔兰天主教徒的审判来自一个祖先曾在法国遭受同样残酷的宗教压迫之人。

跟汤姆·勒弗罗伊的短暂相遇,也许只是一个小小的故事吧!但对简·奥斯丁却是一场痛苦的经验。她从这里学到了一些别的东西。从此以后,她从骨子里知道了什么是爱欲之脆弱,而不再仅仅是书本和戏剧中的知识;知道了什么是被危险的陌生人所蛊惑;知道了如何希冀、感受热血沸腾、因痛苦而畏缩、撤退;也知道了可望而不可即的滋味,以及对此最好只字不提。她的作品中充满这种感悟,如一股暗流潜行于喜剧的意象之下。

从此她专注于写作。汤姆离开后那年的夏天,史蒂文顿的生活起了本质的变化,奥斯丁夫妇决定不再招收学童,牧师公馆自此只有四个成人和一个小安娜,这不仅使奥斯丁先生搁下了教书的担子,重获自由,也让家中女眷们减少了许多为学生烧饭、洗衣、打扫、铺床等繁忙的工作。更多的安闲与独处无疑使简有了更大的写作雄心和计划,她惊人的产量证实了这一点。1796 年 10 月她开始起草《第一印象》,九个月后,即次年的夏季完成。1797 年她重拾《埃莉诺和玛丽安》旧稿,觉得书信体不能达到她预期的目的,决心改为直接叙事,把故事重新组合,彻底改写,经过那年的冬季,直到 1798 年的春天完成,重新命
名为《理智与情感》。1798 年到 1799 年间,她写下了后来名为《诺桑 123
觉寺》的初稿,此时她称之为《贵妇苏珊》。四年间她写了三部重要的著作,那时她不到二十四岁。

向家人朗读她的作品的传统久已形成。你可以想象她在楼上蓝色墙纸的更衣室里工作的情形。三点半钟的午餐前,或者六点半的茶点后,她先用自己的耳朵测试故事里的对话,修改或删除不满意的地方,一如所有准备要朗诵的人都经历的过程。纸张总是很贵,她在原稿纸上用她娟秀的笔迹加以标记。不论经历了怎样的内心构思和修改过程,她的人物对话总是栩栩如生,不是套话,而是仿佛他们真的在交换信息,打探彼此的观点和情感,奚落对方,打情骂俏,互相欺骗,或仅仅是表达她所赋予他们的生命力,不论那是达什伍德太太妒忌她穷苦嫂嫂早餐桌上的餐具(“比这个房子里的任何餐具都漂亮两倍。简直太漂亮了,我以为,无论**他们**住在哪儿,都配不上这餐具。但是,不管怎样,事已至此”),还是善心的詹宁斯太太虽然无济于事但一再奉献橄榄、游戏和康斯坦提亚葡萄酒给心碎的玛丽安。我们不知道简的听众们是否给出建议和批评,但我们知道的是,她的父亲、母亲和姐姐

都有足够的智力欣赏她的作品,也都看见了她早期写作中的希望正在异彩绽放。

奥斯丁先生十分肯定《第一印象》,他甚至于1797年11月给伦敦出版商托马斯・卡德尔写了一封信,求他考虑出版。这位卡德尔先生刚从他闻名的父亲手上继承了出版业,他父亲出版过吉本①的作品,约翰生博士是其朋友。有如此不平凡的背景,奥斯丁先生觉得有必要拿出他得心应手的奉承辞令:“我很清楚,由一家体面的出版社发行这样一本书,其首次亮相时会引起的反响,因此我申请由您来出版此书。”他没有说出作者的名字,只说“小说手稿在我手中,有三卷之长,约为伯尼小姐《伊芙琳娜》的长度”。同时也询问“如果作者本人承担风险
124 的话”出版费用如何,“以及,如果你浏览一过,觉得可取,贵公司愿意对作者做何种预付?”他的意思是说,如有必要,他愿意自己出资。他寄信的日期是11月1日,而回信出奇地快,颇异于出版界的常规——信封上写道:“拒绝。退回原处。”[3]

你可以理解为何卡德尔不愿意为一个寂寂无名的汉普郡牧师出书,在出版界犯下的错误里,这始终是一个懒惰导致的最严重的错误。《第一印象》从此被重写而纳入《傲慢与偏见》,然而如果你像我一样,相信《第一印象》已经够好——她青少年时代的作品都不坏,何况此书有她父亲的激赏——你也会根据她1798年的成就相信她1800年前一定也写过与此同样好的书。不过,无论奥斯丁先生是否曾告诉简他给卡德尔写过信,他从此没有再做类似尝试。

---

① 爱德华・吉本(Edward Gibbon,1737-1794),英国历史学家。代表作为《罗马帝国衰亡史》。

1790 年代后期，奥斯丁家孩子经历了一场大变动，一些可从简的书信中窥见，但大部分不得而知。从 1796 年到 1801 年，五年间，只有二十八封信保存下来，而非常重要的 1797 年则无迹可循，因为卡桑德拉出于谨慎，摧毁了家庭中所有个人的数据，简第一封谈到汤姆·勒弗罗伊的信逃过此劫给保存了下来，无疑是个意外的疏忽。

卡桑德拉为了好意所做的拣择，让我们猜想她妹妹是个对外界琐事过分用心的人。她的信滔滔不绝，像闹剧里的念词，没有情感、温柔或者悲愁可以渗透进来。它们从不停顿、沉思，只一味赶场，尽快地从一个念头转换到另一念头。你必须时时提醒自己，她信中从没有自己的生活，好像经过了编辑和预谋，她的用意大部分在报告旁人身上发生的事故，让姐姐开心。她不谈自己的空虚、寂寞、想象，或者沉思、梦想和写作。即使说到天气，也只跟社交活动扯上关系，她从来不像伊莱扎·丘特，描写珍珠一般的冰霜，或者划过天空的流星。

我们从她 1790 年代的书信中看到的，是她们姐妹两人彼此依赖，
互通信息和见解，这些从别人身上得不到的东西。例如 1796 年夏天， 125
当简准备去肯特郡罗林庄园拜访爱德华和伊丽莎白时，她请教了卡桑德拉应给佣人多少小费，这个在信中问比当面问哥哥嫂嫂更为方便。她也向卡桑德拉抱怨她会回不了家，除非有兄弟来接她，因为女子不能单独旅行。“其实我在这里很开心，”她 9 月的信中说，“但我还是很高兴月底就要回家了。”住在肯特郡期间，她帮助其他妇女给哥哥缝制衣服赚些生活费，还说“我可以骄傲地告诉你，在这一帮人中，我的手是最巧的”。她不讨厌缝纫，不像一些自认聪明的妇女那样，但在缝纫时她注意到男人都打猎去了，这给了她一个灵感：“他们说今年这里的鸟特多，我也该射杀它几只吧。”

她真要告诉卡桑德拉她想拿猎枪去野外射鸟吗？女性权益的问题是那年出版的奇妙有趣的小说《赫姆斯普朗，异人奇传》的主题，而简藏有此书。有所觉悟的作者罗伯特·贝奇强调民主和女性的权益，同时也赞美了玛丽·沃尔斯通克拉夫特，这位女权运动的先驱，也提到女性有权从事庄稼、法律和男性喜欢从事的其他工作。既然如此，简为何不能射鸟呢？两星期后她的信中又说，如果回家路上发生意外，而她受困于伦敦，她会考虑学医，做律师或军官的可能性。此外，她还担心落入一个胖女人之手，把她灌醉，领她走向传统女人所走的道路。

信中有许多给卡桑德拉的笑话。刚到伦敦时，“我又来了，来到这放荡、罪恶的场所，我觉得我的道德已经败坏了”。她把锋芒转向爱德华，“农夫克拉林博尔德今早死啦！我猜爱德华会想多拿一点土地过来，假如他有办法在合同中骗过布鲁克爵士”。“亲爱的爱德华”会骗自己的姐夫？无怪乎她自己也希望她的信让姐姐剪碎：“收到此信时，请尽快抓起剪刀。”抹黑别人的名誉后她曾如此写道。事后证明她哥
126 哥没有骗人，只是短少了一笔五百或六百英镑的闲钱而已。当休假的爱德华和弗兰克从猎场回来，手提五只鸟，简却甜蜜蜜地说道：“多可爱的一对青年呀！”

简的笑话讲得很好，巧妙的句子结构能让读者不自觉地发笑：“理查德·哈维先生准备结婚了，但这是个大秘密，只有一半邻居知道，你必须保守秘密。”绝好时机。她的信都是八卦，叙述爱德华肯特郡亲家和朋友的舞会，其中之一是开在甘斯通的布里奇斯家豪华大厅里，许多妇女弹钢琴伴舞，由简起步开幕。长长的餐厅移开桌子，化身舞厅，他们无疑跳舞直到深夜。餐厅的大门开向椭圆形厅堂，而厅堂的大门则面对露台，用餐后，大伙人在黑夜的雨声中步行约一英里的乡村道路回家，这么多人只有两把雨伞。那年夏天苦热，一场雨水来得正是

时候，伦敦街头满是人潮，迎接及时的甘霖。行走在新鲜、湿润的夜色中，人人都感觉欢欣。热浪还继续了好一会儿，数日后简有一句妙语，说："这几天的热真可怕！——它让我们过了好几天不够优雅的日子。"优雅需要否定生活中许多生理上的现实，例如汗水、血液和眼泪，每个少女想在社会中取得一席之地，必须永远抵御这些现实，维系优雅。

在一封信中，简说有位肯特郡的朋友猜测卡桑德拉正在缝制结婚礼服，这当然是事实，不过信中断了。当简再执笔写信时，在这一前一后的空当中，卡桑德拉的喜讯变成了悲剧，她的幸福和希望都成了空想。1797 年的春天，汤姆·福沃尔的死讯从西印度传来，他原定 1797 年 5 月从圣多明戈返国，"但天哪！我们没有听到回来的消息，却得到了他的噩耗"。[4] 他那年 2 月死于热病，信是伊莱扎·德·弗伊德写的，由简传来家里。全家陷入悲戚之中，因为汤姆·福沃尔是詹姆斯的密友，也是卡桑德拉的未婚夫。许多年后，詹姆斯为他写了一首悼亡诗，设想他的遗体躺在

……大海以不安的波涛，
不息地击打西印度的海岸，
我灵魂的友人呀，心灵的兄弟！
……
我们的友谊将更加紧密， 127
超越了友谊自身的供给，
容我牵着亲爱的妹妹战栗的手，
满怀信心与你相握。[5]

诗中末两行的韵脚出格，原诗以“join”和“thine”为韵，颇让人惊讶地联想到奥斯丁家人特殊的发音。然而此诗情真意切，动人心弦，詹姆斯一生不曾忘记他的朋友，而对卡桑德拉，那是一个永远的损失。不过卡桑德拉没有痛苦的哀鸣，也没有拒绝饮食，宗教、理性和不懈的工作是卡桑德拉精神上的支撑。“简说她姐姐自持和得体的行为，不是寻常人在如此煎熬的情况下可以表现出来的。”伊莱扎在给费拉·沃尔特的信中这样说。[6]卡桑德拉接受了汤姆一千英镑的遗赠，她似乎此后再没想过别人，纵然那时她只有二十多岁，且是个美人。后来简曾鼓励她跟追求她的人来往，她都掉头不顾；她也不再说笑，过去，妹妹曾因她讲的笑话而赞美她是“当代最优秀的喜剧作家”。卡桑德拉快速地进入了她老处女的中年，她跟妹妹间的关系也变得越来越重要了：简既是她保护下的孩子，也是需要她鼓励的朋友和她无条件爱怜的妹妹。

这个给卡桑德拉带来悲剧的1797年，却解决了她两个兄长和表姐伊莱扎滑稽的情感纠缠，他们都没有坚持卡桑德拉人生只爱一次的观念，虽然伊莱扎说她早就对爱情有了免疫力。1796年的夏天她曾再度光临史蒂文顿，而詹姆斯铆足了勇气向她表示爱意，这应当是个美满的结合，年轻丧偶的表弟带着一个小女儿，而他新寡的表姐有一个可怜的小男孩，他们的家庭也会全盘同意，以他的收入和她已有的财富，他们可以舒适地共度一生。因此詹姆斯竭力逢迎，从迪恩村骑马前来，献上赞美的情诗和任何她喜爱的东西。伊莱扎很高兴得到追求，也动过“接受”之念，她回到伦敦做了一番打量后，觉得詹姆斯并不足够吸引她，她宁愿钟情于“亲爱的自由，和更亲爱的调情”。[7]把自己
128 全年关闭在乡村牧师公寓里行不通；写布道词，狩猎，参加教会纳税会议，他跟当地士绅聚餐；养孩子，她陪乡绅的太太饮茶。她惯于更活泼

一点的生活，她常去布莱顿一类的游乐场所，带黑斯廷斯行海水浴，而妈妈自己未尝不可以跟军官们调调情，这才是可行的方案。尽管人生抛给她一连串悲剧，她依然持人生如戏的态度，尽可能从中提取合理的享受。以三十五岁的年龄，她的穿着和举止还像是个横扫千军的美人，总是牵着一条哈巴狗，在伦敦时也同威尔士王妃一起在公园散步兜风。我们很难想象詹姆斯能配得上这样的场景。

詹姆斯不会分心去思考伊莱扎的拒绝，奥斯丁家人非常现实，他知道他必须有个太太当家，如果一个女人说不，他马上去找另一个。他很快确定了一个候选人，让人怀疑这是奥斯丁太太的安排：二十四岁的玛丽·劳埃德，她甚至被从伊伯索普专程邀请前来史蒂文顿居住。劳埃德家是他们的家庭朋友，玛丽很早便和她的寡母住在迪恩村的牧师公馆里，与詹姆斯联姻，无异于重返故家。奥斯丁太太为这桩亲事表示极大的满意，在一封欢迎信中，她简直就把玛丽当作媳妇看待了。“假如我有资格做选择，我亲爱的玛丽，你便是我的选择，做**詹姆斯的妻子**，做**安娜的妈妈**，做**我的女儿**，在一切都不确定的世界里，这却是个千真万确的事，那便是，你将为我们三人带来莫大的幸福。”[8]

因为天花，玛丽有麻脸的缺陷，尽管她很吃醋詹姆斯对伊莱扎的旧情，尽管简也认为玛丽对丈夫的管教太严了，他们的婚姻却蛮幸福。詹姆斯同意不再邀请伊莱扎来家访问，此后也不再有他拜访法国和德·弗伊德庄园的记录，无论在诗中还是在散文中；这事倒有点不寻常，因为他有记录生活中大事和像奥斯丁太太那样保留书信的习惯。家庭中传言说玛丽始终在讲伊莱扎的坏话，直到命终——她比伊莱扎活得长得多，因此她们间的嫌隙肯定很深。不过伊莱扎对此一无所知，或至少假意如此，她友善或许纡尊地说起詹姆斯的选择对象“虽然不富有或漂亮，却很通情达理”。[9]

1月的一个雪天，他们在伊伯索普附近的赫斯特伯恩-塔兰特（劳埃德太太与玛莎、玛丽住在这里）成婚。詹姆斯有诗记其事：

寒冷的清晨，大雪初降，
　　四野里一片白茫茫景象。
可喜阳光带着欢乐的光辉，
　　遍洒在山岗、谷底和溪流上，
竟然把冬日灰暗的脸孔
换上了媚人、恩惠的春光。

小安娜从史蒂文顿回到迪恩的家里，丘特太太前来拜望新娘，觉得她“毫不矫揉造作，讨人喜欢”，与当地的邻人相处很好，包括安娜的祖父马修将军，他继续善意地照料全家。安娜却有点不很高兴，她跟她继母之间有些问题，由于简特别偏爱安娜，她一生没有对玛丽产生好感。

詹姆斯和玛丽的婚姻始于1797年的1月，而汤姆·福沃尔的死讯于5月传来。6月间，伊莱扎·德·弗伊德从律师处得到指示，要求把沃伦·黑斯廷斯给她的财产直接拨到她名下，取消了中间的受托人，其中之一便是她的舅舅奥斯丁。这事很快便完成了，六个月后，在那一年的最后一天，她和亨利在马里波恩教堂（Marylebone Church）也完成了婚礼。如果说这事震惊了奥斯丁家人，至少奥斯丁先生有相当的欣喜，他为他最疼爱的儿子和侄女送去了可观的四十英镑礼金到亨利的军营，为他们祝贺。[10]在1797年的英国，战争到了最危险的时刻，香槟酒并不流行，但他们收到的礼金足够供他们一顿大餐。

那年亨利二十六岁，伊莱扎比他大十岁，作为部队的财务官和海军上尉，他的军官年俸最近已增为三百镑，而她也还有财产，而且，如果法国恢复旧的体制的话，她还可能从那里继承一大笔遗产。两个人都非常世故，足以明白这是一项交易，无论是情欲上还是经济上。然而，仿佛有一种真正的火焰在燃烧；它曾经摇曳、燃烧、熄灭，多年来也 130
多次死灰复燃。也许她曾被亨利与玛丽·皮尔逊订婚的消息气恼；也许她担心自己财务处理不当，伦敦房屋租金上扬，仆人要求加薪，新税的出现等。1797 年 5 月，她在伦敦见到亨利，知道他已放弃圣职，对生涯有了不同规划，他们也设法在那年秋天趁亨利驻军在东安格利亚时会面，而她正好要带黑斯廷斯去海边沐浴。原则上她 12 月计划去北方见朋友，却因黑斯廷斯生病而搁置，因此他们的婚姻几乎是草率的决定。婚前三天她从曼彻斯特广场的居所曾写信给沃伦·黑斯廷斯，告诉他亨利

> 已拥有一份可观的收入，心肠、脾气和见识都好，对我极为专心，喜欢我的小男孩，也毫无私心地同意我在财产方面对小男孩有所偏心。他用了很长的时间唤起我两年多来不曾再有的心意。[11]

此话真假参半，因为，1796 年亨利已跟玛丽·皮尔逊订婚，奥斯丁家人全都知道，简亲自见过玛丽，而当听说玛丽抛弃了亨利时，伊莱扎也向亨利表示过同情。亨利曾向伊莱扎借钱，他的收入足够给自己花用，却远不能与沃伦·黑斯廷斯或者伊莱扎的标准相比。[12] 有关小黑斯廷斯的话很接近现实，12 月他患重病，痉挛和高热，看来他现在可以

走路,但还是迟钝和娇弱,幸亏伊莱扎找到一个“可靠的女佣”,来自法国加来的弗朗索瓦·比容,她带着十八岁的女儿玛丽·玛格丽特逃离了革命的恐怖,专心照料黑斯廷斯。伊莱扎对亨利依然怜爱有加,而亨利也能以热情回报,不久他们全家前往伊普斯威奇,伊莱扎有点担心亨利驾马车的技术,对比容夫人照顾黑斯廷斯则“绝对放心”。[13]他
131 们租了一栋有花园的房子,男孩即使在二月也能在新鲜空气中玩个大半天,伊莱扎非常满意,认为这比医药治疗还更有效。

在部队中,伊莱扎很受欢迎,例如上校查尔斯·斯宾塞爵士,“他真温柔,好教养,好心肠,如果我是跟第三个丈夫结婚,而不是第二个,我也会爱上他”。还有亨利的朋友蒂尔森上尉(“出奇地英俊”)。[14]她很高兴她被一位**伯爵夫人**赐予了特权,拜访、派对,与军官及其太太们的舞会,这位衣着时尚的伯爵夫人还把伊莱扎吓了一跳,因为她竟没穿胸衣,袒胸露乳,还戴着超级时髦的小黑假发:“这种穿衣或不穿衣的风格,即使在伦敦,也会被人瞩目,所以,你可以试想它在乡下引起了怎样的躁动。”[15]在这些热闹之余,亨利证明了他真的拥有一副“好心肠,好见识和好脾气”,不仅如此,他还认为他应当给她绝对的自由,知道“我并不习惯于被管制;若在管制下,我的行为会更别扭”,他也设法不去理会她对“丈夫”一词的厌恶。[16]

在同样愉快的信中,她计划要去一趟汉普郡,也说到法国可能的进攻,他们用的将是有轮子的皮筏艇。她说她相信法国会采取行动,攫取她的财产,她告诉费拉说她们的部队正在招兵买马,随时进攻;她还拿出伊莱扎的本色,补充说道:“我将**严阵以待**,为我们的部队早做备战的宣言。”

詹姆斯、爱德华、亨利以及伊莱扎表姐现在都结了婚,有了安顿,

卡桑德拉仍然无意于此,而简却没死心。似乎是为了填补她爱尔兰侄子的空缺,勒弗罗伊太太于 1797 年邀请了一位剑桥伊曼纽尔学院的院士来到阿什,这时简正着手写《第一印象》。塞缪尔·布莱科尔牧师想找个老婆,因为他打算放弃院士的身份而寄望学校给他一个好教区,这正是青年牧师出动寻亲的好时机,而勒弗罗伊太太相信他和简是天生一对。在简的简短记录中,我们看见布莱科尔先生把需要和希望说得很清楚,却拿不出他的魅力。他们的会面经过两家教区细密的 132
磋商,但她对他和这门亲事却无热情,她亲爱的勒弗罗伊太太对此也无计可施。她于次年(1788 年)圣诞节时再度邀请了他,虽然他来信说他很想跟奥斯丁家“建立更亲近的关系”,某些意外的事阻碍了他,他没有亲自做进一步的推动。在给卡桑德拉的信中,简酸溜溜地说:“很可能,我们不久就变得彼此冷漠。除非,他越是见不到我,就越加对我关注(起初似乎源于对我一无所知)。勒弗罗伊太太信中并未多加说明,也不提他与我有关的部分,可能她相信她已说得够多了。”这里你只好同情简,她无可奈何地退出了这个笨拙的说亲和乏味的追求。这段插曲让我们联想到柯林斯向伊丽莎白·贝内特的求婚。在现实生活中,简对布莱科尔先生绝无恶意,数年后,1813 年,当她听到布莱科尔将结婚时,回忆说他是个“完美的化身,一个嘈杂的完人,我常怀着敬意忆起他”。希望他的妻子“能安静,不是无知”,还礼貌地追加了一句“天生聪慧,勤于学习”。

她的骄傲让她很快怀疑没人要她。描写 1799 年 1 月她参加的舞会时——紧接在谈布莱科尔之后,她告诉卡桑德拉说:“我不相信我是人们追求的对象,除非万不得已,他们不会轻易找我……舞会中有个柴郡来的军官美少年听说有意要跟我结识,但他的意愿显然没有强烈到要费心实现,我们之间并无进展。”她的敏锐让她写下这段尴尬的文字,也使她成为一个可怕的舞伴,尤其那些对自己还缺少信心的青年。尽管她笑容可掬,步履轻巧,但她刺人的智慧却会惹麻烦。在《理智与情感》中,当米德尔顿夫人提到埃莉诺和玛丽安时,说:“由于她们都爱读书,她便相信她们天性爱讽刺,虽然她压根儿也不清楚讽刺是什么意思。”同样的念头一定会在舞会的女士先生们头脑中出现,不论那是在汉普郡,还是肯特郡。

注释

[1] 引自R. W. 查普曼,《事实与问题》(*Facts and Problems*,1948),源出托马斯·爱德华·普雷斯顿·勒弗罗伊给詹姆斯-爱德华·奥斯丁-利的信,1870年8月16日。这位侄子还说:“这是朋友间的私人谈话,我不知道是否应该公开。”

[2] 见勒弗罗伊手稿,今存海军元帅弗朗西斯·奥斯丁爵士曾孙手中。

[3] 手稿存牛津大学圣约翰学院,手稿279。

[4] 伊莱扎·德·弗伊德给费拉德尔菲亚·沃尔特的信,1797年5月3日,《奥斯丁档案》,第159页。

[5] 汉普郡档案馆,23M93/60/3/1。

[6] 伊莱扎·德·弗伊德给费拉德尔菲亚·沃尔特的信,1797年5月3日,《奥斯丁档案》,第159页。

[7] 伊莱扎·德·弗伊德给费拉德尔菲亚·沃尔特的信,1796年12月13日,《奥斯丁档案》,第156页。

[8] 卡桑德拉·奥斯丁太太给玛丽·劳埃德的信,1796年11月30日,《奥斯丁档案》,第228页。

[9] 伊莱扎·德·弗伊德给费拉德尔菲亚·沃尔特的信,1796年12月30日,《奥斯丁档案》,第157页。

[10] 见克莱夫·卡普兰,《牛津郡军团亨利·托马斯·奥斯丁上尉的军旅生涯:1793-1801》。

[11] 伊莱扎·德·弗伊德给沃伦·黑斯廷斯的信,1797年12月28日,《奥斯丁档案》,第168页。

［12］克莱夫·卡普兰列出他作为海军副官、上尉和财务官一年的薪资总额是二百八十一镑四先令。

［13］伊莱扎·德·弗伊德给费拉德尔菲亚·沃尔特的信，1797 年 12 月 11 日，《奥斯丁档案》，第 167 页。

［14］伊莱扎·奥斯丁给费拉德尔菲亚·沃尔特的信，1798 年 2 月 16 日，《奥斯丁档案》，第 169 页。

［15］伊莱扎·奥斯丁给费拉德尔菲亚·沃尔特的信，未刊行，1798 年 2 月 16 日，汉普郡档案馆微缩胶片。

［16］伊莱扎·奥斯丁给费拉德尔菲亚·沃尔特的信，1798 年 2 月 16 日，《奥斯丁档案》，第 169 页。

第十三章　东肯特郡的朋友

133 简的聪慧在肯特郡惹起了一些人的不安，主要是爱德华和他家庭的圈子，他们用尖锐的目光打量简的事实在许多年后也浮上了台面。当她的侄女范妮拿起笔描述简姑姑这有失优雅的穷亲戚给她的第一印象时，想写的也就是简和卡桑德拉之间互通的那类笑话：当有一天爱德华的施主、孀居的奈特太太感觉不适时，卡桑德拉猜她是怀孕了，而简更大胆地说“我想这不过是个**意外事件**”——她指的应当是堕胎。[1]

不过，简写到对肯特郡的拜访时，笔调却是晴朗明媚的，至少表面如此。这些拜访通常发生在更温暖的季节，爱德华的住宅也远比史蒂文顿的奥斯丁家宽敞舒适。简冬季在史蒂文顿写信开富有人的玩笑说：“我们的世界越来越穷了，简直无法忍耐。——肯特郡是唯一快乐的福地，那里人人有钱。”[2] 1794 年和 1796 年的夏天，简都在肯特郡度过，而 1798 年再度前往，这一回有卡桑德拉和父母陪同，首次拜访了戈德默沙姆庄园。那时爱德华和伊丽莎白已有四个孩子——范妮之后还有三个儿子，他们正在期盼第五胎。由于奈特太太的怂恿，他们刚从罗林旧家搬来，住在奈特太太宽敞的家里，而奈特太太则迁去了坎特伯雷。

奥斯丁两姐妹很快变得对奈特太太非常礼貌尊敬，觉得她有非同寻常的周到和大方，对简也特别好，还给了她一小笔年金：简自己为 134
我们提供了这一信息，并说那是她"惯付的费用"，这也使奈特太太成为我们唯一确知的简的资助人。[3] 简对她的感激变成真正的友谊，奈特太太至少不在简所列出的"东肯特郡麻木不仁的富人"名单里。

罗林是一座大型的家庭宅邸，属于另一风格的戈德默沙姆庄园则迥然不同。它占据了斯托特河谷中宽广、静谧而美丽的草场，位于阿什福德与坎特伯雷之间，毗邻朝圣古道。1798 年时，园里尚有野鹿游荡，缓缓起伏的小山丘上满是环形的树木，不仅供人观赏，也为游戏挡风遮雨。房屋高大讲究，华美而孤立，如大多数英国新古典主义的建筑。由于地主不容许佃户建筑草舍，有碍观瞻，因此庄园被围墙封锁，只有家人、访客和仆役可以进出，且必须要用钥匙才能进入这些私家园地。[4] 房屋的中央有大理石和石膏砌成的厅堂，是 1730 年代的建筑，1770 年代加盖了两旁的翼楼，一端是厨房，另一端是图书室，简常来这里，一次，她发现自己坐在那里，"独享五张桌子，二十八张椅子，和两个火炉"的奢侈。河对岸的小山上有一座希腊式的花园殿堂，也称夏宫，是个散步赏景的好去处。庭院里还有"隐士处"，上有浴池；游泳和划船都是儿童最喜欢的活动。还有一个"九曲道"，围了篱笆的花圃、果园和"冰窖"，为庄园提供应有尽有的方便。教堂也在步行的距离之内，只要穿过庄园，走出围墙边一扇上了锁的大门便是，教堂邻近有数座庄园。爱德华蓄马，有足够的四轮马车和双轮马车，往返坎特伯雷或拜访邻居都非常容易。他也可付六十基尼买两匹拉车的马，毫无豫色。1797 年奥斯丁家曾设法购置了一辆马车，但一年后便被迫放弃，其间的差异不难想见。

135 戈德默沙姆庄园逢年过节都举行隆重的庆祝仪式。1 月和 7 月有交租日，爱德华与他们共餐，这时仆人的房舍门前便响起了鼓声和管乐声，但妇女不参与。庆祝圣诞节要唱圣诞歌，玩纸牌游戏、盲人摸象、板羽球、子弹布丁[5]和跳舞，第十二夜①又有宴会，要从孩子中选出国王和王后。爱德华和伊丽莎白的结婚纪念日也成为家庭中的喜庆，而他们生日那天，孩子们也能从家庭教师手中取得半天假。他们养宠物，鸟和猫，范妮甚至有一头母牛，她玩假扮园丁和绑稻草的农夫的游戏。爱德华是个笑口常开的好爸爸，他带范妮骑马，有天早餐桌上还给了她六便士叫她闭嘴五分钟。他爱射击、钓鱼，却不打猎，夏天有板球比赛，他还带队去海边郊游，尤其是有码头的拉姆斯盖特。作为一个地主，他的职责包含每季去坎特伯雷开季会，当担心法国进攻时，他充当志愿军的首领，操练兵丁，从庄园游行到教堂，再进军阿什福德，作为期两周的严格训练。

宅院通透宽敞，适合宴客。由数十名工人负责管理，所有的卧室都点燃了火炉，早餐早上十点供应，午餐则可能要到六点三十分那么晚，在这中间，依照客人的口味，餐盘和饮料可以随时送到。伊丽莎白的姐妹是这里最常见的客人，奥斯丁家人也经常来到，尤其是亨利，他随时都可能出现在戈德默沙姆庄园里，甚至结婚后每年也来好几回，都只身前来，仿佛这个家庭最喜欢的单身朋友。[6]他跟这里的家族打成一片，这里的孩子都喜欢他，他常给他们六便士，同他们一起游戏。

---

① 1 月 6 日，即主显日。

他参加这里的冬季活动，出席坎特伯雷和阿什福德的舞会，还组织戏
剧派对，附加喷泉酒店的午餐，黄昏时给有兴趣的人朗诵莎士比亚。
夏天他来此看赛马，或者和伊丽莎白散步，有一回散步于奇勒姆庄园
时，他还英勇地把伊丽莎白从发怒的公鹿身边救出，折断了自己一根
指头。他会骑马去拉姆斯盖特和迪尔捕捉野兔，也曾同爱德华用雪貂
狩猎，在斯托特河里抓梭子鱼和黄鳝；季节到来时，也会去射鹧鸪、山 136
鸡、珠鸡和玉米秧鸡。他喜欢他哥哥家里上好的法国葡萄酒，爱驾他
种种不同的车辆，例如双轮马车、轿子和座位面对面的敞篷马车。无
怪乎他会称呼戈德默沙姆庄园为“欢乐的殿堂”，还写了一首诗，把自
己当作现代坎特伯雷的朝圣客：

歇歇脚吧，温和的进香客，
　　　　朝圣的大门已经敞开；
不用担心你自己的资格，
　　　　请享用这儿的快活和款待。
这里有的是优雅和恩惠，
还有理性与机智——
激动人心的情感会告诉你
　　家庭之爱能带来
　　全部的幸福，共同
　　　　组成欢乐的殿堂。[7]

亨利是伊丽莎白最喜欢的姻兄，不过弗兰克也是她的常客，当他与拉姆斯盖特的女孩订婚后，她也常被邀请来此过夜。查尔斯偶尔也来，詹姆斯则一年夏天携家眷在此住了几个星期，而安娜长大后也曾

独自受邀。1798年奥斯丁父母同时来访。伊丽莎白生产期间常请卡桑德拉来帮忙,简则不常来。根据汉普郡的侄女安娜(她认识所有人)所说,伊丽莎白不怎么喜欢简姑姑,她说伊丽莎白是个“很可爱的妇人,受过很好的教育,不过我猜想没有太多天赋。她对家务事有兴趣,有很大的爱心,虽然较有选择性”。安娜还说,在卡桑德拉和简姐妹之间,伊丽莎白“特别喜欢这位大姐姐”。什么理由呢?“一点点才华尚可帮助甘斯通庄园、处于特殊时期的布里奇斯小姐,但太多的才华将过犹不及。”[8]虽然我们需要谨慎对待安娜的观点,但就我们所知的其他一切来看,她的评论不无道理。

范妮的回忆录可以证明安娜的观点。1869年,当范妮·奥斯丁七十多岁时,私下写下有关她姑姑简的回忆,以及简的缺点。范妮记得:

> 她的**优雅**不及她的**才华**……他们[奥斯丁家人]并不富有,跟
> 137 他们混杂在一起的人也没有太高的教养,换言之,都是**凡常之辈**,而**他们**虽然**心智**和**修养**稍强,**优雅**则与常人相似……简姑姑太过聪明,不能不丢下一切可能是“平庸”(common-ness)(假如容许我用这个字)的东西,而给自己多一点优雅……我的两个姑姑[卡桑德拉和简]是在绝对封闭的世界和氛围中长大的(我指的是时尚这一类事情),假如不是因为爸爸的婚姻把她们引进肯特郡……她们自己的聪慧和魅力虽不会减损,却够不上上流社会的生活方式。[9]

这段文字使简·奥斯丁的爱慕者不安、愤怒,且被认为是维多利亚中期对“优雅”一词的叛逆和毁谤的证据。不过我们应当记得,范妮非常喜欢她的姑姑,而在这封给她妹妹的信尾还加上了一句话,“如果

你讨厌这信，我得求你宽恕，但话到笔端，无法抑止，只好说出真话”。这信的重要性正是在此。它不仅道出了简在戈德默沙姆庄园受到的待遇：她无疑受到善待，但也感到他们的纡尊。举例来说，经常来庄园为贵妇们做头发的美容师曾为简降低收费，显然是因为她穷亲戚的身份。

对一个以社交恐惧为主题的作家来说，戈德默沙姆庄园是观察和记录的宝地，但绝非适宜久住之地。这种情况没什么特别的：实际上，在作家眼中，这是经典案例。只有自知被排斥在这个魔圈之外的人才会怀着极大的兴趣观察上层阶级人士的行为举止。伊夫林·沃便是这个世纪里显著的例子；亨利·詹姆斯虽然可靠地讲述了英国最豪华的乡村庄园中的生活场景，却从来只是一个旁观者。他们都像奥斯丁一样，学会“丢下一切可能是‘平庸’的东西”，却也和奥斯丁一样，都被人尊奉为正人君子无懈可击的行为典范。

简·奥斯丁谈到肯特郡上层阶级人士时并没有太多热忱，有时甚至缺少礼貌：“她们来访，她们到了，她们坐下，她们走了。”她这样描述一群出身不凡的妇人的来访。至于另一批少女，“卡罗琳不比过去更 138
粗俗，哈丽特也不比过去更优雅”。还有“伊丽莎白，以她的年龄和身份却没有一句话好说……哈顿小姐也好不了多少”。一位打算跟简做朋友的弗莱彻小姐算是简比较看重的朋友，但除了爱读《茶花女》外，别的事一无所知，她好像觉得坎特伯雷只有那些年轻军官还有可取之处。戈德默沙姆庄园里的黄昏小聚有催眠之效：“我想伊丽莎白还好，念书给她听时，爱德华却睡着了。”那是 1798 年 12 月，简在戈德默沙姆时告诉卡桑德拉的话。

爱德华亲家的人和邻居似乎没有一个成为简通信的对象，相反，她在肯特郡结交的最好朋友是戈德默沙姆庄园的女家庭教师，名叫安妮·夏普。在夏普小姐身上,她发现了一份与她相似的趣味。她不大健康,但聪明伶俐,反应敏捷,能快速给孩子们编写剧本供其演出,她有一个话剧名叫《满招损,谦受益》,还上演了,虽然只有仆人们很开心。她谋生的唯一方法是靠她辛苦地教导孩子。简一下子就喜欢上了她,还形成了一份终生的友谊,虽然安妮·夏普于1806年离开了戈德默沙姆,经常在北方工作,但她们也保持了规律的联络。

夏普小姐变成了“我最亲爱的安妮”,1809年,简在戈德默沙姆感觉“疲劳和孤独”时,禁不住想起了安妮在时的一些充满活力的时刻。简担心她的状况,曾数度邀请她来做客,而她果然来到了汉普郡,至少一次,那是1815年的夏天。她送给安妮数册书,很在意她的意见,就我们所知:安妮最爱《傲慢与偏见》,《曼斯菲尔德庄园》很好,而《爱玛》则处于二者之间。简关心她就像关心自己的姐妹一样,有一次简向她表达了强烈而浪漫的祝愿,希望她的雇主——约克郡鳏居的威廉·P公爵,能爱上他孩子们的家庭教师:“我真希望他娶她!……啊!威廉公爵——威廉公爵——我会爱你,假如你能爱夏普小
139 姐!”[10]不消说,威廉公爵没有听话,他和夏普小姐都不是浪漫传奇里的人物,家庭教师嫁给雇主的故事要过好些时候才会在小说里出现。

当伊丽莎白去世时,告诉夏普小姐消息的是简,不是戈德默沙姆庄园里的任何人。简给最亲爱的安妮的信是她的绝笔之一,当简去世后,卡桑德拉寄给夏普小姐一缕简的头发和若干纪念品。质朴的礼物说明了她们三人贫穷和节俭的实况:礼物之一是一根缝衣用的粗针,在简的针线盒里藏了二十年。作为一个珍贵物品它无疑又保藏了三十年,夏普小姐活到1850年左右。詹姆斯的儿子觉得她“装模作样得很,不过还蛮有趣”,这个评语很像费拉·沃尔特对简·奥斯丁的描写:“满身幻想,装模作样。”看来简在肯特郡找到了一个她的**同类**,也

把她纳入了最亲近的朋友中，她既不富有，也不幸福，却完全意气相投，还有，她完全是简个人的朋友，与简的家庭无涉。她是个职业妇女，后来在埃弗顿还设立了一所寄宿学校，这解释了简为何被她吸引。

然而满身幻想、装模作样正是自我防御最寻常的一个模式，沉默是另外一个。简·奥斯丁沉默的难题在于不知有多少是真实的，又有多少出自卡桑德拉的修剪。她对政治话题的沉默是有名的，那通常表示她家庭对保守党的认同，当她还是孩子时，在戈德史密斯《英格兰史》书中所写“说得好！就像是个托利党人！”是她对政治唯一的表态。她死后，一位侄女想回忆她的政治立场，却想不起“任何表述”与之相关。但如果她真的对托利党有好感，也并不适用于当地保守党议员身上。[11]

然而政治是男人的世界，一如田野狩猎。亨利曾肯定宣称过库珀是简最喜爱的道德诗人，尤其是他的长诗《任务》，她熟悉到可以背诵，然而她只字不提库珀对狩猎运动之残酷的憎恶：“一群疯狂野蛮人的 140
杀声……可憎的游戏/快乐来自他者的痛苦/食物来自无辜生物的哭泣和垂死哀鸣”。[12]她的兄弟和朋友都热衷打猎、赛马和射击，如果她在他们面前引述库珀的诗句，显然是自讨没趣。亨利每次在戈德默沙姆时，手头一定有把猎枪，爱德华的儿子们在狩猎声中长大，而詹姆斯和儿子都是打猎迷，因此即使简私下喜欢库珀的思想，她最好不要多言。她书信中偶尔提到打猎，都毫无批判意味，在《曼斯菲尔德庄园》中，她让爱德华·伯特伦和亨利·克劳福德一起去打猎，在《沃特森一家》中，她对十岁的查尔斯·布莱克的初次狩猎表达了共鸣。我们从来没见过简出现在兄弟们狩猎前的聚会中，但她对兄弟的忠诚使她否决或至少不提库珀的道德说教。

女权是简保持缄默的另一领域，生活在1790年代的人没有人不会注意到玛丽·沃尔斯通克拉夫特的《为女权辩护》，它发表于1792年，风靡一时。不过它开章明义的第一章并不适宜牧师家里女儿的阅读，她有两个哥哥服务于海军，而第三个1793年加入了民兵团。《为女权辩护》首章攻击君主政体，把矛头指向部队："部队的存在，就是自由的冲突"，"每一个军队，就是一连串的暴君"，"每个**军人**在立功迁升堂皇的诱导下，变成了卑鄙的寄生虫，或者卑鄙的助恶者"——这里说的就是亨利的陆军。其次是海军："海军的将士们，与前说无异，只是他们的罪恶有所不同而更加昭彰……他们的脑子同样有问题"——这里说的是弗朗西斯和查尔斯。再次是教堂："学院式盲目的服从是信仰的基础，也是牧师入门的条件，他们如想在职位中高升，必须卑躬屈膝奉承他们的神父或资助人。一个可怜的助理牧师卑躬屈膝、趋炎附势的步态，若与一个高贵而威严的主教相比，谁都知道有天渊之别。他们获得的尊敬也好、轻蔑也罢，都使其履行的职责同样无益"[13]——这里说的是她的父亲，哥哥詹姆斯，和她一半的表亲朋友。

141 她没有理由要公开接受这些意见，不过这是表面，仔细想想，奥斯丁笔下给一些军官的介绍，对假仁假义、势利谄媚牧师的描写，足够说明她不会反对《为女权辩护》里的陈述。而沃尔斯通克拉夫特的中心论点是改善女性的教育和环境，一定引起了她的注意。还有，她拥有一册罗伯特·贝奇《赫姆斯普朗》的事实，让我们更明白她的立场。贝奇的思想激进，"几乎不是个基督徒"（他自己的话），公开支持沃尔斯通克拉夫特为女性提出的呼吁，且以他书中人物的言行作为印证。[14]赫姆斯普朗其人确实挑战了托利党思想的方方面面，以美国人的哲学观念提倡平等、朴素、简洁的语言以及女性的权利，也质疑英国的阶级系统，其中代表性的人物，是一个老而僵化的乡村贵族，以及他一群腐败的牧师、律师和姘头的跟班。这书最可爱的地方是对话，从赫姆斯普朗主要的拥护者口中发出，充满闪烁发光的智慧：玛丽亚·弗卢阿特是个年轻少女，有独立的个性、敏捷的语言和丰富的技能颠覆那位老贵族的阴谋诡计。当他要求被亲吻却抱怨她的拒绝时，她控诉道："什么亲吻！老天爷……从你进攻的方式看，我想你在脱我的衣裳。"赫姆斯普朗和弗卢阿特以赤裸裸的语言当作武器，抵御那些惯用礼貌的谎言和社交轨则行凶的敌人，而他们无往不利。这种特殊形式的抵抗被奥斯丁运用在《理智与情感》中，却得到不同的效果。她对女性问题的沉默建立在她书中相信两性在道德和理性上的平等，当一位牛津青年"听说《伊芙琳娜》是约翰生博士写的作品"时，她高兴得不得了，证明她对沃尔斯通克拉夫特和贝奇言论的关注。[15]

如果说她没有对宗教保持沉默，那么她至少是安静的。宗教一定是存在的，至少对牧师的女儿而言，也是她生活中重要的一部分，不容质询和调查，更非惊怖之源头，如约翰生博士或鲍斯威尔所说的那样。家庭祷告、教堂布道或者领圣餐，偶尔会在她信中出现，宗教对她不过是沉默中给穷人的施舍，是社会的活动，不是精神的。她的小说中没 142
有人祈祷，没有人去教堂，也不向上帝或者牧师寻求指点。玛丽安·达什伍德在极端的痛苦和忏悔中曾向上帝赎罪，"用宗教、理性和不懈的工作"，来调整和抑制她对威洛比的爱情，然而我们从未见到她将宗教付诸行动。范妮·普莱斯的信仰得到更多的渲染，她的信仰使她有勇气抵抗错误，也使她容不得罪人，要抛弃他们，一如柯林斯先生建议贝内特一家放弃罪过的莉迪亚和威克姆。小说家奥斯丁感兴趣的是人们转向宗教的不同动机和实践方式，关于内心精神的挣扎，她却无话可说。

注释

本章一些信息出自未发表的纳奇布尔夫人(范妮·奥斯丁,婚后姓奈特)的日记,藏于梅登斯通(Maidstone)的肯特郡档案馆中。

[1] 简·奥斯丁给卡桑德拉·奥斯丁的信,1801 年 1 月 22 日,是时奈特太太四十八岁。

[2] 简·奥斯丁给卡桑德拉·奥斯丁的信,1798 年 12 月 18 日。

[3] 见简给卡桑德拉·奥斯丁的信,1808 年 6 月 20 日。奈特太太给简的年金不知始于何时,但不可能在奥斯丁先生 1805 年去世之前。

[4] 范妮的日记里提到钥匙进入庄园的规矩。

[5] 所谓的子弹布丁 (bullet pudding)游戏,根据范妮的叙述,规则如下:

在锡铅合金的盘中把面粉堆高成布丁状,顶端放一粒子弹形状的东西,此时游戏人开始轮流用刀切面粉团,如果子弹下陷,游戏者必须用鼻子和下巴找出子弹,然后用嘴巴叼出来。这人的脸孔一定会涂满面粉,显得怪模怪样,但最困难的部分是游戏者不能笑,因为面粉会掉进鼻子和嘴巴里,把你呛住。

[6] 我们不知道为何他不与伊莱扎同行,她跟爱德华一家向来友善,在伦敦时还款待过他们。她确曾于 1801 年 10 月来过戈德默沙姆,但此后直到 1809 年才再度来访。那时伊丽莎白已经过世,这说明她俩的关系不好。

[7] 见藏于阿尔文·奥斯丁手中的抄本,亨利·奥斯丁被认为是这首诗的作者。

[8] 资料来源勒弗罗伊手稿,引自迪尔德丽·勒·费伊,《家庭记录》,第 161-162 页;亦见《安娜·勒弗罗伊关于简·奥斯丁的最初记忆》,《英语研究评论》,新编 xxxix, 155,1988 年 8 月,第 419 页。

[9] 范妮此时是纳奇布尔夫人, 信是写给她妹妹玛丽安的,首次披露于《科恩希尔》杂志,1947 年冬,第八期,总第 973 期,第 72-73 页,编者附注:“经布雷伯恩爵士和爱德华·莱斯(Edward Rice)先生授权”(虽然那时编者彼得·昆内尔〔Peter Quennell〕和授权二人都已过世)。

[10] 简·奥斯丁给卡桑德拉·奥斯丁的信,1814 年 6 月 23 日。

[11] 戈德史密斯,《英格兰史》的书页上所写的话,见帕克·霍南(Park Honan),《简·奥斯丁传》(*Jane Austen: Her Life*,1987),1989 年,第 58 页。简所藏《英格兰史》现藏于私人手中。

她对政治和公众事业的沉默,见侄女卡罗琳所著《我的姑姑简·奥斯丁》,第 9 页,不过她承认简死时她才十岁。原文如下:

“他们家庭偏向托利党——我想这是理所当然的,而非出自议论,因为就连我叔叔们也很少谈及它,我也无法忆起我的姑姑有过任何涉及公共事件的言论——她**当然**有她的偏向——但我只能**猜测**她可能的倾向。”

有关简不喜欢威廉·丘特议员的事,见第 96 页。

[12] 诗句引自库珀的《任务》,第三卷,“花园”(“The Garden”)。

[13] 所有引文出自玛丽·沃尔斯通克拉夫特的《为女权辩护》,第一章。

[14] 罗伯特·贝奇(1728-1801),德比郡企业家、造纸业者(像波特尔一家一样)和铁器制造商人。五十岁后因事业失败,转事写作,以《赫姆斯普朗》一书成名。也如夏洛特·史密斯一样,认为女性应当从强奸、通奸中“复元”而非以大众接受的方式憔悴而死,因而受到驳斥。

[15] 关于她提到的安妮·格兰特《山间来信》,见第二十章,注释 23。简·奥斯丁数度提到这篇攻击沃尔斯通克拉夫特的名著,却没有表示意见。我相信这是首次反对妇女进入议会的建议,因为“三分之一的女性议员卧床分娩,坐月子,喂奶”。

第十四章　跟母亲旅行

143　1797年，奥斯丁太太坦率地给出欢迎玛丽·劳埃德做詹姆斯妻子的个人理由。“我盼望你成为我老年时真正的安慰，当卡桑德拉去了什罗普郡，而简——老天爷知道她在哪儿。”她的一个破折号和一声“老天爷”，无异于甩开了双手，表示对简的茫然和疑虑，不知她会成为安适的妻子，还是自己暮年的安慰。简向来神秘莫测，难以捉摸，但如她妈妈一样，心力强大，善于讽刺。奥斯丁太太爱嘲弄别人，但没有人爱被嘲弄。

作为一个母亲，她希望女儿们结婚。还不是为了让她们像幸运的侄女简·库珀那样幸运，嫁给海军军官，还因战事有功，丈夫封了爵位，而自己也变成了威廉姆斯夫人。尽管简·奥斯丁爱取笑这位“托马斯·威廉姆斯爵士殿下”，她的弟弟查尔斯还是因为他才得到好职位，此刻正在替这位爵士殿下效劳。他的妻子在史蒂文顿也极受欢迎，他们的家庭日益壮大，时有进展，这都是婚姻带来的好处。

只是一切都不稳定。奥斯丁太太给玛丽写信后数月，汤姆·福沃尔过世了，卡桑德拉在什罗普郡的期盼落了空。次年简·威廉姆斯在怀特岛驾车时被一匹脱缰的马所撞，伤重而死，托马斯爵士变成了鳏夫，其时距离他们史蒂文顿的婚礼不过六年。

简·奥斯丁，没有寻找丈夫的迹象，无论当地的年轻小伙——迪
格威、特里、汤姆·丘特，还是外地的。她和卡桑德拉与他们的老朋 144
友，以及哥哥们的老朋友都相处得很好，但那只是一种兄妹情谊，不会产生任何结果。卡西未婚夫的去世似乎把姐妹俩都推向了永远的姑嫂，老处女，还是独善其身？——难说。父亲喜欢亲切地把她们一并称为"姑娘们"。侄女安娜从史蒂文顿回到迪恩村与父亲和继母同住，回忆这两姐妹形影不离的状况时说：

> 我记得两个姑姑常来我们家玩，冬天从史蒂文顿来迪恩的道路泥泞难走，她们步行前来，穿着打有铁钉的木制套鞋，那是那时代里体面的女子都穿的鞋子。我还记得她们戴的是系带软帽：虽然帽子的颜色、形状和质地完全相同，我还是喜欢猜测哪一顶帽子属于哪一个姑姑。而我每次都猜对了。[1]

两位二十多岁的女性选择戴完全相同的帽子，这未免令人沮丧。首先似乎说明了她们难分难舍，其次也不打算形成自己的风格。

她们不在一起时则书信不断，"舅舅非常吃惊我常收到你的信"，1799 年，简从巴斯写信告诉卡西，轻松的话里暗示了舅舅爱管闲事和不礼貌。不错，她们通信频繁，她们需要如此，因为她们的谈话随心所欲，绝对安全，可以畅言愤怒，排遣苦恼和绝望，帮助她们面对世界，更不用说谈八卦，讲笑话，报告旅游，和取笑自己暗淡无光的衣装了。卡桑德拉的信中有一回附了一篇严肃的散文，那是 1798 年的冬天，从戈

德默沙姆庄园寄去史蒂文顿的,简告诉她说,“你那篇叙述快活生活的文章写得真灵巧”。但她自己信中从来没有文章,她的信是她的磨刀石,锻炼她写作的刀锋。

她会突如其来讲个笑话:一个邻居牧师的妻子赫尔太太,生下一个死婴,“在她准备生产前几星期,原因是惊吓——我猜她冷不妨地看
145 见了她的丈夫”。E. M. 福斯特把这种玩笑叫作“贪婪恶妇的嘶叫”,然而这更像是个成长中顽童的胡闹,是从她笔底无心冒出的疯话。事实上我们也不能怪她,赫尔牧师确实面目可憎。她信中随即又轻松地说到教堂正为一个初生婴儿准备好了衣物。

她常令人吃惊。“我不奇怪你会再读《第一印象》(*first impressions*),真难得你读过它,那是很早前的事了。”她承认这部作品的存在,虽然从未讨论过它。她把首字母小写,意味放低自己的声音,不愿提起《第一印象》。但这不是虚假的客套,尽管它曾遭到出版商的拒绝,它值得重读,后来也值得重写。

1798 年夏天,她们两姐妹陪同父母来到戈德默沙姆庄园,卡桑德拉留在庄园里照顾伊丽莎白的新生儿,而简和父母则回到了史蒂文顿家中。下面一组信件描绘了一些她跟父母的日常生活,简在这里记录了一连串她母亲抱怨自己健康的笑话,试探了更多磨刀石的功能。前往戈德默沙姆时,在他们长途跋涉的第一段旅程中,她母亲开始感到不适,她必须服药,一日两次,每天只吃几片面包,抵达达特福德客栈时,她赶紧吃了一顿丰富的牛肉和炖鸡。那晚她决定与简同住双人间,让奥斯丁先生独享单间的平静。简对这决定没有表示意见,只说“我白天的旅行开心极了,比预期的要好。不拥挤,也无烦恼”。这话说明她的开心打了折扣。

在旅店中，奥斯丁先生读小说，而简的妈妈在火炉边闲坐，那时简发现她的小盒子丢了，连同所有的钱、信件和文稿。旅店主人想他们可能被装上了去格雷夫森德的马车上，他们紧急搜寻，果真找到了。第二天他们继续登程，前往斯泰恩斯，但她母亲的病况忽然变坏，“喉 146
咙发热”，还有“那种腹泻，一般是她生病的前兆”。总算到达贝辛斯托克，他们马上去见家庭医生莱福德，莱福德医生给她开了鸦片剂的药方，就寝前服用十二滴。奥斯丁太太的精神恢复了，开始说蒲公英茶也有同样的好处。他们不经意地错过了一个令人激动的时刻：另一个病人从韦矛斯前往温莎的途中正路过贝辛斯托克，小镇万人空巷，向国王乔治三世欢呼致敬。[2]

奥斯丁太太从莱福德医生的家中出来，离史蒂文顿的家还有最后几英里。简很高兴能全权处理鸦片剂的服用。当詹姆斯在迪恩迎接父母的到来时，奥斯丁太太已经恢复了她一贯的神采，在上床前聊了好一会儿天，一上床，莱福德先生的好鸦片就让她不省人事了，第二天一整天她都卧床不起。简和父亲在三点三十分吃了午餐。她给卡桑德拉的信上说：“好奇怪的感觉！”奇怪在厨房里当家，奇怪自己成了家中巨人餐桌前唯一的孩子。奥斯丁先生则打算为在地中海的弗兰克帮点忙，他的军阶只是中尉，他需要家人书信的推动和有力人士的出面。查尔斯此时十八岁，也是中尉，希望能调离内海到远洋有行动的地方服务。奥斯丁先生给海军上将甘比尔去信，他是詹姆斯前妻的家人，而甘比尔将军请示了英国海军大臣斯宾塞爵士，也是亨利已经退休的上校朋友的表兄。他的信生效了，圣诞节到时，弗兰克升为中校而查尔斯调去一艘巡洋舰，亨利也升等为上尉，正式成为部队的财务官。这是奥斯丁家从军兄弟三重的胜利。

在史蒂文顿的日子过得很安宁，简掌管家务，也抽空写作。她从门口一个路过的小贩处买了六件内衣、四双长袜。奥斯丁太太花了十六先令注册了贝辛斯托克新建图书馆的会员身份，简把这身份放在卡桑德拉的名下。奥斯丁先生担忧他的牧民和逐渐减少的教区税收，买了一册鲍斯威尔的《约翰生传》，准备感恩节时举办一场纳尔逊爵士尼
147 罗河胜利纪念会。黄昏时他朗诵库珀的诗，只要“我办得到”，简都会去听。奥斯丁太太在床上静养，发现了甚至莱福德医生也没有发现的许多症状。迪格威和哈伍德两家人造访，有关仆人的问题——一个新来的洗衣妇“看起来不是那种手到物净的人，但谁知道呢？”还有一个孕妇雇了一个迪恩村的女孩“当她的刷子”，詹姆斯担心她不够强壮。史蒂文顿也雇了新女仆，能烧饭缝衣，还学做牛奶房里的工作。简打开了在温彻斯特包装寄回来的装订好的书。镇上有两个妇女死于生产，这消息他们始终瞒住玛丽。奥斯丁太太不再自告奋勇深更半夜走路去助产，这次，她要求人们直到分娩完毕才告诉她任何消息。果然这些产事很快都结束了，詹姆斯和玛丽生下一个男孩，一切顺利。

新婴儿名叫詹姆斯-爱德华，有一对大而黑的眼睛，变成家中受宠的侄子。简认为他的妈妈“仪容不够整洁，平时不穿晨袍，窗帘也太单薄”，把玛丽跟戈德默沙姆的伊丽莎白作不利的对比，后者“漂亮，戴一顶清爽的帽子，衣着洁白而整齐”。把富有的庄园女主人和乡村牧师太太相比并不公平，但简显然在想象着自己初为人母时的样子。玛丽“处理事情的方式让我不想生孩子”。四周都是怀孕的嫂嫂和邻居，她难免会把自己归为她们一类，有丈夫、有家还有孩子。但有何不可？她才二十二岁呢。

12 月到时，奥斯丁太太已经复原，足以下楼走动了。“昨天下午我的母亲在向她道贺的人群中，像戏剧登场一样地走进了更衣室。”不过她并未停止抱怨：“气喘，浮肿，肺部积水，肝藏不调”，还有从来不畅通的肠

胃。面对这种规模宏大的健康疑虑症，人们也只能一笑了之。“痛风的浮肿和关节的毛病”是她下一回合的内容，好在这些问题没有妨碍妈妈的好精神，也没有搞乱简的情绪，简甚至还陪凯瑟琳·比格去曼尼冈玩了几天，参加那里的舞会，连续跳了舞会里全套的二十支舞曲，一支不漏。“寒冬里，只要有三五好友，我便可以跳一个礼拜，感觉才像半小时 148
一样。”她也初次发现了独自走路的乐趣，“上星期一次严峻的黑霜里，我享受了一番一人独步去迪恩村的快乐——我以前从来没有这种经历”。她告诉卡西，这让你想到伊丽莎白·贝内特在无人陪伴的情况下来往于乡间道路上的情景。一经发现，她肯定会常常品尝独行的滋味，在霜径上，在木质铁钉的套鞋里，让自己的幻想奔驰。

卡桑德拉在肯特郡也参加舞会，有一回英王的侄子威廉亲王也到场。简在迪恩村哈伍德家度过了一个安静的圣诞日，两天后又在家中招待了迪格威一家和詹姆斯——“安安静静的派对，我想”，也于1799年元旦观礼了她新生侄儿的受洗仪式。弗兰克晋升的消息带来了祝贺和更多的派对，肯普庄园的庄主多尔切斯特还为他们特别举办了一场大型舞会，喝汤、吃三明治，伊莱扎·丘特太太很满意，大家玩到凌晨三点才散。简离开较早，她回到詹姆斯家，跟玛莎·劳埃德躺在新育婴室的床上聊天直到凌晨两点，乳母和婴儿则被赶到地上睡觉。

1月里，简恢复了她诙谐有趣的书信：“我开始察觉到……许久没谈母亲的健康问题了，不过我不担心你会猜不到她实际的情况——怪事躲不过你的眼睛。她还算好……她自己也会告诉你，此刻她的头严重着凉……”事实上，爱德华在戈德默沙姆也稍感不适，他遗传了母亲的天才，常出现有趣的症状，例如“手脚炽热”和“肠胃不通，头晕恶心”。他正计划春后带伊丽莎白和两个大孩子去巴斯疗养，也邀请了母亲和简同行。

简以前曾去过巴斯,那是潮湿阴冷的 11 月,住在利-佩罗特舅父
舅母家。她很想再去一趟,因为她所写《诺桑觉寺》中的故事都发生在
149 巴斯。卡西于 3 月从肯特郡回到家里,负责料理家务。简和母亲则计
划 5 月去巴斯。

巴斯依然是英格兰最著名的度假胜地。在过去的六十年里,归功于那些完美绝伦的规划师和建筑师,一座现代城市在古罗马帝国遗址和十五世纪的修道院教堂周围扩建起来,一条条新的街巷、一排排新的房屋壮观地屹立在蜿蜒的埃文河陡峭的堤岸上。它的交通向来便利——伦敦与巴斯间的公路是全国管理最好的公路,巴斯是个人人想去看、想被看[1]的地方。切尔滕纳姆的矿泉、布莱顿的海滨,都想与之争锋,却从来没有成功。人们来此沐浴饮水,或找当地的许多医生看病,一如利-佩罗特治疗他的痛风,爱德华不管哪儿不舒服都打算看一看;他将饮水、沐浴,甚至体验新的电疗手段,要么电火花疗法,要么使用一种发出警笛声的身体按摩刷(flesh-brush)。

巴斯有最好的娱乐场所,伦敦著名的艺人都爱来这里的戏院表演,户内和户外的演唱会常有烟花助兴。这里有公众早餐吧,两所独立的大会堂舞厅,图书馆是人们聊天、读报的好去处,最特别的是另一群人:他们时髦的衣着,夸张的帽子,双马双轮轻便马车,马匹,他们的谈吐,购物,以及他们的症状。巴斯代表的是都市文明的巅峰,富人生活中的享受和宴饮宾客的天堂,这里的穷人也不会让你烦心,因为他们在你家中替你管家,偶尔几个乞丐或扒手也不是什么了不得的大事。

---

① 被医生看。

奥斯丁太太结婚前便知道这个地方，她的长兄利-佩罗特和妻子经常来此，住在帕拉贡（the Paragon）1号，一个极其豪华的联排住宅，俯瞰城垣郊野。当时巴斯的联排住宅都像帕拉贡一样，没有私人院落却面对公有的花园，当时风尚不是私家享乐，而是发展公众事业、公众苑囿和大型聚会。整个城市的布局也有戏剧性的一面，人人都在聚光 150
灯下，并知道这一事实。文学致敬巴斯，如同致敬生活。奥斯丁从多方面知道这种现象：在夏洛特·史密斯的《埃米琳》中，巴斯是一个能让你隐姓埋名，藏身度过草率怀孕的地方。夏洛特·伦诺克斯《女堂吉诃德》中女主角阿拉贝拉戴上面罩出现在一间矿泉浴室里，惹起一片喧哗，另一次是因为她对巴斯的纨绔子弟太过粗鲁。谢里丹曾和他第一任妻子从巴斯私奔，后来他把这经历放进了他的剧本《情敌》里。简也把自己小说中的人物送到巴斯游览。她在《爱情和友情》中批评了"巴斯无聊的奢侈"，也让巴斯成为"克利福德先生"的家，拥有大量的车马——预告了即将以六十基尼的价格把拉车的马卖给爱德华的人，一位"一生只懂车马，其余一无所知的人"。

爱德华一行人抵达巴斯后，在皇后广场附近找到一栋房屋，邻近矿泉浴室、大会堂舞厅和帕拉贡。奥斯丁太太和她女儿在二楼得到两间相连的卧室，"房间宽敞，除了被子肮脏，一切倒很舒适"，楼梯上有一只小猫跑来跑去，房东太太是个"不久前丧夫的胖女人"。简是个好姑姑，很照顾范妮和爱德华，教他们写信。伊丽莎白好心地送给简一顶帽子，她可能曾注意到简和姐姐的那两顶软帽。他们打算去悉尼花园（Sydney Gardens）参加欢庆晚会，尽管简很少表达对音乐的热情："演奏会对我有不同寻常的魅力，因为园地很大，足以让我徜徉于乐声所不及之处。"舅父利-佩罗特走路太多，有点疲倦，需要休息。但简很喜欢静僻处的漫步，还认识了一位新朋友，觉得不负她的期望，他便是古尔德先生，非常年轻，“才刚入学牛津，戴眼镜，听过有人说《伊芙琳娜》是约翰生博士写的书”。[*]

151 爱德华为戈德默沙姆庄园佃户日的事，必须于7月初赶回家，但奥斯丁太太却想继续旅行。她有一个大计划，想拜访艾德斯特罗普的利家堂兄弟，侄子爱德华·库珀，现在住在她童年的故乡哈普斯登，还要看另一位堂姐，住在萨里郡大布克汉姆地区的库克太太。简对这个计划不很热心，告诉卡桑德拉她宁愿和玛莎·劳埃德一起在家共度夏天。她可能觉得与库克姨妈的会面将尤其艰难，因为她刚出版了一本小说，虽是匿名出版，但她肯定希望家人读一读。《烽火台历史演义》（*Battleridge, an Historical Tale Founded on Facts*）的情节围绕一份丢失的文件展开，这份文件将把财产归还给合法的保皇派拥有人。一场梦揭示了文件所藏之地：在一个活底儿的木箱里。小说中还有一些戏剧性时刻：一个月夜，两个骑马人从少女“最喜欢的岩洞”将她绑架，把她囚禁在高塔中，她不得不睡在一张刻满恐怖脸孔的老乌木床上。库克太太使用典型的哥特文学手法，尤其崇拜拉德克利夫太太[①]（“恐怖女王”）。但她的活底儿箱和丢失的文件让人怀疑简看到这些细节时或许有些窃喜，因为《烽火台》出版时，简正在创作《诺桑觉寺》的初稿。当她嘲笑哥特小说的陈词滥调时，或许有些家庭玩笑的因素。

不过简终于还是听从了母亲的意思，陪她去亲戚家访问。在她们的旅途中，灾难却降落在利-佩罗特的家中，富有的舅母简被控告偷窃

---

* 《伊芙琳娜》匿名出版于1778年，取得极大成功后，作者身份很快暴露，即范妮·伯尼，她写作时严守秘密，甚至父亲也不知道。约翰生博士极为赞美，认为胜过亨利·菲尔丁。

① 安·拉德克利夫（Ann Radcliffe，1764-1823），恐怖小说创始人，代表作之一是《奥多芙的神秘》，简·奥斯丁在《诺桑觉寺》中曾作模仿并取笑。

而送进了监牢。她被巴斯一家商店老板指控偷了一片蕾丝，她在店里买了一件商品，离开商店时店员追赶过来，证实“被盗的”蕾丝在她皮包或口袋里，她说一定是购物时无心放在身上的，商店老板要她的住址，她告诉了他，四天后警察带着传票来到帕拉贡。她五十余岁，无子女，因商店人员宣誓的口供而被捕，所犯罪状可以判处死刑，因为这条蕾丝的价值超过了一先令。实际上，如果被判有罪，她可能放逐澳洲 152
十四年，对这样年龄和惯于偷窃的妇人，这种惩罚相当于死刑。

她的丈夫全力支持她，坚持要陪她一同留在狱卒斯卡丁先生的家中，他的家就在伊尔切斯特的萨默塞特郡监狱旁，她也将被送到那里。由于她的社会地位和收入，她被豁免坐牢，也不必穿囚犯衣服。但斯卡丁先生的家绝不是一个她能习惯的地方：“粗鄙、肮脏，嘈杂声从早到晚不停。那里的人们并不觉得有什么不对，都相信我们过得很愉快，说句老实话，他们的确有意要我们愉快。”[3]斯卡丁家的女孩们有时还给他们表演音乐，但小孩儿们却会把面包屑丢在利-佩罗特先生尊贵的膝盖上，让啤酒洒在他的衣袖上；他们的母亲用舌头舔去刀上的洋葱便算是清洗了刀子；两只狗和三只猫不停争抢食物，而烟雾弥漫全屋，就是不去烟囱。孩子们的卧室跟他们的房间相邻，吵闹一如疯人院。不过应当指出的是，在如此极端的情况下，利-佩罗特太太不仅展示了她霍加斯①的笔触，还拿出了值得赞美的庄严。当奥斯丁太太建议把女儿送去安慰她时，她拒绝了，认为“这些优雅的女孩”不应当来此陪她受罪。[4]奥斯丁太太提出的这项建议，不知道简有什么想法，但一定会感谢她舅母的好意拒绝。

这件案子有人认为利-佩罗特太太有罪，甚至她自己的律师团也

① 威廉·霍加斯（William Hogarth，1697-1764），英国现实主义讽刺画家。

在暗中议论她偷窃的怪癖,取笑丈夫对她保护过度。还有人说她曾企图从一个园丁的温室偷取植物,来加强证实她的恶行,但那可能是无稽之谈,发生在数年后的 1804 年,也在巴斯。[5]一般人认为,控告她的人有意陷害和勒索她,不过如果他们真是如此,他们的效率太低了。七个月后,在伊尔切斯特狱卒的陪同下,她上了陶顿镇巡回法庭接受审判。奥斯丁太太再度叫她女儿前去陪伴,利-佩罗特太太再度拒绝
153 了,说年轻少女不适合来法庭,她自己则别无选择,必须站在可怕而拥挤的法庭为自己辩护。她的言辞简短有力,法庭宣读裁判,法官也做了总结,十分钟后陪审团宣称她无罪,法庭里一片啜泣与亲吻。利-佩罗特太太自由了,虽然他们付出的费用不下两千英镑。店家事后也没事,依然生意兴隆,然而"我却差点被舆论杀死了",利-佩罗特太太冷淡地写道。

简极为推崇的约翰生博士在《漫步者》中批评英国执法系统,尤其对轻微的偷窃科以与谋杀同罪的死刑表示不满。利-佩罗特太太的案子无疑暴露了其中的残忍和荒谬,即使她被判有罪,没有人会认为囚禁一位过失轻微的年长妇女是正确的,更不用说施以绞刑或流放博特尼湾①了。在这一世纪中,不少面临这种小型窃盗控诉的妇女只好以自杀来求得解脱。从这里我们也看见了利-佩罗特太太的坚强,而且有幸得到丈夫全力而衷心的支持。简从来没有提过此事——这显然也是一件家庭的忌讳,不过简也并不因此更喜欢她,她觉得她处处恼人,身无分文的女孩很容易如此看待一个富有、有时强势、不够厚道的老舅母。

---

① 博特尼湾(Botany Bay)在肯特郡的布罗德斯泰斯(Broadstairs),位于英国东南方海岸,当时是一片隐蔽的处所。

詹姆斯・奥斯丁是利-佩罗特家庭财产的法定继承人,利-佩罗特太太受审时,他答应和妻子一同到场,但在1800年2月的一场大雪中他摔倒受伤,起不了床。伊莱扎・丘特在日记中记录了他缺席教堂布道,而由查尔斯・波利特牧师代理,她自己则忙于熬汤救济村民。那年穷人受灾,情况越来越恶劣,勒弗罗伊太太在迪恩村也组织了一个"草席加工厂",让当地妇女和儿童编织草席和一些小东西,赚点小钱,但这种慈善行动帮助很小。伊莱扎・丘特太太在一封信中表示了她对汉普郡劳动者的同情:

> 穷人有他们不满的理由:我担心大麦价格今年降不下来,生
> 活必需品也都昂贵;穷人买不起他应得的奢侈品:啤酒,培根,奶 154
> 酪。你怎能怀疑他们心中隐藏的不平。我不相信他们的工资够用,而当他来到教堂求助,得到监工刺耳的回答,一个穷人的骄傲(为何我们不能给他们一点骄傲呢)也会受伤。我得承认我们政治的前途还会更加黯淡。[6]

这封来自喜欢打猎的托利党议员妻子的信有相当可观的理性和同情,她并不常与丈夫站在同一阵线。在同一封信中,她也有力地表白了她对身为人妻的态度:

> 丘特先生……觉得奇怪他在家时我也会二十四小时不与他见面。我认为这很自然,一如他去上班或打猎,而我看家:这便是丈夫和妻子的不同。妻子是一种驯良的动物,丈夫盼望她们守候在家,准备侍候他们;而丈夫则是创造的主人,可以随心所欲去任何地方。

如此犀利而独立的个性应当是邻里乡党中值得交往的朋友，但我们从未看见丘特太太和简有什么来往。也许简所见到的高傲正是丘特太太的羞怯，而丘特太太觉得简太狂放。这倒是傲慢与偏见最好的例证了。丘特一家过的当然是铺张的生活，例如1800年10月，他们去温彻斯特大教堂听海顿的清唱剧《创世记》（有五百家人出席，作家谢里丹也来了），随后还有舞会。像这样的场面奥斯丁家是不可能见到的，何况1800年他们家遭遇到了前所未有的苦难，农场收入跌破三百英镑，而教区税收也因不景气受到影响。一如丘特太太，简也写过邻人的痛苦，房屋的没收，以及以衣物接济村民的书信。虽然他们想改善史蒂文顿的农庄，整顿草皮和农作物，还花钱添购了几张新桌子，奥斯丁夫妇两人已弄得疲惫不堪。11月间一场暴风雨推倒了家前的两棵榆树，一声巨响，还折断了挂有风向标的五月柱，这个奥斯丁家孩子从小记忆中就存在的东西。对每个人来说，这都是一个令他们发愁的季节。

155 亨利和伊莱扎也没有愉快地来访。1799年3月，亨利随部队开往爱尔兰，防守海岸，抵御法军，同时也监视爱尔兰人的动向。他主要在都柏林待了七个月，跟那里的印度总督康沃利斯爵士相处不错，被政府调回来准备应付爱尔兰人的暴动。亨利看重这样有势力和地位的人，早就在想如何借重他安排退伍后的生活。既然有了财务长官的经验，他计划以后从事银行业，现在就已跟部队里的朋友开始磋商。

此时的伊莱扎迁住萨里郡靠近多金（Dorking）一个她自称为“隐居”的地方。她说她日日与钢琴、竖琴和书本为伍，胜过任何其他陪伴，与事实相符，“（希腊）歌舞女神乐章”（*Feuilles de Terpischorde*）按谱弹唱；她还手抄了珀塞尔、亨德尔、海顿和莫扎特的乐谱，封面上题了“亨利·奥斯丁太太”和“伊莱扎·奥斯丁，1799年8月19日”的字样。[7]她的欢乐渐渐消逝，费拉曾写信给她希望她为她的哥哥向沃伦·黑斯廷斯求情帮忙，她回信说她“对求情之事无比厌恶”。她的健康状况很差，而她的儿子更糟：不断有强烈的癫痫突发症状。“病症对他的心理有负面影响，即使这不会夺去他的生命，也必然属于忧郁的性质，于我也是永无终结的悲哀。”[8]

注释

[1] 引自迪尔德丽·勒·费伊，《家庭记录》，第101页。资料来源，范妮·卡罗琳·勒弗罗伊关于家庭历史的笔记，写于1880年到1885年间。

[2] 伊莱扎·丘特1798年的日记记录了她10月22日与一位F夫人骑马的事，汉普郡档案馆，23M93/70/1/6。

[3] 简·利-佩罗特给蒙塔古·乔姆利的信，1799年10月10日，《奥斯丁档案》，第188页。

[4] 蒙塔古·乔姆利给简·利-佩罗特的信，1800年1月11日，《奥斯丁档案》，第198页。

[5] 见帕克·霍南，《简·奥斯丁传》（1987），引自R. A. 奥斯丁-利的私人笔记，有关杰基尔（Jekyll）认为利-佩罗特太太有偷窃癖，肯定是她偷了蕾丝，第150-151页。

利-佩罗特太太偷植物的事，见莎拉·马克汉姆（Sarah Markham），《简·奥斯丁协会报告》（1991），资料来自她的《时代证词：佩内洛普·韩德日记与书信1787-1833》（*A Testimony of Her Times: Based on Penelope Hind's Diaries and Correspondence 1787-1838*，1990）。她的根据是一封描写利-佩罗特太太“偷蕾丝的丑闻”的信，还附有一位巴斯法官所写的偷植物的打油诗：

> 你说花木谁最爱，
> 诗人达尔文，还是佩罗特太太？
> 我们请您决断，植物学法官
> 他摘取桂冠，而她被流放植物湾。

［6］我们知道勒弗罗伊太太创办草席加工厂的事,是因为伊莱扎·丘特太太曾写信咨询她,以便创办类似事业。信未经发表,日期不详,见汉普郡档案馆,23M93/70/3/16。伊莱扎·丘特给伊莱扎·戈斯林(Eliza Gosling)的信,1800 年 9 月 29 日,也未发表,见汉普郡档案馆,23M93/74/1/3。

［7］资料来自帕特里克·皮戈特(Patrick Piggot),《无害的娱乐:简·奥斯丁生平与作品中的音乐研究》(*The Innocent Diversion: A Study of Music in the Life and Writings of Jane Austen*,1979),第 156 页。

［8］除了最后一句,全部引自伊莱扎·奥斯丁给费拉德尔菲亚 ·沃尔特的信,1799 年 10 月 29 日,《奥斯丁档案》,第 172-174 页。最后一句引文《奥斯丁档案》已删,我从汉普郡档案馆微缩胶片中抄出。

第十五章　三本书

《傲慢与偏见》初稿写于简·奥斯丁二十岁时，那也是伊丽莎白·156
贝内特的年龄。当1813年书出版时，简已三十七岁，几乎可做伊丽莎白的母亲了。从创作到出版竟用了十七年，这恐怕是最长的延误了。而《理智与情感》一书，从初稿到出版，连同拖拉的时间，也有十六年的距离。《诺桑觉寺》花了二十年的工夫才找到出版商，出版时作者已经过世。想到文槁的丢失是件太容易发生的事，这让人不免悚然。

奥斯丁有几个手抄本，但没有一个流传下来，她小心翼翼的照顾也未留下任何痕迹，显示它们前后的差异。[1]她所发表的小说，无论草稿还是终稿，都无手稿幸存。因此凡是涉及她修改的讨论全是臆测，你可以随便猜想某段文章写于十九岁，二十一岁，或者三十五岁，但要求证难如果冻上的雕刻，自找麻烦。我们都知道《傲慢与偏见》的原稿比今本长，因为她承认她曾经“修修补补”。我们相信每次的修补一定会让对话更具她的特色，我们也相信被她剪去的片段，也是我们乐意想看的东西。一个令人迷惑的线索贯穿始终，简·贝内特只骑马而伊丽莎白只走路，有违她们的个性。至于事情怎么会这样，大家各说各话，但这绝非修补的问题。书中还有许多后加的部分，例如谈论司各特的诗和玛丽亚・埃奇沃思的小说《比琳达》，都不可能出现在早期的草稿里，但除此以外，没有一事能肯定。[2]我个人的意见是，本书主要
157 人物和故事布局，1800 年时已经定型，那时她有三部完成的小说，其中一部她父亲相信够格出版，虽然她后来做过许多修改，大体上已有今天的面貌。虽然有两个书名经过改变，为方便计，我的讨论还是沿用它们的今名。

最令人惊讶的是这三本早期的小说表达主题的方式截然不同。简单来说，《理智与情感》是辩论，《傲慢与偏见》是浪漫传奇，而《诺桑觉寺》是讽刺或是一部关于小说和阅读小说的小说。你猜想一个年轻作家会把一种形式使用好几回，一边写，一边长进。但简・奥斯丁不是这样，她创造力强，对小说写作的技术有太高的兴趣，无法停顿在一个定点上，她采用了三种不同的形式，处理了三种不同的题材，表现了令人诧异的老练。

在《理智与情感》中，埃莉诺和玛丽安展开了一番有关行为的辩论，在姐姐的谨慎、礼貌和私事的保密上，跟妹妹的透明、诚实和情感的开放，做了一个针锋相对的比较。奥斯丁想知道社会能否容忍个人的开放，而开放的个人在社会中会受到怎样的影响。这个问题在 1790 年代有过政治性的探讨，进步作家如威廉・葛德文和罗伯特・贝奇所标榜的思想，正是年轻的玛丽安所说的开放，而保守派的人士则相信，如要保存已有的社会结构，保密和虚伪是不可缺少的条件。这些是严肃的论战，而这本小说引起人们兴趣的理由，是奥斯丁起初似有某种肯定的看法，但随着小说的发展，渐渐不再自信。就我而言，事态的二

重性和矛盾性是赋予《理智与情感》魅力的关键，她的另一作品《曼斯菲尔德庄园》也有类似的特色。小说可以容纳双重的信息，但这不是辩论家能做到的事。

在故事的初期，埃莉诺和玛丽安·达什伍德都爱上了圆滑而不可靠的青年人。奥斯丁希望把埃莉诺做成优良行为的楷模，并支持她接纳社会惯用的虚伪甚至欺骗，她相信“出于礼貌的说谎”是可以的，即
使对她真心相爱的妹妹，她也拒绝表白自己的困苦和忧愁。但不能也 158
不会说谎的玛丽安，起初只能笨拙地表现她的情绪，连父亲或朋友也不知道她有没有真正爱上威洛比，终于她懂得聆听良心的指示和愿望，也做了违反习俗甚至危险的事情，开始会说“我们早就知道我们错了”的话。有如《曼斯菲尔德庄园》里的范妮·普莱斯，她追随自己内在的声音，告诉自己什么是对错。

玛丽安诚实的表态并不全是愚蠢的，当四十岁的邻居约翰·米德尔顿挖苦女子向男士们“丢帽子”时，她斥责他说：“约翰先生，你的用语……我特别不喜欢。我讨厌一切肤浅而自以为有趣的话，像‘向男士们丢帽子’，或者‘征服男人’这类话尤其可憎。它们不仅卑鄙，还缺少教养，假如你认为这中间有多少道理，时代早已把它摧残一空了。”这一席猛烈而智慧的言论虽然从玛丽安口中道出，显然是奥斯丁的心声，即使奥斯丁从未向汉普郡的乡绅们大声说出来过。玛丽安的口才、拒绝说谎、敢于表白好恶，使她显得分外妩媚。虽然奥斯丁也容许玛丽安行为上的过分，自己却从不越轨。她和一个尚未订婚的男友私下交往，尽管并不避讳让人知道她爱上了汤姆·勒弗罗伊。作为故事的叙述者，她表示不同意玛丽安莽撞的计划，但在故事发展的过程中，她逐渐增强了对她的同情。玛丽安夸大的反应也许荒谬，她对威洛比狂野的行为，也危害了自己的名分和心境，一旦来到伦敦，她开放

的个性却变成了她脆弱的地方。

埃莉诺非常明白,一如她奸诈的对手露西·斯蒂尔所知,隐瞒、伪饰、假装漠不关心是社交中不可缺少的手段。本书的主题之一是,若想在社会中生存,除非你有其他保障,否则你不能采用玛丽安的开放态度。就此社会现实来说,玛丽安的行为是错的,奥斯丁很快懂得了
159 这个道理,但是否绝对是错却是另一问题。玛丽安遭到心爱而信赖的人背叛和羞辱,经过烈火一般的煎熬后,为她"自己一连串的鲁莽"表示后悔,但读者仍然觉得她纯真,表里如一,无可指责。威洛比为金钱结婚而背弃了玛丽安后,依然爱她,也证明了这一点。何况埃莉诺也承认威洛比本来可以是妹妹的理想夫君,纵然有时行为不端。玛丽安的道德观尽管给自己的生活带来不幸后果,但事实上却无可厚非。奥斯丁在故事刚开始时对这问题所持的态度变得不再确定。

或许,奥斯丁有意先提出一个简单的对比:正确的道路——礼貌的谎言、情感的隐藏——和相反的选择,经过多次修改,她开始对玛丽安显示了好感。很像托尔斯泰的安娜·卡列尼娜,他先视通奸为罪恶,不久却发现自己也爱上了她,奥斯丁也给了这个任性的十六岁少女一个粗糙的画像,但随着故事的进展,经历了她的所作所为,发现了她的可爱。

玛丽安遭受屈辱的那场舞会正是奥斯丁惯用的场景,它的上演像是悲剧,绝非社交上尴尬的失态而已,全书在此创造了一个亮丽的奇峰,洗刷了玛丽安的愚蠢,也展现了她人格和感性的深沉。尽管奥斯丁的小说又回到它喜剧的模式,悲剧的阴影从此笼罩在玛丽安的身上。读者可能还有更多悲剧的联想:她的命运有如布兰登上校的侄女伊莱扎·威廉姆斯,被威洛比引诱而怀了孕,或者因病而死,她说这病是自杀未遂的后果:"如果我死了,——那是自我毁灭。"她如此告诉

埃莉诺。假如让我猜想，奥斯丁在早期的版本中有让她死去的可能。

即使在我们看到的版本中，她还是受到了惩罚，而惩罚从未解除：她不能与威洛比结合，尽管彼此如何相爱。在奥斯丁的语言中，玛丽安寄望于布兰登上校的恋情对读者无甚影响，而奥斯丁也不给他们谈 160
话的机会，说明奥斯丁对情节转折缺乏用心。

但她给了我们一个意外，埃莉诺希望威洛比的妻子死去：她“有好一会儿盼望威洛比变成鳏夫”。当读者诧异于埃莉诺心头的杀机时，很少人注意到这是奥斯丁的念头。在埃莉诺与威洛比谈话的当头，他已结婚，而玛丽安就在附近，卧病在床。这令人惊讶的一幕，一反常态，直接跨入人性真实的世界。[3]

《理智与情感》介乎悲剧与喜剧之间，爱情大团圆的结局也没有改变它的样貌，全书的主调是挥之不去的阴暗。詹宁斯太太应该是个幸运儿吧，但三个黑心而险恶的妇人占据了舞台的中心。富有的菲拉斯太太愚蠢而残忍，虐待她的儿子，自己也受了骗。露西·斯蒂尔依赖持续的暴行、说谎和欺骗，取得了她蓄意得到的社会地位。范妮·达什伍德贪婪妒忌，盗取了她嫂嫂应得的遗产。

当真实与善意的谎言成为1790年代辩论的话题时，玛丽安自我毁灭的冲动也颇暗合了当时的风尚。自从歌德发表《少年维特的烦恼》后，爱情与自杀的牵连变成了文学中重要的话题。歌德的书于1779年译成英文，模仿的作品风起云涌，受到影响者之一便是玛丽·沃尔斯通克拉夫特。她的故事流传于1790年代后期，而奥斯丁的家人有一个特殊的理由听到有关她的事情。玛丽是奥斯丁先生早年学生父亲的受惠人，威廉·伊斯特爵士不仅将儿子吉尔伯特送来奥斯丁的学校上学，他还是利-佩罗特的邻居和朋友。威廉爵士对玛丽很仁慈，那是1796年的春天，玛丽因自己的草率行为而让自己落入不靠谱情人的掌心，受到虐待后自杀未遂，次年9月玛丽去世，而此前两个月，奥斯丁刚开始改写《理智与情感》的初稿。再下一年，葛德文《玛丽·沃尔斯通克拉夫特回忆录》出版，而她和威廉爵士的友谊记录在
161 第一版中（第二版中被删除）。我无意说奥斯丁的玛丽安就是玛丽·沃尔斯通克拉夫特的缩影，然而从她们两人在理性、直言、拒绝同流合污和爱情失败时走上自戕道路上看，确有相似之处。[4]

玛丽安从自我导致的病痛中逐渐走了出来，但那是另一种折磨，责怪自己死亡的欲望。她发誓说："从此我将为我的家庭而活……如果涉足于其他的群体，那只是为了说明我的精神卑微，我的心灵得到复元，我能以温柔和忍耐去履行礼节——生命中的次级责任。"她还提到她对情人的回忆"将被制约，且用宗教、理性和不断的工作加以节制"。她的话听来像是《少女须知》一类的教条，避免任何形式的激情。[5]当她接受布兰登上校的婚姻时，读者知道不是爱情，但我们相信她应有更好的报偿。埃莉诺便如此想，而且埃莉诺也变了，她因谨慎、谦虚和苦行得到了她渴望已久的婚姻，她也扩大了她的视野。

《理智与情感》是一部感人落泪的小说，虽然它情节程式化，并运用了太多次要情节来推动故事：被引诱和被抛弃的女孩，暴君式的保护人，坏心肠而嗜钱如命的母亲；跟诡计多端的轻浮女子订婚；轻浮女子奇迹似的转变等。然而书中仍时时有突如其来的光彩，第二章是一篇戏剧性写作的杰作：奥斯丁让范妮·达什伍德作了十三篇演说，迫使她丈夫一百八十度转弯，而他还懵然不知发生了什么事，这是刻意操作下表现最完美的作品，是对话艺术中的绝技。当玛丽·拉塞尔斯说"与她后期的小说相比，这事并不重要"时，你不禁怀疑奥斯丁对公然展示热情的女性的描写是否太过分了。[6]

《傲慢与偏见》从来便是简·奥斯丁书中最受欢迎的一本,无论在她家中还是在外面。阅读它是个单纯的享受——快乐的喜剧,阳光灿烂的女子,美梦成真的圆满结局。然而它却写作于奥斯丁姐妹生活中最凄凉的一段时期:1797 年卡桑德拉未婚夫汤姆·福沃尔去世,简和 162
汤姆·勒弗罗伊的情感夭折,这一年,简没有留下任何书信。书中情节与她生活实况截然相反的事实,令人关注,我们开始强烈感觉到她“在全神贯注营造一个让自己开心的艺术作品”,创造一个与她生活截然相反的另一世界。[7]故事设定在僻远的乡镇,有农庄的氛围,有狩猎的射击,你会想到贝内特先生担心生猪的价格和耕种的竞赛,至于他的家庭,包括厨师、女管家、领班、仆人、马车夫和女婢,无一不比奥斯丁所能想象到的更为完美。贝内特先生没有工作的负担,贝内特太太也以女儿们没有家务事的牵绊为荣。偶然的小事会让人联想到奥斯丁现实的世界,尤其是 1790 年代布莱顿一带的军营和军官。伊丽莎白·贝内特是个亮丽的人物,我们也许会认为奥斯丁同样亮丽,但伊丽莎白不是简的化身,她只是故事里的一个角色。

故事进展迅速,一开头便给贝内特家的女孩引进了四位青年男士,每位都是可能的夫婿,中间也穿插了不少危机和冲突的描写。这是个温暖的故事,其温暖大多来自对圆满爱情的执着追求。伊丽莎白和简·贝内特,还有莉迪亚都全力以赴,还有母亲在旁助阵。作者大肆渲染这些年轻女子的妩媚、美貌和能量:莉迪亚充满活力,宛若一只健康动物;莉兹则另有聪颖的优势。事实上,在她身上,聪颖和美貌几乎是一回事儿。达西便注意到:“从她深色美丽的眼神中闪出了智慧的光芒。”

奥斯丁赋予了她的女主角四个令人羡慕的品质:活力,聪敏,自信,自主。而本书最戏剧性和动人的是莉兹采取行动的时候,包含她

的奔跑、调笑、争辩、拌嘴，和拒绝听人指使。她媲美《理智与情感》里
163 的玛丽安·达什伍德，但她和玛丽安的不同在于她的坚强，知道怎样保护自己。她用幽默作为防守和攻击的武器，却从不违背社会契约。她是道德的重心，对人的判断几乎每次都准，除了达西和威克姆，但令人惊异的是她的错误正是故事变化紧要的关键。

这些男士，一如贝内特家的女孩，都年轻漂亮、身体健壮，宾利态度优雅、容貌亲和，达西身材高大、长相英俊，而威克姆一身军服，魅力无穷。甚至菲茨威廉上校也很性感，虽然“不够漂亮”，却是个好伴侣，他和莉兹的交谈称得上“神气活现”。这一系列理想男人使柯林斯先生不仅可笑，而且可厌，常被贝内特先生取笑，在莉兹眼中也是个可怖的家伙。她对性有足够的领悟，如果设身处地，她能完全体会她的朋友夏洛特被他拥抱时的无奈，但夏洛特准备接受他，这让莉兹开始怀疑两人的友谊(奥斯丁的玩笑话，说霍尔太太因看了丈夫一眼而流产，应当属于真实生活中同一类型的故事，面目可憎的牧师霍尔先生与柯林斯年龄相仿)。但奥斯丁认为，夏洛特比莉兹大十岁，她的决定完全合理，她用婚姻取得社会地位，用性和家庭的服务摆脱她不能独立谋生的屈辱。玛丽·沃尔斯通克拉夫特认为婚姻就是卖淫的观念，曾流露在奥斯丁叙述她姑母费拉的文字中，现在无疑再度出现在莉兹的脑海里了。

为了制衡她的反感，奥斯丁小心地处理了夏洛特·柯林斯婚后的状态。她很高兴能全权照顾自己的天地——会客室、牛群、鸡群和少数几个仆人，还可以接待自己的宾客。她规划如何减少与丈夫恶心的
164 接触，当丈夫出言让她难堪时，她会堵住自己的耳朵；她鼓励他去花园里做事，而每当他在屋前书房里工作时，她则逃到屋后的房间，避免他的干扰。比较要技巧的是安排楼上卧室的生活空间，她坚持分房。就

我们所知，奥斯丁家结了婚的兄弟没有一个有分房睡觉的习惯，当爱德华不在家时，太太把女儿范妮叫来同睡，但她十二岁时的日记中说，爸爸突然回家，她半夜被拖下床来，因为那是父亲合法的睡觉地方。就我们所知，伊丽莎白·奥斯丁几乎天天在怀孕。[8]另一方面，詹姆斯强势的第二任太太坚持只要两个孩子，两个孩子相差七岁。简认为她主宰着他，但主要是为了保障自己。事实上詹姆斯在社会地位中很像柯林斯，主息日布道完结后来，在维恩庄园都有定期的应酬。

社交中的尴尬是奥斯丁爱用的题材，替《傲慢与偏见》带来不少笑料，它是情节的核心内容，因此，从一开始就是书中的重要环节。莉兹最大的尴尬来自母亲，正如达西先生所认为的，她十足地粗俗、愚蠢、令人不快。在当时繁文缛节的社会中，其行为举止使莉兹与一位有识之士来往的希望落空。他们在肯特郡和德比郡相会时，情况要好得多。但在家里，莉兹、简和她们的父亲只能缩在一旁，让贝内特太太发威。虽然莉兹爱她的父亲，但她认为父亲年轻时冲昏了头脑，才导致他们陷入如今这困境。她是父亲的最爱，却是母亲最不喜欢的一个。不过莉兹充沛的精力——莉迪亚也一样——来自母亲，她绝非一般人认为的衣冠不整的守旧妇人，她才四十几岁，爱去布莱顿享乐。当莉迪亚幻想去布莱顿游玩时，“跟至少六个军官同时调情”，我们知道只有她的妈妈理解其中的乐趣，因为“她自己就有同样的幻想”。

奥斯丁曾经读过伯尼的《伊芙琳娜》和《塞西莉亚》，书中粗俗的 165
老妇人常常叫人生厌，但她们不是母亲。理查森的《查尔斯·格兰迪森爵士》里，一个母亲让女儿吃尽苦头，但被改造后她也变得体面起来。这两位作家知道此中妙趣，却没有奥斯丁锋利。贝内特太太是第一个现代化的母亲，莉兹太礼貌，不敢开口说母亲死了算了这类话，但心中无疑会有类似念头。

从第一句话开始，贝内特太太便征服了全书。这是个响亮的讽刺——“一个富有而独身的男子必须结婚，这是人所公认的事。”事实上，这话听来像是奥斯丁邻人中所有母亲的共同心声，而用唱诗班的音量演唱出来。故事启动后，我们看见贝内特太太的言论一再射中箭靶，独身的男子果然列队而来寻找配偶，甚至她愚蠢的预言——宾利先生将迎娶她女儿中的一个，也被言中了。她疯狂似的张罗把简留下，单独跟她的追求者相处，也得到预期效果。她肯定莉迪亚和威克姆会相好的信心，又被她猜对了。事实上，她认为一年一万的收入比五千好，五千比一千好，而有总比没有好，也是至理名言，毕竟，这也是奥斯丁家人共同遵守的庭训。钱很重要，假如一个结了婚的女人没有被生育和劳动压倒的话。当然对达西太太来说，这不是问题，我们很难想象达西先生会叫莉兹每年生一个小孩，有如爱德华・奥斯丁和伊丽莎白一样。作为好地主，好主人，有善心的弟弟，够品味的读者和藏书家，关心妹妹的文化，关注文明对女性的影响的达西，肯定不会漠视妻子的幸福，而在与她结婚后（故事终结时即将成为事实）把她变成一个“可怜的动物”。奥斯丁承认他对妻子的态度混合着“爱情、骄傲和体贴”。[9]毋庸置疑，他的书斋里收藏了小说。小说这东西被柯林斯先
166 生轻视，在他看来，女人就是女人，都是一样，尤其在选择太太的时候。然而小说却有较高的鹄的，能为我们见证女性在文化上的贡献。

本书一个令人不解的弱点，是难以取悦而受过良好教育的达西会接受宾利姐妹们粗俗的闲言闲语，一面讨好他，另一面则贬低贝内特的家人。他甚至还曾希望把他的妹妹嫁给宾利，虽然这些粗鲁肤浅的年轻妇女绝非乔治亚娜・达西的模范，何况她们的恶意还经过“城里一家私人教馆”悉心打磨。我们很难相信他能忍受她们的言行，更不用说做朋友了，她们可怕的表现可能是奥斯丁早年写作时无心保留下

来的东西。但这只是我的猜测,作为最早的手稿,它们是故事结构的一部分,也提供了许多好笑的对话,并让奥斯丁有机会让达西培养对莉兹的感情,这显然要比文字的叙述漂亮多了。虽然道理说得过去,但仍然是情节可信度上的瑕疵。

至于威克姆和他的同僚,他们是书中唯一跟奥斯丁个人经验有关系的人物。奥斯丁曾在一封信中取笑勒弗罗伊太太女儿对驻扎在坎特伯雷的军官的兴趣,那时她正在起草《傲慢与偏见》。[10]贝辛斯托克镇上也有军官(伊莱扎·丘特还曾设宴款待他们,并道及1794年夏季中他们的“吵闹”),汤姆·丘特在部队里服役,亨利也无疑会告诉她军官在牛津军团里的故事。这些经验一定帮助了威克姆的塑造,包括其他的人物,例如福斯特上校、丹尼、普拉特,还有张伯伦,这位被莉迪亚、凯迪和福斯特太太打扮成妇人模样的军人。而且威克姆也多少有点像亨利,例如选择新娘和职业时的犹豫不决,可爱多于可靠的毛病。假如亨利不是坏人,威克姆的罪恶也应是无关紧要的皮毛,是些从别个故事里窜进来的枝节。的确,实际行动中他可说是轻佻,不是阴险;在你争我夺的社会中他追求最高的战利品,不是冷心肠的罪恶。

威克姆的战利品倒是个有趣的人物,莉迪亚向来被认为是母亲宠
坏了的坏女孩,把她看作另一个自己,自私、愚蠢,她有过度的精力去 167
抢夺伊丽莎白的心上人,亦即威克姆。奥斯丁表明,莉兹特别不能原谅莉迪亚的成功。这不仅是莉兹优越的道德感在起作用,说不定还有几分妒忌在内,她对莉迪亚始终板着脸孔、脾气暴躁,因为正是莉迪亚的不本分、不道德使她成功俘获威克姆。莉迪亚是莉兹自我(ego)的本我(id)。问题还不止于此,她得到了成功,还得到了享受。这是本书的最大亮点之一。奥斯丁太诚实,不能伪称莉迪亚们的结局:行为

不检的女子若不沦为“马路上的”娼妓，便得放逐到孤独穷困的忏悔中。当她写《曼斯菲尔德庄园》时，她感觉到（也是玛利亚父亲的意思）必须让玛利亚·拉什沃思接受惩罚，但在《傲慢与偏见》中，奥斯丁没有这样做。莉迪亚继续为她自己和她的处境开心，安享她迷人（虽然是被迫结婚）的丈夫，有足够的钱财和富有的姐夫们作为她未来美满生活的保障。我们甚至有可能私下里赞同她那种不顾廉耻的享乐能力了。

本书最精彩的一笔是奥斯丁安排莉兹接纳达西的一幕。由于莉兹的拿手好戏是拒绝，先是拒绝柯林斯，接着拒绝达西，因此，奥斯丁真是天才，让莉兹的第三次拒绝——这一次是拒绝凯瑟琳夫人——成为她终于愿意嫁给达西的表态。这一场景本身不仅高度戏剧化，任何舞台剧和电影的导演都知道这一点，它还让全书的高潮一直持续到最后。

《诺桑觉寺》的写作也始于一个家庭悲剧之后，那是 1798 年 8 月，奥斯丁二十七岁的表姐简·威廉姆斯去世。这本书中依然罕有个人生活的痕迹，尽管在她所有的作品中，这本书最接近家庭娱乐的写作风格，书中详细描写巴斯的风光，那是奥斯丁家人非常熟悉的地方，也提到史蒂文顿家里朗诵和无疑讨论过的小说。笑话之一是，小说中女主角用任何标准来看，都不像是个主角，既不聪明也不漂亮，一无所成，就连追求者都没有，是个极其平凡的女孩，她的父亲是个养了十个
168 孩子的平凡乡村牧师。当她被好心而呆笨的朋友带到巴斯后，爱上了一个跟她跳舞的年轻人，虽然他喜欢她的质朴和坦率，却不认为她可以做妻子，直到他发现她也在爱他，听他说话时，她两眼发光：“觉得他不可抗拒，自己也就心不由主了。”事后我们发现“她对他的偏爱是说

服他对她认真的唯一理由。我觉得这是浪漫传奇中的新情况,对女人的尊严伤害极大,然而如果这类罗曼史在日常生活中也是新的,我放纵的幻想也将成为我独占的光荣了”。

叙事者的立场体现在一位欢乐的姐姐身上,她不时以评论的方式打断故事,很像菲尔丁的《汤姆·琼斯》:“现在且让我打发我们的女主人去她无眠的床上吧!那是她的归宿,她的枕头装满荆棘,满是泪水。假如未来三个月中她能阖上一次眼,便是她的幸运。”亦如菲尔丁,她满口箴言:“女人如果不幸而有知,最好藏于心底,越深越好。”还有一句关于小说的名言:“‘你在读啥呀,××小姐?’‘啊!没啥,只是一本小说!’少妇回答说,同时假装不在意或暂时感到害羞,把书藏了起来……总之,这本书不过是展现了人心最强大的力量,对人性最透彻的了解,最欢乐地描绘了人性的多样性,以精选的最佳语言向世人传达着最生动的智慧与幽默。”[11]

本书的另一处幽默来自对哥特小说的取笑:神秘的老建筑物,隐蔽的藏身地,突然熄灭的火光,黑夜的惊恐,不能解读的讯息,可疑死亡的传言,力强而险恶的人,等等。这种文体流传了极长的时间,即使从未读过拉德克利夫太太或其模仿者的作品的现代读者依然很容易找到书中的笑点;而且,该文体处理方式极为刻板,因此,无论对过去还是今天的读者来说,都同样可笑。奥斯丁调侃拉德克利夫太太,正如斯特拉·吉本斯①调侃玛丽·韦伯②和 D. H. 劳伦斯,找出其最薄弱的环节,借此削弱其作品的整个地基。这种做法并不公平,但极其有趣。

---

① 斯特拉·吉本斯(Stella Gibbons,1902-1989),英国小说家、诗人。

② 玛丽·韦伯(Mary Webb,1881-1929),英国小说家。

注释

[1] 今存两章《劝导》的手稿，是作者六部著作中仅存的手稿，但作者已从书中删除。（见第 257-258 页）

[2] R. W. 查普曼认为《傲慢与偏见》1812 年有大幅改写，理由是他相信简·奥斯丁用了 1811 年的年鉴作为故事叙述的线索。弗兰克·麦金农爵士(1871-1946)也有此设想。但这仍然只是一个设想。见第二十二章，注 5。

[3] 为了同一理由，电影版的《理智与情感》也删除了这一段插曲。

[4] 伯克郡的威廉·伊斯特爵士（1738-1819）是利-佩罗特和科顿太太的邻居。1796 年玛丽·沃尔斯通克拉夫特二度尝试自杀后，曾在科顿太太家居住。见威廉·葛德文，《玛丽·沃尔斯通克拉夫特回忆录》(*Memoir of Mary Wollstonecraft*，1798)，第八章，“1795，1796”，第 143-144 页：“她此刻的住所极为接近大自然，对她非常恰当[指抛开她在伊姆利(Imlay)一切过去的包袱]。她住在一位名叫科顿的老朋友家里，她待她很好且诚恳。科顿太太家最近的邻居是威廉·伊斯特爵士，他们对她友善，他们的照顾让她得到很大的安慰。”不过这段话在第二版中被删除，因为葛德文的坦率招来强烈的反对和讽刺。无疑威廉·伊斯特爵士也不愿意公开与沃尔斯通克拉夫特扯上关系。

伊斯特和奥斯丁家庭有数重关系，伊斯特的儿子吉尔伯特曾在奥斯丁先生的学校上学，奥斯丁太太还给他写过一首诗(见第三章)。根据简·利-佩罗特 1800 年 1 月的信(《奥斯丁档案》，第 198-201 页)，他对利-佩罗特太太偷窃的事件曾表示支持(第 149-151 页)，而她也“希望借重他的力量，为这种丑恶的事件打抱不平，因为伊斯特夫人也几乎被困扰在与我类似的情况中”。简·奥斯丁于 1801 年说到一张题为《威廉·伊斯特爵士》(“Sir Wm East”)的画像曾经挂在史蒂文顿家中。

[5] 简·奥斯丁手头便有如此一册法文本的手册，作者是德·兰伯特侯爵夫人(Marquise de Lambert)——可能是表姐伊莱扎的另一赠品，认为少女不该谈恋爱，因为会干扰父母给她们婚姻上的安排。它也劝导少女避免戏剧、音乐、诗歌和阅读浪漫传奇，例如小说，并说陷入爱情是“对一个理性

的人最残酷的经验”。让利斯夫人(Madame de Genlis)的故事也谴责热情,认为对女性不宜,且具毁灭性。

1794 年安·拉德克利夫在《奥多芙的神秘》中也对过度的感性持怀疑态度。女主人艾米莉在父亲临终时被告诫说:“感性的人应当早早知道感性是个危险的东西,它能从任何状况中产生大量的痛苦和享乐……千万别以感性为傲。如果你屈服于感性,你的幸福都会葬送。”书中这类话很多,而艾米莉有意追随父亲的遗言,征服狱卒和不忠的情人对她的种种折磨。《奥多芙》的故事发生在另一世纪,另一国家,故事叙述的风格也特殊,但它提供给简·奥斯丁不只一种题材上的启发。

[6] 玛丽·拉塞尔斯,《简·奥斯丁与她的艺术》(*Jane Austen and Her Art*,1939),第 30 页。

[7] 玛丽·拉塞尔斯,《简·奥斯丁与小说》(“Jane Austen and the Novel”),约翰·霍尔珀琳(John Halperin)编,《二百年纪念文集》(*Bicentenary Essays*,1975),第 241 页。

[8] 见范妮·奥斯丁日记,1805 年 8 月 5 日。“我一半同妈妈睡,一半同萨克莉[保姆]睡,晚上爸爸很晚回家,我被拖下床来。”她那年十二岁。见肯特郡档案馆,U951 F24/2。

[9] 简·奥斯丁给卡桑德拉·奥斯丁的信,1813 年 7 月 3 日。

[10] 简·奥斯丁给卡桑德拉·奥斯丁的信,1796 年 9 月 15 日。

[11] 玛丽琳·巴特勒在她的《诺桑觉寺》(企鹅经典,1995)序文中指出,约翰生博士在《漫步者》第四期中替小说所作的辩护简·奥斯丁肯定知道。她也说该文中取笑小说的无知女性读者会“听信任何虚假和偏颇的议论”,可能是奥斯丁写《诺桑觉寺》的动机。

第十六章　二十五岁

169 任何人到了二十五岁，名下有三部杰出的小说，肯定会登上成功的道路，荣名、财富和幸福都在反掌之间，你一定会这样想。这也正是简·奥斯丁的境况：这三部卓具分量的著作没有外在的因素，纯是她个人心灵的创造。虽然卡德尔曾经拒绝过她，却得到父亲全面的支持，她也会跟自己的文稿开玩笑，说玛莎·劳埃德想偷她的《第一印象》改用自己的名字出版，也怪卡桑德拉没有把它读得滚瓜烂熟。这些玩笑话说明了作者的自信，万事俱备，唯一需要的是整理三部手稿——而整理比初稿容易许多——找个专业出版商，开始另写一部小说。

然而这些事都没有发生，相反，她沉默了。十年内她没有写任何东西，直到1809年，她年近三十五岁才恢复了二十岁出头时的热情。表面上看，她没有理由荒废十九世纪的第一个十年，她的家庭没有给出解释，为她写传记的侄儿只说“她可能期待新鲜的环境和新鲜的朋友唤醒她的力量”，但事与愿违，关于她的沉默，他只好一笑置之了。

事实上，简的写作很少依赖新鲜的环境和朋友，她的作品来自大脑，构思和创造人物时，她从不依赖周遭的见闻。她会运用一些奇特的事件——例如查尔斯给她和卡桑德拉的琥珀十字架在《曼斯菲尔德 170
庄园》中变成了一枚黄玉十字架，由军舰见习生威廉·普莱斯送给他妹妹，亨利部队里的经验可能有助威克姆和其他军官的造型——但也非依样画葫芦，她也从不写朋友和家庭的琐事。一些惊心动魄的故事可能与她的姑母费拉和表姐伊莱扎有关，但她们的生平本来就像小说。她可能采用了一些汉普郡邻居的怪事和丑闻，但就我们所知，汉普郡不在小说中，而她的邻居不论是怪异、险恶，或者可笑，也不见身影。她想象中的世界和她现实的世界，有明显的差距。

她在意工作的环境，让她能超越日常的生活，这正是她二十五岁生日后失去的东西。至于她的沉默，则是她“平静无事的生命”中的一件大事——再度的放逐。

奥斯丁夫妇决定离开史蒂文顿，离开他们居住了三十余年的家园，对简是个晴天霹雳，那是 1800 年 12 月，正是她二十五岁的生日。这消息在事前没人知道，11 月查尔斯休假在家，他和简还去朴茨茅斯伯爵家跳了一次舞，当他 1 月得知消息时也吓了一跳。他假满归营后两姐妹都不在家，简和玛莎远在伊伯索普，卡桑德拉在戈德默沙姆帮忙她嫂嫂第六个婴儿的生产。奥斯丁夫妇没有跟人商量的机会，他们像两个热情的孩子，彼此私下鼓励，做了追求新生活的决定，抛弃多年朝夕相守的家园，搬去巴斯。

在数十年的辛劳之后，想要放松一下，这无可厚非。尽管他们本应处理得更圆融些，但圆融也不会改变实质。根据家庭的说法，简在 171
她离开伊伯索普刚跨进家门时听到这个消息：“好啦，孩子们，一切都安排妥当，我们决定一星期内离开史蒂文顿，搬去巴斯。”据说这是奥斯丁太太的话。根据当时在场的玛丽・奥斯丁所述，简感到很痛苦，虽然她没有注意到卡桑德拉不在，她的话应当无可怀疑。不过她有理由强调此事光明的一面，而不是执着于简的不快，因为她是这场搬家的受惠者。[1]詹姆斯和玛丽即将迁入史蒂文顿，接收他父亲的教区，詹姆斯的女儿安娜则说简姑姑当时晕倒在地。简有没有晕倒我们不得而知，但她的震惊和痛苦是绝对可信的。

奥斯丁全家的孩子都受到影响，可以证明的是，每一个不在家的孩子——爱德华、亨利、弗兰克和查尔斯在搬家前都一一回到史蒂文顿，用简的话说，“当史蒂文顿还属于我们的时候”，这话道出了史蒂文顿大门的关闭，就是这些孩子们童年记忆的丧失和一个生命阶段的结束。卡桑德拉听到消息时，立即销毁了几封简给她的信，说明她心头的烦乱甚至愤怒。父母和家人发誓把搬家事宜快速处理，也未安下简的心。1 月她写信告诉卡桑德拉说，詹姆斯和玛丽邀请她去参加他们结婚周年纪念的聚会，还有汤姆・丘特，玛丽的姐姐和她的丈夫，但她决心不赴约。无须解释：“我被邀请，但我拒绝了。”

她明确指出詹姆斯・奥斯丁有意接管史蒂文顿，她告诉卡西说，家里的一匹马——那匹棕色的母马，原本计划他们搬走后移交给詹姆斯，他“却毫无耐性，现在就牵到迪恩去了……我猜想其他一切都会像这样给一一抢光”。虽然她的父母对这样的抢夺并不在意，简却愤愤不平，只能袖手旁观。“至于我们的图片……和堆在家中的许多手稿、
172 档案都将归詹姆斯所有。”她所珍惜的家庭图片，不论是奇异或无心的收藏，不一定为了美，却是家人的记忆，是每个在此居住过的人不易忘记的东西。她母亲和卡桑德拉都建议她留下一件个人的礼物送给新来的主人，她也拒绝了：“没人能要求我慷慨，慷慨是自己的选择，如果不是自己的意愿，我不会把缝衣盒送给安娜。”

简和玛莎开始整理父亲书斋里的书，因为父亲决定出售五百册的藏书，全部家具，简用以学习和弹奏多年的钢琴，和“大批的音乐收藏”。舞台的旧道具也得卖掉，詹姆斯显然对戏剧失去了兴趣。简曾劝詹姆斯买下父亲的书，每册一个基尼，他大约买了若干，但价格不明，当书本对外拍卖时只剩下两百册。简关心她自己的书卖了多少钱，父亲的书只卖了七十英镑，她感到愤怒：“世界在联合搞鬼，即使在自家内，有人得利，有人遭殃。”[2] 至于谁得利，谁遭殃，也都一目了然了。

在给卡西的信中，简勉强维持着轻松、闲聊的调子，但她的笑话失去了向来的趣味：“我们在这里待太久了，贝辛斯托克的舞会也衰落了……虽然我们不能说离开这里我没有牺牲——或者没有尽力为这个地方带来温馨和快乐。”她对未来的寄望是“夏天去海边，或去威尔士”，只有当说到她母亲去巴斯的计划时，她恢复了幽默。“母亲的希望，一如你的预料，要继续有两个女仆——父亲是唯一蒙在鼓里的人。我们还打算要有一个全职的厨子，一个年轻糊涂的女佣，还要一个严肃的中年男子，扮演前者的丈夫，后者的情人——当然，谁也不可以生孩子。”尽管有搬家的忙碌，奥斯丁太太的健康依然“十分良好”，特别因为“她不愿意为了自己的缘故，搞乱应有的安排”。

奥斯丁太太相信去巴斯有助她和丈夫的健康，他此刻已是七十岁的高龄，而她哥哥利-佩罗特的富有、友善和好客也是重要的因素。除 173
了这些显然的好处，奥斯丁太太还想借居住在他身边之便，观察他把财富遗交给詹姆斯的承诺。奥斯丁先生搬来巴斯最大的兴奋，是他从此去德文郡或威尔士度假方便多了，他也相信女儿有此同感。这点他猜对了，这是简唯一高兴的事，虽然她母亲不以为然，说她从此不再旅行，除非被家人强迫。

简在这一阶段里的书信还有爽快和明朗的一面，却少了热情。她在无能为力时只能做她该做的事，眼看她熟悉的事物倒的倒，分的分，无话可说。她失去心爱的一切，换来的都市生活却连房子在哪里都不知道。她此刻没有重心，没有平安，丢掉了太多却无从说起。她曾是巴斯的访客，也曾以巴斯作为写作题材，但她不想在此打住。2 月，她逃离父母，让他们去拆毁他们的老家，暂住曼尼冈她的朋友阿莱西娅和凯瑟琳·比格家，因为这里一切如昔。不久卡桑德拉回家，爱德华和妻子伊丽莎白来此做了最后一次巡礼，弗兰克也趁休假之便从地中海回来。他们两兄弟陪父亲去了一趟伦敦和戈德默沙姆庄园，三个女人则于 5 月去伊伯索普。卡西在劳埃德家留下数星期，而简则陪同母亲前往巴斯。利-佩罗特的家庭已恢复了尊严，此刻正在帕拉贡等候他们的光临，他们将暂住于此，等候找到新家。

从简初到巴斯时所用的四个词中，我们可以看见她情绪的低落："vapour（水汽），shadow（阴影），smoke（烟雾），& confusion（混乱）"。她的舅舅和舅母非常殷勤地招待她们，但这是老友相见的惯例，"我们都非常开心，如是等等"——"如是等等"便是快乐的否定。她们被带
174 去大舞会厅，简得到的乐趣是看见一个酒醉的妇人追逐一个酒醉的丈夫，当场抓住了一个不要脸的荡妇。还有"昨天晚上又一个无趣的舞会，假如舞会大一点，尴尬可能小一点"。然而"我再也不感觉人有什么可爱了"，这话并不轻松，正像伊丽莎白·贝内特所说，"我看世界越多，我对它越不满意"，在这时她似乎有绝望甚至恐怖的情绪了。她对人的印象并不来自她舅舅纸牌桌上的"老流氓"，或者兰利小姐所说"小矮子，扁鼻子，大嘴巴，穿戴时髦，而袒露胸部的女人"。

她闷闷不乐，可能怀疑她父母选择巴斯的另一原因：巴斯除了是

老人的福地外，还是少女猎夫的好地方。当年奥斯丁太太的双亲到达退休年龄时，便曾把两个二十余岁的女儿带来巴斯，卡桑德拉·利在此嫁给了乔治·奥斯丁，而简·利也找到了丈夫。简无疑猜想父母有如法炮制的企图，而把她陈列在婚姻市场上，这种行为让她感到侮辱和刺痛。这可能促使她接受了一个男人的邀请，陪他去坐四轮轻便马车在金斯当山兜风，因为她相信这人不会怀疑她有向他“丢帽子”的企图。这人是伊夫林先生，已婚，一生只知道马，其余一无所知，他也就是上次在巴斯卖了两匹马给爱德华的人。当卡西警告她别跟这人啰唆时，简答复她说：“他完全安全，这里的人都不怕他，他还为他的小鸟找到千里光，诸如此类。”

一位名叫张伯伦的太太给了简一个不礼貌的评语：“从友善的角度看，她表现平平”，这是在卡桑德拉建议她找个适宜的好朋友之后。卡西的插嘴显然不是时候，简强行忍耐地陪张伯伦太太散了一回步，“这步道真美，我每次提起，我的同伴也都同意——但我们的友谊就此结束了，因为张伯伦明后天要离开巴斯”。她可以加上一句，说她在巴斯的交友也从此结束了。“今晚我们将有一个派对，我讨厌小型派对——我得费很大的力气应付。”她随后告诉卡西说：“舅母患重感冒， 175
你来时别忘了张大耳朵听听。”这里无聊事可多了，如想有所作为，肯定会发疯，天天如此，真叫人难耐。纵然简的内心发出了怒吼，但她学会了装聋作哑。然而她的书信中断了，三年半的时间我们没听到她的消息。

从史蒂文顿放逐后，她的生活变得极端困难，她深沉的忧郁剥夺了她写作的能力。通常，如果造成忧郁的环境再度出现，忧郁的心情也会卷土重来，这便是简的写照。作为婴儿时她被送往保姆家，后来送去寄宿学校，对她都是恐怖和不愉快，但她无能为力，只能希望时间的疗养。这造成了她表姐费拉所发现的“古怪”女孩，对陌生人防范备至，取笑人也取笑自己，而当涉及情绪时，一味给自己辩护。她心中的痛苦是无可怀疑的事实，不过没有这些痛苦，她也不会写作，虽然她从不在书信中表现，笑话中也全无踪影。

正如童年时放假回家一样，她发现写作能够让家人开心。与此同时，她创造了一个完全听她指挥的幻想世界，创造了一些与她相似的少女，然而她们有举足轻重的感受力和判断力，不仅影响自己的命运，还能给她们的父母做有分量的建议。对她来说，这种创造的快乐是不可言喻的，她让自己开心，也让全家人开心，至于扩充到广大的读者则是更多的兴奋和鼓励了。

离开史蒂文顿，意味着摧毁她苦心孤诣创造的纤弱的世界，在那里，她既可以置身于安乐窝中，也可在必要时神游四方。她也喜欢旅行，常去肯特、巴斯、伦敦和伊伯索普，即使在1801年前我们便知道她有选择在家的倾向，例如1799年的夏天，她希望玛莎来史蒂文顿陪她
176 母亲出游。她宁愿留在家中，也是一种对童年放逐时痛苦的过滤，当威胁再度降临时给她机会逃避。然而这次的放逐仍然源于父母，她既不能反抗，也不能抱怨，她的痛苦无疑是雪上加霜。

她的哥哥詹姆斯懂得她离开故土的悲痛，在一首诗中他说，如果从史蒂文顿被“放逐”，他会病倒。他有一次离家时因怀乡而感到苦闷，唯有回家才得以解脱，他用诗句表达了这种情绪，虽然粗糙，却很严肃：

> 这是人人心中的感受，
> 一旦远离，最为强烈，

日夜思念，渴盼
回到自己的家园。[3]

詹姆斯另有一首更为奇特的诗，幻想自己死后躺在史蒂文顿教堂的墓地里，旁边是他的太太，对他而言，这是他心满意足的未来幻景，因为他强烈感到史蒂文顿是他生命中不可分割的一部分。在心态上他更像勃朗特，不像奥斯丁，他的诗高度个人化，从不掩饰感情。他浪漫，而简则不然，虽然她也植根于史蒂文顿的土地，一如詹姆斯。但詹姆斯没有被放逐的经验，而简还额外加上了天性对改变的怀疑，和对陌生之人、陌生之地的不信任。她爱稳定：同样的窗户，同样的景观，同样的家庭和琐事，去花园、教堂、村庄的同样道路，同样的声响，和同样的静谧；……同样性给她安全，也给她写作的灵感。

简对忧郁的描写从来不像是约翰生博士所说的“黑狗”，或者像鲍斯威尔所表现的“情绪低落”和对死亡的恐惧。她的忧郁不会用这种形式出现，她不容许自己顾影自怜，她也不像库珀那样，思考着自己的罪恶，害怕上帝将他抛弃，而陷入病痛。库珀于 1800 年去世，简喜爱他的诗，还在《曼斯菲尔德庄园》中让范妮·普莱斯引用了他的诗句。
从她笔底的范妮，一个自从童年的不幸后便笼罩在低落情绪中的孩 177
子，和一个很不相同的玛丽安(《理智与情感》)，由于不能抵御痛苦而终致成疾的刻画，看出她对忧郁彻骨的了解。但无论她如何处理和控制自己的忧郁，忧郁还是击中了她的要害，并直接影响了她的写作能力。九十年代末思如泉涌的写作至此戛然而止。

注释

[1] 詹姆斯和玛丽的女儿卡罗琳·奥斯丁在给兄弟詹姆斯-爱德华的

信(1869年4月1日)中谈起母亲,引自查普曼,《事实与问题》。查普曼没有怀疑这话的真实性。

[2] 见罗宾·维克,《史蒂文顿牧师公馆出售物品》,《简·奥斯丁协会报告》(1993),第13-16页。简提到的书价,见她给卡桑德拉·奥斯丁的信,1801年5月12日,1801年5月21日。

[3] 诗句采自詹姆斯·奥斯丁诗集手抄本,抄写人不明。写作日期可能是1814年。见汉普郡档案馆,23M93/60/3/1。

第十七章　曼尼冈

去巴斯后的四年间，奥斯丁家人走动十分频繁。奥斯丁太太也许 178
满意她的都市生活，但奥斯丁先生却越来越爱旅行。他也是引领了退休后到海边度假的先锋。在七十岁的年龄，他对旅游的热忱和耐力惊人，他特别喜欢去德文郡和多塞特海边的度假村。虽然 1801 年法军有再度进攻英国的威胁，纳尔逊将军在布伦湾的突击也向拿破仑显示了英国的雄风[1]，对英国西岸而言却毫无影响。我们一再读到驻扎在海边的军人跟当地女子结婚的消息，没听到他们离开。事实上，渔村和海边小镇因游客暴增而日趋繁荣，顺应了海水浴场和观光事业发展的时尚。

海边气候温和，景色秀丽，简 · 奥斯丁最大的乐趣是沙滩散步和

---

① 指 1801 年 8 月 15 日海军上将霍雷肖 · 纳尔逊（Horatio Nelson，1758–1805）企图摧毁停泊在布伦湾（Boulogne）的战舰的举动，计划虽未成功，却遏止了法军的入侵。

海水浴,虽然她从未学习过游泳。她在水中只能使用一种沐浴机①,而由一个女侍照顾,即使如此,这种身体上的运动,有如舞蹈,她乐此不疲。他们去过许多滨海浴场,例如1801年在西德茅斯,1802年在道利什和廷茅斯,同年还去滕比甚至威尔士的巴茅思,1803年夏天去了查茅斯,同年11月还肯定去了莱姆里吉斯——莱姆以十一月的阳光著名。奥斯丁家两姐妹还于1802年秋天额外去了一趟戈德默沙姆,次年再往。1804年在莱姆居住了数星期,这次有亨利和伊莱扎作伴。他们在巴斯租赁的房子不过是暂栖之地罢了。

179 他们巴斯的住宅在悉尼广场(Sydney Place)4号,是一座结构良好的新型联排建筑,坐落于巴斯闹区之外,距普尔特尼桥(Pulteney Bridge)很近,步行可到。从高大的客厅往外眺望是一条马路,马路外侧则是新落成的悉尼花园,非常典雅,房屋的后方也有一座小型花园。詹姆斯、玛丽和安娜曾于1802年春季来此拜访,后来安娜甜蜜地忆起祖父母,她说"那是他们婚姻生活中短暂的休假日",而奥斯丁先生满头的白发和明亮的眼睛,不论走到哪里,都被人赞美。[1]他们显然为这次搬家感到高兴和满意,也能适应都市的生活。

在悉尼广场,他们也利用了巴斯的好医生,奥斯丁太太在这里真的生了一次病,一度还威胁到生命。她得到一位鲍恩医生的大力看视和两个女儿的认真照拂,从下面她这首复元后写的诗中,我们看见她的开朗和强烈的幽默感。她的诗有趣地定名为《奥斯丁太太与死神的对话》:

① 沐浴机(Bathing machine),有篷帐的四轮车,在海边供妇女更衣之用,流行于十八、十九世纪欧洲。

死神说，“我三星期的时间给浪费啦！
四号门牌里我只要找一个老妈妈，
她已六十出头，还能去哪？
　　你说我的失败谁在捣乱？”

“老朋友，我告诉你，你不用猜，
你命中注定要失败——
我有丈夫的祝福和他的爱，
还有两个得天独厚的女孩，
　　何况更有鲍恩的妙医和神算！”

这些诗句里有调皮的庄严。奥斯丁太太可以接受或拒绝死亡，并取笑它。她的态度说明了简为何拥有直面死亡的勇气，死亡从来不是她感伤或回顾的对象。人必须避免死亡，但当它到来时得尽快处理，让生者能快速回归生活的常轨。奥斯丁太太的诗也显示了家庭不可分割的力量，一人有难，全家相护，忘记了向来的摩擦和争执。

1804 年 9 月，简写于莱姆的一封信打破了她从 1801 年至 1805 年 180
这四年的沉默。这封信也说明，离开史蒂文顿后，她并无什么改变，无论内心，还是外在的人际关系。那时卡西正前往伊伯索普，经过极为时髦的韦茅斯度假村，还有亨利和伊莱扎的陪同（他们也曾在莱姆逗留），而把简留在家中照顾父母。她的信很坦率。她觉得舅母利-佩罗特可笑，连什么是 sloop（单桅小帆船）和 frigate（木造挂帆的快速战舰）都分不清，这对有两个海军军官哥哥的她而言，当然是显而易见的事。但她气愤地说：“我舅母爱说 frigate 是什么，就随她去吧！”

她曾与一位可能成为朋友的阿姆斯特朗小姐去莱姆的柯布湾(Cobb)散步：她“颇具感性，也有品味”，但简不能苟同的毛病是“她会轻易地喜欢别人”。简比较感兴趣的是她父母带来的两个仆人，简妮和詹姆斯。她提供他们书报阅读，作为一个有爱心的雇主，还怂恿他们参加查茅斯的越岭徒步旅行。简说她很高兴看见简妮有了新发型，也喜欢莱姆大会厅的舞会——会员两先令，非会员四先令，每星期二可以打牌、玩弹球，使用豪华舞厅，还有小提琴和大提琴伴奏。奥斯丁太太则和一位“骑士”先生玩牌，大约是汉考克太太的老友约翰·兰伯特爵士，跟伊莱扎始终有联系，最近刚从法国避难回来。[2]简和一位克劳福先生跳过舞，但没有同那位“怪模怪样”的先生跳，因为他始终盯着她，且问她是否还有意跳舞。她从他那“优哉游哉”的态度怀疑他是个爱尔兰人。“我猜想他属于爱尔兰巴恩沃尔斯子爵(the Honorable Barnwalls)一族的后代——鲁莽、古怪，地道莱姆人的水平。”她不屑地说。她有兴趣辨别人们的水平，也担心奥斯丁太太会在客人来访时拿出袜子来修补——阿姆斯特朗小姐的妈妈会做的事，也是孩子长大后在意的事情。

181 现在亨利走了，没人能陪她散步了，她浸泡在海水中的时间太久，也开始厌烦了。她的父母不可能从莱姆海边翻过悬崖去查茅斯，连爬上城西长满杂树的小山丘也办不到。他们甚至无法走上柯布湾著名的石头防波堤，堤防像手指一样伸进海里，它的石块倾斜，阶梯不平，栏杆没有扶手。奥斯丁的家人只能集体沿着莱姆河道慢行，看着河水穿越市区，奔腾进入大海。每个主息日，他们会从居家的布罗德街(Broad Street)步行去诺曼和哥特风格混合的教堂，有詹姆斯一世时代的装潢和讲坛，“假如布道无趣，教堂倒是可观”。简又管上了家务，负责照料家中的一切：“水瓶如果脏了，我会立即发现，也会立即给厨师一个教训。”

许多年后，当卡桑德拉已老，她告诉侄女卡罗琳说，简一度跟一位德文郡青年要好，他对简很有兴趣，还要求与简明年夏天再会面。这显然不像是个热情的追求，很不像简·库珀的男友托马斯·威廉姆斯，几乎是当场求婚，但卡桑德拉记得简对他也有好感。只是不久听说此人已故，次年夏天的相聚竟成了泡影，而故事也到此结束。如果事情属实，如果简真的期望更多，这将是她生命中又一段伤心事。可惜卡桑德拉没有更多的描述，没有姓名，没有地点和时间，而当卡罗琳四十年后写下这段记录时，一切变得浪漫而渺如烟雾，就像德文郡岸边阴晴不定的气候，了无踪影。

同一时期内，另一桩事有较完整的记载，也更能看见简的心事。1802 年秋天，她和卡桑德拉四处旅行，一如往昔，有一回陪同詹姆斯和玛丽去史蒂文顿老家，在那里居留了两星期，然后跟查尔斯去戈德默沙姆，那时查尔斯因为英法休战，许多战舰暂停服务，因此赋闲在家。182
10 月底，在肯特郡待了八星期后，两姐妹和查尔斯再度回到史蒂文顿，打算拜访老朋友或敌人。从伊莱扎·丘特的日记中我们知道她在奥克利庄园里招待了奥斯丁家人。两星期后简和卡西应邀前往曼尼冈，比格姐妹希望她们来此小住，重温她们过去快乐的生活。阿莱西娅和凯瑟琳依然单身，而伊丽莎白·希思科特则因丈夫故世，已带着小婴儿威廉回到了她父亲的家。

五个年轻女人聚集一堂，肯定有说不完的话，也在商讨如何舒适地度过漫长的冬夜。但比格姐妹另有打算，她们的父亲也在家，年纪六十，精神矍铄，而他的小儿子哈里斯在 5 月间也已成为法定的成年人，他刚完成牛津大学伍斯特学院的学业，因此简和卡桑德拉有多年没见到他。他害羞而口吃，虽然仪态有点笨拙，却也肩膀宽厚，身材高大，充满自信，而且还是一笔大财富的继承人。

12月2日的傍晚，哈里斯向简提出结婚的请求。那晚可能比格姐妹故意把卡桑德拉带开，让这一对年轻人单独留在书房或小会客室里，她们也有可能怂恿了哈里斯提出婚约，毕竟他是她们的小弟弟，觉得有必要助他一臂之力。由于他口吃，他去牛津前都在家中接受教育，但他的口吃没有进步，在社交上明显的障碍也偶尔会造成他的侵略性。[3]对他关心而又本领强大的两个姐姐因此想到，如把这位他从小就喜欢的女孩娶为太太，说不定会解决他的问题，也从此变成快乐的人。我们不知道哈里斯爱不爱简，但他无疑相信简将是个好太太，因此采取了行动。

简无疑也喜欢她朋友的弟弟，小时候还同他跳过舞，因此接受了他的求婚。他们年龄相差五岁，不是问题，伊莱扎便比亨利大十岁。
183 曼尼冈全家为此非常高兴，当晚人人相与道贺，也欢天喜地上床睡觉。

简从此将是汉普郡未来一门大户人家的女主人了，距她自己的出生地只有数里，也极接近她哥哥詹姆斯的家。在财富上她几乎将与戈德默沙姆庄园的伊丽莎白・奥斯丁媲美，她不仅可以担保父母未来舒适的生活，还能给卡桑德拉一个永远的家。她可能还会帮忙建立她兄弟的事业，也会被包围在热闹的亲戚和朋友群中，她会善待奴仆，也将有自己的孩子。这些念头肯定穿梭在她脑海中，而每一个念头都像是奇迹，为她带来从未盼望过的幸福。

而她将有一个几近完美的年轻丈夫，但在这里，她迟疑了。七年前，也在曼尼冈，她曾与汤姆・勒弗罗伊跳过舞，那是热情之舞，爱之舞。她曾与他单独相会，和他开玩笑，做一切放荡骇人的事，相信他在乎她，也知道她在乎他。她让世界知道他们的秘密，不顾旁人的闲言闲语，当时恐怕连哈里斯都注意到了他们的恋情和不顾一切而疯狂的跳舞。她只须回忆那晚热情的心境，便知道什么是真正的幸福，什么是虚假的空想。她整夜没有阖眼，时间静静流逝，就像小说里的女主人一样，太多沉重的情绪把她送上了“无眠的床，那才是她的归宿……枕头装满了荆棘，湿透了泪水”。这正是她此刻的写照。她想了又想，天亮时，她整理好行装去找阿莱西娅，也许因为她知道哈里斯在哪里。他们又单独在一起，在图书室或小客厅，但这次说话的是简，她极其小心谨慎地宣告自己的错误：她不能与他结婚。她尊敬他，为他的求婚感到荣幸，但经过一夜思考，觉得尊敬和荣幸是不够的，如果她接受了他的美意，这是对他的不公和不当。

在这令人震惊的解释之后，她和卡桑德拉不能再如期留在曼尼冈
了。阿莱西娅和凯瑟琳准备好了马车把她们送回史蒂文顿，玛丽看见 184
她们回来也惊呆了，只好让奥斯丁和比格两家姐妹互相拥抱，互道再见。简坚持她的哥哥詹姆斯明天把她送回巴斯，她从未如此专横，对别人的询问拒不作答。当玛丽了解内情后，从现实的角度替简惋惜，但仍然说她了解她为何这样做。

对哈里斯而言，他没有痛苦太久，两年后他找到一个爱他的怀特岛姑娘，结了婚，替他生了十个孩子。他们的长子后来成为牧师，是个维新党员和诗人，曾把全本《伊利亚特》译为英文，还大力支持贝辛斯托克的工程学院，致力于农业工人应得福利的谋取。在与比格·威瑟联姻后的一群婴儿和《曼斯菲尔德庄园》《爱玛》之间，奥斯丁选择了后者，因为婚姻极有可能葬送她未来的写作，虽然比格大儿子的为人和成就也会得到奥斯丁的赞扬。

从表面上看，这桩事对谁也没有伤害，奥斯丁和比格家姐妹的友谊维持原状，哈里斯迁入他自己的家园，而简继续来曼尼冈做客，一如

往昔。然而事实上,这是简生命中另一痛苦旅程的开始,因为这是她生平最后一次考虑结婚生子的问题。在这之后,一如卡桑德拉,她迅速进入了中年。[4]

快速进入中年是处理难以面对的现实的最好办法,在她周围,她看见比她大十岁的玛莎·劳埃德跟她残弱的寡母和朋友斯坦特太太住在一起,“可怜的斯坦特太太!这是她注定的命,我们必须同情她,我们不久都会变成她,谁也瞧不起你,谁也不欢迎你”。当她写这信时,才二十来岁。[5]这一类的叹息和对未来的恐惧,此刻显然在她心
185 头,但完全合乎情理,如果没有父母,她和卡桑德拉的生活将会是一个很大的问题。

哈里斯事件的突变使奥斯丁重返她的手稿,这些她年复一年,随身携带,走到哪跟到哪的档案,单纯作为实体存在,无疑令她焦虑。它们在旅行过程中必须防范水火、遗失、变质和面临各种灾害。纸包最容易在马车上、旅邸中误置:你记得有一次在达特福德客栈,她的手提袋被误送至西印度的驿车中。即使朋友亲戚的家也不是绝对安全:女佣们时刻要生火;孩子们要做纸飞镖。这些手稿曾经跟她去过巴斯,先去利-佩罗特家,然后去悉尼广场,去过德文郡和威尔士海滩,以及随后几年奥斯丁家去过的任何地方,例如戈德默沙姆庄园和他们常去的汉普郡乡村。她不可能把手稿留在空房子里或出租房屋的空书架上,你不由得庆幸她没有遭受损失,担心手稿的安全应当是她生活中不容忽视的工作。

现在她开始抄写并修改《诺桑觉寺》(那时仍叫《贵妇苏珊》)了。亨利自动前来接替父亲的代理工作,委任了一位律师朋友威廉·西摩,而把文稿交给了理查德·克罗斯比,一位伦敦出版商。这是1803

年的事，克罗斯比付了十英镑的价钱答应尽快出版，甚至在《文学之花》小册子里登了广告，说此书“在排印中”，但此后却没有下文。这比卡德尔盲目的拒绝更糟，这次简还以为投稿成功了。

尽管如此，简还是开始了她的新书《沃特森一家》。[6]这书写的是一家四姐妹——全都未婚，没有钱，极力打算在久病不起的老父去世前改善自己的环境，因为她们知道父亲一旦走了，事情会更糟。目前至少她们有房子可住，但身为牧师的父亲一旦走了，房屋便要被收回。186
这故事太像简和卡桑德拉了，而她们的处境更为雷同，简计划让书中的沃特森老先生死去，却面临了自己丧父的悲戚。她的父亲于 1805 年 1 月辞世，简随即抛弃了这本小说。

为她写传记的侄子猜想，她放弃此书是因为把女主角的社会地位放得太低了。但更大的可能，是她触到了自己的忧惧，她和卡桑德拉还有她们的朋友玛莎·劳埃德，都面临过结婚梦想的落空和未来生活凄凉的规划。对一个不愿意为自己写自传的人，小说里的相似性常是最难处理的材料。

沃特森姐妹的对话是奥斯丁小说中最沉闷的一种。例如伊丽莎白，沃特森家的老大，谈到妹妹们露骨的猎夫经验时说：“但你知道……我们必须嫁人，父亲不能养我们一辈子，而变老、变穷就更糟了，人人都会笑你。”最小的爱玛从小被富有的婶母带大，则申辩说：“如果追求男人只是为提高自己的地位，令我吃惊，我不能了解。贫穷是罪恶，不错，但受过教育和有情感的女子不应如此想，这不是最大的罪恶。我宁愿去学校做老师（没有比这更糟糕的事了），而不愿意嫁给一个我不爱的人。”伊丽莎白更理解女性悲惨的现实，回答说：“我可以做任何事，只要不去学校当老师……**我**去过学校，爱玛，我知道那是怎样的生活；而**你**，从没去过。”

这两姐妹沮丧,爱争吵,对于只有几面之交的男人抱有不切实际的期待,而她们面部的表情却是“尖刻而焦躁”。她们的一个兄弟罗伯特已婚,娶的是富有律师的女儿,她有足够的钱财来藐视她丈夫的姐妹。那时沃特森太太已死,沃特森先生则卧病在床,爱玛的困难在她以为婶母会把遗产交给她,但她被一个贪财的爱尔兰人追上,做了她的第二任丈夫,遗产都滚到他身上去了。爱玛因此“像个负担一般被
187 送回家来”,她哥哥微妙地说。他还补充道:“天哪!钱财决不能交给女人。”他在责怪他死去的婶母。

如果沃特森家人的日子不好过,当上层阶级人士出现时,他们也没有什么改变。在舞会中认识爱玛的奥斯本伯爵喜欢大声议论女人:“为何不去跟爱玛·沃特森跳舞……我会过来站在你身旁……如果你觉得她不爱说话,何不把我介绍给她。”然后,“告诉我她白天的样子”。他想跟爱玛谈话,借故说丢了手套,却不自觉手套还拿在自己手中。他的朋友汤姆·马斯格雷夫,一个傲慢自大的青年,喜欢衣冠不整地站立在卧室前,劝爱玛接受搭乘他的便车。他也喜欢贸然登上沃特森家的大门,吹嘘他显赫的交游。

这一类的都市生活即景来自巴斯的记忆,是奥斯丁作品中真实的描画。从这里我们看见大舞会厅开门前的寒冷和空旷,城中最富贵人家油头粉面的马车夫,头上戴着卷发纸的少女,一位“穿着过冬的”两件绸缎套装的母亲。我们还知道街道里的噪音让坐在敞篷车里的乘客无法谈话。当伊丽莎白和爱玛独自在家时,一盘炒牛肉便是她们全套午餐。狩猎季节到来时的邀请函也充满贵族气派——“谁都承认,一群猎狐犬的狂叫是世界上最美丽的画面,欢迎前来聆听它们的第一次狂吠”。建议大家穿着半筒靴或者骑马前来,但受邀的少女可能既无靴子,也无马可骑。[7]

简·奥斯丁，铅笔水彩肖像。

卡桑德拉·奥斯丁作，约 1810 年。

简·奥斯丁。姐姐卡桑德拉画的水彩，1804 年，家族收藏。

卡桑德拉·奥斯丁，简亲爱的姐姐，很多写给她的信件都保留下来。约翰·迈尔斯（John Miers）绘，约1809年。

童年的爱德华·奥斯丁（后姓奈特）。作者不详，年代不详。

卡桑德拉·奥斯丁为简·奥斯丁《英格兰史》（约 1790 年）所作水彩速写插画：玛丽·都铎，爱德华四世，亨利五世，苏格兰的玛丽女王，伊丽莎白一世，查理一世。

壮游中的爱德华（奥斯丁）·奈特，1789 年

安娜·勒弗罗伊，詹姆斯·奥斯丁牧师的大女儿。
阿布斯泰尔（R.H.C.Ubstell）绘，1845年。

范妮·奈特，爱德华（奥斯丁）·奈特的姐姐

詹姆斯－爱德华·奥斯丁－利，詹姆斯·奥斯丁牧师的儿子，《简·奥斯丁回忆录》的作者

乡村走读学校，1804 年

十八世纪英格兰的家庭生活：阅读与写作。约翰·哈登（John Harden）绘。

迪恩教堂。安娜·勒弗罗伊绘。

牛津大学圣约翰学院

猎狐。塞缪尔·豪伊特（Samuel Howitt）绘。

维恩庄园

句法博士（Dr. Syntax）访问淑女寄宿学校。托马斯・罗兰森绘，1821 年。

优雅的伙伴们翩翩起舞。托马斯・罗兰森绘，日期不详。

弗朗西斯·奥斯丁的轮船“皇家克诺珀斯号”。托马斯·达顿（Thomas Dutton）摹亨利·安德鲁·勒斯科姆（Henry Andrews Luscombe）绘，年代不详。

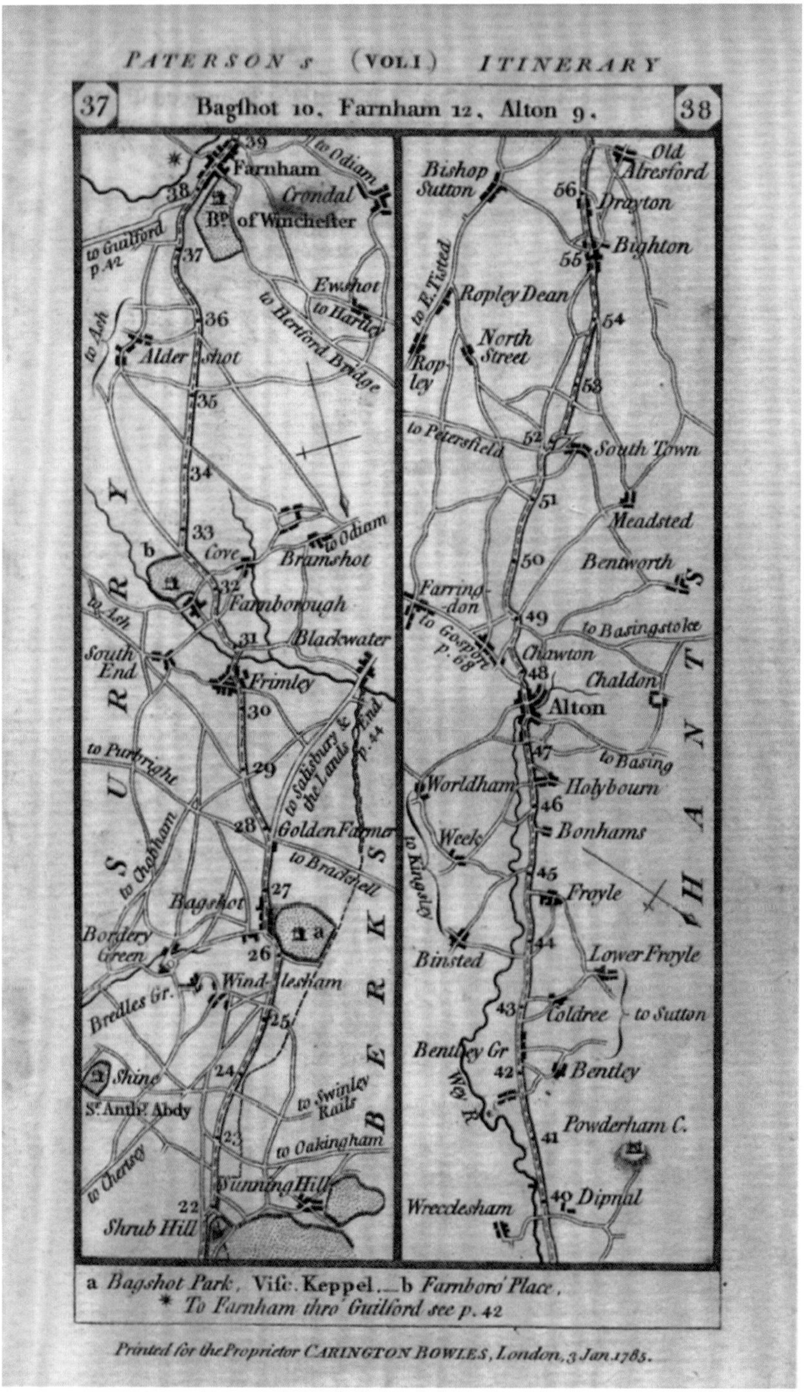

带状路线图，显示了从伦敦至温切斯特的路线，途经汉普郡的乔顿和奥尔顿。选自戴维·帕特森（David Paterson），《帕特森的英国行程》（*Paterson's British Itinerary*，1785）。

戈德默沙姆庄园，1784 年

斯通利修道院，1795 年

悉尼花园，巴斯

南安普顿，汉普郡，十九世纪初

乔顿村舍。安娜·奥斯丁绘，约十九世纪早期。

乔顿村舍， 约 1911 年

乔顿房舍与教堂。作者不详，约 1809 年。

玛丽·沃尔斯通克拉夫特，女性主义先驱，作家。约翰·奥佩（John Opie）绘，约 1797 年。

威廉·葛德文，玛丽·沃尔斯通克拉夫特的丈夫，为妻子撰写过一部深情的回忆录，却无意间毁了她的名声。詹姆斯·诺斯科特（James Northcote）绘，1802 年。

拜伦，畅销诗人，浪漫主义的偶像人物。当他的史诗《少侠哈罗德》1812 年问世时，其出版商约翰·默里都跟不上读者的需求。理查德·威斯托尔（Richard Westall）绘，1813 年。

塞缪尔·约翰生，“伟大的词典编纂者”，散文家，批评家，诗人，小说家。简把他称为“我亲爱的约翰生博士”。詹姆斯·巴里（James Barry）绘，约1778–1780年。

理查德·谢里丹，政治家、剧作家，奥斯丁一家曾在史蒂文顿表演过他的喜剧《对手》。约翰·拉塞尔（John Russel）绘，1788年。

塞缪尔·理查森，创作了经典的书信体小说《帕米拉》《克拉丽莎》以及简一生最爱的《查尔斯·格兰迪森爵士》。梅森·钱柏林（Mason Chamberlin）绘，1754年或之前。

威廉·库珀，浪漫主义诗人的先驱，简和《理智与情感》中的虚构人物玛丽安·达什伍德最喜欢的一位诗人。乔治·罗姆尼（George Romney）绘，1792年。

乔治·克莱布，主要浪漫主义诗人。简太崇拜他的作品，甚至声称愿意嫁给他。小威廉·霍尔（William Holl Jr）依照托马斯·菲利普（Thomas Phillips）的作品点刻，1847 年。

汉娜·摩尔，作家，教育家，福音派，她最受欢迎的作品被简视为“一本正经，矫揉造作”。亨利·威廉·皮克斯吉尔（Henry William Pickersgill）绘，1822 年。

范妮·伯尼，夏洛特女王的宫女，当时最受欢迎的作家之一。简·奥斯丁的《傲慢与偏见》最终得名于她的小说《塞西莉亚》（1782）。爱德华·弗朗西斯科·伯尼（Edward Francisco Burney）绘，约 1784–1785 年。

玛丽·埃奇沃思，简高度赞赏这位享有盛誉、受人爱戴的爱尔兰小说家，尽管，令人遗憾的是，玛丽·埃奇沃思并不欣赏简·奥斯丁。这张出色的达盖尔银版早期摄影照片显示了晚年的埃奇沃思小姐，由摄影家先驱理查德·彼尔德（Richard Beard）摄于 1841 年，这一年他在伦敦开了连锁工作室。

霍雷肖·纳尔逊，皇家海军总司令，简·奥斯丁的兄弟弗朗西斯和查尔斯也在海军服役，表现出色。1805 年，纳尔逊在特拉法尔加战役中壮烈牺牲，举国悲痛。威廉·比奇爵士（Sir William Beechey）绘，1800 年。

乔丹夫人（多萝西·乔丹），海兹利特说："她的面容，她的泪水，她的仪态，都让人无法抗拒……她快乐，豁达，善良，生龙活虎，比其他任何女演员都更令人愉快，因为她最富于欢乐精神。"（《论英国戏剧》，1818）约翰·霍普纳（John Hoppneh）绘，1791 年展出。

西登斯太太（莎拉·西登斯），英国历史上最伟大的悲剧女演员，1814 年在莎士比亚的《约翰王》中扮演康斯坦斯。由于弄错票，简·奥斯丁看她演戏的愿望落空。吉尔伯特·斯图亚特（Gilbert Stuart）绘，1787 年。

摄政王(后来的乔治四世),荒淫,奢侈,不负责任,不得人心。简·奥斯丁厌恶他,但不得不接受他对《爱玛》的赞助,并写下恭维的献词。托马斯·劳伦斯(Thomas Lawrence)绘,约1814年。

威尔士夏洛特·奥古斯塔公主和萨克斯–科堡的利奥波德王子,威廉·托马斯·弗莱(William Thomas Fry,摹仿乔治·道〔George Dawe〕),绘于1817年。夏洛特是摄政王唯一的孩子,假定王位继承人,也是《理智与情感》的最早崇拜者之一。

约翰·默里，当时杰出的出版商，拜伦、司各特、克莱布和骚塞都由他出版。简用默里妻子婚前的称呼“安妮·艾略特小姐”为《劝导》（1817）中的女主人公命名。威廉·布劳克顿（William Brockedon）绘，1837 年。

沃尔特·司各特，诗人，畅销小说家，简·奥斯丁作品的早期热情崇拜者。埃德温·兰西尔爵士（Sir Edwin Landseer）绘，约 1824 年。这一年，兰西尔前往阿伯茨福德画这幅肖像，当时司各特正在创作历史小说《红铁手套》。“他画了家里的每一条狗，”司各特说，“最后才画狗的主人。”（《书信集》，1824）

书中的社会图景凄凉悲观。虽然故事进展迅速,研究奥斯丁文体最具成就的学者玛丽·拉塞尔斯则说,她“似乎挣扎在一种特有的压 188
力下,感到窒息和沉重,乃至威胁到她写作的风格”。[8]这部未完成的作品中也有明朗的一面:一个十岁男孩小查理希望在舞厅中跳他第一次舞,却被带他来此的舞伴舍弃了。爱玛同情他,愿意陪他跳,而且跳到很晚,小查理得到如此美丽的舞伴,既高兴又感激,情不自禁地把自己的故事都告诉她了——他的拉丁课程,第一次骑马,第一次打猎,还有他的玩具狐狸和小袋熊,愿意下次给她看。这段故事既取自现实又充满柔情,这是奥斯丁用心听孩子说话的证明,而他也是奥斯丁作品中最有魅力的孩子。

除了小查理,《沃特森一家》一无欢乐。奥斯丁小说中很少有死亡的描写,你不禁好奇奥斯丁会怎样处理沃特森先生的死,而且根据卡桑德拉的回忆,她计划把他“彻底毁灭”。不过在她到达此一阶段前,她自己却面对了一系列真实的死亡:1801 年 10 月,伊莱扎的爱子黑斯廷斯因痉挛恶化不治,死时十五岁。这个肥胖、脸色苍白的男孩,一度是史蒂文顿家庭的宠儿,却遭受到比乔治更多更残酷的折磨。虽然他能讲话,简还惊讶于他正规语言的运用,记得他说过“我非常可贵的朋友”这一类话,但他的健康日益变坏,常常承受“可哀而经久不断的病痛”。当他去世时,他的母亲已确知他无法过正常的生活,唯有希望她“亲爱的孩子”能“用他极为痛苦的一生换取永恒的祝福”。[9]她把他葬于汉普斯特德他祖母的墓旁,在墓碑上添加了下面的文字:“也纪念她的孙子黑斯廷斯,约翰·卡波·德·弗伊德公爵和妻子伊丽莎白之独子,生于 1786 年 6 月 25 日,殇于 1801 年 10 月 9 日”——没有列出他父亲企图给他的封号。

伊莱扎独自一人去戈德默沙姆住了两星期,她和亨利经常不在一起。亨利已放弃了军官委任的希望,一边从事银行业,一边从事陆军代理商,他的公司设在圣詹姆斯郡的克利夫兰公寓(Cleveland Court),在汉普郡也有分行。他的继子去世后不久,他曾写信给沃伦·黑斯廷斯请求经济上的帮助,但被婉拒。事后在另一信中,亨利向他表达了
189 不满:"对于你能拿出如此低下而自私的态度,我感到万分的不解和惶恐。"这一条资助的路线从此封闭了。[10] 此时幸有《亚眠和约》①的签订,通往欧洲大陆的道路终于再度开放。据说亨利和伊莱扎曾于此时联袂前往加巴雷特,索取前夫的财产,或者至少属于她和她母亲的一部分。然而和约突然失效,几乎让他们受困法国,全靠伊莱扎近乎地道的法文,他们才逃回英国。法国当时反英气氛浓厚,不欢迎英国人居留,德·弗伊德公爵在沼泽地的全部财产早已被他的兄弟姐妹瓜分,无人有此资源重新开发,早年的投资一概付之东流。

另一死亡事件几乎发生在她二十九岁生日那天,使她更为震动。她的老友勒弗罗伊太太去奥弗顿购物,有仆人陪同,在村里她遇见詹姆斯·奥斯丁,还向他抱怨了一番她愚笨而懒惰的马。然而在回家的路上,这匹马跳脱了缰绳,仆人无法拉住它,而当她试图下车时不幸摔到地上。莱福德医生毫无办法,数小时内她已气绝。简还没有时间把此事弄清楚,却传来了她父亲病危的消息,他的"头部感到沉重的压力,发热,全身剧烈颤抖,也感到四肢无力"。事情来得极快,"几乎对自己的情况还一无认识,也没有感到任何疼痛,他便撒手而去,他像是在睡眠中离开人世的"。

这是 1805 年 1 月,简写给她哥哥弗朗西斯的信。她温馨地提起

---

① 《亚眠和约》(Treaty of Amiens),1802 年 3 月 25 日英法休战条约,但不幸和约次年即遭破坏。

父亲及其“纯良而快乐的一生”，他“遗体的安详”流露出一种超然，“尤其令人高兴——它还保留着他向来甜美而慈爱的笑容”。“除非是野蛮人，谁能不为这样亲人的离去而感到难过。”诚然，尽管这听起来更加超脱。如果说简回顾她童年与父亲共度的生活，重历她主息日教堂里的玩耍，记得他让她在结婚登记簿上登记她假想丈夫的姓名， 190
那么她牢牢地把这份记忆与悲伤留给自己。然而简从来是个现实而敏感的女性，她选择了父亲的口袋指南针和一双剪刀寄给弗兰克。我们猜想她对母亲应当也有如此的细心，不管她内心多么冷漠。

奥斯丁先生在格林公园东区寓所（Green Park Buildings East）去世，他不久前才因悉尼广场公寓租赁期满迁来此地，现在他们又得搬家了。她们找到了盖伊街（Gay Street）25 号的便宜房子，而奥斯丁兄弟则想出办法最好地资助他们“亲爱的三人帮”（“dear trio”），因为她们的收入大大减少。教堂不为神职人员的遗孀和孤儿提供补助，沃特森姐妹也知道这一点。奥斯丁先生的生活费用转移到他儿子詹姆斯身上，他有限的年金告终。弗兰克大方地赠送给她们每年一百英镑的费用，虽然他自己刚与一位无钱的女孩订婚，不过他很满足，知道十六岁的玛丽·吉布森爱他，自己也算富有，已被任命为“皇家克诺珀斯号”（HMS Canopus）战舰的旗舰队队长，而“克诺珀斯号”是英国海军尼罗河之役（1798 年）从法军手中夺来的战利品，舰上有八十支炮筒，用来驱赶法军远离大西洋的海域。

但奥斯丁太太只愿意接受弗兰克一半的金额，詹姆斯和亨利设法补足了她五十英镑的损失。亨利在信中说他的收入不错，而弗兰克即将从“克诺珀斯号”上取得五百英镑的年俸，他和詹姆斯曾来巴斯探望母亲，觉得她很高兴“能在乡间与亲戚们”共度暑假，而冬天则留在巴斯舒适的家中。他没有提到她的妹妹，说不定他完全不知道她们已得到了家的快乐。[11]查尔斯还远在大西洋上，干预美国船只跟法国的通商，爱德华期待每年一百英镑的加薪，奥斯丁太太和卡桑德拉的收入则累积成为每年两百英镑。但简一无所有。

亨利变化无端的财务让人想到他太太的钱到哪里去了，她至少还
191 有相当的存余，但伦敦生活昂贵，他们拥有一辆马车，住在波特曼广场附近的上伯克利街的寓所，请了一位法国厨师哈拉文特先生；而亨利需要地点适中的办公处，起初设在圣詹姆斯郡，后来搬去奥尔巴尼。他也常去戈德默沙姆庄园，事实上当他父亲去世的消息传来时，他人正在戈德默沙姆。他5月、6月间常来此处，8月的居留稍短，而年底会再度前来。他的银行事业显然并不忙，他相信银行靠富人付高利赚钱，不靠日常生活的花费。在某种观念上他是对的，但毕竟银行是个冒险的买卖。

黑斯廷斯的保姆比容夫人自从她照顾的孩子去世后，也离开了他们家，她自己的女儿玛丽于1805年6月7日结婚，亨利那时在戈德默沙姆，而伊莱扎一定曾前往祝贺。新郎是法国人，名佩里戈尔，三十五岁，新娘三十岁，正与简・奥斯丁同年。[12]但结婚后新郎失踪，妻子从此自称为佩里戈尔夫人，没有子女，一生与母亲共住，跟亨利和伊莱扎也始终保持联系。

同年6月，简陪同母亲和姐姐离开巴斯去戈德默沙姆，途经史蒂文顿去接安娜。玛丽刚生下第二个孩子卡罗琳，自然十分忙碌，这一代的育婴法也变了，她们不把婴儿送去保姆家，而卡罗琳九个月大才断奶。带去肯特郡后，詹姆斯的安娜和爱德华的范妮相处得很好，在哥特式的花园座椅上她们阅读浪漫传奇，还享受"吉卜赛人"的面包和奶酪。范妮日记中说祖母和两个姑姑陪她们去学校，也参加演出话

剧。简和爱德华家的女仆安妮·夏普结为好友便始于此,夏普是个很有水平的演员。下面是范妮那天的日记:

> 6 月 26 日,星期三。姑妈和奶奶在学校陪我们演戏,卡西扮 192
> 演女管家,简姑姑演老师,哈丽特姑姑演仆人,夏普小姐演舞蹈老师、药剂师和阿兵哥,奶奶卖大饼,妈妈则帮人洗澡。他们都穿上戏服,我们玩得真开心。——吃过点心,我们又演了一出叫作《善有善报》(*Virtue Rewarded*)的戏。安娜扮演公主,我扮演仙女,而范妮·凯奇则扮演牧羊人。那天晚上每人喝了一碗奶油葡萄酒饮料。[13]

8 月他们又上演了一出《宠坏了的孩子》,那是当年伦敦著名的戏目,名伶乔丹夫人①扮演主角"小捣蛋鬼",得到年复一年的轰动。夏普小姐喜欢扮演男角,因此他们叫她扮"小捣蛋鬼"。戏中还有舞蹈和狂欢。简和伊丽莎白有一晚去坎特伯雷舞会,那是亨利的安排。范妮日记中没有提到那时法军的蠢动对肯特郡的影响,但他们心中显然存着惶恐,担心身家的安全、社会的波动和猎物的减少。幸而战事没有发生,这是英法战争最后一次的威胁,8 月过后,拿破仑遣送了布伦湾里所有的战舰,把目标转向他处。爱德华把女儿范妮带去伦敦住在亨利家,他们去戏院看戏,也在午宴上遇见了查尔斯·斯宾塞公爵。回到肯特郡后,他们还去过沃辛。在戈德默沙姆庄园里,日子过得忙碌、欢乐、称意。

回忆这几年来发生的大小事故和颠簸,简给卡桑德拉的信说:"我

① 乔丹夫人(Mrs. Dorothea Jordan,1761-1816),爱尔兰艺人。

想，七年的时间足以改变一个人皮肤上的每一个毛孔，及其心中的每一份感受。”她不必说这七年内她失去了家园和父亲，不必提她从此不再有婚姻的盼望，更不用说她身无分文，生活全靠兄弟的扶持，得接受任何生活上的安排。这些事你无须笔之于书，你甚至不想放在心中。

注释

［1］引自迪尔德丽·勒·费伊，《家庭记录》，第121页，原文见勒弗罗伊手稿。

［2］约翰·兰伯特爵士，伊莱扎和母亲居住在巴黎时称他为兰伯特骑士。1802年或1803年，她可能和亨利去法国拜访他，处理她卡波·德·弗伊德财产的问题。为了享受英国和平的日子他回到了英国，亨利后来与他还有金钱上的交涉，霍尔银行有清楚的记录。

［3］这是一个多年后得知的故事，由于他庄园里需要砍伐树木而与温彻斯特天主教堂理事会发生争执，他宴请教堂里全体的牧师，他们也都是他的朋友。他叫厨师在饮料里加入一些很好的酒来款待，但如此调成的饮料却难喝极了。当牧师开始饮用时，他警告他们说：“先生们，我的饮料就像你们自己一样。你们每个人的条件都好极了，一旦混在一起，却非常糟糕。”简·奥斯丁可能会欣赏这类笑话。

［4］1805年可能还有一个求婚者，那是爱德华·布里奇斯牧师，是爱德华妻子伊丽莎白的弟弟，比简小几岁，而简于1790年代中期认识他。她也数度提到他对她的殷勤，但多半只与戈德默沙姆晚餐时招呼奶酪面包的事有关。三年后，1808年，她（对卡桑德拉）回忆他有一次给她“邀请”但她无法出席，信中显得她喜欢他，而他也和她的兄弟相处不错。然而他对她却没有浪漫的情绪，如果他曾求婚，家人一无知晓，也没有人觉得遗憾。当他与别的女人订婚时，简曾寄上热烈的祝贺，而当发现他的新娘患有健康疑虑症时，她也表示同情：“她是个可怜的宝贝——她给我的印象是，她永远不要做个健康的人——她爱抽筋、爱神经质和它们带给她的一切后果，胜过任何其他事物。”这信是给弗朗西斯的，写于1813年9月25日。

[5] 简·奥斯丁给卡桑德拉·奥斯丁的信,1805 年 4 月 21 日,正当奥斯丁先生去世不久。

[6] 简·奥斯丁的侄孙女范妮·勒弗罗伊(詹姆斯·奥斯丁的女儿安娜所生)于 1883 年在《圣殿酒巴》杂志(lxvii,第 277 页)中说,简·奥斯丁写《沃特森一家》大约始于 1804 年。

[7] 有关猎狐的一段文字在原稿中被删除。它可能是丘特先生的回忆,他偶然会鼓励他的太太来观看狩猎,也会怂恿其他女性邻居。

[8] 玛丽·拉塞尔斯,《简·奥斯丁与她的艺术》,第 99-100 页。

[9] 伊莱扎·奥斯丁给费拉德尔菲亚·沃尔特的信, 1801 年 10 月 29 日,《奥斯丁档案》,第 174-175 页。

[10] 亨利·奥斯丁给沃伦·黑斯廷斯的信, 1802 年 6 月 5 日,《奥斯丁档案》,第 177 页。

[11] 简·奥斯丁给弗朗西斯·奥斯丁的信,1805 年 1 月 30 日,《奥斯丁档案》,第 235-236 页。

[12] 外交部档案(Archives du Ministère des Affaires Etrangères),奥赛码头(Quai d'Orsay), L 20。

[13] 如前所述,范妮·奥斯丁(后来的纳奇布尔夫人)未经发表的日记存于肯特郡档案馆,U951 F24/1。日记始于 1804 年。

第十八章　手足之情

193 “我们不能盼望人人都幸运，但一人的幸运，常是全家人的幸运。”简·奥斯丁借爱玛·沃特森之口说出的一句话，想逆转最坏的境遇，或者认为这就是真理，至少值得她尝试。当幸运者把好运传递给家人时，家庭成为支柱，但不幸时，家庭变成陷阱，大家避之唯恐不及。这是爱玛·沃特森的发现。在父亲去世后的几年中，简也有同样的发现，不论她的兄弟各自多么幸运，这份运气不会轻易传递给她。因为事实证明如此。

先说詹姆斯，他自从接替父亲的职位后，在史蒂文顿教区里和他的妻子玛丽过着愉快的日子。他们有三个小孩，詹姆斯-爱德华，婴儿卡罗琳，和前妻生的安娜。安娜聪慧敏感，唯一的遗憾是父亲和继母不喜欢她。他们不会有更多的孩子了，詹姆斯的时间多花在教堂和打猎上——他为儿子买了一匹小马，趁早训练他打猎，他的社交生活单纯，主要以丘特家的维恩庄园为中心。他依旧写诗，给家人取乐——曾写他的猫咪偷吃了他午餐的牛排，偶然也写严肃而忧郁的长诗，自从《闲游者》停刊后，他不曾发表任何文章，他很有才华但不善运用。他的妻子照顾家务、园地、牛和鸡，驾着她的小马车，与邻居相处很好。每年一二度他们会去贝辛斯托克看戏、跳舞，但活动规模不大。他们随时都欢迎卡桑德拉和简的来访，虽然这也并未避免兄妹间可能的 194
摩擦。

奥斯丁家最不幸的乔治没有任何改善，继续居留在舍伯恩僧侣村中，他年近四十，与他六十岁的叔叔托马斯同住。詹姆斯家离他最近，便成为最方便探视他的人选，当然奥斯丁太太如果顺路，也会过来看他。他还认识他的妈妈吗？如果他患的是大脑性小儿麻痹症，他不会认识任何人。他的家人为他操心，但口头上都不提他，在简的生命中，他也是一片空白。

与乔治的不幸对比，爱德华享受了他的好运，他拥有戈德默沙姆庄园和农庄的土地，汉普郡还有他的耕地。他位于奥尔顿的乔顿宅邸则出租给客户，而史蒂文顿的房地产也继续租赁给迪格威家人。他的妻子在肯特郡也有资财，当他的保护人奈特太太去世时，他们还会得到更多遗产。他儿女满堂，1806年时，他和伊丽莎白便有五男四女，较大的男孩上埃尔特姆（Eltham）寄宿学校，准备去温彻斯特，女孩则在家跟保姆读书。简的朋友夏普小姐以身体不适为由辞去了工作，但旋即又接受了另一工作。爱德华有足够的钱财去海滨度假，去伦敦住豪华旅馆、宴请宾客、光顾戏院。但他缺少想象力，不好读书，商业上倒有些头脑。他为人和善，个性不复杂，他很爱他的家庭和他妻子的家庭，常款待他们，带他们外出旅游。然而他的两个妹妹也许会觉得奇怪，为何他的好运没有给她们带来任何好处，不过由于卡桑德拉常去他家照顾他们的孩子，伊丽莎白和爱德华好像曾有考虑给她们一栋房 195
子。然而即使这是事实，没有一再的催促，此事也不会成真。

亨利的生活则无须催促，他大胆乐观，但肯定会妒忌爱德华，因为爱德华的一切都是别人送上门来的，而他无一事不需要自己动手。他是奥斯丁兄弟中个别的一个，排行中间，但敢于冒险，一如他勇敢的海员兄弟。除了乔治之外，他是奥斯丁兄弟中唯一无子嗣的一位。他父亲最爱他，给他钱财的接济比谁都多。简也最喜欢这位哥哥，不止一次在信中夸奖他，近乎溺爱，仿佛宠爱一个可爱却不靠谱的小男孩。我已经说过《傲慢与偏见》中的威克姆就有亨利的特点。我猜想，简把亨利的几分机智给了《诺桑觉寺》中的亨利·蒂尔尼，而《曼斯菲尔德庄园》里的亨利·克劳福德则沾了他朗读戏剧的技能和全方位的卖弄风情。尽管喜欢危险游戏，但克劳福德随时能被纯真的善良所打动，这一点确实像亨利的性格。简和亨利的相似在于他们对事物可能性的看法：对她，是幻想的可能，而对他，则是现实。一个婚约的订定、职业的升迁、朋友的高攀、金主的出现、银行分行的设立，甚至寻常旅游的安排，都会点燃他的热情，让他乐不可支，四下奔腾。

1806 年，他满怀希望地计划扩充他的银行事业，不久还吸收了一位军界同僚的兄弟入伙，他名叫詹姆斯·蒂尔森，简也认识他。亨利和伊莱扎曾迁去布朗普顿，后来定居乡下，继续过他们半合半分的生活。1807 年，他去戈德默沙姆过年，伊莱扎没有同行，7 月他去肯特郡看赛马，也一副单身汉模样。这期间伊莱扎都在伦敦，读书，听音乐。范妮的日记中说她和她母亲都很喜欢亨利，说他很亲善有趣，是个完美无缺的嘉宾。

亨利也很聪明，但他身上也悬着一个模糊的问号。简的书信表
196 明，他在与伊莱扎结婚前曾经订婚的皮尔逊小姐对他心存芥蒂，因为他对她不好，虽然他的说法是她抛弃了他。但也许她觉得是他引起的吧。他让你觉得过于唯利是图，他的有钱朋友，不消说他的有钱太太，

还有他谄媚的信件。所有的野心与乐观不得不建立在这个忙碌、眩目的社交圈上，威尔士王子为它订下标准，亨利也通过部队里的贵族朋友被引荐其中。他有头脑，有魅力，有品味，有野心，正是应时之人，所以他没有理由得不到他想要的酬劳与享乐。我不相信他放弃教堂工作是因为伊莱扎偏爱一位世俗的丈夫。他这么做，因为他在别处看到了更好的时机。

幼年时代跟简最亲近的兄弟是弗朗西斯，经过多年的分离，现在又开始接近了，特别是1806年。他海军的生涯、辛苦的锻炼和勇气，让简感到钦佩，也曾为他难过，知道他失去了参与1805年10月特拉法尔加战役的机会。[1]她对军舰上的暴力，对暗中掩护东印度公司的行径，对外国势力的霸道交易一无所知，也无从评论。她所看见的，只是一个严肃、敏锐、行为端庄的哥哥，在海上专心一意为国效劳，因此在家中也应当得到欢乐。1806年夏天他急于要和玛丽·吉布森成婚，当年他在北佛兰德指挥国防军士兵时爱上这个拉姆斯盖特姑娘，这显然也得到了简的大力支持。他那年三十二岁，正是迎亲之年，他有足够的钱成婚，比如奖金，比如下议院的正式酬金，还有他在“克诺珀斯号”上驱逐法军远离大西洋，导致法军在圣多明戈战役失利的奖励。

至于查尔斯，这个奥斯丁家中最小的男孩，自从1804年底去了北美洲后便没人提到他了。他很有爱心，因离开两个亲爱的姐姐而孤独。他在百慕大跟一位十六岁的小美人订了婚找到慰藉；范妮·帕尔默是一个来百慕大创业的英国律师的女儿，她没有家财，比弗朗西斯的玛丽年纪还小。1807年5月，他们在百慕大结婚，那是一个浪漫的婚礼，在遥远的世界尽头举行，年轻的海军军官与红颜金发的少女新娘，后者只得到她已婚姐姐的许诺，查尔斯自然也没有家人出席观礼。新娘跟他的家人多有书信往还，但见面则要等到四年后，当查尔斯被 197

调回英国之时,他们已有两个小女孩。两个婴儿和有如婴儿一般的小妈妈被奥斯丁家人热情地欢迎,尤其是卡桑德拉和简,她们对这最小的弟弟向来有温馨的关怀。

至于卡桑德拉呢?她认为简是“我生命中的太阳,为每一份欢乐镀上金光”,她把自己变成了月亮,成为简光芒中的阴影。[2]然而卡桑德拉从来只是阴影,就像她的剪影一样,只有轮廓。她的侄女卡罗琳(詹姆斯的小女儿)曾说:“我并没有**不喜欢**卡桑德拉姑母,不过假如我去拜访她们而**她**不在家时,我不觉得有太大的遗憾。”[3]她无疑是个好妇人,然而有件事令人不安:她早年欢乐美丽,却在二十岁时决定终身不嫁,相信她永远不会跳出丧失情侣的悲痛,而矢志与忧伤和谦让为伍。她一生的热情是对简的爱,简死后还说简“是她生命的一部分”,甚至责备自己爱简过甚,招致上帝对这种排他的执着的惩罚:“我完全了解……这是正义之手的伸张。”她的坦白揭露了她神圣公正中一个可疑的观念:如果你爱某人甚于其他的人,上帝会杀死你爱的人来惩罚你。如果这真是卡桑德拉对造物者的认识,她给简的陪伴不会替简低落的情绪带来太多的振奋。

简曾一度认为卡西幽默,她一定笑过简说的笑话,但没有人记得卡西说过任何笑话。她似乎也从未抱怨一生替人做有用的姑子、保姆和姑姑,她甚至可能还曾竭尽全力保护简不要掉入这个陷阱。她是简
198 写作时唯一相互讨论的对象,这个特殊地位使她可以鼓励她,并对其写作计划提出问题。她也最近距离地目睹了简的忧郁,尤其眼见简失去家的安宁时,无法写作并荒废了这一天赋。在1790年代的杰作后,简陷入沉默,大概没人比卡桑德拉更为忧心。

然而此时谁也动弹不得,整个1806年,两姐妹都不稳定。头三个月她们大多游荡于汉普郡,与詹姆斯和玛丽待在史蒂文顿,或在曼尼

冈，她们都认为应当把哈里斯求婚的尴尬抛诸脑后。3 月中旬，她们回到巴斯，那时她们的母亲已把安娜带往另外一个地方，而且还有再搬家的打算。这个打算落空了，女儿们感到释然，她们一直对巴斯的玩乐感到厌烦。她们留在特里姆街，困在没有花园的房子里，直到夏天。玛莎·劳埃德，在母亲去世后，搬到附近。她们达成一致：无论她们搬到哪里，她将作为第四个成员加入她们。问题是，搬往何处。

她们的兄弟之一终于求婚了，弗朗西斯渴望成家，决定 7 月完婚，他知道自己必然经常出海，于是希望玛丽可以跟他的母亲和姐妹们住在一起。无论玛丽如何看待与四个陌生而年长的女人同住，她却没有质问弗兰克。他们的居地必须邻近海港，他建议汉普郡的南安普顿，距朴茨茅斯也近，那是他们熟悉的好地方。南安普顿是个美丽的小城，有中世纪建造的围墙，墙外的道路或依大海，或临伊钦河，最近因为水疗和温泉事业的兴起也开始变得繁荣。奥斯丁家人同意这个主意，决定前往寻找住宅。

但出发前，奥斯丁太太带着女儿们进行了一轮她最爱的探访：去**堂表亲戚**家串门，以此消夏。在她们旅行期间，弗兰克在拉姆斯盖特举行了婚礼，也把他的新娘带去戈德默沙姆庄园度蜜月。简写了一首诗纪念这一时刻，诗是写给侄女范妮的，以她的口吻写的，描写这对新 199
人抵达戈德默沙姆时的盛况。虽然用意在取悦范妮，也希望弗兰克看到。这是以小说家的耳目描绘“一对可爱的新人”来到庄园，有孩子们热烈的欢迎，充满了为她哥哥的喜悦。奥斯丁很少写新婚诗，这首是她最好的诗：

他们一路飞奔下山，
　　来到庄园周遭；

瞧！牛儿吃草正欢，
　　却被喧声吓跑！

兄弟们，奔向大门！
　　把门推开，让它大敞！
我们不能来迟一分，
　　为迎接叔叔的新娘！

马车驶近这幢房屋；
　　到了，到了，它慢下车轮！
您的吗，弗朗西斯叔叔？
　　还有您亲爱的夫人？

简从来没有见过玛丽·吉布森，但知道她和范妮会过面，因为他们订婚后曾停留在戈德默沙姆一段时间，那时查尔斯也在，范妮还同她一起去河边步道上采过坚果，但很气恼“那位可恶的海军上将”把这两位青年在最短期内都召回部队里去了。范妮日记中也说“我接到了简姑姑的信，里面还有一些诗”。[4]

奥斯丁家女士于7月初离开了巴斯，卡桑德拉和简万分高兴逃开了这个她们厌恨的城市，她们终生不曾再回来。数年后当她们需要海水浴时，她们选择了切尔滕纳姆。此刻她们的母亲带领她们起初住克利夫顿，然后迁去格洛斯特郡的艾德斯特罗普教区，她的堂兄托马斯·利是现任牧师。这位老先生很骄傲他的教区有了新改善，他也花
200 了不少的钱，他雇来的设计师汉弗莱·雷普敦是当时时髦、前卫的设

《采坚果》，詹姆斯·汤姆森《四季》(1794)插图

计师。雷普敦把两座大楼间的空地改装成花园,还开辟了一条瀑布流入园地和村庄的草坪,这种改变对村民来说可有可无,但在雷普敦、时尚和他们的地主的联合势力面前,他们是软弱无力的。

但她们在艾德斯特罗普的居留被打断了,因为表兄利很快又把她们送到沃里克郡的斯通利修道院去做客。那边的房屋也不是他的,但
201 他听说他有继承的可能,因此提前动作,根据复杂的遗嘱指示,必须照顾利家和奥斯丁家两家人的利益。要求这宗财产的人很多,但利先生不愿落后,他趁斯通利修道院庄园女主人刚过世的机会,把自己安置在庄园内,连同数十名仆役、一名律师和为数众多的朋友,还包含几位奥斯丁的表兄弟。另外一批要求财产的人则有奥斯丁太太的哥哥利-佩罗特,他在伦敦表示对利先生行为的不满。然而遗产就是遗产,你自己必须努力。

斯通利修道院庄园位于林木苍翠的埃文河畔,是熙笃会①最早建修道院的地方。奥斯丁太太在给史蒂文顿的玛丽写信时,大力赞美这里的庄严和美丽,享受在此每一刻的时光,也详细描写了这里的房舍、土地、仆人和他们的服务。她数了数庄园大楼正面的窗户,共有四十五扇(她是对的)。她建议她堂兄在园中迷宫般的步道上装置路标("我建议他在角落安置路标"),一切都让她赞叹:从厨房、花园、鱼池,到台球房。她甚至操心园里数十名仆人如果想向过世的女主人表示哀悼,得花费多少钱财。她描写主卧房和房中高大而深红色的天鹅绒床,说"**如此美艳的陈设**,简直就像小说中女主角的住所"——这话无疑是对简说的,还有这里浓荫的树木,即使"八月的阳光也照射不进来"。设计师雷普敦此时尚未到来,但说马上就会到。[5]她提到去沃里

① 熙笃会(Cistercian),罗马天主教修道士修会,又译西多会。

克郡古堡的旅行，那儿的早餐有巧克力、咖啡、茶、梅子糕、黄油蛋糕、冷热面包卷和奶油。“我吃的是不带黄油的干面包！”她信中结尾说，吹嘘她向来自以为荣的苦行思想。

在这些聚会中，奥斯丁太太的远房亲戚也来了，包含那位新寡的“赛伊与赛尔”夫人。奥斯丁太太说她无趣而愚蠢：“有时真叫人受罪，虽然也引人发笑，她给了简不少笑料。”简能发笑，即使是讽刺性的，也是一大喜讯，她当时正处在一堆老朽无能，到处打秋风的人中间。她来这里至少得到了一个有用的印象：斯通利修道院的教堂极像《曼斯菲尔德庄园》中她描写的索瑟顿教堂，窗框非常简陋，一无饰 202
物，而座椅全为木板。

这以后她们去了斯塔福德郡爱德华·库珀家。汉姆斯多里德韦尔是个安宁的小镇，牧师公馆也很好，但他们的大孩子才十二岁便很粗野，不久，他们一个接着一个得了百日咳。简也受到感染，直到秋天咳嗽才停。

10 月回到史蒂文顿，弗兰克和他的玛丽在此等候他们。接着，他们前往南安普顿。卡西同意去戈德默沙姆过圣诞，那边将有第十个孩子出生。范妮在日记中写道：“11 月 16 日，妈妈没去教堂。傍晚八点半，亲爱的妈妈产下了一个小女儿。她那晚睡得很好，我看见了她和胖娃娃。21 日，星期五。娃娃命名为卡桑德拉·简。”卡桑德拉终于得到了命名上的恭维，而简也不会在意挂了个名。“妈妈”始终留在她的房中，直到 12 月 15 日才下楼去吃饭，1 月底才第一次前往教堂。然而孩子们照样欢庆他们的圣诞佳节，跳舞、玩游戏，男孩在庄园里骑马，大人则享受他们的猎兔和射鸟。

然而戈德默沙姆圣诞节的欢乐气氛却没有在简居留的南安普顿看到。玛莎去伯克郡拜望姐姐伊莱扎·福沃尔，弗兰克的妻子玛丽怀孕生病在家,常有晕眩,她的姻亲不太厚道地说这常常发生在吃了一顿美餐之后。如今,从我们更加安逸的时代回望,你会觉得,夫妻俩还没有好好享受这期待已久的婚姻就赶上怀孕和病痛,这是多么不幸的事!不久詹姆斯和玛丽邀请她去过新年。圣诞节将结束时,简写信给卡西说:“你收到此信时,客人多半已离开或正要离开,而我也可以回
203 到自己的宁静生活中来消化过多的布丁、苹果饺,或者检讨自己款待客人时可能的疏忽。”这是任何以有限的空间和钱财举办过家庭圣诞宴会的人都会说的经典表述。简很喜欢她的亲朋,然而为这种爱心所付出的时间代价使她也讨厌上了他们。

她从来没有喜欢过詹姆斯的玛丽,玛丽对书本一无兴趣,且太爱钱,而詹姆斯自己也不是没有可议之处。当他来信说要再度来访,简告诉卡桑德拉说:“我不高兴而且愤怒,一个聪慧的人应该令人感到愉快,然而他的谈话全是勉强,他的意见全是他太太的副本,他在这里不是踱方步、敲门户,就是摇铃叫人送一杯水来。”

琐碎的观察十分细腻,可入小说。詹姆斯的焦躁、无理、缺少主见,不仅让人觉得别扭,还看出他早年似乎被强力支配过的痕迹。他妻子的日记中无心流露了他在家中的身份是“奥斯丁”,而不是“奥斯丁先生”,一如埃尔顿太太每次称“纳特利先生”为“纳特利”一样,让爱玛感到恶心。玛丽·奥斯丁的用语是当时风气,并无不敬之意,但在简·奥斯丁心中还是有分寸的。詹姆斯在家中使劲敲门,随便摇铃就像是“奥斯丁”,不像是个“奥斯丁先生”。你可以相信他的父亲不会做这样无聊的事。

对南安普顿的邻居,简也没有太多好评,“我们熟识得太快”,她抱怨说。对一个友善的海军司令官和他的女儿,“我们无所谓喜不喜欢”。另外一家人“住在漂亮的房子里,很有钱,看来也很得意自己有

钱，当我告诉她我们不是有钱人时，我相信我们间的友谊就结束了”。这些牢骚过后，她还是得到了几分欢喜。2月她还在肯特郡，写信告诉卡西她们找到了房子。房子老旧，保养也不好，但空间很大，有一个大花园一直通往城墙边缘，而令她欢喜的正是这座花园，她写信时高兴 204
得像个久失土地的园丁重获幸福。你应当记得在史蒂文顿时，她让爱德华的儿子看金翅雀鸟窝的景象。为纪念库珀的一首诗，“金链花丰富的金色荡漾空中／而山梅花，纯洁如玉”，她特地买来了一株山梅花。她信上说这里也有金链花、红醋栗、蘼梅子，还有许多灌木和玫瑰。简终于发现了快乐，让人欣慰。

这房屋位于古堡广场（Castle Square），屋主是兰斯顿侯爵，刚为自己新盖了一座仿哥特式的城堡，是简门前的景观之一。[6]简和兼油漆工的屋主有些来往，“我应当叫他家庭油漆师，由于他住在古堡里，家庭牧师的地位让位于更重要的工作了，而且，我想，当城墙不必粉刷时，他可以粉刷他夫人的脸孔吧！”这是个传统的老笑话。这位侯爵夫人是从情妇升级为夫人的，通常不被人尊重，她也无疑会粉饰自己的脸，然而无伤大雅，她还是给这地区带来了许多欢笑。她会驾一辆八匹小马拉的小马车，经过门前时，来简家访问的儿童无不在窗前聚集观赏，都给惊呆了。

亨利把卡西从戈德默沙姆带回来了，他在那里曾连续两个晚上朗诵一个剧本，现在他们都搬来古堡广场。这时弗兰克接到命令去圣奥尔本斯号船，护航前往好望角，再去中国。4月开始，母亲和两个姐妹开始照顾有孕在身的玛丽，然而情况不很顺利，范妮日记中说玛丽“病得很厉害，吓死人了”，而产后曾经晕倒。弗兰克的玛丽一如爱德华的伊丽莎白，注定要生十一个孩子，而在最后一次生产中死亡。但这次弗兰克曾赶回国来，5月参加了女儿的命名礼，6月离开，再回好望角。

弗兰克离开前，爱德华来南安普顿看他。那时，他在乔顿的租客
205 刚刚离开，他便过来看看乔顿的房子，也建议母亲和两姐妹在9月房子清空时来乔顿宅邸小聚。他们在这儿时，他可以送长子去温彻斯特上学，詹姆斯和玛丽也可以从史蒂文顿过来。这里有足够的房间，全都可以住下。所以，当弗兰克太太带着小孩去拉姆斯盖特看望娘家人时，其他女性先来到乔顿宅邸。挂着壁毯的墙壁，曲径通幽的走廊，巨大而古老的壁炉，大厅，画廊，家族肖像都给他们留下深刻的印象，也不排除更加现代的陈设。范妮的日记记载，他们和简姑姑在五天内去了三次奥尔顿购物。

家庭聚会转移到南安普顿来了，这里的三位女主人连续好几天在古堡广场款待爱德华、伊丽莎白、范妮，还有她的弟弟威廉，不久亨利也加入了他们。他们去戏院看名角班尼斯特扮演的《保君无虞》，那是阿瑟·墨菲①年年轰动的讽刺剧，说妇女结婚后不再逗乐丈夫的笑话。他们曾乘船去海斯(Hythe)旅游，也去过内特利修道院美丽如画的废墟："心生崇敬，言语无法表达我们的震撼。真希望我能写出它美丽的万分之一。"范妮在一封信中如此写道。[7]去内特利修道院的人则对院里摆设玩具、姜饼的摊贩，以及容许野餐派对表示不满。[8]范妮日记中则说："我们吃带来的饼干，开心地回到家里，简姑姑和我在主街散步到深夜。"第二天亨利租了一辆马车带大家去新森林(New Forest)兜风，每个人都来了，除了简姑母，她大约受够了人多的罪，决定单独留在家中。

---

① 阿瑟·墨菲(Arthur Murphy，1727–1805)，爱尔兰作家，曾将伏尔泰法译本《赵氏孤儿》改编为英文。

注释

［1］弗朗西斯在"克诺珀斯号"上写信给玛丽·吉布森时,已经知道他无法参与特拉法尔加战役。他巧妙地表达了自己的感受:"我不能妄称我喜欢打仗本身,然而如果这场战争牵涉到多国的舰队①,在我踏上战途的当天,我会觉得这是我生命中最不吉祥的一天。"

［2］卡桑德拉·奥斯丁给范妮·奈特的信,1817 年 7 月 20 日(简·奥斯丁书信全集的所有版本都收录了此信)。

［3］卡罗琳·奥斯丁的《我的姑姑简·奥斯丁:一部回忆录》,写作于 1867 年。她的评语值得注意,因为她和卡桑德拉相处达四十年之久。

［4］范妮 1804 年 9 月 16 日,1804 年 10 月 11 日,和 1806 年 7 月 29 日的日记,见肯特郡档案馆,U951 F24/1。

［5］玛丽·贝利小姐四年后拜访了斯通利,说那是个"难看的房子"。她遇见了几位利家的人,而"雷普敦先生对未来的改建……可能越做越糟。他们给了我钥匙进入庄园……如果庄园有任何荒废的迹象,至少,它还没有因改建而遭破坏"。《贝利小姐日记》(*Miss Berry's Journal*,三卷,1865),1810 年 10 月 6 日,第二卷,第 433-434 页。

［6］南安普顿这一带的旧房屋多已拆毁,平面图也消失了,所以无法确切知道奥斯丁家的房子在哪儿,唯一知道的是她的花园在城墙旁。

［7］奈杰尔·尼科尔森(Nigel Nicolson),《简·奥斯丁的世界》(*The World of Jane Austen*,1991),第 110 页。

［8］小说家玛丽·布伦顿于 1815 年访问内特利,在一封信中有此反对意见。

---

① 指的是法国和西班牙海军联合抗英的举动。

第十九章　又一宗死亡

简为她哥哥嫂嫂的家庭还得再奉献一年的时间。1808 年 12 月她三十三岁,命定要扮演一个老处女的角色了,她不是在南安普顿弗朗西斯家照顾玛丽和小婴儿,便是在史蒂文顿看管詹姆斯的三个孩子,再不然便在戈德默沙姆跟爱德华的十人帮作战。她曾去探望过位于金特伯里的福沃尔家,那边的教区一如史蒂文顿,已转让给长子福沃尔,因为老福沃尔先生和年仅三十岁的儿子查尔斯已故世。等待"老处女姑母"去服务的孩子现在还剩下八个。

唯一没有小孩的家庭是亨利和伊莱扎,简每年会在六七月间去他们家小住一个月。他们在布朗普顿的家很小,但他们是极好的主人,他们有闲暇陪你谈话,在伦敦也有宴会或戏院的活动招待朋友,亨利在牛津街的万神殿歌剧院甚至还有自己的包厢。[1]伊莱扎显然跟其他嫂嫂不一样,复杂的国际背景,使她更富于异域色彩,也更忧郁。她跟简特别要好,自从童年开始便有来往。[2]他们家另一趣事是法国女仆:比容夫人和她的女儿玛丽・玛格丽特,也就是佩里戈尔夫人。简觉得她们很有魅力。布朗普顿也是个别具一格的城镇,大家有闲暇聊天静坐,享受生命中的美好,诸如食物、酒、音乐,乃至绘画和阅读。

在曼尼冈,他们可以闲聊。她与比格姐妹相处的两星期非常愉快,她邀请她们夏天来南安普顿回访。那将是"舒适的两周",她的母 207
亲会去詹姆斯家,而她们能彻底解放。当她发现自己的计划即将落空时——因为她当时在戈德默沙姆,没有人能方便地送她回南安普顿及时接待朋友——她特别不安,乃至被迫去向爱德华求助,这可不是她的性格。家人们只是认为她待在戈德默沙姆也很好,她可以在这儿再待两个月,等亨利回来就可以送她回去。没有任何人想到,她可能有自己的计划。她一定觉得自己像个尴尬的包袱。

简必须给爱德华和伊丽莎白一个"私人原因",说明她为什么必须守约,以免比格姐妹反悔,于是,爱德华答应送她回家。也许她告诉他,在得罪了比格姐妹的兄弟之后,她不想再冒犯她们。她们毕竟也是郡中的一户重要人家。即使如此,爱德华还是满心不快,简只好无可奈何地说,"等我有了自己的盘缠再说吧!"但这种"盘缠"她是永远不会得到的。

这"舒适的两周"将是凯瑟琳·比格最后的一次聚会,她今年三十三岁,即将与年近六十的牧师赫伯特·希尔结婚。简提到他们的婚礼在10月,还感慨地说,"明天我们必须为可怜的凯瑟琳着想",无意间显示了她对此事的看法。[3] 她此时正在试着习惯过老处女的生活,一种向来被认为是可怕的生活,却可能是自由的另一形式。当8月弗兰克告诉她,他打算和玛丽搬到怀特岛去过自己的生活时,她完全理解,"拥有彼此"才会"更加快乐"。她自己已经看到太多的婴儿和怀孕,她知道这不是她的理想,未来几个月的生活证明了她的想法。

卡桑德拉又去了戈德默沙姆,为伊丽莎白第十一度的生产。他们已经请来了一个保姆,男孩都去上学,两个大儿子也进入温彻斯特。十五岁的范妮在9月27日的日记里写道:“妈妈近来不舒服”,而28日则说:“下午大约三点钟时,妈妈产下了一个小男婴,显然会很可
208 爱。”10月4日的日记,“妈妈起床吃午饭”而“爸爸出席季会”。星期六,婴儿命名为布鲁克·约翰,但三天后母亲却猝然死亡,她的猝死震惊了全家,也让全家崩溃。医生找不到任何理由,范妮日记说她死前半小时吃了一顿丰富的午餐。她年仅三十五岁,好身世、好身体、好教养,十八岁时为爱情结婚,从此年年都在怀孕中。[4]

亨利连忙赶来戈德默沙姆,卡桑德拉和简之间书信往返频频,而信息也从她们手中传遍了家人。“我求全能的主支持大家”,简在父亲去世时也不曾觉得有求主的必要,她想到“最亲爱的爱德华,他的损失和折磨谁也不能分担”,当然还有“亨利的痛苦”,由于他与戈德默沙姆非同寻常的关系,“不过他有办法过来帮忙,也给人安慰”。她找借口没有写“亡人颂词”,而只写了这样一句:“她的一生印证了坚实的原则,诚挚的奉献,以及尽善尽美。”她主要想到的是孩子,范妮被迫承担起女主人的责任,扮演着真正的母亲,照顾新生婴儿和在外上学的男童。但詹姆斯把这些男童都带到史蒂文顿去了,令简非常失望:“我希望他们都留在我的身边,尤其是此一时刻。”她特别担心的是“可怜的莉兹和七岁的玛丽安”,她们还有三个月便会被送往旺斯特德(Warstead)寄宿学校,而他们全家人,包含卡桑德拉姑母都没有提出抗议。小女孩强烈抗议,因此被允许待在家里,还请来家庭女教师,但这是她们在旺斯特德一年后的事了。[5]

“我猜想你看见尸体了——它像什么?”简在给卡西的信中问道,充满不安的好奇。她唯一见过的尸体大概是她的父亲,然而他恬静而面带微笑的表情给了她安慰,她也想再次得到肯定。她继续幻想爱德华“因

痛苦而产生的焦躁,如何在房间中穿来穿去——时时也会上楼去看伊丽莎白的遗容”。十天后,儿子爱德华和乔治抵达古堡广场。他们从史蒂 209
文顿坐马车赶来,坚持和车夫一起坐在外面,马车夫把外套借给他们披上,他们仍然感到彻骨的冰凉。

现在,简自告奋勇承担起安慰两个男孩的任务。她太明智,知道孩子们太小,还不懂得哀悼悲伤,也知道听圣歌和布道都帮不了他们。取而代之的是,她和他们折纸船,再用榛子轰炸它们,打牌,玩挑棒游戏,她还想出许多谜语和字谜游戏,最棒的是,她带他们到河上参观了一艘正在建造中的战舰,让他们划了很久的船。她从自己的童年经历得知男孩子喜欢什么,更凭直觉知道,与其坚持让他们哀悼,不如带他们外出或做做游戏,让他们开心。在奥斯丁的家庭史中,这是她罕有的做主时刻。她确实做得对。

在这些忙乱中,另一件大事正在成形,爱德华终于决定给母亲和两个妹妹一栋房屋,且给她们两个选择——美丽的怀河村(village of Wye),或者他任财务管理员的乔顿村舍(Chawton village),管理员刚去世,他的妻子夏季中旬将迁出。村舍需要一点修缮,花费不大,但有花园、户外厕所、六间卧房,还有阁楼可以作储藏室之用。奥斯丁太太喜欢怀河村,但她轻易地就被其他三位(包括玛莎)说服了,最终选择了乔顿。她们熟悉乔顿,早就因为它离奥尔顿很近而喜欢这里。亨利在此有一间银行分行,詹姆斯离这里不过十二英里路,这也是奥斯丁太太让步的理由。这里是汉普郡的乡下,符合她们的品味,也给她们强烈的归属感。所以,她们决定 7 月搬家。

卡桑德拉整个冬季留在戈德默沙姆,也参与了那边一系列的年终节庆活动,包括爱德华和伊丽莎白的结婚周年庆,悲伤的气氛可想而知。然而在南安普顿的简却有难得的好心情,她坚持认为玛莎要和她

一起去看戏,给出荒谬的理由:“趁我还住在南安普顿,我们一定得进
210 入戏院里面去看它内部的装潢,我想她不会有兴趣看它第二眼”。这之后她们两人去跳舞,选择了海豚大舞厅,舞会中简惊讶于有人请她跳舞(“你一定想不到我真的被邀请了”),那是一个黑眼睛的绅士,简不知道他的姓名。之后她大概会跟玛莎共舞,因为她们不愿意加入“那些成群结队而没有舞伴的年轻妇女,每人露出一副丑陋的肩膀!”除了赤裸的肩膀,她享受舞会中其他的一切,那年流行一些新舞,采用名人或者热门事件有如反奴役一类为名:“美丽的奴隶”(“The Fair Slave”),“坎宁先生的华尔兹”(“Mr. Canning's Waltz”),或者“海洋魔鬼”(“The Ocean Fiend”),“布莱顿赛马”(“Brighton Races”),“达什伍德夫人的苏格兰舞”(“Lady Dashwood's Reel”)。[6]简提醒卡桑德拉她们十五年前曾同去过海豚舞厅,还说她今日的快乐一如十五年前,这种语调是她近十年来不曾有过的。“除了惭愧自己老了”,她觉得她重生了,也变得更快乐更有决心了。她爱跟玛莎开玩笑,说她不道德地爱上了一位当地的牧师,他已婚,但极可尊敬。她告诉卡西说,玛莎“在任何情况下都是好朋友、好姐妹”,只是不够机灵。她们1月又去了舞会,庆祝夏洛特王后的生日,或者就是为简有个好心情。

4月她写信给理查德·克罗斯比,这位六年前用十英镑通过亨利的律师买下《贵妇苏珊》(即《诺桑觉寺》)的出版商从未采取行动。简的信稳重自信,说如果档案丢失,她愿意重给他一份,但出版时间已到,不容迟缓,否则她打算另找出路。但她担心别人的眼光,信心有所减退,她要求商人用邮局代收回信,而且用了一个化名“阿斯顿·丹尼斯太太”(Mrs. Aston Dennis)。克罗斯比不为所动,三天后回信说他并无明言出版日期,也无履行出版的义务,建议丹尼斯太太不妨用十英镑将原稿买回。

她无法凑出十英镑，简于1807年全部的花费约在五十英镑左右（这是我们知道她开销数字唯一的一年），而这些钱多是母亲的贴补， 211
以及少量爱德华和奈特太太的施与。在这一笔钱中，十四英镑用于衣物，八英镑洗衣，四英镑邮资，六英镑礼物，三英镑十先令三便士半用于慈善。她还花了两英镑十三先令六便士租了一架钢琴，为戏剧和“游泳活动”花了不到一英镑。[7]这是个极为节约的用度，由于她的所得全是别人的好意，她也无法预计明年的收入，她想购回文稿的计划无疑搁浅了。克罗斯比表示既无兴趣，也无意愿退稿，她只好作罢。文稿的购回则要等到1816年。

她们5月放弃了古堡广场的房屋，玛莎去伦敦依靠朋友，其余的人则前往戈德默沙姆，那时亨利和伊莱扎正好难得来访。亨利在书斋中不再朗诵剧本，却热心朗诵祈祷文，这是伊丽莎白去世后亨利态度的一大改变。[8]范妮陪伊莱扎婶母散了一回步，他们离开后她模仿婶婶满口法语的口吻写日记：“亨利叔叔和婶婶**今早**①离开了。**多可怕**②！”他们也搬走了，搬到新建而时尚的斯隆街（Sloane Street）上的一所房屋。

第二批离开戈德默沙姆的人是简和母亲。7月7日她们抵达乔顿村舍，随后卡桑德拉和玛莎也很快到达。简这次迁入她永久的家园给了她戏剧性的变化，她从此回到写作的生涯。她仿佛重新找回自己，连同她的幻想和一切力量：一片乌云从她头上消失。她几乎立即拿起笔来，《理智与情感》的改写就此开始。

---

① 原文为法语：ce matin。

② 原文为法语：Quel horreur。

注释

[1] 亨利在万神殿歌剧院有包厢的事实是克莱夫·卡普兰的发现。万神殿开张于1772年,1788年失火后,考文特花园借用四年,1792年再度罹难,据说曾经依照斯卡拉哥大剧院的样式大规模重建,但再也不见昔日的风华,只能上演一些"意大利轻喜剧和芭蕾舞"。见埃罗尔·舍森(Erroll Sherson),《十九世纪伦敦消失的剧院》(*London's Lost Theatres for the Nineteenth Century*,1925)。

[2] 伊莱扎的事迹很少在奥斯丁家族记载中出现,可能是故意的,因为她与亨利的婚姻不为大家所赞同,或者因为血缘的暧昧。不过范妮·奥斯丁未经发表的日记则有很多她与亨利和伊莱扎在伦敦的生活记录,诸如共餐、看戏、购物。

[3] 赫伯特·希尔小有名气是因为他是名作家罗伯特·骚塞的叔叔。骚塞那时已放弃年轻时代的激进思想,领用政府津贴后,变成一个可敬的作家。简·奥斯丁读过他的书,但不喜欢他。对于他的名作《纳尔逊传》,简对卡西玩笑地说,除非他在书中提到哥哥弗兰克,否则她不会去读它。(1813年10月11日)她对《诗人的滑铁卢朝圣》(*Poet's Pilgrimage to Waterloo*)印象较好,在给住在赫伯特·希尔家的阿莱西娅·比格信上说:"书中一部分比我以前读到的要好多了。"(1817年1月24日)

至于凯瑟琳的结婚礼物,简手绣了几张口袋小手绢给她,还附了四行相当潦草的诗,希望她的泪水是欢乐的泪水。她修改过的诗较整齐,但没寄出去,"谨慎处寒暖,欢喜泪痕干"。二诗都收在查普顿的《次要作品》中,第446-447页。

[4] 伊丽莎白的母亲比她活得久,生过十三个小孩,最后一胎在她三十七岁时。伊丽莎白相信她也快结束生育了。

[5] 范妮的日记提到父亲曾带她们去过旺斯特德,因此有可能1809年的圣诞节她们曾在那里。

[6] 这些名目得自范妮同年的日记。丘特太太的日记也有相似的记录,且每年更新,有时还附有舞步指南。1810年的名目则有:"威灵顿爵士的华尔兹"("Lord Wellington's Waltz"),"塔拉维拉里尔舞"("Taravera

Reel”),“美丽的非洲人”(“The Fair African”),还有以戏剧为名的“埃里森的蹦跳”(“Ellison's Caper”)和“卡塔里尼摇摆舞”(“Catalini's Wriggle”)。

[7] 这些记录来自简 1807 年仅存的袖珍日记。这两页藏于皮尔庞特·摩根图书馆(Pierpont Morgan Library)。

[8] 1809 年 7 月 9 日星期天的范妮日记记录了亨利全部的祈祷文。

第二十章　乔顿村舍

乔顿是个昏昏欲睡的小村，每天数度会被匆忙穿过村庄的驿车吵醒，它位于三岔路的交会口上：往北去奥尔顿、伦敦，往南一条路通往温彻斯特，另一条去戈斯波特。奥斯丁的村舍便坐落在这岔路口，楼上当街的一面非常贴近马路，六匹马拉的驿车雷鸣一般飞过时，卧房的窗户都会摇晃振动，行动较慢的车辆，乘客则能看见室内的景象。奥斯丁家搬来后不久，奈特太太给范妮的信上说："听说他们乔顿早餐的聚会很热闹，那是一位邮车乘客路过时看到的。"[1]奥斯丁太太喜欢坐在充满阳光的餐厅窗前，面对村庄的马路。[2]简也爱看门前的车流，以此作为一种娱乐，当温彻斯特开学时，她"昨天看见数不清的邮车，载满了男童——都是明日的英雄、立法者、笨蛋和流氓"。

村舍呈L形，砌以红砖，建构于1700年，原为农场，后来曾一度变成旅馆。房屋有两层，石瓦屋顶下还有阁楼。房屋的对面，在交叉路的夹缝间是一口大而浅的水塘，背后是一片"可爱的大杂烩：有灌木丛，草地，石子路，长得很高的待割的草，还有果园，我觉得这里像是两三户人家聚合起来的环境，而且做了最好的调整，很适合女性居住”。这是简的侄女卡罗琳的印象，而她对乔顿非常熟稔。[3]那里的厨房有菜园和院子，很多间宽敞的户外茅舍，至于教堂、牧师公寓和乔顿宅邸，沿着去戈斯波特的公路上，步行十分钟便可到达。全村居民约六十户，几乎全为爱德华工作。他们对雇主的母亲和妹妹特别尊敬，只 213
要雇主一声令下，他们无不服务到底，例如挖掘园地或者砍伐木材。为了报偿，女主人有时也教村民的孩子读书，为他们缝制衣物，在当时困苦的情况下这样做极为必要，这里穷人都靠贫民救济税（poor rates）生活。她们还救济了一位“可怜的本小姐”，她是一位穷牧师的妹妹，人口多，收入少，不得已租住工人的宿舍。“本小姐”的名字出现在简的书信中多于任何其他人，本小姐并不有趣，但其他人何尝不如此。

在她们到来前，爱德华新换了乔顿村舍的下水道，当然这不指室内的清洁设施，当时少数家庭享有盥洗室，也许亨利和伊莱扎是例外吧！但这种奢侈不能在乡下见到，一间远离正房，在院子后方开辟的水泵是最大的改善。一个更好的下水管道在隐蔽处，远离房舍。有些房间也得到改进，尽管奥斯丁太太爱坐在窗前看街景，他们还是主张与街道隔离，加上了一面美丽的哥特式墙壁。屋里的天花板甚低，做工也粗糙，但至少符合了乡村地方的标准：这些资料都来自卡罗琳。

奥斯丁太太和玛莎各有一间自己的房间，屋内“最好的卧室”依照常规得保留给客人，简则继续与卡桑德拉共享一间卧房，一如她们在史蒂文顿的生活。[4]她们的卧室有火炉，炉旁有圈椅，你可以穿着晨袍，舒服地坐在椅子上，室内有两张床，也一如史蒂文顿。[5]但我们意外地发现简并不要求独自的房间，尽管她认为私密权对一个作家而言很恰当，尤其是在她与卡西不在一起的时候，她是喜欢有一间自己的房间的。然而姐妹关系有时会像夫妻，因为睡前也会有交谈，简告诉

214 安娜说，她“宽衣上床睡觉时”曾向卡桑德拉朗诵过诗篇。[6]无疑她们也喜欢个性绝对相反的来往，我认识两个中年妇女姐妹，在 1950 年代这一纯洁年代中，承认像夫妇一般生活在一起，姐姐穿上男装在外谋生，妹妹穿印花布衣服在家看家，照顾花园。她们是地道的姐妹，不是同性恋，庆幸找到了彼此满意的生活方式。简和卡桑德拉都无意拿出男人的气概——她家男孩子多，谁也无法与他们竞争，然而她们取长补短，享受了完美的配合。简曾开卡桑德拉的玩笑说：“我知道你刻板的观念。”对年轻的一代而言，简也不像书信中那样顽固，而是个温暖活泼的姑姑，虽然卡西“更加冰冷、镇定”。当卡桑德拉过分拘泥或者无趣时，简会为她打开僵局，让大家高兴。如果卡桑德拉给范妮讲天文学让范妮头痛，简会为安娜讲个笑话，让卡西“感觉大家都愚蠢可笑”。[7]她们不同的角色是全家公认并理解的事实。

然而卡桑德拉懂得怎样给简自由。简起床比她早，首先占有了钢琴，在乔顿钢琴是个新玩意儿，想必是放在房子尽头的客厅，远离卧室中睡觉人的耳目。当她练琴、思考或写作时，女仆点燃餐室里的火炉，也给水壶装满了水，简则替全家准备九点钟的早餐，除了保管酒柜钥匙，这是简对家庭唯一的责任。由于早餐只有茶和吐司，而餐室里的火炉足够使用，因此并不麻烦。正因如此，只要卡西和玛莎在家，简可以免除其他一切杂务——这几乎让简变成了家中唯一一个特权者，其他的杂务包含午餐、晚餐、早点和下午茶。玛莎的食谱书寄到了，她们开始做汤、糕、奶酪布丁和素菜饼。[8]她们家有一个厨师，每年付她八英镑，然而餐饮计划和大部分工作还是得由自己动手。[9]奥斯丁太太
215 本人也卸下了管家的责任，一心用在菜园里，孙女安娜说：“她从地里掘出一堆马铃薯，我相信是她自己种的，因为厨房的菜园，一如她的花圃，是她很大的乐趣。我听母亲说，她工作时身穿一件绿色工作服，就

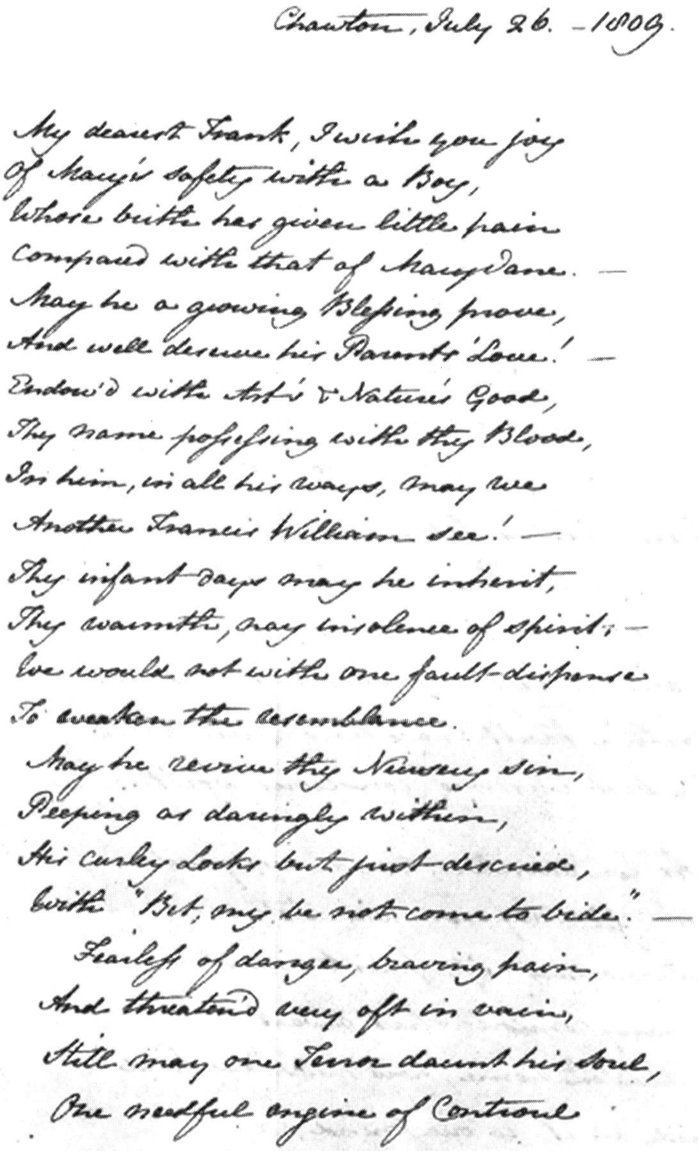
Chawton, July 26. – 1809.

My dearest Frank, I wish you joy
Of Mary's safety with a Boy,
Whose birth has given little pain
Compared with that of Mary Jane. –
May he a growing Blessing prove,
And well deserve his Parents' Love! –
Endow'd with Art's & Nature's Good,
Thy name possessing with thy Blood,
In him, in all his ways, may we
Another Francis William see! –
Thy infant days may he inherit,
Thy warmth, nay insolence of spirit; –
We would not with one fault dispense
To weaken the resemblance.
May he revive thy Nursery sin,
Peeping as daringly within,
His curley Locks but just descried,
With "Bet, my be not come to bide." –
Fearless of danger, braving pain,
And threaten'd very oft in vain,
Still may one Terror daunt his Soul,
One needful engine of Controul

简·奥斯丁写给哥哥弗兰克的诗，为庆祝其子诞生而作像工人的打扮。”[10]那时奥斯丁太太年七十有余，穿着工作服在田中采马铃薯，肯定是个乔顿的趣闻。

来乔顿后，奥斯丁太太也不再像在史蒂文顿时那样热衷于公众社交了，这里没有舞会，很少午餐，她们大多回归到家庭内部的活动中，只有亲戚来做客时，才热闹起来。1811 年圣诞节时，卡桑德拉告诉表姐费拉说，“我们小型的家庭派对很少有朋友和邻居”。[11]弗兰克在驶向中国海前，把妻子和婴儿送到他们附近来住，刚在奥尔顿路上的玫瑰树村舍安顿下来，便生下了他第二个孩子。因为这是个男孩，简写了一首贺喜的诗送给弗朗西斯。她很传统，感到这个男孩比她的姐姐重要得多。这诗开头便说，“最亲爱的弗兰克，祝你开怀／恭喜玛丽顺利产下一个男孩／他的诞生没那么苦／远远胜过了玛丽·简”。她提到生产的苦，可能参与了这次的临盆，不过这以后，尤其因为伊丽莎白的缘故，简对妇女的生产多抱着悲悯的态度，只是她从不批评她的兄弟。

在诗的结尾处，她表达了对新家的快乐：

> 这里应有尽有，
> 我们别无他求。
> 谁也不会有什么猜疑，
> 此家将是天下第一！
> 胜过所有新建或修缮的房屋，
> 无论是简洁的小屋还是扩大的门户。

诗中的譬喻很有趣，她把房间比作身体的组织，可以缩小，可以放大。我们今天会看见许多精简的浴室和开放的厨房。

意外地，有些老邻居出现在乔顿，也听到一些旁人的消息。哈 217
利·迪格威娶了一位达默女孩简·特里，已从史蒂文顿迁来奥尔顿。简对他们特别感兴趣，尤其当詹姆斯的女儿、十六岁的侄女安娜决定嫁给迪格威太太的兄弟迈克·特里。迈克三十余岁，是个害羞的牧师。这是桩典型的婚姻，当女孩在家闷得慌，抓到第一个机会便要结婚，借以脱离家庭。但当她父亲勉强同意后，她竟虎头蛇尾，不了了之。她受邀去戈德默沙姆，特里先生也专程前往肯特郡拜访她，也得到了范妮和她父亲的同意，但在归家路上她却改变了主意。这事使她的父亲和继母十分生气，于 1810 年夏天将她送往乔顿，跟她祖母和姑姑共住三个月，用意在使她接受一点教训，但她的日子过得比在史蒂文顿还好。

简与比格家维持着正常的关系，阿莱西娅的侄儿威廉·希思科特和简的侄儿詹姆斯-爱德华是好友，现在一同前往温彻斯特上学。从詹姆斯、玛丽和曼尼冈传来丘特、朴茨茅斯、哈伍德和勒弗罗伊这些老朋友的消息。简对安娜的第二个婚约也如同第一个一样不满，她这次打算嫁给本杰明·勒弗罗伊，是简老朋友的幼子。“她身上有**某种东西**总让我们担心什么事要发生”，她的姑姑如此说，听来大家都在为安娜不安，因为她漂亮、固执和不可预料的个性；假如她不跟一个男孩子鬼混，肯定会找另一个。十五年过去了，简和汤姆·勒弗罗伊惊世骇俗的行为显然还在她脑海中，即使她以婶母的口吻责难安娜和本杰明的性格不合，她不会不记得过去。她觉得本杰明性格孤僻，“脾气古怪”，而安娜则喜欢社交，朝三暮四。不过安娜不确切的个性结婚后却荡然无存，而简自己则曾经悔婚。你会怀疑这位姑姑偶尔对她聪明美丽侄女激烈的言论，是否多多少少与失去勒弗罗伊的懊悔有关。

当本杰明·勒弗罗伊以不确定是否接受圣职为由拒绝助理牧师 218

一职时,全家大为愤怒,他告诉他未来的岳父说,他宁愿放弃婚约,不能被迫接受这份工作。这期间詹姆斯常来乔顿,每次来,或者还在马背上,或者还在旅途中,便为此事抱怨连连。偶尔他也会带来一首诗供大家欣赏,1812 年,他写了一首名为《塞尔伯恩的小山林》的小诗:

看到塞尔伯恩的小山坡,
谁还会谈论理性的快乐?
谁不会想起吉尔伯特·怀特?
……倘若我粗鄙的小诗
能将它甜美的魅力展示……
我再不会追求虚构的主旨……

就我们所知,自从詹姆斯《闲游者》停刊后,他从来没有写过虚幻不实的文章,而此刻他对虚幻也抱着鄙夷的态度。[12] 虽然他后来对《曼斯菲尔德庄园》有过赞美,他对他妹妹的写作从来没有鼓励。[13] 当他写妹妹的纪念文时,对她的为人和个性充满赞扬,但极少涉及她写作的质量和内容。他称许她见到可笑之事却从不谩骂,她从事写作也分担家事,没有丝毫作家的虚荣和骄傲。[14] 在他另一首较晚期的诗中,他特别挑出司各特这位小说家却不提他的妹妹,这些小事隐约透露了长兄对妹妹的模糊回应,他认为自己才是家中的作家,而妹妹夺去了他的天地,而她所长只是小说一项而已。然而,“总之,这本书不过是展现了人心最强大的力量,对人性最透彻的了解,最欢乐地描绘了人性的多样性,以精选的最佳语言向世人传达着最生动的智慧与幽默”。这段《诺桑觉寺》中为小说辩护的话很有点个人辩论的意味,也忠实地赞美了另外两位女作家：伯尼和埃奇沃思。詹姆斯和简之间有无公开辩论女性作家的问题我们无从知晓，但在他们各自的写作中都涉及此一话题。

亨利的来访是不能预料的，他随性而来，拜访他奥尔顿大街银行 219
的合伙人。他每次来时不是乘坐高挑的双马跑车（curricle），便是小型单马双轮车（gig），也会顺便带他的妹妹去塞尔伯恩或者彼得斯菲尔德兜风。丧妻后的爱德华也常从肯特郡来访，例如1809年、1810年的秋天，以及1812年的春天，来时都带着范妮，她现在全力承担了看管弟妹们的责任。他们的时间分配在乔顿和史蒂文顿之间，去奥尔顿市集，带男孩去温彻斯特上学，或者应邀去维恩庄园餐叙。[15]范妮每次回到肯特郡都很开心，而爱德华也喜欢汉普郡，他决定房客迁出后不再出租乔顿宅邸，而从此留为家用。

查尔斯还在大西洋上——他要到1811年才会回英国，消息传来他在百慕大生了两个女儿，并邀请他的两个姐姐做她们的教母。弗兰克则于1810年7月返家第一次见到他的儿子。在公务上，因他在海上督导卓有成就，他受到海军总部褒扬，东印度公司也以他安全把“宝藏”从中国运回英国为由①，奖赏了他一千基尼和某种银质奖牌。一如沃伦·黑斯廷斯，弗兰克是个实用主义者，工作高效，遵从传统，没有想过要改变它们。他加入海军的目的是赚钱，相信护航东印度公司也是为国效劳。不过这是他与东印度最后一次的往来，不久，他前往北海参与1812年与美国的作战，随后则于波罗的海护航，1811年，玛丽给他生了第二个儿子。

---

① 从中国运回财富显示了英国皇家海军参与东印度公司商贸的事实。此“东方海洋宝藏舰队”活跃于1601年至1833年间，运输品以香料、纺织品、瓷器和茶叶为主。

这一切家庭事业在家书中引起一些轰动，包括他的姑母、舅母、妹妹、教母，还有乡村里的一些好妇人。但另一重生活，虽无关兄弟的事业、子女和乔顿，也引发了一些骚动：那就是简·奥斯丁以小说家的方式每日规律写作的生活，其效率和自律不亚于她作为海军的哥哥。根据她侄子的记载，简在家事不断的打扰中可以安然写作，确是奇迹。

> 220 她对写作非常谨慎，不愿让人知道，包括仆人、访客和不属于家庭里的任何人。她用一张小纸头书写，随时掩藏，或者用一张吸墨纸遮盖起来。在她的大门入口和书室间，她装了一扇旋转门，任何人进出都会让这门发出嘎吱声，但她拒绝人们解决这个问题，因为门的响声正好让她知道有人来了。[16]

这是个恼人、痛苦，也极可爱的画面，但只有一半是真。在如此恶劣的环境中，她的修订变成了神话；她向来整洁灵巧，却无法用单面纸和一张吸墨纸完成《理智与情感》的全部修订。房子中一定还有其他人能保卫她的安宁和隐私，且比那扇嘎吱作响的旋转门更为有效。再说，她没有理由不上楼去，躲开无谓的喧嚣，或者利用早晨练习钢琴的那段时间。[17]

鼓励和实际的帮助来自亨利。1810 年 12 月，军事图书馆出版商托马斯·埃格顿同意出版《理智与情感》。亨利的军界关系显然有了着落，但埃格顿对已卸任的军官提出的一部无名作者的书兴致并不高，希望作者自己出资并付广告费，而作者可以保留版权，这便是为何《理智与情感》初版时注明了“作者自印”的字样，而费用是亨利和伊莱扎出的。[18]同年 3 月，亨利和伊莱扎邀请简去斯隆街小住，她在那里开始校阅排印的稿件。

这时简希望她的书能在6月问世，与她亲密的家人，包括奈特太太都清楚此事。简还希望奈特太太会喜欢书中埃莉诺的性格，但简坚持对外不透露作者的姓名。同时代的小说家玛丽·布伦顿曾告诉一位朋友，自己不想公布姓名的原因："被人指点，被人注目品评，被人议论你的文学气质——作为一个女作家，会被不伪装的女人礼貌地规 221
避，也会被另一些伪善的男人厌恨！天哪！我宁愿去表演走钢丝。"[19]

大凡淑女无不有避免公众注目的倾向，但简对她的著作出版数年后还感到紧张便有点特殊。她在给卡桑德拉的信中说："说真的，不管多忙，我都会惦记我的S&S(《理智与情感》)。我忘不了它，就像一个妈妈忘不了她吃奶的婴儿一样。"这种兴奋又脆弱的声音是她信件中很少有的，她在这里更像玛丽安，而非埃莉诺，也类似十五年前她对汤姆·勒弗罗伊的表现。有如一切作家，简害怕世人的反应，与此同时，小说是她心灵的孩子，而她心里一定知道，这是个好孩子。

4月到了尾声，印刷厂才印出第九章，而威洛比才刚出场，甚至第一卷都还没印完。亨利尽力催促，不幸老板出差去了，但不妨事，伊莱扎继承了亨利的工作："老板不在，一切照旧，文件交给伊莱扎！"伊莱扎对印刷的关心，对责任的担当和对简的信心，此时变得极为重要，尽管印刷进行缓慢，她们表姐妹间却产生了共同的兴趣和目的。她们从来便是好友，现在友谊更进入了一个新的维度。她们计划夏天同来汉普郡居住。

《理智与情感》的广告于1811年10月31日在《晨报》上出现，用语是"一位女作家的新小说——"。一星期后，另一广告说是一本"异乎寻常的小说”！而11月底新闻报纸的通告上则变成了“‘A’女士引人入胜的小说”。谁是这位神秘的“A”女士？她好像呼之欲出了。早年书籍出版的日期跟今天一样模糊，出版的册数也不详，但总数不会超过一千册，这书一套三卷，售价十五先令，1813年夏天全书售罄，而简获利一百四十英镑。这第一笔自己赚来的钱，对一个不能独力谋生的女性来说绝对重要，它代表成就，不管有多微不足道，但更代表自
222 由。现在她可以独当一面，她可以随意送人礼物，计划自己的行动，一种固定的秩序被打破。

早在《理智与情感》售空以前，埃格顿看准了其中的机会，有意购买她下一部作品。报上对她时有好评，虽然语词乏味，用意却很好：“非常好看、有趣”，或者“写作谨严，书中人物有教养，刻画自然，顺理成章。故事发展合乎情理，趣味盎然，结局也符合读者预期”。[20]但更重要的是，此书得到了“上流社会”的注意，而这批人对文学的品味和意见有举足轻重的分量，也是茶余饭后，或者情侣朋友书信往还间助兴的话题。例如贝斯布罗夫人（1761–1821），这位谢里丹和威尔士王子的朋友，聪明伶俐，曾认为此书的结局“愚蠢”，但仍高度享受阅读的趣味。十六岁的小公主夏洛特（1796–1817），王位继承人，在父亲摄政王和离异妻子卡罗琳的争执中，读到《理智与情感》时，感觉“玛丽安更像我的**个性**，虽然我没有她那样好，但她轻率的言行真的有点像我。我必须说，这书给了我很大的乐趣”。[21]霍兰男爵①一家人也表示欢迎，他的长子于多年后曾告诉查尔斯·奥斯丁说，他们“许久没读到像《傲慢与偏见》和《理智与情感》这样好的书了”。[22]

埃格顿准备买下《傲慢与偏见》的版权，虽然简本想要价一百五十

① 霍兰男爵（Lord Holland，1733–1840），英国政治家。

英镑，埃格顿出价一百一十，但她答应了，显然接受了亨利的建议。这是 1812 年 11 月，那时的版权跟今天不同，有效日期只有十四年，如果作者还活着，可以再延长十四年。“我相信这次交易会省去亨利许多麻烦，因此我也完全同意。”简在给玛莎的信上这样说，意味着他不必预先付款。在给卡西的信中她继续把此书叫作“我亲爱的孩子”。书出版时，广告说“作者就是《理智与情感》的作者”，而每册价格提高为十八先令，立即引起高度好评，而且特别指出伊丽莎白·贝内特小姐的角色。这次公众的反应远比前次热烈，谢里丹说这是他读过的书中最具慧心的一部，这一定使他想起，自己也曾善于描写对话，只是后来 223
他放弃了这才能；承认有人比他更高明，是少见的大度。文艺界有人告诉亨利·奥斯丁说，这书太伟大了，几乎不像出自妇人之手。沃伦·黑斯廷斯写信表示他的崇拜，简“非常高兴”，这个大世界开始阅读她的书，为她的书欢笑，也纷纷购买她的书。

然而简·奥斯丁没有参与这份热闹，她陪同母亲，在乔顿继续她隐姓埋名的生活。当《傲慢与偏见》出版时，卡西和玛莎正好外出不在家。她为兄弟寄去了数册，而在一月潮湿黄昏的火炉边，她和母亲轮流向本小姐朗诵开篇的几章作为该书问世的庆祝。“可怜的家伙！她大概无可奈何吧，让我们两个人领着她跑，但她好像真的很喜欢伊丽莎白。我必须说**我**也承认她如同书中所有最可爱的人物，如果竟然有人不喜欢**她**，我真不知该怎么办。”作为生命中唯一的一次，不论她自己知道与否，本小姐应当是英国当时最幸运的人。

本小姐第二次来访时轮到奥斯丁太太朗诵，她读得太快了一点，“虽然她了解书中人物的一切，她不能让她们表现自然”。简对母亲无计可施，她年长强势又极顽固，处处得让她领先，尽管女儿已经完全长大，她仍然有不同的意见要表达。她也觉得匿名虽然适合女性，却有它的缺点，每个作家出了新书都想找人谈谈，但此刻无人跟她沟通，在简写给卡西的信中，她修改了几个错字，发现了她有意要贝内特家人开饭却没人做到，也“认为添一个‘他说’或者‘她说’会让文字更清楚——”。既然在乔顿没有人与她谈话，她只好去散步，在泥泞的路上走向奥尔顿，她说她至少逃开了母亲的访客。

她决定让安娜知道这个秘密。不久她还写信给在史蒂文顿的卡西，说乔顿居然有人在读埃奇沃思小姐和格兰特太太的书。虽然她不曾直说，但只要作家们自己的书还在，他们就不愿听到人们读别人的
224 书。愚蠢的迪格威太太便藏有格兰特太太三卷的《山间来信》，“对她来说，她家中的三卷书，其中一年的五十二周发生了什么事，跟她有什么关系呀”。[23]

当她回到《傲慢与偏见》的主题时，她信笔疾书，写下了她对这“亲爱孩子”的一番热爱，而她确实也有权如此：

> 这书未免过于明亮耀眼了，——它需要一点阴影——有些地方需要淡化，有些需要扩大篇幅——可以讲道理，但不要一本正经、似是而非的胡话——写些与故事无关的故事；谈谈写作，试论沃尔特·司各特，或者拿破仑的历史——任何东西，只要能形成反差或能增加读者对于玩笑、隽语的兴趣——我担心你不会附和我的意见——我早就知道你僵硬的思想。

当她开心时，她爱开卡西的玩笑，在其书信中，像这样快乐、诙谐和随意的段落很少遇到。在这里，她不再自我防卫，而她的笔信马由缰，快乐，明朗，一如伊丽莎白·贝内特伶牙俐齿的言论。

注释

[1] 奈特太太给范妮·奥斯丁的信，1809 年 10 月 26 日，引文见迪尔德丽·勒·费伊，《家庭记录》，第 161 页，收录于布雷伯恩勋爵，《简·奥斯丁书信集》（*The Letters of Jane Austen*，两卷，1884），第二卷，第 364 页。

[2] 根据查尔斯·温哥华（Charles Vancouver）的《汉普郡农业纵览》（*General View of Agriculture of Hampshire*，1815），乔顿有六十四座房屋，六十五户人家，一百七十一名男士，两百零一名女士。男士中六十一人务农，十人从商，三百零一人其他。

[3] 卡罗琳·奥斯丁，《我的姑姑简·奥斯丁：一部回忆录》，第 3-4 页。

[4] 这个传统来自詹姆斯-爱德华·奥斯丁-利《回忆录》的记载，其中第 16 页写到两姐妹"终生"共享一间卧室。然而，卡罗琳在《我的姑姑简·奥斯丁》（第 14 页）中说简生病时"待在她的房间里"，说明此时没有共享房间。

[5] 无可怀疑。简 1801 年 1 月 3 日给卡西的信中说，当离开史蒂文顿时，一切顺理成章地"连同所有的床都得搬走，即——除了他们的，还有我们的"。当时的风气是共享卧床，她曾与母亲、玛莎·劳埃德、侄女范妮共床，当然会与姐姐共用。当时女性也与女仆、孩子和朋友共床，在旅馆中男人甚至与陌生人共床。

[6] 简·奥斯丁给安娜·奥斯丁的信，1814 年 9 月 28 日。

[7] 詹姆斯-爱德华·奥斯丁-利，《简·奥斯丁回忆录》，第 16 页。范妮提到的天文学演讲，见 1811 年 6 月 12 日记。玛格丽特·威尔逊（Margaret Wilson）《情同姐妹》（*Almost Another Sister*，第 29 页）说这里的"天文学"演讲指的是范妮的情感纠葛，她曾戏称一位青年朋友为木星。

有关向安娜说笑话和卡西的反应，见康斯坦斯·希尔（Constance Hill），《简·奥斯丁：她的家庭与朋友》（*Jane Austen, Her Homes and Her Friends*，1904），第 195 页。

[8] 玛莎还有医药知识，例如治理肺病、虫蚀、烂嘴唇、腰痛和"疯狗咬伤"，还有一些兽医疗方。她也收罗美容的药品，例如"珊瑚牙粉"和两种冷

霜。资料见麦琪·布莱克(Maggie Black)和迪尔德丽·勒·费伊,《简·奥斯丁菜谱》(*Jane Austen Cookbook*,1995),第 36 页。

[9] 1814 年奥斯丁太太写信给她新婚的孙女安娜,谈到厨师,"至于厨师,我必须说,弗兰克太太付十个金币,而我付八个——她家有许多盘子得清洗,而我家没那么多"。引自杰弗里·格里格森(Geoffrey Grigson),《泰晤士报文学增刊》,1955 年 8 月 19 日。

[10] 安娜的女儿范妮·勒弗罗伊把此话传给康斯坦斯·希尔,她则记录于《简·奥斯丁:她的家庭与朋友》,第 176 页。

[11] 卡桑德拉·奥斯丁给费拉德尔菲亚·沃尔特(如今是惠特克夫人〔Mrs. Whitaker〕)的信,1812 年 3 月 20 日,《奥斯丁档案》,第 250 页。

[12] 根据他儿子詹姆斯-爱德华·奥斯丁-利的叙述,《简·奥斯丁回忆录》,第 12 页。

[13] 见查普曼,《次要作品》,第 432 页,《〈曼斯菲尔德庄园〉意见书》("Opinions of *Mansfield Park*")。至于《爱玛》,詹姆斯·奥斯丁夫妇一致表示不喜欢, 认为"不如其他三本书,语言与其他书也不同,不容易读"。

[14] 詹姆斯写给他妹妹原诗的手稿存于温彻斯特学院院友图书馆(Fellows' Library at Winchster College)。我用的版本取自乔治·霍尔贝特·塔克的《丰厚的遗产》,第 113 页。

虽然她心灵的目光善辨,
常揭示人性可怜的弱点;
似乎永远保持警觉,
将荒谬的事情戏谑;
但她从没写过一字,
去伤害朋友的心思,
也从没有写过一句,
临死之前想要抹去。
只有她的家人深知
她真实不虚的价值。

是的,他们有幸见证
她的姐妹之情,女儿之忠;
看到她时刻乐于分担,
各种各样的家务乱摊。
出于嫉妒女性的美誉,
他们持有可耻的偏激;
似认为女人们的心中,
不该有任何文学性情;
否则会引燃虚荣和骄傲,
使她们偏离有用的正道。

[15] 见范妮日记,1812 年 5 月 4 日。日记中说:“这里真美。”

[16] 詹姆斯-爱德华·奥斯丁-利,《简·奥斯丁回忆录》,第 102 页。

[17] 见简·艾肯·霍奇(Jane Aiken Hodge),《简·奥斯丁的双重生活》(*The Double Life of Jane Austen*,1972)。

[18] 简·艾肯·霍奇指出,当 1813 年 11 月此书第二版印刷时,简写道:“我知道为这次的印刷,我将欠亲爱的亨利许多钱了。”(《简·奥斯丁的双重生活》,第 120 页)

[19] 这话来自玛丽·布伦顿太太。玛丽·布伦顿(1778-1818),苏格兰作家,比简年轻三岁,是《自制力》(1810)一书的作者。简希望得到此书,但担心书太先进,会影响她的写作和书中人物的个性。但当 1813 年 10 月她读到此书时,她的担心化解了。劳拉属于一种完美的女主角,先拒绝了第一次诱惑,又拒绝了冒失的哈尔格雷夫上校的求婚,经历了一番沉浮,故事的高潮发生在美洲,在这里,她戏剧性地乘着一只印第安独木舟逃走。作品很成功,值得一读,比如劳拉对伦敦噪音和交通的恐惧,以及她卖画挣钱的屈辱遭遇。

布伦顿太太四十岁时死于生产,她十九岁结婚,知道此次产事不能顺利,预先选好了寿衣。上文引自她给朋友伊杰特夫人(Mrs. Izett)的信,见她丈夫的回忆录,第 xxxvi 页,并置于她死后刊出的《埃米琳》(1819)序言中。

此书是对离婚热情的拥护。

[20] 见《不列颠评论家》,1812 年 5 月;《批评》(*Critical Review*),1812 年 2 月。

[21] 阿瑟·阿斯皮诺尔(Arthur Aspinall),《夏洛特公主书信集》(*The Letters of Princess Charlotte*,1949),第 26 页。

[22] 查尔斯·奥斯丁在 1815 年 5 月 6 日给简·奥斯丁的信中提到一次与"查尔斯·詹姆斯·福克斯的一个侄子"的谈话,那时查尔斯在巴勒莫(Palermo),而查尔斯·福克斯十八岁,还在海军服务。由于他出生时父母尚未结婚(她的母亲仍与第一任丈夫在婚),他无法继承霍兰德男爵的头衔,也不能成为合法的继承人。他放弃了海军,加入了陆军,先后爱上克拉伦斯公爵与乔丹夫人的两个女儿。伊莱扎拒绝了他,选择了埃罗尔伯爵;而玛丽·菲茨克拉伦斯在 1824 年同意嫁给他。查尔斯·奥斯丁的谈话记录见 J. H. 哈巴克,《简·奥斯丁的海员兄弟们》,第 270 页:"我们的谈话集中在书本上,我极力赞美《韦弗利》,一位在场的年轻人则说,许久没见到像《傲慢与偏见》和《理智与情感》这样好的书了。我猜想你应当想知道谁是这位有品味的人,我告诉你,他就是福克斯,是查尔斯·詹姆斯·福克斯的侄儿。假如这微薄的赞美还没有让你兴奋,我再告诉你,他说他喜欢这两本书超过《曼斯菲尔德庄园》。他真是特别。"看来查尔斯·福克斯是金斯利·艾米斯①的前身了。

[23] 安妮·格兰特夫人的三卷本《山间来信》出版于 1806 年,大获成功。这些信写于 1773 年至 1803 年间,出版时,她的丈夫、奥古斯都堡地区随军牧师已经去世,她成为孀妇,并要抚养八个孩子。书信动情地描绘了位于珀斯和因弗内斯之间遥远村庄里的生生死死。他们在此耕地、织布。信中也很好地表达了她关于如此环境中的家庭生活的观点:

> 一个大家庭本身就是一个小社区。性情多种多样,偶尔有必要牺

---

① 金斯利·艾米斯(Kinsley Amis,1922-1955),英国文学家、评论家。他在《简·奥斯丁:结果如何》一书中指出《曼斯菲尔德庄园》中范妮·普莱斯角色的疲软,失去了奥斯丁向来人物造型的刚健。

> 牲个人秉性和爱好，或正当地抵御外来侵犯，这一切让人学会坚强，也懂得灵活。——对家中的长者要尊敬顺从，对幼者要温慈忍耐，如果处理妥当，这一切有助于道德完善，胜过书本上的格言和行为轨范。——至少谦虚与服从，我们这种环境中的人必须在自卫中加强这两点。——在村庄里，孩子一直在大人的眼皮底下，受制于狭隘的范围，任性是一种磨难。（第三卷，第165页）

格兰特夫人在美国度过童年，独立战争之前，其父在美供职（她在1768年回到苏格兰）。她是热情的托利党人，曾写道："我们讨厌所谓人权，也憎恶女权。"（1795年4月，第三卷，第231页）

第二十一章　曼斯菲尔德庄园

225 1811 年春天，当简在亨利和伊莱扎斯隆街的家中校对文稿时，伊莱扎举办了一场音乐派对。她雇请了职业钢琴师、竖琴师和歌手到场，重新布置了会客厅，租来一面大镜子、特种烟囱照明灯和花卉陈设。她邀请了八十位客人，到了六十多位，他们挤满了二楼的客厅、通道和前厅。派对极为成功，一直开到午夜，次日《早邮报》还有报道。简很喜欢那天的音乐，在给卡桑德拉的信中提到一位喝醉酒的海军上校向她讲述她弟弟查尔斯的故事。另一个晚上，伊莱扎则带简去会见了一位法国朋友，安特雷格伯爵[1]，和擅长音乐的伯爵夫人与儿子朱利安。“看一看法国圈子的生活方式会很有趣。”简写道。

然而伊莱扎和简都被蒙在鼓里的，是这位安特雷格伯爵是俄国和英国双面间谍，而现在他面临险境。他的英国保护人是坎宁先生，而

① 安特雷格伯爵（Comte Emmanuel Louis d'Antraigues，1753－1812），法国政治家，因反抗拿破仑被捕，逃亡俄国，在英国遇刺身亡。

坎宁此刻不再是英国外交大臣，安特雷格伯爵很担心他自己的未来，他此时也急于抛开他的妻子。[1]当然，当奥斯丁兄妹来到他家时，这一切全然没有浮上台面。依照简的叙述，“这位老伯爵看来英俊，举止安详，够格做个英国绅士——我相信他很有见识和品味。他有些绘画让亨利十分欣赏，而他儿子的音乐也打动了伊莱扎的心”。

“这位老伯爵”五十八岁，而伯爵太太，安妮·德·圣于贝蒂，是退休的歌剧演唱家，1780年代曾红极一时。奥斯丁兄妹在英国社会中常见到这种婚姻：卡桑德拉未婚夫的亲人克雷文伯爵于1807年便娶了 226
名伶路易莎·布伦顿为妻。[2]伊莱扎结识安特雷格伯爵应始于1780年代她第一次婚姻期间，像卡波·德·弗伊德一样，他也是加斯科涅人，是凡尔赛宫讨人喜欢的年轻军官。与德·弗伊德不同的是，他的头衔是真的，不过这是他唯一可以证实的事了，他的习性介乎思想自由和宗教约束之间，一度是共和政体的热情拥护者，却又支持君主制度，1790年逃离法国。农民烧毁了他的城堡，他终生不曾回国，从此流浪欧洲，谁付钱就为谁工作。拿破仑将他囚禁在意大利特里斯特港口，他逃去俄罗斯，沙皇亚历山大一世聘请他为教育顾问。1807年，他移民来到英国，显然是一个不幸的流亡者；而妻子则因约克公爵夫人的邀请，成立了音乐学院。

这种给简留下深刻印象的安静举止，正是他复杂生涯的掩护，而此刻他则陷于痛苦和绝望中。次年他和妻子在家中双双被害，凶手是他们的仆人，一个曾在西班牙为法军作战的逃兵。他们的儿子朱利安公爵认为这是拿破仑的作为，但他的传记家则认为是家仆一时的气愤，而且他们在英国的处境也委实太糟。他的故事到此结束，简·奥斯丁也从不再提。然而亨利和伊莱扎怎会有此行为不检乃至危险的朋友？他们心中有数吗？是否亨利觉得他们对他的事业有利？我们不得而知。伦敦社会充满这种来路不明的人物，而名伶、歌星随时摇身一变成为伯爵夫人，正如伊莱扎自己的身世和她含糊的头衔一样。欧洲数十年的战乱搅乱了人们的视听，以至于没有什么是可靠的。亨利需要找到一些人，为他们的兴趣和需求服务，以此谋生，但这是个复杂的工作；他巴望客人诚实，但客人却有自己的盼望，人人都在变戏法。就在安特雷格伯爵被杀害的同年，首相斯宾塞·珀西瓦尔也在进入下院时遭到枪杀，凶手是英法战争中经济破产的受害者。

227 伊莱扎带简去会见安特雷格伯爵的1811年，正好是简开始撰写《曼斯菲尔德庄园》的一年，那年也是威尔士亲王经历二十年的挣扎而终于获得摄政王身份的一年。那年乔治三世的疯癫症再次突发且治愈无望，才有此决议。那年英王七十三岁，6月时他的生日在汉普郡照常举行，而塞尔伯恩公有地上忠实的志愿者结队游行庆祝。在伦敦，也在6月，摄政王不甘示弱，在卡尔顿宅邸狂贺他的登基，但他的奢侈无以复加，用去了十二万英镑，在国家二十年战乱后民不聊生的状况下，这绝对荒谬。他的庆典没有邀请与自己长期不和的妻子，几个月后，简·奥斯丁谈起威尔士王妃时，对这位威尔士亲王有毫不含糊的表态："可怜的女人，我会无条件支持她，因为她是女人，而我恨她的丈夫。"

1811年还有一桩丑闻：克拉伦斯公爵[①]终于赶走了他的情妇，替他生下了十个孩子的演员乔丹夫人。她搬出了他们的家，搬进位于卡多根街（Cadogan Street）上的一座房舍，距亨利家不远。亨利他们可能还会注意到公爵于1812年2月把五个年幼的小孩从后门送进来的情

---

① 克拉伦斯公爵（Duke of Clarence），乔治三世第三子，摄政王的弟弟，后来成为威廉四世，在位八年。

景,还有他们6月时的离去,他们的妈妈伤心地把他们送还给公爵监护,认为这样对他们最有利。公爵在上院发表支持奴隶买卖的言论,在别处则穷追富有的年轻女性。此时摄政王虽然自己纠缠在婚姻和女儿监护权的漩涡中,却力劝他弟弟尽快成婚。他的女儿,与《理智与情感》中的玛丽安非常相似的夏洛特公主,行为也越来越失检点,几乎到了不能控制的地步。她浪费了太多时间跟不正当的青年男子勾搭,其中之一竟是自己的堂兄,亦即乔丹夫人的大儿子。这里一面牵涉社会、道德和政治,另一面则是任命权统治了一切。1811年12月,摄政王指派克拉伦斯为舰队总司令,把他放在靠人脉来晋升的制度之首,这是奥斯丁兄弟始终理解的一种情况。[3]

王公贵卿们可以背弃公正、宗教的原则,或者婚姻的契约,但他们 228
的行为依然是全国上下效法的准绳。《曼斯菲尔德庄园》作为一部小说,涉及英国的现况,正面谈论皇室人员的行为及其对社会的影响。它把人划分为二:一种人恪守宗教和道德的原则,不会为任何理由作出妥协,认为没有真情的婚姻就是机会主义的婚姻,而厌弃任何不道德的性行为;另一种人则和光同尘,是既有教养又有地位的年轻人,他们追求欢乐,但把宗教和道德丢在一旁。在世俗一面,亨利和玛丽·克劳福德受到他们海军上将叔叔的腐蚀,他有权有势,公开养情妇,在他侄儿面前对不正常的性罪恶毫不表示在意。玛利亚和茱莉亚·伯特伦则被虚荣和贪婪误导,不能抵抗诱惑,当他们从父亲乡下的房子(表面上仍维持着正当的社会准则)搬到伦敦(这里可以为所欲为),腐败得更彻底了。《曼斯菲尔德庄园》未尝不可从这个角度来阅读,而书中摄政时代形形色色的社会现象也无一不在眼前。(读者如想知道《曼斯菲尔德庄园》故事的大略,可参阅尾注。)[4]

书中对道德的捍卫以及对腐败的批判得到当时读者极大的赞赏。

简・奥斯丁说她的出版商埃格顿先生“赞美它的道德意识”，其他人则褒扬“纯粹的道德”，“对道德倾向”的热忱，和对现代教育的攻击。至于书中“高尚的道德”“妥当的神职人物刻画”和“强烈的道义感”无不受到好评。[5]当时有再版的打算，奥斯丁的侄子詹姆斯-爱德华怂恿她写一续集，“把埃德蒙和范妮的形象作为理想婚姻生活的典范”。[6]

不过从一开始，另一些读者也传出了不同的意见，包含她自家（继简之后）最聪慧的两位女士。她的母亲不提道德的高调，反而觉得书
229 中贞洁的女主角“索然寡味”，安娜也说她“受不了范妮”，爱德华的儿子乔治不喜欢范妮而更喜欢玛丽・克劳福德。霍兰德勋爵家庭认为此书比不上以前的两本，阿莱西娅・比格觉得《曼斯菲尔德庄园》缺少了以前作品的趣味。夏普小姐虽赞美书中人物的塑造，却说“如果你要我绝对诚实，我应该说我更喜欢 P&P（《傲慢与偏见》）”。[7]至于卡桑德拉，虽然她“喜欢范妮”，但据她的侄子说，她曾劝简把她嫁给亨利・克劳福德，这无异于说对于旁人所赞美的“道德倾向”她并不以为然。[8]

亨利的意见持续出现在简的书信中，当他读第一卷时他表达了对亨利・克劳福德的好感：“他赞美亨利・克劳福德——我觉得非常恰当——把他当作一个聪明而可爱的人看待。”他说他已猜到了结局。然而越往下越惶惑，全书读完后，他只泛泛地说：“他的好感没有降低”（简的话），“他觉得最后一卷的大半部分**极其有趣**”，这个模棱两可的话让你怀疑他对故事的结局采取了保留的态度。

对于读者来说，《曼斯菲尔德庄园》始终**极其有趣**，且成为奥斯丁作品中最具争论的一部。1917 年雷金纳德・法勒在赞美书中许多片段之余，指出奥斯丁对克劳福德兄妹的吹毛求疵是“极度不诚实”，她一面作艺术家的欣赏，另一面却作道德家的谴责。他觉得范妮・普莱

斯不讨人喜欢,她冷酷,自以为是,偏执,是“最恐怖的、自命清高的法利赛女人的化身”(等等),他也称此书的结局是“对读者的欺骗”,也是艺术上的失败。法勒之后二十年,奎尼·利维斯附和这种看法,她认为此书尽管有其光彩,依然充满“矛盾和混淆”,被“奥斯丁执意守护传统道德的观念戕害了”。[9] 1950年代,金斯利·艾米斯也重提法勒的意见:“邀请埃德蒙·伯特伦夫妇出席晚会不是一件容易的事。”克劳福德兄妹很有趣,但伯特伦夫妇却兴味索然,他们不懂幽默,自大,寡廉鲜耻,而范妮也缺少“自知、大度和谦逊”。艾米斯结论说,奥 230
斯丁自己的判断和道德意识已经严重迷途。[10]

替范妮和“道德倾向”作辩护的是莱昂内尔·特里林。他起初赞美玛丽·克劳福德,承认她“被有意设计为要赢得所有读者的欢心……她直率,开放,聪明,焦躁。爱讽刺是她的天性,我们不禁觉得她的声音就是作者本人,一如伊丽莎白·贝内特”。这话说得很好,使我们急切期待特里林详细阐释为什么我们应该更喜欢范妮而非玛丽。而事实令人失望,他认为奥斯丁让我们不要欣赏玛丽活跃的头脑,因为“她的活跃混淆了世俗、肉欲和罪恶”。而范妮所代表的是基督徒式的女主角,支持埃德蒙成为牧师、服务社会的愿望,这也正是“个人卫生”的要求。从“卫生”的角度观看,所有戏剧都应被谴责,因为它们牵扯到虚假的自我。特里林认为,虽然初次读此书时,玛丽显得无比可爱,然而第二遍的阅读则显示了她的虚伪,她认为风格比真实性格更重要。[11]托尼·坦纳追随特里林对范妮的赞扬,觉得她“端详、安静、脆弱和自敛”,颇不同于克劳福德兄妹,例如他们对戏剧的品味,“不受道德约束的行动,让世界黑暗的心态,以及虚伪的心意”。[12]

这些言论的问题是,当你回到原书与书中人物面面相对时,它们失去了分量。正如罗杰·加德所说,“事实上,大多数读者都喜欢克劳福德兄妹,这便是为何批评家不得不翻江倒海,务必找到,甚至不惜捏造他们既往的过错”。[13]而且因为喜爱戏剧而低贬他们,也不合情理,尤其我们知道奥斯丁对戏剧有高度的兴趣。至于为何奥斯丁有此言论,大约因为她与伊莱扎曾同时取笑过一些不严肃的剧本,例如《此人是谁?》和《楼梯上的高级生活》,从这里简也可能起了把戏剧用到小说里来的念头。我们没有理由相信她会在《曼斯菲尔德庄园》之外对戏剧表示恶感,这是完全说不过去的事情。

不过坦纳有一个观点颇有道理,他说奥斯丁给了端详、安静的范
231 妮足够的道德力量来征服她周围光华灿烂的人物,不让他们破坏她内心的平静。尽管在残酷而无情的虐待下,她的胆怯和忍耐显示了“早年接受磨炼和自律的优势,以及正视生命中的挣扎和坚毅”所得到的报偿。事实上,她既充满英雄色彩,又矜持清高。

假如奥斯丁汲取童年的回忆——一个害羞、不快乐的女学童观察着她尚不能理解的世界——来塑造“我的范妮”,这个被移位但最终胜过每个人的女孩,对于一部小说而言,这是一个好的开端。然而假如这真是一个开端,在进展的过程中,任何意外事件都会影响奥斯丁原有的计划,有如《理智与情感》,这种方向、意图和重点的改变,便是此书的力量,让读者在一读再读之余,觉得有取之不尽、用之不竭的趣味。正如莎士比亚的《威尼斯商人》,总是向不同甚至相反的阐释敞开。你可以赞同玛丽·克劳福德,也可以反对她,就像夏洛克一样,或者像范妮·普莱斯一样。莎士比亚的剧本和奥斯丁的小说是富有生命的艺术作品,向不同的解读开放。[14]

范妮在《曼斯菲尔德庄园》中所受到的痛苦,奥斯丁其他作品中的童年描写都不能与之相比。她的姨母伯特伦夫人是个十足的白痴,她或许是个喜剧人物,脾气也不坏,但她的极度镇静毫无喜感。尽管她

“平静的忧伤……始终引起人们的关注”，但作为女主人，她完全无能。她的尊严全靠丈夫和儿子维系（她丈夫的好习惯帮助她把小孩约束为四个）。她自鸣得意的信念，美就是金钱，归功于她早年漂亮，嫁了一个比她想象中要好的丈夫的事实，而她八年来给范妮唯一的箴言，是劝范妮接受一个她不爱的男人的求婚：“年轻女人的责任就是接受最好的出价。”她派侍女查普曼去帮助范妮化妆、参加舞会，虽因迟到而未派上用场，但她却乐于将范妮的成功归功于自己。她的大度会让她送给外甥威廉十个英镑，却看不见范妮在她家中受的罪。她的哈巴狗和刺绣——虽然大部分是范妮绣的——是她最大的关心但不是兴趣。 232
她很少注意到她的孩子，丈夫外出时，她也很少想念他。在沙发上睡觉是她最大的消遣之一，她睡得真熟，人们当着她的面聊天也不会吵醒她。她很少出门，只有她“女儿的婚礼可以令她激动”，而当告知人们她儿子的病情时，她的信写得“像失魂落魄的人写的一样”。她和她的妹妹普莱斯太太都很端详，但对彼此毫无兴趣，已多年失去联络。“普莱斯家的人可能都消失了，除了范妮和威廉，而伯特伦夫人很少想到他们，除了从诺里斯太太口中听到一点他们还好的消息。”这意思是说，贫穷的孩子死去是最幸福的事，因为来世可以更好：许多小说都会反映这一类时下的观念，而此处的文字则是最尖刻的一例。

诺里斯太太是伯特伦夫人的大姐，是文学中少见的坏蛋，她的可怕胜过她的可笑，我们笑她是因为奥斯丁的节奏把握得很好，而我们想看她如何作弄人。她的特色是卑鄙、好管闲事、奉承有钱有势的人，而欺凌被她牢牢控制在手中的弱者。她决心在曼斯菲尔德庄园中成为中心人物，控管一切，她以别人的痛苦来证明自己的权力和地位。范妮受到最大的伤害是因为她是瓮中之鳖，唾手可得——是个靠人施舍、身材娇小、体格虚弱且害羞的女孩。而且，奥斯丁肯定地说，她姨母对她的敌意是火上浇油,永无了时:"她不喜欢她,**因为**她不重视她。"她曾谴责伯特伦公爵在冬季还不辞退工人,而高兴两名女仆"因穿着白色长袍而被解聘",并阻止庄园厨房给一个童工午饭。

伯特伦公爵也不比他的夫人和大姨姐高明,他有一点自尊,但选
233 择太太失误,不知如何与孩子沟通,更不用说养育他们了,对大姨姐溺爱他的女儿而虐待他的外甥女的坏行径束手无策。他完全不了解人,他容许他的女儿嫁给傻瓜——当然她只是步父亲的后尘,也强迫范妮跟一个她不爱的人结婚。在婚姻上他和范妮有完全相反的意见,只是范妮不愿说出口来罢了:对于她,结婚的对象得是个"好人",没有爱情的婚姻是不可饶恕的罪恶,但对他而言,完全没有这回事。她只好希望他能考虑这件事,他只能虚伪地把她送回朴茨茅斯父母家,希望让她得到更好的结婚机会,虽然,在她整个童年时期,他都不曾想过她可能想要回家看望父母和兄弟姐妹。他在道德上自以为是,在判断上过于自信,而这一切都将由他的女儿们打破。

玛利亚和茱莉亚·伯特伦也是弱者,就像《傲慢与偏见》里的宾利姐妹。我们知道她们可以可爱,如果她们愿意,但行动中她们从不可爱。伯特伦姐妹在书中只有粗略的形象,难分彼此——她们高大、金发,像盛开的花一样漂亮,但她们总是聚在一起,或被人同时谈到。即使到了最后各自的命运分道扬镳时,茱莉亚的行为不似玛丽亚那么糟糕,只是因为她是妹妹,受到的溺爱与纵容少些,而不是因为本质的性格差异。然而由于她们的形象向来模糊,她们表面上的动静也就微不足道了。

这些女孩的失败迫使我们思考范妮成功的理由:她的成功不来自这些女孩的榜样,不来自她的姨母,或者托马斯爵士(他只有恐吓女儿的本领)。然而她确实有些品德:谦虚,无我,以及求善的冲动,类

似汉娜·摩尔《科莱布寻妻记》中的女主角，其德行来自品德端正的父母的灌输（这正是简·奥斯丁反对的一种）。[15]听从父母的意旨是摩尔的教条之一，而范妮跻身英雄的行列，是因她能背弃父母的意愿，尊重自己的良心，拒绝伯特伦公爵夫妇给她婚姻的选择。这种"老鼠挑战狮子"的勇气，让即使不喜欢范妮的读者也感到敬仰。范妮甚至质 234
询伯特伦西印度庄园中的奴隶问题，布莱恩·索瑟姆说她的问题（"你听到我昨天晚上问他有关奴隶交易的问题吗？"）只得到伯特伦沉默的反应，是因为他实际支持奴隶的交易。但她勇敢提出这个问题，表明了她对废奴主义的支持。[16]

在其他情况下，她太过拘谨或者吹毛求疵。笑话会使她和她的表兄埃德蒙坐立不安。她爱星星，爱音乐、诗歌与花草，爱她的哥哥威廉，但她不是个快乐的人。也许她童年的经验榨干了她精神中的某种东西。她是奥斯丁书中最不快乐，也最不愿意启齿的女主角，当她说话时，她表情木然，语词生硬。这是可信的事实，但让人难以相信的是，亨利·克劳福德怎么会爱上她。克劳福德欣赏她的个性、善良和不苟的道德标准，但他怎能了解她呢？他第一次注意到她是在一个午餐的宴会上，那天他向她几乎作了一篇漫长的独白，但谈话期间她一言不发，再不然只暗地里说了一声"天哪！多么堕落的心"！最后她终于在他谈到戏剧时打岔说"够了，够了"，然后颤抖着、脸红着走开了。第二天亨利告诉他妹妹说："我一生没有跟女孩在一起这么久——想让她高兴——但我失败了！"显然他的方法不对。

于是，他观察她倾听哥哥讲述海军生活的情景，并"有足够的道德趣味来评判"他所见的一切。她开始意识到，他"试图搅扰她的宁静"（玛丽对兄弟的鼓励是："你关于她平静生活的邪恶计划是个非常聪明的主意。"接着说，"我知道，被你**爱上**的妻子一定是最幸福的女人，即使你不再爱她了,她也会在你身上找到绅士的博雅和修养")。而亨利仰慕范妮"难以形容的甜蜜与耐心",她的秀发如此整齐,还有她"和我说的只言片语"。

只是,我们没有听到她说话,所以不能做出判断。他谈起她哥哥
235 的晋升,紧接着向她求婚,她再度显得"极为沮丧,很久说不出话来",但终于说了:"不要,克劳福德先生,千万不要。我求你别这样,这种谈话对我很刺耳,我必须走开。我无法忍受。"当他去朴茨茅斯拜访她,对她表示了最大的好感时,他请问她如何管理他的家园,她的回答是:"只要我们愿意,我们谁都知道怎样处理,而且比任何人处理得更好。"这几乎就是她向他所说的最后的话了,也是她的道德观最重要的一番陈述。这样看来,谁都明白他们之间不会有更好的沟通了。

依照特里林的说法,玛丽·克劳福德的灵巧和智慧最接近奥斯丁,能给对话带来活跃的生命力。她对神职人员的不敬与柯林斯先生和埃尔顿先生的创造者态度一致,书中姐夫格兰特博士这一人物形象也多少证明了不敬的合理性。格兰特花了许多心计才获得威斯敏斯特牧师一席之地,却在一个星期内连用三个大餐把自己撑死了。玛丽的嘲讽很有奥斯丁书信的趣味,奥斯丁虽然也欣赏她挖苦海军将领的话,却难以完全站在埃德蒙一边("他板着脸孔,只回答说,'那仍然是个严肃的职业'")。而玛丽也并不总在扮演伦敦的世故老人,她对范妮有她甜美大度的一面,虽然偶尔也有她的粗心和偏差。每当诺里斯太太对范妮大发雷霆时,她都会出面劝止,她也会向范妮敞开心胸,让范妮对埃德蒙有真心的了解。

英国哲学家吉尔伯特·赖尔认为书中真正的主角是威廉·普莱斯,范妮的水手哥哥,因为只有他能使范妮快乐,而他们的手足之情成为衡量书中所有其他情感的尺度。从这种视野中,克劳福德兄妹的表

现极好，他们对彼此的关怀也无可置疑。赞同本书结局的读者也会接受范妮和她从童年时代便相爱的表兄结婚，他们未来美好的生活将以曼斯菲尔德庄园为中心，忘记伯特伦夫妇的过错，却未原谅其他罪人。苦命的流浪儿变成了像维多利亚女王一样的人物，《曼斯菲尔德庄园》 236
一书的成就之一，就是它的预见性。

简·奥斯丁本人对她的女主角和结局满意吗？她自己的话，关于“小说和女主角——完美画面，让我厌恶”耐人寻味。[17]这是她生命中的最后一年，至少可见她对范妮·普莱斯的态度是复杂而存有分歧的。

作为一个伟大的艺术家，她不会只赋予作品单面的意义。范妮的英雄气概及其恨玛丽·克劳福德的事实，不会妨碍玛丽的可爱和她对范妮的喜欢。善良有许多面貌，坏行为也有不同程度，将亨利与小说中常见的罪恶联系起来，例如暗中勾引，有如他之前的威洛比和威克姆所为——更多说明了奥斯丁对这部分内容不够用心，不似充分描写其魅力、善良、不负责任的调情的那些章节尽力。我们对《曼斯菲尔德庄园》的质疑不在于我们如何不喜欢范妮的拘泥，或者不信任玛丽的活跃，而是要注意其技艺不稳定之处。当然，其不稳定之处极少，不会妨碍本书成为一本极度引人入胜、妙趣横生的小说，比此前的三部作品更复杂，也更具雄心。它特有的几段描写——访问索瑟顿、戏剧片段和在朴茨茅斯的生活，是处理众多人物和事件相互作用的杰作，很少小说家可以望其项背。

在简撰写《曼斯菲尔德庄园》期间，伊莱扎病倒了，乳腺癌是她家庭中的隐忧，她的病情几乎与她母亲完全相似。从她第一次发现病状，她便知道她未来的苦难，仿佛从她母亲的经验照见自己，可怕的日子在等候着她。1813 年的春天,她去世了,简说那是一个“漫长而缠绵的病痛”,而亨利“早就知道她难逃命运,相信她终于会得到解脱”。亨利在纪念她的墓志铭中特别提到这个漫长而缠绵的病,但多长是漫
237 长?至少十八个月,也可能两年。那年她在音乐派对后感到胸腔的寒冷可能隐藏了更严重的灾难,虽然当时她只是不能去肯欣顿花园欣赏丁香花和栗树的开花。

在这次访问中,简邀请伊莱扎来乔顿度夏,8 月她如约到来,在乔顿小住两星期。卡桑德拉说她看来出奇地好,她们平静而愉快地共度了一周。[18]然后全家被查尔斯的回家给骚扰了。查尔斯离家七年,第一次带着他神秘的妻子和两个女孩——三岁和一岁——回到英国。卡西说屋子被他们“全霸占了”,而伊莱扎在吵闹声中继续愉快地停留了七天,其后亨利陪伴她到戈德默沙姆,他和男孩子们一起去打猎,还和爱德华驾车去过坎特伯雷,而伊莱扎在家与范妮一起散步。范妮日记里写道:“我和亨利·奥斯丁的太太面对面促膝谈心,很开心!”但大约不是真的开心:“亨利·奥斯丁的太太和我相处得好了一些,但我们永远不会亲密。”[19]伊莱扎身上的某种东西令奥斯丁家族中的很多人不快,可能仅仅是因为她的风格——她太伶俐,太异国情调和轻浮,再不然便是更深层的缺陷。[20]“一个伶俐的妇人,有高度的教养,更像法国的风尚而不像英国”——《回忆录》对她的叙述非常谨慎小心。伊莱扎和他们一样是英国血统,在英国受教,所谓的“法国风尚”意味着某种不同,不符合英国普遍的标准,这轻易地表露了他们对她的态度。[21]也有可能因为她对宗教的习俗采取比较轻松的态度。不论什么理由,家庭对她始终心存疑虑。1913 年出版的《奥斯丁生平和书信》中描写亨利“性格上目标不坚定,无法从他喜欢享乐的表姐身上取得补偿”。[22]对于一个饱受痛苦的女人——她自己的,她妈妈的,以及

她的独生子长期以来带给她的痛苦，给她贴上喜欢享乐的标签，是件不公平的事。

在戈德默沙姆，亨利有时带范妮驾车兜风，也与妻子去索尔特伍德堡（Saltwood Castle）。在这之后她独自去了拉姆斯盖特两星期，享受海边的新鲜空气，而亨利回到伦敦，10 月中旬接她回家。此刻她已完全清楚她的病情，病情恶化期间，她最大的支持是她的法国伴 238
侣——比容夫人和佩里戈尔夫人母女。简注意到亨利是奥斯丁家里最坚强的男子："他的心不知道什么是痛苦。他太忙碌、活跃、乐观。"伊莱扎已年过五十，而他正在壮年，天天为银行操心，弗朗西斯于 1812 年成为他的合伙人，带来了可观的收入和新客户。[23] 由于那年简只有两封信，我们只知道爱德华和范妮 5 月在斯隆街"安静地进餐"，拜访西登斯太太，也经常看戏、听歌剧。6 月，亨利到肯特郡拜访了他们。9 月他短期逗留在史蒂文顿，12 月则再度招待爱德华和范妮观剧，并去伦敦购物。这期间范妮的日记完全没有"亨利·奥斯丁的太太"的消息，她的情况可能越来越糟。

1813 年 2 月，亨利来到牛津，由于伊莱扎的病情濒临末期，他于 4 月赶来乔顿把简接去伦敦看她。那是 4 月 22 日，三天后她便辞世了。简在伦敦停留了一星期，然后带着佩里戈尔夫人同去乔顿村舍。[24] 请她来乔顿的意思应是感激她照顾伊莱扎，但对哥哥家的佣人有如此的慈悲心，说明简对劳动妇女的辛劳有特殊的同情。

简和佩里戈尔太太离开后，他们举办了葬礼。詹姆斯·奥斯丁太太日记中说："5 月 1 日，星期六。老虎（她家的猫）生了小猫。亨利·奥斯丁太太下葬。5 月 2 日，星期日。丧服吊丧。"詹姆斯和爱德华没有来汉普斯特德参加葬礼。亨利把她葬在她母亲和儿子的墓旁，碑文写："也纪念亨利·奥斯丁先生的妻子伊丽莎白，前德·弗伊德爵士夫人：聪慧，仁爱，优雅，以慈悲为怀。久病不治，卒于 1813 年 4 月 25 日，享年五十，人人痛惜，尤为穷人所悲叹。”[25] 值得注意的是，碑文完全没有提到她基督徒的信仰，只强调了她的仁慈。

奥斯丁家还忙于其他几桩丧事。善心大度的奈特太太于 1812 年
239 10 月过世，作为继承人的爱德华，连同他所有的子女都要改姓奈特，这使范妮大为气恼（“我恨死了！！！！”）。1813 年初，两位史蒂文顿的邻居也过世，比格·维特先生给女儿留下丰厚的遗产，但阿莱西娅和伊丽莎白·希思科特却得离开曼尼冈。7 月，玛丽·奥斯丁跟她们在那里进行了最后一次午餐。与此同时，另一位史蒂文顿的邻居、迪恩村的哈伍德先生也去世，一无遗产，只有债务和抵押留给子女。哈伍德先生的幼子是个牧师，而简说“假如希思科特太太不嫁给他，安慰他，她……真没良心”。伊丽莎白·比格还是小女孩时，他便爱上了她，眼见她嫁给希思科特，现在又变成寡妇，因此重新唤起了他的希望，然而现在他能给她的只有贫穷。伊丽莎白也喜欢他，但还未到嫁给他的程度。他卖去一些土地，在迪恩勉强度日，而她则迁往温彻斯特教堂附近，和阿莱西娅共住。

1813 年夏天，爱德华带着简所戏称的“女眷”（Harem）住在乔顿宅邸，而把戈德默沙姆交给了油漆工人。5 月，亨利带简回到斯隆街，那时比容夫人和佩里戈尔夫人正准备替他搬家去考文特花园的亨利埃塔街，打算住在银行的楼上。“佩里戈尔夫人三点半到达——看起来很好，她的妈妈看上去也相当不错。[比容夫人气喘。]早餐时，她坐在我旁边，谈论亨利埃塔街、仆人、亚麻布，一直忙于为未来做打算，而不会精神不振。”

简“无名氏”的作家身份渐渐公开了，她开始被人注意，一位名叫

伯德特的小姐,可能是改革家弗朗西斯·伯德特的姐妹,希望与她结识。“听说她想认识**我**,吓坏了我。如果我**真是**一头野兽,我是万不得已,不是我的错。”简抱怨说,意味着她不喜欢变成伦敦游行队伍中的陈列品。她喜欢做的事是在亨利的陪同下参观画展,寻找宾利小姐或者达西太太的肖像。她找到了前者,“就是她,身材,脸型,特征,甜美,没有比这个更像她的了。她穿着白色的长袍,有绿色的装饰品,这就是她应有的样子,绿色也是她最爱的颜色。我敢说达西太太应该是黄色”。但她找不到达西太太:“我只能幻想达西先生太爱惜她的画像, 240
不会让它轻易暴露在众人眼前。——我猜想他会有这样的感觉,那就是爱、骄傲和体贴的结合。”这是简最情绪化的一番话。

亨利说他们曾驾车去汉普斯特德,如果他们真的去了墓地,谁也没有留下记录。简与亨利都已走出对逝者的哀悼,她此时的书信保持着愉悦的气氛。她喜欢独自一人在伦敦,喜欢乘坐在她阔气哥哥的敞篷马车中:“我热爱这独处的优雅;对自己的处境,时刻报以微笑。——我想到也许我真有此特权吧,坐在四轮大马车中,在伦敦四处游荡。”她一如既往地敏锐。去女校拜访夏洛特·克雷文,玛莎·劳埃德的表妹时,她注意到“她发式的优雅为教育增色”,而她们所在的教室中“挂满了现代雅致的装饰——壁炉架上有几个裸体的丘比特,一定是女孩们研习的对象;除此之外,毫无教育气息”。

那年夏天《曼斯菲尔德庄园》完成了。亨利常来乔顿,查尔斯也带着新生女儿来访。简给范妮朗诵《傲慢与偏见》。范妮把姑姑(Aunt)简写成“At”,她 5 月 21 日的日记说,“简·奥斯丁姑姑扮演达西先生”:这场表演应当大有可观。范妮喜欢大清早跑到村舍去,与新近曝光、绝顶聪明的简姑姑待上一会儿。“简·奥斯丁姑姑和我度过一个愉快的早晨。”6 月 5 日,“简姑姑跟我一同吃早餐,还给我和爸爸朗诵 P. & P.(《傲慢与偏见》)。”“卡桑德拉姑妈和简姑妈早餐前来朗诵,简姑姑留下来吃了早餐……我整个下午留在乔顿。”“在村舍午餐。简姑姑一早便到了。”日记还特别提到简骑马:“7 月 5 日,星期一。简姑妈和我还有爸爸骑马去乔顿庄园。”她的日记也说这年夏季简的面部常感一种恼人的疼痛。虽然简没有看重此事,她天黑后还是决定留在乔顿宅邸过夜,避免在深夜的寒气中走回村舍。这毛病秋后才消失。

8 月后,亨利去拜访沃伦·黑斯廷斯,而“黑斯廷斯先生从头到尾
241 不提伊莱扎一字”。这是亨利告诉简的消息。如果这意味着他没有提及教女之死,那么对于一个以忠于老友著称的人来说,着实令人惊讶。如果其中还有其他原因,简没有多说。但伊莱扎在简生命中所占有的地位是不可以轻易抹杀的。比容夫人及其女儿对伊莱扎的记忆也有二十年之久了,简也没有忘记。

简为《曼斯菲尔德庄园》做了一件她以前从未做过的事:她收集并写下了读者的意见。这是她最早的一本剪贴书,不过她没有收集任何书评——实际上,《曼斯菲尔德庄园》没有任何书评——有的只是一些私人书信和谈话中的观点。这些“意见”只涉及《曼斯菲尔德庄园》和《爱玛》,是她留下的最精彩的私人文件,让我们了解她和她的作品。首先,它们证明了读者反应对她来说是多么重要。尽管她害怕暴露身份,但身份公开完全是件好事。其次,她足够超脱,既写下赞扬,也写下批评,不添加任何个人的辩解。当一位奥克利庄园的奥古斯塔·布拉姆斯顿太太“承认 S. & S.[《理智与情感》]还有 P. & P.[《傲慢与偏见》]根本就是废话,但指望着更加喜欢 MP[《曼斯菲尔德庄园》],读完第一卷,她庆幸自己已看完最糟糕的部分”。显然布拉姆斯顿太太

的愚蠢让奥斯丁觉得好笑，而不是受伤，仿佛“奥林匹克山上的狂笑”①跃然纸上。在另一方面，当夏普小姐表示她喜欢《傲慢与偏见》胜于《曼斯菲尔德庄园》时，简一丝不苟地记下她的观点。她的收集与誊写，其严肃与荒谬并存的结果，使整个这项工作尤其宝贵：即使多多少少知道自己跻身于伟大作家之列，作家仍然怀疑自己。好日子他们像神一样大笑，坏日子他们还要面对恶意无情的评论，并为之战栗。简·奥斯丁也不例外。

注释

[1] 见他自己的日记。一切有关安特雷格伯爵的资料来自莱昂斯·潘戈（Léonce Pingaud），《大革命与帝国期间的秘探：安特雷格伯爵》（*Un agent secret sous la Révolution et l'Empire: Le Comte d'Antraigues*，巴黎，1894），第84页，潘戈写道：“很不幸地，在他的传记中我们找不到任何清楚的故事，或者有意义的细节。”

[2] 克雷文伯爵夫人喜爱简·奥斯丁的小说，简提到她对《爱玛》的意见：“克雷文伯爵夫人——非常喜欢它，但说比不上《傲慢与偏见》，她认为后者是这类书中最杰出的一种。”

[3] 1844年弗朗西斯·奥斯丁便抱怨道：“我自从1814年没有得到海上服务的机会后，不是没有意愿或者请求，只是因为缺少政治或家庭的影响，来支持我的抱负。”大英图书馆附加手稿，38, 039, f. 184。不过他终于在1815年得到了CB奖（Companion of the Bath〔巴斯之友〕，最高军事荣誉奖），1830年获海军少将头衔，1837年英王威廉四世（即早年的克拉伦斯公爵）颁予巴斯勋位。

[4] 有些读者或许不记得这本书的细节，曼斯菲尔德庄园是托马斯·伯特伦爵士位于北安普顿的宅邸，他邀请伯特伦夫人的外甥女范妮·普莱

① 奥林匹克山上的狂笑（Olympian laughter），尼采用语，指特洛伊战争后陈尸遍野，两败俱伤，而诸神不禁狂笑的幽默。

斯来此居住。她是夫人姊妹的大女儿。这位姊妹只嫁给了一位海军上尉。伯特伦有比范妮年长的二子二女,玛利亚和茱莉亚是两个美女。范妮没有引起任何人的注意,除了二子中的弟弟埃德蒙,他对她很好,并赢得了她的爱。范妮害羞,被人忽视,且常被住在邻近的姨母诺里斯太太虐待。故事开始时,伯特伦爵士得离家前往西印度办事,而亨利和玛丽·克劳福德这两位富有、聪明的兄妹来到曼斯菲尔德庄园附近定居。玛利亚那时已与富有却愚蠢的邻人拉什沃思订婚,但她和茱莉亚两人都爱上了亨利,而亨利也爱和他们调情。埃德蒙也爱上了玛丽,不过玛丽希望嫁给有继承遗产权的长子,而瞧不起埃德蒙所想要做的牧师。两段较长的情节描写了年轻人在拉什沃思豪宅中度过的一天,并酝酿着在曼斯菲尔德庄园演一出戏的计划。只有范妮反对这个演戏的计划。甚至埃德蒙也卷入其中了。这些活动引发的复杂情感——嫉妒、虚荣、兴奋、痛苦——都得到了精湛的处理。

伯特伦爵士回家后,演戏的计划已被放弃。玛利亚和拉什沃思的婚礼正在筹划中。玛丽·克劳福德发现她原来很爱埃德蒙,而亨利也很爱范妮,但受挫于范妮的冷淡和她对水手哥哥的热心,亨利设法帮她哥哥晋升,然后向范妮求婚。伯特伦夫妇劝范妮接受,但她拒绝了。伯特伦爵士把范妮送回朴茨茅斯家见她自幼离开、再未谋面的父母,同时也是希望她能改变主意。朴茨茅斯场景是书中的另一高潮,也是奥斯丁笔下最充分的贫穷生活描写。她家小人多,嘈杂不堪,父亲饮酒过度,母亲无力持家,而他们都不关心范妮。亨利·克劳福德来此后,用各种手段和迷人之举取悦她。读者以为范妮一定会软化,亨利会改变向来的轻佻变成一个理想的庄园主人,而埃德蒙和玛丽也一定会终成眷属。事实却不然。奥斯丁笔锋一转,通过间接的叙述,却让亨利和婚后的玛利亚私奔,茱莉亚与情人逃跑,而伯特伦家的大儿子则病倒在床。伯特伦夫妇这时传唤范妮回来,认为她才是家中唯一的好"女儿"。玛丽·克劳福德失去了埃德蒙,是因为她没有制止她哥哥的过分行为。全书的大团圆结局是埃德蒙与范妮重修旧好,而终于在他父母庄园附近定居。诺里斯太太和玛利亚在蒙羞中被放逐,而克劳福德消失在金光四射但腐臭不堪的伦敦社会中。

[5] 埃格顿和其他评语见简·奥斯丁自己编写的《〈曼斯菲尔德庄园〉

意见书》,收录于查普曼,《次要作品》,第 431-435 页;其他出自当时的书信,见迪尔德丽·勒·费伊,《家庭记录》,第 189-190 页。当时没有书评,但第一版全书三卷(戴维·吉尔森在他的《简·奥斯丁手册》[*The Jane Austen Handbook*],第 135 页,估计说共印刷一千二百五十册),每册十八先令,1814 年 5 月出版,六个月内售罄。作者获利三百五十英镑。

[6] 在考虑再版声中,1814 年 11 月詹姆斯-爱德华·奥斯丁-利以匿名的字条写下他的请求。见迪尔德丽·勒·费伊,《家庭记录》,第 197 页。

[7] 全部出自简·奥斯丁的《〈曼斯菲尔德庄园〉意见书》,收于查普曼,《次要作品》,第 431-435 页。

[8] 卡桑德拉的反应取自伊丽莎白·詹金斯在简·奥斯丁协会的报告,《一些背景说明》。谈话来自路易莎·奥斯丁(爱德华的女儿),即后来的乔治·希尔夫人,帕梅拉·菲茨杰拉德将她的话写信转述给卡莱尔爵士:"乔治夫人说奥斯丁小姐的姐姐卡桑德拉想要她改写《曼斯菲尔德庄园》的结局,让克劳福德先生娶范妮。她记得她们曾一再争吵,但奥斯丁小姐意见坚定,不接受改变。"(《简·奥斯丁协会报告》,1980)

[9] 雷金纳德·法勒,《简·奥斯丁》("Jane Ausen"),《评论季刊》,1917 年 7 月,引文见布莱恩·索瑟姆编,《简·奥斯丁:批评遗产》(*Jan Austen: The Critical Heritage*),第二卷(1987)。

Q. D. 利维斯的《曼斯菲尔德庄园》论文见《细察》(*Scrutiny*),1942 年 1 月,第 272-294 页。她也提出一个未经证实的理论,说《贵妇苏珊》是《曼斯菲尔德庄园》的前身。

[10] 金斯利·艾米斯,《简·奥斯丁:结果如何》("What Became of Jane Austen?",1957)。

[11] 莱昂内尔·特里林,《曼斯菲尔德庄园》("Mansfield Park"),《佩利肯英国文学指南》(*Pelican Guide to English Literature*)。最早刊载于《党派评论》(*Parisan Review*),1954 年 9-10 月,重刊于《对立的自我》(*The Opposing Self*,1955)。

[12] 托尼·坦纳,《简·奥斯丁》(*Jane Austen*,1986),第 156 页。他也责怪伦敦(第 141 页):"伦敦才是造成克劳福德兄妹有趣的原因,他们险些

把曼斯菲尔德庄园的世界摧毁了。如果曼斯菲尔德创造完人,伦敦则把他们引入邪途。”

[13] 罗杰・加德,《简・奥斯丁的小说:明晰的艺术》(*Jane Austen's Novels: The Art of Clarity*,1992),第144页。此书极佳。

[14] 人们很容易想到与莎士比亚的比较,因为在奥斯丁所有的作品中,《曼斯菲尔德庄园》最接近莎士比亚。简正在构思这本书时,与伊莱扎和亨利关系最近,而他们是剧迷,经常去看戏,热爱莎士比亚,莎士比亚也是亨利朗诵的对象,一如亨利・克劳福德。伯特伦夫人告诉克劳福德说他的朗诵几乎像舞台上的表演,而他也说他很想扮演夏洛克,或者理查三世。伯特伦兄弟从小就陪同他们的父亲熟读莎士比亚,而范妮也会在客厅向伯特伦夫人朗诵莎翁。当一批年轻人在索瑟顿荒地里行走,彼此误会,彼此回避,又彼此追求,他们就像《仲夏夜之梦》中树林中的情人们。在舞台上,他们也被分开,也被侮辱,即使想置身境外的人也无法逃脱,例如泰坦妮亚。当埃德蒙劝范妮接受克劳福德时,她哭着说,“天哪!决不,决不,决不,他决不会赢得我”,这三声“决不”让人想到李尔王怀抱死去的小女儿时发出的五声“决不”。而范妮就是伯特伦公爵的科迪莉亚,这个被轻视的三女儿最后证明是最坚强的一个。

[15] 简・奥斯丁责难汉娜・摩尔在《科莱布寻妻记》中的迂腐和虚伪。该剧本出版于1809年,轰动一时,剧中主题之一是城市姑娘的堕落和乡村姑娘的纯洁的比较。科莱布所选择的新娘时时注意自己的良心和可能犯的错,而努力与村中的穷人共同种植园蔬。

[16] 女性一般支持奴隶制度废除的态度见于范妮・奥斯丁1809年的日记。她提及的反奴隶故事见本书附录二。出版商将日记排印出售,显然知道这会受到欢迎。布莱恩・索瑟姆的议论见《伯特伦家族的沉默》(“The Silence of the Bertrams”),《泰晤士报文学增刊》,1995年2月17日,第13-14页。简・奥斯丁将此日记置于1810年至1813年间,即奴隶运输非法的日期之后。从1807年5月起,英船禁止在任何港口运送奴隶,从1808年3月起,奴隶不得在任何英国港口登陆。然而这并不表示交易已经终止——交易转入地下,变成了有争议的事件。奴役要到1834年才正式废止。

［17］简・奥斯丁给范妮・奈特的信,1817 年 3 月 23 日。

［18］卡桑德拉・奥斯丁给费拉德尔菲亚・惠特克的信,1811 年 8 月 18 日,《奥斯丁档案》,第 248 页。

［19］范妮日记,1809 年 7 月 15 日,1811 年 9 月 9 日。

［20］伊莱扎死后,简・奥斯丁给卡桑德拉・奥斯丁的信,1813 年 9 月 16 日,说她和范妮在亨利埃塔街共住,“住得很舒服,我们有可怜的伊莱扎的床,我们的空间够大”。

［21］詹姆斯-爱德华・奥斯丁-利,《简・奥斯丁回忆录》,第 26 页。

［22］威廉和 R. A. 奥斯丁-利,《简・奥斯丁：生平与书信,家庭记录》,第 106-107 页。

［23］伊莱扎・丘特 1813 年的日记记录银行名为“奥斯丁,摩恩德(Maund),奥斯丁公司,亨利塔街 10 号”,第二个奥斯丁就是弗朗西斯。

［24］范妮・奥斯丁此刻跟她父亲正在乔顿,日记中说简姑母 4 月 30 日到达,“带着佩里戈尔太太”。

［25］墓碑今已不可见,碑文见迪尔德丽・勒・费伊,《汉考克家族墓》,《简・奥斯丁协会报告》(1981),第 183 页。全文抄录于 1881 年汉普斯特德圣约翰墓碑铭文中。

第二十二章　献　书

1813年7月，简·奥斯丁走出了对伊莱扎的哀悼。她此时的情况是：《理智与情感》销售一空，得到了一笔收入；《傲慢与偏见》也在市面畅销；又完成了《曼斯菲尔德庄园》，正计划下一本书，亦即《爱玛》，书中的情节已大致成形。这时她三十七岁，正是生命中能量和灵感的高峰。她这以后两年间的书信，一如既往地生动，匆忙，密密麻麻，充满欢乐。她不仅创造力高旺，信心满满，还开心比以前有钱多了。这并非说她多富有，而是她不必为钱发愁，有一次她送卡西一段布料，劝她姐姐说："不要拒绝。我有钱了。"

亨利发达了，达到他奢华的水准。他的银行生意很成功，联盟了许多具有影响力的朋友，且被任命为牛津郡税务局总管。这是一个需要实力的任务，他的舅父利-佩罗特愉快地认购了一万英镑，而爱德华也保证了另外两万英镑的资金。他再度变成风流鳏夫，简也注意到他开始跟许多女人来往，其中之一就是前面提到想认识简的伯德特小姐，她是他的合伙人詹姆斯·提尔孙的太太弗朗西丝的朋友，也是简的小说的崇拜者。[1]还有一个是“年轻、漂亮、爱说话，而满脑子（我以为）是衣装、朋友和爱慕”的女人。她跟亨利下棋，而简不下棋，简只觉得与她“没两件事谈得来”。第三位是伯克郡的寡妇。亨利喜欢招人注意，也希望简能一一认识她们，他爱跟人闲谈简的作家身份，简原谅了他，也逐渐习惯于他的作为，不过她从来不愿意介入文学界的圈子。 243
1813 年到 1814 年间，法国作家斯塔尔夫人来到英国，想认识英国作家，简坚决地拒绝与她会面。后来斯塔尔夫人表示，简·奥斯丁的小说太过**伧俗**（vulgaire），太近切地描写英国的乡村生活，而厌恶她题材的褊狭和呆板，对责任的强调，以及令人窒息的机巧和锋芒。其实斯塔尔夫人自己也充满锋芒，只是她不喜欢奥斯丁的小格局，她的英语恐怕也不够灵光，不能让她领略与她不一样的锋芒。[2]

简继续过她小格局的生活，虽然她常与亨利去伦敦会见那里的出版商、亨利的同事和富有的朋友，也在他银行附近的戏院看戏。1813 年 9 月，她和爱德华一家人从乔顿前往戈德默沙姆庄园，虽然她不缺钱，她仍然高兴“仁慈、英俊”的爱德华从“东肯特财富”中送给了她五英镑让她零花。傍晚，她从客厅注视着两位哥哥时，用了一个独特的词语来形容他们：他们沉浸在“舒适的闲谈”中。[3]她带爱德华的女儿去看牙医（“我不会让他［牙医］看我的牙，还要一先令一颗，或者两先令一颗”），莉兹和玛丽安现在都已长大，会看戏了。她们连续看了两天戏，最喜欢唐璜的改编剧《放荡者》。简姑母的评语是：“我从来没见过如此有趣的人，他是残忍和欲望的结合。”[4]

她在肯特郡见到查尔斯及其太太，以及他们的三个女儿，很遗憾她们没有奥斯丁家的气质，“我不知道妻子的家族特征会有这么大的影响。”她抱怨道。爱德华作为一个郡官，带简去参观了坎特伯雷监狱，假如他的目的是想给简一点写作材料，他完全没有成功。简在戈德默沙姆大大享用她的口福，早餐是用餐盘送到她炉火熊熊的卧室中。她还在奇勒姆堡(Chilham Castle)用膳，感觉自己变得年轻，坐在火炉边尽情享受美酒，非常满足。斯塔尔夫人大约又要打哈欠了。他们去参加了一个舞会，但据范妮说，没怎么跳舞。这是简参加的最后
244 一场舞会。她那时约三十八岁，说自己和卡西二人是“强悍的一对”(we, the formidables)。11月她回到亨利埃塔街。埃格顿表达了出版《曼斯菲尔德庄园》的意愿，但不愿用自己的钱冒险，转向委托代理的方式。他非常精明，预见到此书不会像他已印了第二版的《傲慢与偏见》那样受欢迎。

1813年的冬季有如她出生那年的寒冷凛冽，但催生了《爱玛》。她把自己关闭在乔顿村舍里，利用1月和2月冰封而不受干扰的时间专心思考、写作。卡桑德拉在她的回忆录中精确地记载着：“《爱玛》始于1814年1月21日，结束于1815年3月29日。”这些确切的日期证明她手头有笔记，或者，更有可能是，简自己也写日记，一如她们奥斯丁家女孩子的习惯。她记下最后两本书的起止日期。显然，卡桑德拉取得这些信息后才把简的文献烧毁。[5]

当3月初亨利把简接去亨利埃塔街寓所时，雪还覆盖着大地，爱德华和范妮也加入了他们。简读了拜伦刚出版的《海盗》，然后他们去考文特花园剧场看乔丹夫人演戏，五十一岁的乔丹夫人依然“光华灿烂”(拜伦用语)，而拜伦在奥斯丁家庭聚会后，曾连续三晚去看乔丹夫人的戏。3月7日，他们观看乔丹夫人在《魔鬼付账》的喜剧中扮演奈尔。“我期待一场搞笑的演出，”简在表演前写道，而她果然“觉得这场闹剧十分好笑”。剩下的夜晚是托马斯·阿恩的歌剧《波斯王》，乔丹夫人不出场(该剧需要两位阉人歌手)，大家都感到失望。[6]

4月他们回到汉普郡，而“波拿巴惨败和废位的光荣消息”终于传

来,奥尔顿为庆祝胜利张灯结彩,也有为穷人提供的晚餐。[7]5 月 9 日《曼斯菲尔德庄园》出版,不过没有花彩庆祝。6 月亨利来庆祝他的生日,然后带卡桑德拉回伦敦。为庆祝胜利,他去伯灵顿宅邸(Burlington House)参加了怀特俱乐部举办的一场舞会,让简有些震惊:“亨利去了怀特!——天哪!好一个亨利!”一如埃莉诺对待威洛比,她对亨利的魅力感受至深而无法轻下论断,不论是他的世俗心、他的不可靠,或者招蜂惹蝶的习性,他一刻难安。他此时又决心搬回他在切尔西的老地方,新家地址是汉斯广场 23 号。比容夫人和她的女儿继续照料他,经过多 245
年的亲近,她们现在已不像仆人,而更像是家中的一部分了。简再去伦敦时,她在信中提及与比容夫人的约定,谈到谁负责为亨利提供树莓酱;佩里戈尔夫人帮她把衣服送到染匠那里,还为她找到一些编织好的柳条,可以用来做帽子。此外,亨利在汉斯广场的家里只有一个男仆和一个女佣,而简很开心在阁楼上有自己的房间,楼下有一间通往花园的凉爽房间,供她每次来访时居住。她十分愉快,在这里她有足够的空间随意起坐、漫步、思考,或者回到她写作的书桌前。

她的侄女们渐渐长大,开始需要她分心了,她们或多或少步卡桑德拉和她的后尘。范妮自从十五岁开始就变成了她弟妹们的临时妈妈,也是她父亲的伴侣,现在也有了爱情的烦恼,要人指点。聪明而死心眼的安娜在打算结婚前写一本小说,消磨时光。简是她俩的好榜样:不仅体贴人,还能给出忠告——无论关于情感还是技艺。她劝范妮不要期待追求者完美无瑕,也不要接受没有爱情的婚姻;她纠正安娜使用的语言,要她避免像“失望的漩涡”这一类句子,也要她记得,在小说中,“只有女孩长大成人,才会引起人们的关注”。她的名言:“你此刻愉快地收集你的人物素材,并使他们恰好汇聚于我一生喜爱的场景——一个村庄里三四户人家便够你写了。”这正是她《爱玛》的经验。

她在汉斯广场时传来查尔斯妻子范妮因生产另一个女儿而去世的消息。范妮二十四岁，是简第四个也是去世时最年轻的亲人，她肯特郡教堂墓碑上写道：“安眠吧，亲爱的美人，等全能之主召唤你时/醒来，一无改变，再次变为天使。”婴儿也于数星期后夭亡，她的三个小
246 女孩被送往她们在帕尔马的外祖父母家，而查尔斯回到海上。当下次简再见到这些孩子时，毫不意外地，她说：“卡西那小姑娘……她不够温柔……她更像西登斯太太一家人的样子。”卡西是查尔斯的长女，那时不过六岁。

爱德华乔顿村舍的房地产权突然遭到法律的控告，如果控告成功，奥斯丁太太和她的女儿将会再度失去居所，情况至为紧迫。最难堪的是，这桩控诉是由奥斯丁家的女眷们认为一向彼此友好的邻居，乔顿寓所（Chawton Lodge）的欣顿家提出。他们的说辞是，上世纪因财产解除继承权时书写有误，应当继承乔顿财产的人是他们，不是爱德华。这话如果属实，他的财产将损失一半，只剩下戈德默沙姆，也让他的母亲和妹妹无家可归。法院文书于 1814 年 10 月送到爱德华手中，开始了长达数年的争讼。[9]

这次的意外可能给安娜和本杰明·勒弗罗伊的婚姻投下了阴影，他们于那年 11 月在她父亲史蒂文顿的家中结婚，她迫不及待地想离开家，而她的父亲和继母也乐于见到她离开。安娜同父异母的妹妹卡罗琳当时九岁，充当伴娘，在许多年后回忆这场婚礼，有以下的记载，情况跟简童年的时代几乎没有什么差别。

> 我的哥哥[詹姆斯-爱德华]那天早晨从温彻斯特赶来，只停

> 留了数小时，我们在家中楼上早早吃过早餐。九点至十点之间，新娘、母亲、勒弗罗伊太太、安妮［本的侄女］和我乘坐自家的马车去教堂，先生们步行。天气不佳，多云，好在没下雨，这是一年中的霉季，一路上很少车马，即使去孤独而古老的教堂，半里的路程已叫人够受。十一月早晨灰暗的阳光从教堂狭小的窗户照进来，教堂里没有火炉的温暖，没有鲜花的增色，没有朋友（无论高下）的祝福，很难替这件喜事说好话——从这些情况看来，我只能说这是个令人沮丧的婚礼了。勒弗罗伊先生诵读了礼拜仪式文，父 247
> 亲把女儿交给了他。当然教堂的文书也在场，虽然我对他没有印象，但我肯定他在。那天这里没有别人，也无人招待早餐，因此我们回家后第一件事就是吃早饭。我相信这种忧郁感当时并不在我心头，全家的忙碌和准备让我兴奋，让我自始至终感觉这是喜事。那天的早餐真可口：各式各样的面包、热卷、奶油吐司、牛舌、火腿，还有鸡蛋。桌子的尽头摆着巧克力，中央是婚礼蛋糕，标记着这特殊的日子。我和安妮，九岁和六岁，穿着白纱，草帽上有白色绢带，我相信是专门为这场合准备的新饰品。早餐后不久，新娘和新郎离开了，他们将有漫长一天的旅途，去亨顿（Hendon），另外的勒弗罗伊家人则回他们的家［在阿什］。下午母亲和我回到乔顿宅邸，那时我的海军上校叔叔和他一大家子人都在［弗兰克，玛丽，以及五个孩子］。我的父亲几天后才回来与我们同住。傍晚，仆人准备了蛋糕和饮料，我记得迪格威先生曾来陪他。这便是史蒂文顿 1814 年的婚礼！[10]

这篇回忆很有点奥斯丁的趣味，很像埃尔顿太太取笑爱玛那“很小的白色缎带，很少花边的面纱，多差劲呀”！然而你不必是埃尔顿太太才觉得难过，即使奥斯丁太太认为孙女中她最爱安娜，也没来参加安娜的婚礼，事实上，奥斯丁家没有一人出席。而当简下次来伦敦见到安娜时，还责怪她花钱订购了一架钢琴（“他们六个月后希望二十四个基尼变成毛巾、毯子”），她也责怪她私下购买紫色长披风的奢侈（“她干得出来，你知道”），在给范妮的信中，她露出一副恶意老姑母的面貌。安娜犯了什么错呀，招致如此待遇？无人提及一字。她姑母的不快大概是一时气愤吧，因为不久她又甜蜜地写信给安娜了。

圣诞节时，奥斯丁太太也写信给安娜说：“我刚读完司各特刚出版
248 的《韦弗利》，它给了我许多乐趣，现代作品中少有这样的好书（简姑母例外）。”[11]七十五岁的奥斯丁太太仍然思维敏捷。“节礼日”①她外出拜访老友和邻居，首先去访问的是温彻斯特的阿莱西娅和伊丽莎白，住在他们在教堂附近的新家里；然后去史蒂文顿詹姆斯和玛丽家，那里有圣诞节后第十二夜的蛋糕以及给年轻人的舞会。奥克利庄园布拉姆斯顿家也有派对和蛋糕，汤姆·丘特也来了；在拉弗斯托克与约翰·波特尔夫妇共进午餐，在阿什的勒弗罗伊家过夜；汤姆·丘特两度来史蒂文顿午餐。他此刻在诺福克已领有一所教区，是退役后他的家庭给他准备接受圣职的地方。他每年冬季把马从东安吉利亚带到汉普郡来，来维恩庄园狩猎，他的兄弟和詹姆斯·奥斯丁，还有小詹姆斯-爱德华·奥斯丁有时也会同来，如果他温彻斯特的功课容许的话。

这一组彼此相识二十年之久的汉普郡中年邻人们有更多材料足以让斯塔尔夫人哈欠连天：温彻斯特带着男孩的单亲妈妈和她聪明的、未婚的姐妹，从不在议院发声的议员，为政府制作五英镑钞票的拥

① 节礼日（Boxing Day），12 月 26 日，即圣诞节后一日。

有土地的商人,离不开蛋糕与温室的无聊女人。这一切也和简在《爱玛》中构建的世界迥然不同:一个现实中并不存在的萨里村庄,一个芳龄二十、美貌、聪慧、富有的女主角,一个像伯特伦夫人一样愚蠢的父亲,一个嫁给伦敦律师的姐姐,一位蒸蒸日上的模范庄园主,一个狡诈油滑、令人讨厌的年轻牧师,以及附近一所很大的女子学校。当然,书中还有一个次要情节,讲的是一个可怜的美人,名叫简,她打破了社会规则,几乎付出代价,成为家庭教师——在英国,这是奴隶交易的等价物。简回到乔顿,并于 1815 年 3 月 29 日完成了写作。当她写最后几章时,斯塔尔夫人的敌人拿破仑正逃出厄尔巴,收集残兵,北上巴黎,重建他的声威。

《曼斯菲尔德庄园》又售空了,但埃格顿拒绝排印第二版。他应当
见到了《爱玛》的成稿,但他迟疑不决,也没有提出合适的价钱,他跟 249
简·奥斯丁的关系到此结束。要等到那年秋天,当简开始写另一本小说时,《爱玛》才被另一出版商约翰·默里接受。默里是《评论季刊》的创办人,是拜伦的出版商,他让《评论》主编威廉·吉福德阅读原稿,而他觉得奥斯丁的作品“十分好”,尤其是她的早期作品。他建议给全书一些修改,让默里买下版权,连同《曼斯菲尔德庄园》和《理智与情感》,愿付四百五十英镑的价钱。亨利作为简的代理人拒绝了这个出价,不久,他生病,简把交易改成佣金制,默里将获得百分之十的利润,而他也愿意给《曼斯菲尔德庄园》印刷新版。

印刷开始时,亨利的病情恶化,医生一时不知所措,简急忙找来詹姆斯和爱德华,他们来时也顺便带来了卡桑德拉。三人到达汉斯广场时,亨利几乎濒临弥留状态,他患的是一种“低烧症”。比容夫人此时要照顾五个奥斯丁家人,而汉斯广场的寓所一时间变成了恐怖之家。

幸而灾难来得快，走得也快，亨利开始康复了。詹姆斯回家，爱德华在11月2日给女儿写了一封慰问信，第二天返回肯特。亨利虽然虚弱，需要照料，但已走出了险境。

来给亨利看病的医生中有一个是宫廷医生，当病情好转后他告诉简说，摄政王是她小说的爱慕者之一，并告诉了摄政王，简此刻正在伦敦。摄政王命他的图书管理员，詹姆斯·斯塔尼尔·克拉克邀请简去摄政王居所卡尔顿宅邸的图书室参观。11月13日，简如约前往，但她始终为此次光荣的参访和她的感受保密，我们只知道克拉克先生曾向简交代，她可以把她下一本书献给摄政王，于是便有了《爱玛》扉页的献词。

250 在如此短小的空间里，写了三次“殿下”(His Royal Highness)和一次“摄政王”不是简的意思，她建议简化献词为“容我把《爱玛》呈献给摄政王 H. R. H.”，不过出版商默里还是为她修改如上，而在初版时用了一页专页。玛莎·劳埃德取笑简献词中的商业动机。事实上简曾一再抵触这个做法，直到被告知皇家的暗示实乃命令，这才同意。默里当然很高兴，他印了两千册，是简书中发行量最大的一次，三卷本售价二十一先令。[12]

251 摄政王没有写谢函，皇家的礼仪没有这种要求，但他也没有觉得有必要表示他确实已经读过《爱玛》。他于1815年12月在伦敦收到一册特别包装的《爱玛》，三个月后，1816年3月27日，图书管理员从布莱顿来信给简说：“我必须代表摄政王殿下感谢您送给他的精美新作……圣海伦公爵以及其他在场的显贵，都对您给出应有的赞赏。”不过我们和简·奥斯丁一样，都想知道摄政王对伍德豪斯小姐和弗兰克·丘吉尔有什么意见。许多星期后为了“精美新作”的一声道谢，不

TO

HIS ROYAL HIGHNESS

THE PRINCE REGENT,

THIS WORK IS,

BY HIS ROYAL HIGHNESS'S PERMISSION,

MOST RESPECTFULLY

DEDICATED,

BY HIS ROYAL HIGHNESS'S

DUTIFUL

AND OBEDIENT

HUMBLE SERVANT,

THE AUTHOR.

《爱玛》的献词

是理想的反应。简写信给默里，言辞一如既往地冷淡："不论他（摄政王）怎样看待**我的**作品，**你的意见**已让我感到满意。"

尽管摄政王的图书管理员对摄政王没有多少影响，他本人却大力表示他对简・奥斯丁才华的欣赏，甚至发出奇想，给了简一些未来写作的计划。首先他建议简写一个与他不无相似的英国牧师，他自己曾任海军牧师：何不"把你的牧师带到海上，他在朝廷中有声势显赫的海军要员作为好友"？（他心中想到的会不会就是克拉伦斯公爵？）再不然，何不也"描写他埋葬母亲的故事——有如我自己，因为教区的祭司没有对她尽到应有的敬意。我至今惊魂未定"。奥斯丁巧妙地避开了克拉克先生的建议，谦虚地说她能力不够，"一个没有学问，见闻不广的妇女"，缺少科学、哲学、古典文学和外国语言的知识，很难胜任这项工作。他下一个建议是，写"萨克斯-科堡家族"（House of Saxe-Coburg）的浪漫传奇，颂扬家族中的利奥波德王子（Prince Leopold）和他与摄政王女儿夏洛特婚姻的故事。奥斯丁再次找了个礼貌的借口，说这样的项目非她能力所及。

克拉克先生并不灰心，他终于促使简写了一篇《小说计划：从多方面得来的信息》，其中有三页的分量采用了他和其他善友得来的意
252 见。此书描写一个完美的女孩，一个鳏居的乡村牧师的女儿，她用整整第一卷讲述了父亲的故事，包括克拉克先生关于牧师的提议，"朝廷中声势显赫的海军要员朋友"，以及他母亲的葬礼。女主角努力保持美丽、优雅，"生活奢华"，尽管她在欧洲漂泊不定，忍饥挨饿，遭到卑劣追求者的纠缠，以及男主角残酷的轻视，直到最后一刻，才知他一直爱她。奥斯丁在故事中维护着她自己的风格和技巧，享受着用自己的车轮拖着克拉克先生跑的快乐。

《爱玛》的女主角绝非完美，通常也被公认为奥斯丁最完美的书，从头到尾无懈可击，没有草率的片段，也没有松散的结局。它提供给读者的是一个完美的世界，有如法国拉辛的剧本。第一次的阅读会让你大为惊讶，也如多数人所同意，它是深入人性心理世界的另类侦探故事，每回重读，都会增进你对小说结构和微妙之处的理解和鉴赏。它像是一支管弦四重奏或者奏鸣曲，每次聆听都得到新的启示。

爱玛和范妮·普莱斯一样，让她们内在的声音指引她们外在的行为。我有时会想，奥斯丁第一次得到爱玛的灵感时，恐怕是当范妮向亨利·克劳福德说："我们心中都有一个无人可比的好向导，如果我们能听到他的声音。"但滑稽的是，这个内在声音常常证明是错的。例如，爱玛内在的声音告诉她，接受哈丽特·史密斯的友谊，但这个不合适的朋友想尽办法去毁掉她的人生。要她曲解埃尔顿先生对她的关注，而旁人对此却一清二楚。要她轻视简·费尔法克斯，给她编造一个有损名声的故事，让弗兰克·丘吉尔知道，结果丘吉尔为了自己的目的，利用这故事伤害了简。要她去跟丘吉尔彼此调情，但当他如她所料，向她求婚时，她却无意接受。

爱玛还不想有男性的朋友，以免妨碍她在自己生活的小圈子中成
为女王的打算。她喜欢上了哈丽特，一半是因为生活枯燥乏味，需要
有点事情来分心，虽然哈丽特是个傻瓜一样、只懂奉承的女孩，除了爱 253
美，别无兴趣，还是个私生子，父母身份不明。甚至这一点也没有引起
哈丽特的一丝好奇心：无论她多么迟钝，这依然令人难以置信。幸运
的是，她自己的愚蠢和追求者的锲而不舍将她从爱玛的指引所导致的
耻辱和不幸中挽救出来。

爱玛对她不想看见的事从来看不见，直到错误出现，或者她兄长般的情人给了她绝好的建言，她才醒悟。她和奈特利先生间不被认可

的激情是奥斯丁书中的精彩之处。在奈特利责备她后，她从博克斯山回家的路上流下无助的眼泪，当她的心灵还没反应过来时，身体会告诉她这一切。“爱玛感到，一路上她脸上的泪水从未停止，尽管非同寻常，她也无心去擦拭。”一向以思考、操纵以及加强自己意志为乐的她，第一次感到在激情中放弃自己意志的快乐。当全书结束时，爱玛说她永远不会称呼丈夫为乔治，即使他要求她，除了她羞于提起的那一天，但此后他便永远是奈特利先生，保持了师生的关系，而这对她是最满意，也是最甜蜜的关系。如果这让爱玛看来有点像 D. H. 劳伦斯的女主角，说明奥斯丁颇有想象超越自己经验的能力，而能以稳健的手法完美表现出来。

简·奥斯丁自己对《爱玛》的接受全无信心，部分的忧虑表达在她1815 年写给克拉克先生的信中：“我目前最大的焦虑是，我这第四本书不要伤害了我过去的成就……我十分担心喜欢《傲慢与偏见》的读者会觉得此书不够巧妙，而喜欢《曼斯菲尔德》的读者会觉得缺乏理智。”[13]第一批读者的反应也没有帮助她取回自信，在她记下的四十三条有关《爱玛》的意见中，十二条全是敌意，只有六条毫无保留地赞扬。四人说这是她最好的一本书——但其中二人是她的兄弟弗朗西
254 斯和查尔斯，而十七人说他们还是喜欢《傲慢与偏见》——这正是她的恐惧所在。在自己家庭中，她的母亲便是其中的一个。至少她觉得比《曼斯菲尔德庄园》“更有趣”，而卡桑德拉则是偏爱《曼斯菲尔德》的九人之一。范妮简直受不了爱玛；尽管安娜，也许她喜欢自寻烦恼，认为爱玛是她最喜欢的角色。阿莱西娅·比格匆忙读过两遍，被书中不断的做媒和对哈丽特的描写给烦透了，她更喜欢早期作品。爱德华“喜欢它，胜过《曼斯菲尔德》——仅此而已”，她的侄子爱德华好心地

指出，她让奈特利先生的苹果树在七月开花了。亨利因为身体状况不佳，没有表示意见，不过他一位精明的伦敦朋友詹姆斯·兰厄姆爵士认为“远不如其他的书”。另一位伊莎贝拉·赫里斯小姐，简和她吃过饭，认为她聪明能干，却“不喜欢它——反对我对女主角的性描写”，她让奥斯丁最崩溃的是抱怨书中“贝茨太太、贝茨小姐仿佛影射他们的一些朋友，而我一生从未见到过他们”。詹姆斯和玛丽·奥斯丁也表示它“不如前面三本书，语言也不同，很难读”。他们一定把想法转达给了玛丽的表妹简·默登，她觉得此书“比起前面三本书来差多了”。

默里给作者的赠书只有十二册，简对此颇有怨言，她对卡桑德拉嘲笑地说：“这十二册书早已在我圈子中有了归属——从 PR［Prince Regent，摄政王］，到莫利伯爵夫人（Countess Morley），这当然都是默里先生的安排。”[14]她觉得有必要给摄政王的图书管理员一册，其余的则全送给了家人——唯一例外是夏普小姐，这位奥斯丁不可或缺的智慧朋友。她请夏普给她最坦白的批评，在这之前她已拜托过她给《曼斯菲尔德》“完全诚实”的意见。然而这次夏普的裁决也让她难过，她觉得《爱玛》“比《曼斯菲尔德庄园》好，却不及《傲慢与偏见》——喜欢女主人公的独特和奈特利先生这个人物，埃尔顿太太值得赞美，但对简·费尔法克斯不满意”。夏普小姐的尖锐（sharp）涉及书中一个弱点：简·费尔法克斯软弱的个性不像是举止大胆、私下订约和秘密通信的人。她的批评值得重视和思考。 255

记录笨朋友的侮辱之言，是另一种趣味，也是娱乐。在汉普郡的邻居中，一位女士觉得《爱玛》“太自然了，因此很没趣”，简的“亲爱的迪格威太太”“不喜欢此书，事实上，如果不是因为作者是我的朋友，她根本就读不下去”，迪格威太太真够朋友。一位迪克森太太“认为远逊于《傲慢与偏见》——因为书中有一对迪克森夫妇而更不喜欢”。另一位则“只读了第一和最末一章,因为他听说这书无趣”。“作者大错特错,在如此的时代里,竟写像柯林斯和埃尔顿这样的牧师。”为弥补这些无稽之谈,她弟弟查尔斯说他“匆忙连读了三遍”,而《爱丁堡评论》的杰弗里先生“用了三个晚上读它”,却无一字评语。

默里先生有他自己的念头,他送了一册《爱玛》给司各特,希望他在《评论季刊》上发表书评,但他介绍此书的话却将自己列入了地狱中为不忠的出版商保留的一层。“您愿意草就一篇《爱玛》的论文吗?该书既无天大的事发生,也无浪漫传奇,难道不是吗?”司各特果然草就了一篇文章,轻描淡写地赞美奥斯丁“对自然的摹仿栩栩如生,仿佛她真的置身于日常生活的各行各业”,更盛赞她“故事中人物安详而幽默的对话所产生的戏剧效应”。他觉得伍德豪斯先生和贝茨小姐令人厌倦,而完全不提《曼斯菲尔德庄园》,这是奥斯丁最大的失望。他对《理智与情感》和《傲慢与偏见》的呆板总结没有给二书增添任何意义。他全文的大部分花费在泛泛之论上,只在结尾处,针对奥斯丁书中女主角的“老谋深算”,颂扬了浪漫爱情的美德。

奥斯丁去世近十年后,司各特对她的作品有了更高的评价。“那位年轻的女士有一种天才,擅于描写日常生活中的事件、情感和人物,
256 这是我所遇到的最奇妙的才能。我可以发出时下流行的聒噪犬吠,但她那种细腻的笔触——以真实的描述和真实的情感将平凡的事物与人物变得生动有趣的生花妙笔——则非我所能及。”[15]奥斯丁的语言充满生命力,感动了司各特和我们,将她等同于书中永远的二十岁的女主角们,一如伊丽莎白、埃莉诺、爱玛,称之为“年轻的女士”,尽管她已辞世,而且,司各特在《评论季刊》中不大友好地评论她时,她时年已四十。

注释

［1］查普曼猜想她就是弗朗西丝·伯德特（1846年去世），是伯德特-库茨男爵夫人（Baroness Burdett-Coutts）的姑母。她告诉简她喜欢《傲慢与偏见》胜过《曼斯菲尔德庄园》。见《〈曼斯菲尔德庄园〉意见书》，《次要作品》，第432页。

［2］斯塔尔夫人跟英国女性作家向来相处不好。范妮·伯尼便曾因斯塔尔夫人不检点的私生活与她断绝来往。不过贝利小姐曾与她共餐，赴会的还有出版商约翰·默里，西登斯太太，肯布尔（Kemble）和格洛斯特公爵（Duke of Gloucester）；她也曾与拜伦同去戏院观剧。

［3］《牛津英语词典》（*OED*）中说："coze"（舒适惬意的闲谈）是英文cozy（舒适）和法文causer（谈话）的结合体。在《曼斯菲尔德庄园》以前没有出现过这样的用法，无疑这是奥斯丁的独创。

［4］这个《唐璜》虽然也有配乐，却不是莫扎特的《唐璜》。它是一出"哑剧"（pantomime），改编自复辟时代剧作家托马斯·沙德韦尔1675年的剧本《放荡者》。

［5］詹姆斯的妻子玛丽·奥斯丁从1810年开始写日记，范妮·奥斯丁从1804年就开始了。由于简1807年的部分日记还存在，她可能烧毁了她早期的日记，卡桑德拉·奥斯丁所见到的是她后期的部分，因为只有《爱玛》和《劝导》的日期得以保全。

简·奥斯丁可能用日记记录她某些小说中事件发生的时间顺序，因为她清楚地分开了工作日和假日。弗兰克·麦金农爵士（1871-1946），一位对十八世纪很有研究的高等法院的法官，第一个提出简·奥斯丁使用了年鉴来确定日期。查普曼同意他的说法，不过他们的努力仅得到部分依据，证明她在《傲慢与偏见》和《曼斯菲尔德庄园》的终稿中用过这种方法。

［6］托马斯·阿恩1762年的歌剧（彼得罗·梅塔斯塔齐奥〔Pietro Metastasio〕作词）受到高度欢迎，直到十九世纪还在上演。剧中有两部分，分别由两位阉人歌手演唱，但可能有所改编。拜伦见到乔丹夫人时是3月7日，她扮演内尔（Nell），而3月10日霍伊登小姐（Miss Hoyden）演出《斯卡布罗之行》。简· 奥斯丁没有提到她，但杰内斯特（Genest）记录了她全部的

演出日期,因为这是她在伦敦最后一季的登台。4月她患病,也去了埃塞克斯照顾她难产的女儿(这是奥斯丁会同情她的理由)。这之后她回到考文特花园剧场继续演戏,直到6月。亨利·奥斯丁在亨利埃塔街10号的家与她在伦敦的第一处寓所只有两户之隔,她住在亨利埃塔街8号。

[7] 引文来自范妮日记,1814年4月8日。去奥尔顿观看彩灯和救济晚餐之事也出自日记,那年5月她与父亲住在乔顿。

[8] 范妮6月20日的日记,那时她住在亨利埃塔街。日记写道:"亨利·奥斯丁叔叔去伯灵顿府邸参加怀特的庆典了。"

[9] 案情到简·奥斯丁死后还未了结,爱德华被迫向欣顿付一万五千英镑,以便与其达成协议。信息见卡罗琳·奥斯丁,《回忆录》(*Reminiscences*,1986),第38-39页。亦见迪尔德丽·勒·费伊,《家庭记录》,第194-195页。

[10] 卡罗琳·奥斯丁,《回忆录》,第40页。

[11] 引文来自杰弗里·格里格森,《泰晤士报文学增刊》,1955年8月19日,第484页。虽然司各特的《韦弗利》出版时匿名,奥斯丁家人知道其中的秘密,显然是约翰·默里告知的。

[12] 简·奥斯丁起初对献词的迟疑,见卡罗琳·奥斯丁,《我的姑姑简·奥斯丁》,第11-12页。一年内《爱玛》售出一千两百五十册,其后则急剧下降。简·艾肯·霍奇在她的《简·奥斯丁的双重生活》(第125页)里指出,默里在1821年削价出售1816年出版的《爱玛》和《曼斯菲尔德庄园》。二书都未曾再版,直到1833年理查德·本特利的新版出现。

[13] 简·奥斯丁给J. S. 克拉克的信,1815年12月11日。

[14] 简·奥斯丁给卡桑德拉·奥斯丁的信,1815年11月26日。

[15] 沃尔特·司各特日记,1826年3月14日,首度刊印于J. G. 洛克哈特(J. G. Lockhart)为他撰写的《传记》(*Life*,1837-1838)中。

第二十三章 女魔法师

滑铁卢战后一年的太平日子里，奥斯丁家庭发生了许多灾难。
1816 年 2 月，查尔斯的船在东地中海上追逐拜伦在诗中美化的海盗时不幸沉船，他回到英国，身无分文，设法抚养失去母亲的家庭，他十年后才得以恢复工作。他的大女儿卡西被送往乔顿的姑母家，正如二十年前安娜在母亲去世后被送往史蒂文顿的姑姑家一样；二女儿哈丽特，简的教女，则因脑部积水，病得严重。

弗兰克收入减半，年入两百英镑，幸亏他有银行的投资，虽然每两年他会增添一个小孩，但他还过得去。他这时也是亨利银行的合伙人。[1]然而 1815 年年尾，亨利在奥尔顿的银行分行经营失败，而 3 月 15 日，其他的分行连同伦敦银行和军队代理机构全都崩溃。他们的失败或许由于战后经济的普遍萧条，或许由于一些客户的失信，或许两者兼具，亨利一向的乐天态度也是一个因素。总之，亨利破产了，不论伊莱扎曾经遗留给他多少财富，这时彻底掏空。受害者包括他的舅舅利-佩罗特和哥哥爱德华，他们得赔偿大笔的金额——一万镑和两万镑,这些他们仅在一年前所做的担保,世事变化太快,将他击垮。弗兰克和詹姆斯损失稍小,甚至简《曼斯菲尔德庄园》的十三英镑盈利也付
258 之东流了。现在亨利和弗兰克付不起每年给母亲五十英镑的承诺。这些变故,加上爱德华面临威胁,给乔顿村舍的经济带来压力。[2]

奥斯丁家人对亨利的破产处理颇低调,在《回忆录》中,它被称为“一些家庭麻烦”。在史蒂文顿,玛丽・奥斯丁 3 月 15 日的日记说,“亨利的银行停止付款”,次日则说,“刚听说亨利破产了”。那年年终时,范妮在日记中写道:“今年的大事,是亨利叔叔银行的失败和家人受到的连累。”卡罗琳事后回想起此事,惊讶地发现亨利叔叔来到史蒂文顿时一副泰然自若的样子,他欢笑如昔,不像破产的人。他处乱不惊的能力让你觉得,是否奥斯丁家庭严厉的育儿方式使他对困苦有所免疫。

简・奥斯丁 4 月 1 日给默里先生去信,希望他以后用乔顿的住址与她联络,“由于亨利埃塔街的银行近来所发生的不幸”。她从此不再有去伦敦的可能,亨利被迫舍弃了他汉斯广场和亨利埃塔街的住宅。比容夫人母女没有理由留在伦敦,回到法国,看看国家在经历了二十年革命和战争后的状况,所见却是贫穷和苦难,9 月又回返英国,她们前景黯淡。[3]亨利回到家中求援,完全没有考虑他可能不受欢迎。“我的叔叔以往过了许多年奢侈的日子,但作为银行主管也并不过分,”卡罗琳回忆说,“没有人指责他个人生活的挥霍。”[4]他的舅舅和舅母利-佩罗特则是唯一责怪他的亲人,虽然他们在肯特郡和汉普郡依旧热情地招待他。7 月,亨利和爱德华的两个儿子去了一趟法国(旅费无疑是爱德华支付的),希望能取得一点伊莱扎可能拥有的财产,但他们白忙活一场,在法国没有一个英国人可以在没有法律约束的条件下提出要求,尤其是 1816 年。

至于教堂，困苦时代最有用的安身之所，此刻重新出现在亨利心上。他忆起二十五年前曾经放弃的计划，写信给温彻斯特主教布朗洛·诺斯，表示他有求职的意愿。这位主教年过七十，对植物学的兴 259
趣高过神学，并没有对已到中年的亨利有太多苛求，他把一只手放在希腊文的《圣经》上，说："我想，你我都多年没有研究它了。"年底时，亨利被任命为乔顿教区副牧师，薪水一年五十二基尼，虽然不高，聊胜于无，也让他保住了他的马匹。[5]

在这艰难一年的初期，简开始感到不适，却不知具体原因，谁也不为此事分心，包括她自己，她可能认为是年过四十的缘故。受她庇护的"可怜的本小姐"在1月去世，年仅四十六岁，对她未尝不是一个警惕。多年来，简曾取笑她母亲的健康疑虑症，因此不允许自己在母亲一半的年纪就抱怨病痛。[6]她持续忙于写她的《艾略特一家》——《劝导》的前身，这时她也从克罗斯比先生手上用十英镑买回了《贵妇苏珊》（后来的《诺桑觉寺》）原稿。她对原稿加以修改，将女主角的名字改成凯瑟琳，还说明写作的时代，并指出完成于1803年。这篇小说此时已完全成形，只是最终的书名尚未出现，她曾告诉范妮说，"凯瑟琳小姐"至今还搁置在"书架上"。

阅读她这一时期的书信，你会奇怪她天天照顾兄弟的孩子，哪来时间写作。4月，查尔斯的女儿卡桑德拉住在乔顿村舍，简带着她和弗兰克的女儿玛丽-简，可能还有詹姆斯的卡罗琳，一起去看奥尔顿市集。安娜和她丈夫也搬回汉普郡，从奥尔顿一位店主那里租了半间农舍（农场主住在另一半）。这里离乔顿很近，安娜总盼望来看姑姑，并乐于帮忙。她4月才给大女儿受洗命名，现在又已怀孕六个月。5月，爱德华和范妮来此居留三星期，范妮的日记说她常与卡西姑妈散步，跟简姑妈则只散步过一次,简显然有些不顺利。这之后不久,两位姑妈都出发去切尔滕纳姆作温泉疗养,顺路也把查尔斯的小卡西送回家,但同意6月她们回家时再把她带来乔顿。

260 切尔滕纳姆是著名的矿泉疗养胜地,有许多可乐之事,包括大会堂、音乐厅、戏院、赛马场和图书馆,不过卡桑德拉此次带简前来纯粹是为了医疗。这里的养生术是一大清早从住所或旅邸步行前往井水处,舀取约半公升的咸水,在早餐前喝下。[7]也许简觉得这种水疗对她有用,那年晚些时候,卡桑德拉还带自觉不适的玛丽・奥斯丁再度来此,在她们疗病期间,简全权照顾弗兰克一家人以及另外一些访客的饮食。难怪卡罗琳说:"很久不见我姑姑手拿书本了。"[8]简在这一时期写给卡桑德拉的一封信中发了牢骚,说她真需要"几天的清静,不必为张三李四操心。——我常想,**你**在管家之余,是怎么找到时间做事的……写作对我已不可能,满脑袋都是烤羊肉和大黄茎"。

她开始感觉背部疼痛。尽管背疼,尽管访客川流不息,加之夏季寒冷多雨——1816年是近几十年来气候最糟的一年——要让孩子们开心特别困难,她居然在7月18日完成了《劝导》。但也许当她写下"全书完"(Finis)的字样后,却不满意最后的两章,这抽出来的两章因此成为奥斯丁作品中唯一保留的原稿(现存大英图书馆)。这就使手稿弥足珍贵感人。手稿也显示出奥斯丁的书写习惯:字迹密集,节省空间。文中对话连续展开,不分段落,非常紧凑。手稿中的缩写证明她多么急于切入重点:例如"P. Office"(Post Office),"Capt. W."(Captain Wentworth),"Adml"(Admiral),"Mr. E"(Mr. Elliot)等。许多名词她也维系着传统大写的风格,例如"Bliss","Fatigue","Headake","Providence",有些字还打上底线,有若在停顿中思考它的意义并加以强调:"Persuasion","Duty"。一如她的书信,手稿笔画清楚，整齐而流畅，连字句的删除修改也一丝不苟。

在放弃这两章前，她曾经做过一次修改，想把安妮·艾略特发现祖母的意见错误时那种“胜利”的骄傲感淡化处理，也完全删除了一段她罕有的个人议论。删去的文字如下：

> 又一个道德败坏的例子。一个年轻女人证明了自己比其长辈更识人心——她不过是在两件事上比其教母看得更清楚些！然而关于道德，我承认自己几近绝望，因为我发现自己冒犯了一位母亲——在自以为最强的地方却暴露了弱点。眼前这件事就等着妈妈们、少女监护人们和中年妇女们的责难吧。 261

这些是她最初的念头，是她对自己说的话，取笑有些读者从她作品中寻找“道德倾向”，然后利用她的小说当作妇德懿行的教科书。“妈妈们、少女监护人们和中年妇女们”是迂腐的《科莱布寻妻记》作者汉娜·摩尔的工作，不是奥斯丁的。当她说“关于道德，我承认自己几近绝望”时，她在嘲弄自己，一如艺术家发现别人狭隘地曲解她的处理方法和用意时，对自己的嘲弄。然而这段话过于强烈，与叙事部分违和，是粗暴的声明，因此被删去了。

她决心重写最后两章，她花了三星期，成绩斐然。然后呢？她把稿子放在一边，六个月内不再碰它。她也许想过进一步修改。《艾略特一家》变成了《劝导》，虽然我们不知道在什么时候，甚至是谁的主意。直到次年(1817 年)3 月，她才在信中告诉范妮说她“有些东西准备出版了，也许需要一年的时间”。十天后她又给范妮写信，说亨利问她有没有新书，而她“不能说没有，但除此之外，她没多说什么”。她的迟疑有点蹊跷，也许她体力转弱，无法应付出版商。《爱玛》获利两百二十一英镑六先令四便士，但经过默里先生扣除《曼斯菲尔德庄园》的亏损后，她在2月间只拿到可怜的三十八英镑十八先令。在乔顿村舍，对于每个人来说，金钱此时变得分外重要，“单身女子最怕的就是贫穷”，她提醒范妮，那时范妮正在求婚者之间迟疑不决。

《劝导》在许多方面不同凡响，一方面，它可以是送给自己，送给夏
262 普小姐、卡桑德拉、玛莎・劳埃德，以及送给那位可怜的本小姐的一份礼物；也献给所有在生命中失去婚姻机会，无法享受第二个春天的妇人。另一方面，它也标志着明显的飞跃：以新的心境和方式观察英格兰。书中对海军官员的友好塑造不仅仅是对弗朗西斯和查尔斯・奥斯丁的恭维，它预言了一个大有可为的新社会的崛起，它还介绍了一位截然不同于以往的新妇女——克罗夫特太太，她坚强、幽默，年近中年，头脑比她海军上将的丈夫还要清楚。在她的判断中，谨言慎行、社会地位和家庭价值等过时观念全都被颠覆了。最可喜的是，自从《理智与情感》给浪漫思想作了无情的打击后，销声匿迹的浪漫再度回到书中，成为安妮・艾略特人格魅力的核心。

无可否认，此书有它粗糙、冰冷和未充分展开的一面。除了安妮，艾略特一家很像是漫画人物，而有关克莱太太、史密斯太太和艾略特先生的处理也欠精良。雷金纳德・法勒于1917年指出，《劝导》是“简・奥斯丁著作中最温暖也最冰冷，最柔软也最坚硬的一部书”，一如既往地精辟。[9]（欲知《劝导》一书情节的读者，请参阅尾注。[10]）本书的温暖和柔软全来自安妮・艾略特和她对人、景色和季节的回应，在奥斯丁的女主人公中，只有她和玛丽安珍视秋天的美丽与哀伤。她们会迅速联想到对应的诗句，与分享她们感受的人共鸣：例如玛丽安对汤姆森和库珀，安妮对司各特和拜伦。对安妮来说，秋天的田野，莱

姆的海洋和海岸，“绿色的断层和浪漫的岩石”，十一月末，姐姐家中“深黑、潮湿、令人不适的阳台”，都在以强烈的声音叙说着它们各自不同的故事。与玛丽安不同的是，当她发觉枯叶也能打动心灵时，没有人嘲笑她。

安妮跟此前的爱玛也截然不同，爱玛总想将她的意志附加给社会，安妮则想从中“永久疏离”。爱玛往前看，安妮往后看。爱玛仓皇犯错，安妮则不得不死守在八年前自己造成的错误中。“年轻时她被迫拘泥，年长后却懂得了浪漫——一个不自然的开端却造成十分自然的结果。”这是奥斯丁罕有的表述，多年后，卡桑德拉在《劝导》书页边 263
缘写下了她的赞美：“亲爱的，亲爱的简！这句话值得用金粉写出。”[11]

爱玛有一个稳定的社会圈子，安妮的社会则残破动荡。奥斯丁利用这个机会，安妮的孤独，以及完全从她的视角和感受讲述故事的方式，增添了情绪的感染力，也让读者变成了她唯一的知己。她充沛的感情和喜乐变成了读者的感情和喜乐，痛苦和希望也是如此。她没有姐妹、朋友分享这一切，唯有我们。她邀请我们填补她生命中的空白，我们不会拒绝。

她改写过后的两章，如此巧夺天工，即使我们一再阅读，依然感到无法承受的紧张与感动，比如不能互吐心曲的情人，选择其他交流途径。温特沃斯丢下笔，假装写另一封信，实则还是在给安妮写信。她对哈维尔所说的每一句话，都是说给温特沃斯听的，她的话是肺腑之言，她是个强大的妇人，为了捍卫女性的尊严，她会变得锋利而机智：“男人要讲他们的故事比我们方便多了。他们受的教育比我们高，笔向来在他们手上。我不承认他们的书能证明任何事。”表面看来是玛丽安责备约翰爵士的话，其实是奥斯丁自己的心声，奥斯丁完全站在玛丽安一边。不过她这次的承认多于谴责，因为此刻的笔正好在她自己手中。

她的病没有好转。1816 年最后的三个月她只有一封信，写给侄子詹姆斯-爱德华，恭喜他毕业于温彻斯特，即将前往牛津，同时也鼓励他写小说。詹姆斯的三个孩子现在都想写小说，她稍早曾密切关注过安娜，也通过书信和卡罗琳谈论过她的故事，耐心并善意地阅读、赞美它们。现在面对侄儿“强健、男性化、神气活现的笔调”，她将自己的文字比作“用一支精细的笔在（两英寸宽的）小小象牙上书写”。这个慷慨的笑话，言辞美妙，令人难忘，虽是给她聪明而年轻的侄儿的鼓励，
264 也无异于跟像司各特这样的作家做了一个最好的比较。这封信还有好些笑话，其中之一是亨利叔叔一篇“上乘的布道文”可以加进小说，另一个笑话是关于乔顿牧师帕皮伦先生，简姑母说，帕皮伦先生在漫长的等待后终于要求婚了，而指望简姑母嫁给帕皮伦为妻的传闻是全家（包含简自己）都觉有趣而无伤大雅的笑话，这也是老处女姑妈应有的笑话吧。夹杂在这些笑话中，简仍坚持她身体“非常健康”，事实上，她已无力步行到安娜家中去吃午饭，虽然那不过是一条短暂的路程。

家中还有其他人病倒在床。詹姆斯年初因骨折在家疗养，可能因为打猎时摔跤受伤，在这之前他曾折断过腿骨和手臂。查尔斯得了风湿症，他的小哈丽特也因剧烈的头痛病得很惨，使用过水银一类可怕的药物，让简一度希望她死了算了：“希望老天有眼，赶快把她带走。她可怜的父亲为了她已快撑不住了。”[12]邻居也一样，丘特太太的养女据莱福德医生说病危，但她康复了，这之前简已表示过她的同情，说丘特太太“如果失去她，一定会像她生母一样难过”。孩子的死当然可怕，但孩子的生也不是件容易的事，安娜再度怀孕的消息让简不安：

“安娜没有脱险的机会，她的丈夫曾经来访，说她**一切安好**，但走不了**这么远**的路……可怜的小孩，不到三十她就会耗尽精力——我真为她难过。克莱门特太太也怀孕了。太多的孩子令我生厌。”

她继续坚决表示健康已经好转。1817 年 1 月底，她宣称“比半年前强壮多了”——强壮到能走到奥尔顿，但不能走回来。她告诉阿莱西娅说，她的问题出在“胆”，而她现在知道怎样治疗。对范妮她则说，她的病是风湿症，但现在几乎已经痊愈，“除了膝盖间偶尔有点痛”。她英勇地骑过一次驴，希望能给她一点帮助。但另一封信中她发现“我还算健康”，不管怎样，“在我这个年龄，疾病是危险的奢侈”。她用了全部的意志力来抵御和否认疾病，她给范妮的信充满乐观，一定 265
给肯特郡的人们带来欢乐，但谁也不知道写信者付出了多少代价。卡罗琳在回忆录中强调了她否认自己有病的意志。

> 简姑母在午餐后会习惯性地躺下来——我的祖母经常也躺在沙发上。她午后会躺下，傍晚时也会躺下，没有固定的时间。以她的年龄来说，她的身体并不坏，她常在花园里工作数小时，自然会疲倦。房中只有一张沙发，简姑母用三张椅子拼在一起，我相信她有枕头，但看来并不舒服——她说这就是**她的**沙发，即使沙发没**人**使用，**她**也从不去那里躺……我常问她怎么**会**认为椅子更舒服——我想我问得太多了，她只好说那是她的选择，假如她用了沙发，祖母会把沙发让给她，不再自己用。而她觉得还是这样好，祖母随时可以躺下——

这是最佳的风度，也证明她强烈拒绝成为公认的病人。

现在她把剩下的全副精力放在一件极为重要的事上，那就是构思、写作另一本小说。《桑迪顿》的名字从未在她书信中出现，然而1月到3月间，她给这本意外的书写了十二个篇章。假如有人认为《劝导》是奥斯丁的绝笔，是她温驯走向死亡的征兆，那么《桑迪顿》会给这感伤的想法泼冷水。哪有垂死的作家猛烈攻击健康疑虑症的道理？书中看不见任何消退的力量，相反，它指向一个全新的方向。奥斯丁从未有过这样的主题：地点是海边的村庄，正发展为度假胜地，特拉法尔加大厦（Trafalgar House）已经完成，而滑铁卢新月大厦（Waterloo Crescent）即将动工，因为“滑铁卢才是今天的时尚”，一个追名逐利的年轻人出于投机“在一片荒地上盖一座精致的小屋”。语言和主题同样新奇，而最新奇的莫过于这位帕克先生，不妨称之为摄政时代的公关人物。

266 帕克先生离开了他舒适的老家，迁入特拉法尔加大厦，桑迪顿地区激烈竞争与发展的标志。这座大厦相当于“他的第二个妻子和四个孩子——爱意丝毫不减，甚至更加着迷。——他可以滔滔不绝地说个没完……这是他的宝藏，他的运气，他的构想和乐此不疲的话题；他的事业，他的希望与他的未来……”这让帕克太太非常惆怅。小说主题的现代性令人吃惊：倾家荡产去投资地方的“成长”，无视传统价值而强调竞争、奋斗不息和推销艺术。

《桑迪顿》——卡桑德拉把它叫作《兄弟们》（*The Brothers*），她的家人则笼统称之为《最后一部书》（*The Last Work*），直到查普曼于1925年为它命名出版。书中的喜剧性胜过以往，她见于贝茨小姐和艾尔顿太太身上的独白技巧在此也得到延续。帕克先生一心想发掘桑迪顿商人的新理念，在书中发出了怒吼：“文明呀，文明！……看看，我亲爱的玛丽，看看威廉・希里的橱窗——蓝色的鞋，南京棉布的靴！在老桑迪顿的鞋店里，你能看见这些货色吗！一个月内就变了。一个月前路过这里时，还没有蓝色的鞋。辉煌呀！——唷，我想我有生之年终于为大家做了点事。”看来狄更斯的“远大前程”提前在奥斯丁身上出现了。[13]

书中叙事的语言也起了变化：在烟雾迷蒙的漫步中，从公园的围篱远眺，“一个影像在公园的另一端出现了，一个白色的、女性的影像——她立即知道那就是B小姐，在苍白的烟雾中，的确那就是布里尔顿小姐，十分安静地坐着，身旁是E. D. 公爵。他们坐得很近，显然正热心于一席温柔的谈话。她往后倒退了几步，说不出一句话来”。你可以说这是“明暗对比法”（chiaroscuro）或者电影拍摄技术的前奏，但这绝非奥斯丁过去的语言。年轻的E. D. 公爵熟读过塞缪尔·理查森，相信自己“天生是个危险人物”，大雾中的谈话便是他蓄意的安排。书中还有其他病态的角色，比如一个无病呻吟的胖子，不爱新鲜空气和运动，只爱可可和吐司；而帕克先生的姐姐黛安娜是个“行动狂人”，不能一刻停止说话和支配旁人的生活。《桑迪顿》这部小说未完成，让 267
我们好奇它会走向何方。唯一可以肯定的是，它将是一场别出心裁、充满趣味的旅行，而导游者是一位想象力丰富、眼力敏锐的观察家。

然而这场旅行没有实现，它被另一场更加阴郁的旅行取代了。3月18日她放弃了手稿，“发烧呕吐”，感到强烈的不适，“不再能写任何不十分必要的东西了”。3月28日，一位远房亲戚去世，她和卡西和母亲勉力再度穿上“黑色的长袍”去吊丧——她们肯定厌恶这黑衣。就在此刻，她的舅父詹姆斯·利-佩罗特也过世了，他享年八十二岁，死得很安详。奥斯丁太太为哥哥的离去很难过，她也指望着他的遗嘱会给她家带来好处。此时，简自信她足够健康，便怂恿卡桑德拉去伯克郡帮助利-佩罗特舅母办丧事，詹姆斯、玛丽，连同弗兰克都随卡桑德拉去参加这场重要的葬礼，因为谁都知道葬礼比婚礼重要。然而当遗嘱宣读时,他们才知道遗产全部交到了遗孀手上,只有当她去世时,奥斯丁家人才能每人拿到一千英镑。守候在乔顿的奥斯丁太太和简听到消息大为震惊,简旧病复发,她认为是这场惊吓造成的,虽然我们相信这是她的持续的症状。不论什么原因,现在简希望卡桑德拉回家了。那时是 4 月初。

当卡罗琳和安娜来看她时:

> 她人在卧室中说愿意见我们,我们遂上了楼。她身穿睡袍坐在圈椅里,完全像个病人,然而她站起身来招呼我们——还指着火炉边为我们准备的座位要我们坐下,说:“椅子是给已婚妇女坐的,这张小板凳给你,卡罗琳。”……我吃惊于她容貌的改变——她非常苍白,她的声音软弱低沉,她看来虚弱和苦楚,不过别人告诉我她没有太多的疼痛。她有点不能胜任我们的谈话,我们在病室中没有久留,卡桑德拉姑母不久把我们带走了——我相信我们在那里不过一刻钟的时间,此后我没有再见到简姑姑。[14]

268 4 月中旬,简躺回床上,无力支撑自己,常有夜间的高烧和流脓,虽然原因不明,但足以引起恐慌。她接受了从温彻斯特请来的一位外科医生,让他“用药逐渐除去这恶魔”。这之后,她在不让任何人知道的情况下写了一封遗嘱,日期是 4 月 27 日,写给“奥斯丁小姐”,但没有见证人。我们可以肯定从这时起,她没有太多信心恢复健康,她甚至认真地记录了她小说的利润,“五厘息海军公债①我应还有或超过六百

① 五厘息海军公债(Navy Fives),英国的一种政府债券,每年有 5% 的利息,相对较高。英国的公债通常都只有 2.5% 的利息。

英镑”。但实际数字是：八十四英镑十三先令。

詹姆斯和玛丽来看过她后，她同意他们的建议去温彻斯特接受那边外科医生的照顾，他们有医院作为支持，医疗服务可以跟伦敦一样好。这些事是简在离开乔顿前给夏普小姐的信中提到的，她说她体力很差，不过正在恢复中。那是一封极动人的信，以她最佳的口吻写成，热情、生动，还说了一句让你玩味不尽的话：“如果我真活到太老，我一定会希望现在就已死去，此时家人还在，温情未逝，我能领受如此甜美的家庭祝福。”她变成了“一个温顺而可以轻便搬动的病人”。詹姆斯把马车借给她上路：“这是詹姆斯·奥斯丁夫人能做到的最仁慈的事了！但总的来说，她仍然**不是**一个大度的女人。”即使在病中，她的语言完全健康，有十足的气力：有趣，诚恳，甚至异乎寻常地温馨：“我亲爱的母亲……为我的病痛遭受到了不少的折磨。”忽然地，也令人称奇的是，她想到法国十七世纪一个女魔法师，贡希尼的伊蕾奥诺·嘉理该[1]，根据伏尔泰的记载，她在火刑前告诉法官，她的魔法不过是强大的灵魂在弱小者身上释放的力量[2]。这故事是伊莱扎读过伏尔泰之后告诉简的吗？不论它来源为何，简在信中写道：“贡希尼的伊蕾奥诺·嘉理该万岁！万岁！”觉得自己的精神有如魔法师一样旺盛。夏普小姐把这封信当作宝贝，信上的签名是“病与不病，请相信我，我都是你不可分割的朋友”，在夏普去世前，她有如忠心耿耿的门徒一样，把这信移交到可靠人的手中保管。[15]

伊丽莎白·希思科特替卡桑德拉和简在温彻斯特找到了房子，那 269

① 贡希尼的伊蕾奥诺·嘉理该（Eléonore Galigai de Concini），法王亨利四世王后的女婢，1617 年以女巫的罪名被判当众火刑。

② 原文为法语：Mon sortilège a été le pouvoir que les âmes fortes doivent avoir sur les esprits faibles.

时阿莱西娅去了瑞士,照简的话说,"相当于游荡了半个英格兰"。5 月24 日,她们从乔顿出发,亨利骑马走了十六里路跟随在她们的马车旁。那天整天下雨,绿色的郊原蒙上一层薄纱,爱德华第四个儿子威廉也骑马陪同亨利,简一路担心他们两人被雨淋湿。她和卡西终于住进学院街 8 号朴素的寓所,屋主是戴维太太,房屋的后方是学校建筑和老城墙,前方有一块悦人的小花园和几棵树,直接面对着浸水草甸,由于没有地窖排水,湿气颇重。她们占有的是二楼的两间卧室、一个弓形窗户,后方还有两间较好的卧室。她写信给侄子詹姆斯-爱德华说:"莱福德医生说他能治好我的病,但如果失败了,我可以设计块纪念碑,立在教长和教士会门前,肯定能从这个虔诚、博学而无私的团体获得补偿。"

除了其他零星的碎片,这是她最后的书信。

注释

[1] 弗朗西斯·奥斯丁在霍尔银行的账户显示,他有半薪和投资收入。

克莱夫·卡普兰通过通讯录和银行票据发现,1806 年至 1809 年间,弗朗西斯是合伙人。

伊莱扎·丘特的 1816 年日记本最前面印有伦敦银行一览表,列有"奥斯丁,摩恩德,奥斯丁公司"。我想,有理由认为第二个奥斯丁是弗兰克。

[2] 1820 年 1 月 4 日,奥斯丁太太给简·利-佩罗特的信,《奥斯丁档案》,第 264 页:"自从 1816 年春天起,不幸的亨利几乎丢失了一切——弗兰克也是受害者,他不再有能力给我任何帮助。"詹姆斯继续给他母亲每年五十英镑, 她不需付房租,而爱德华提供燃木。1820 年当詹姆斯去世,而爱德华的房地产争讼结束后,他开始给母亲每年两百英镑的支援。

我尚未能考察伊莱扎是否有遗嘱;如果她无遗嘱,她的财产将属于她丈夫。

[3] 简·奥斯丁在信中向卡桑德拉·奥斯丁汇报,1816 年 9 月 8 日。

［4］卡罗琳·奥斯丁，《回忆录》，第 48 页。

［5］迪尔德丽·勒·费伊交代了亨利的薪金和应聘日期，见《家庭记录》，第 212 页。

［6］她自己从未提到不适，但亨利的传记中说："一种衰退的症状，严重而难治，在 1816 年的初期就已显现出来了。"

［7］此疗方是小说家玛丽·布伦顿于 1815 年来访切尔滕纳姆时所记录。

［8］卡罗琳·奥斯丁，《我的姑姑简·奥斯丁》，第 8 页。

［9］雷金纳德·法勒，《简·奥斯丁》（"Jane Austen"），《评论季刊》，1917 年 7 月。引文布莱恩·索瑟姆，《简·奥斯丁：批评遗产》，第二卷，第 270 页。

［10］安妮·艾略特是沃尔特·艾略特爵士的第二个女儿，艾略特爵士是个虚荣、愚蠢的男爵，太太去世，没有儿子，因此他位于萨默塞特的财产将移交给他的堂弟威廉·艾略特。故事开始八年前，安妮已与一位年轻的海军军官温特沃斯订婚，她母亲的朋友拉塞尔夫人劝安妮放弃婚约，因为男方没有财产，安妮勉强同意了。八年后她的妹妹玛丽嫁给邻居地主穆斯格罗夫，而安妮则被全家取笑，她的容颜渐消，她开始后悔悔婚。

艾略特爵士为了减少开销，搬家去巴斯，把房子租给海军上将克罗夫特。安妮也搬到玛丽家住，变成了穆斯格罗夫一家的人。克罗夫特太太正好是温特沃斯的姐姐，介绍他认识了穆斯格罗夫。温特沃斯因为战功获得了许多钱，变成理想的丈夫候选人，他与安妮相遇，安妮感到不快，而他则明显冷漠。他一心在穆斯格罗夫两姐妹身上，人们都猜想，他极有可能娶穆斯格罗夫姐妹中的一人为妻。

温特沃斯的朋友哈维尔上校家住莱姆，他年轻的姐姐刚去世，他一边哀悼姐姐，一边安慰她的未婚夫本维克上校。温特沃斯和路易莎·穆斯格罗夫也来到莱姆看他们，不幸路易莎在海边摔跤，伤势严重，温特沃斯责怪自己没有小心照顾她，使她受伤——他俩正在台阶上打闹——他意识到，大家相信她伤愈后他会和她结婚。这时安妮和她父亲、姐姐也来到巴斯，年轻的艾略特先生出现，对安妮产生了兴趣，为她的美貌所打动，但安妮怀疑他的人品。不久路易莎复原,但消息传来她已和本维克上校订了婚。温特沃斯来到巴斯时,很妒忌艾略特对安妮的关注。她从一位老朋友那里得知,他人品很差,不久,他自己以及克雷夫人也证明了这一点。当温特沃斯向安妮求婚时,安妮愉快地接受了。

[11] 见 R. W. 查普曼,《简·奥斯丁的文本》("Jane Austen's Text"),《泰晤士报文学增刊》,1937 年 2 月 13 日,第 116 页。

[12] 简·奥斯丁给范妮·奈特的信,1817 年 3 月 13 日。幸亏哈丽特熬过了她的药物和病痛,而且还又活了五十年。

[13] 1817 年狄更斯才五岁。狄更斯在朴茨茅斯的家可能有点像《曼斯菲尔德庄园》里普莱斯的家,他们于 1816 年离家前往伦敦。那时独白的风气正在流行,而狄更斯后来曾受到演员查尔斯·马修斯(1776-1835)的影响,他曾经在舞台上做过单人多角戏(monopolylogues)的表演,精彩地模仿了一连串不同人物的语言。1808 年他即曾使用这种方式,但直到 1817 年才声名大噪。虽然简·奥斯丁 1811 年和 1814 年看过马修斯的表演(第一次是莫里哀的改编剧),她不可能听到他独白的演出。她的独白是她自己的创意。

[14] 卡罗琳认为这次拜访在 3 月,不是 4 月,但这与其他事件冲突。我想这次的会面更可能在卡桑德拉·奥斯丁从伯克郡舅舅的葬礼回来之后。

[15] 夏普小姐把此信交给一位朋友詹姆斯·卡特, 1926 年时尚存于他孙女手中,那年她曾在《泰晤士报》上发表此信。今存皮尔庞特·摩根图书馆。资料见 R. W. 查普曼奥斯丁书信的附注,以及迪尔德丽·勒·费伊的补充和罗宾·维克的研究。根据维克查询的 1851 年的人口调查报告,安妮·夏普 1776 年出生于伦敦。

第二十四章　学院街

搬到学院街后，伊丽莎白·希思科特每天来访。简在室内可以自 270
己行动，户外则需轿椅，她坚称自己在好转，但卡桑德拉不以为然。6 月6 日星期五她请来了玛丽·奥斯丁，玛丽星期日的日记里说：“我和奥斯丁两姐妹共餐，卡西去教堂后我便守在简的身旁。”星期一，“简·奥斯丁恶化了，我整天不离开她”。星期二，“简病情转危”。这之后日记中断了几天。亨利写信给范妮预告她姑母的情况，范妮 6 月 14 日的日记中说：“亨利叔叔来信——告诉我亲爱的简姑母可悲的病情。”亨利也有信给查尔斯，建议他尽快去温彻斯特。詹姆斯给他在牛津的儿子的信上说：

> 我很难过写此信，你读时也一定会难过，但我必须告诉你，我们已无法欺骗自己你亲爱的简姑母还会跟我们在一起。她来温彻斯特后四五天内所出现的症状从未消退，莱福德医生坦承她的病情已进入末期。无须多说，我们全家都笼罩在悲愁的乌云中，

> 你的祖母苦不堪言，但最苦楚的莫过于卡桑德拉了，她委实值得同情。当听说病人的痛苦减轻时，我们甚为欣慰——这对她的病情来说实属罕见。星期二我见到她时，发现她改变很大，但她看来镇定欣然，完全理解自己的处境。你的母亲星期五来了这里，不到事情完结她不可能回家——谁也不知道这要多久，虽然莱福
> 271 德医生说不是旦夕之间的事，却补充道，如此虚弱的脉搏不可能维持太久，我们当然也不抱此希望——我们只能祈求她顺利辞世，安然进入天国。[1]

然而，出人意料的是，简竟然重整旗鼓，略有起色。当查尔斯见到她时，发现"亲爱的简好多了"。[2]他骑亨利的马来到乔顿，让他惊讶的是奥斯丁太太"情况很不好"。6 月 19 日，他乘驿车回温彻斯特，看见"简又好了一点，见了她两次，晚上又见了她可能的最后一面。医生不相信她有康复的希望"。他不能久留，凄然回到他艰辛的伦敦生活，他已失去妻子和孩子，现在童年时代便在一起的姐姐也即将不见。

简的状况意外好转，于是玛丽·奥斯丁便回到史蒂文顿家中。为了感谢她的照料，简向她道谢："玛丽，你向来便是我仁慈的姐姐。"不过她说了谎，她的离开说不定让简高兴。然而卡桑德拉已与玛丽约好，一旦有需要，她得再来帮忙，6 月 13 日她回到学院街。奥斯丁太太曾收到乐观的消息，并转达给安娜："我要告诉你一个好消息，今早你的简姑母可以起身坐着了……她希望今天能见到波特尔太太。真高兴你妈妈也来了（昨天乘邮车来的）……你的叔叔弗兰克有一册《我房东的故事》，那是全书的前三卷，我在读第四卷。"简一定会很高兴她的母亲读司各特的《我房东的故事》来寻求慰藉，这本小说的功用正是对悲伤和忧忡的排遣。

它的另一功用则可能是创造。7 月 15 日是圣斯威森日①,一早便下雨了,值此一年一度的温彻斯特赛跑日,简口授了一首二十四行的幽默诗给卡桑德拉,显然是躺在床上时,为了打发时间,在头脑中酝酿的。但对于简这样的病中人来说,可谓了不起的成绩。全诗说斯威森给温彻斯特竞赛带来的诅咒,“文塔”(Venta)是温彻斯特罗马时代的旧名,詹姆斯曾在一首诗中用过此名,简借圣人之口谴责了市民未经圣人的许可便定下了这场竞赛:

啊!叛逆的子民!啊!堕落的文塔, 272
你埋葬了我们,以为我们已经不见。
但不朽的我看到你成为罪恶之奴,
你犯罪累累,难逃法网。

你们的竞赛、狂欢和放浪
已把邻居的家园推倒,
铁证当前——你将受到灾殃。
去赛跑吧!但提防**我**雨水滔滔。

谁都知道按照韵律第二句的句尾显然应是“死亡”(dead),但卡桑德拉的笔录却写作“不见”(gone)。若非简不忍心说“死亡”二字,便是卡桑德拉不忍心实录。[3]那天傍晚,卡桑德拉注意到简身体上有“明

① 圣斯威森日(St. Swithin's Day),斯威森是温彻斯特主教,卒于 862 年,以多奇迹著称,成为温彻斯特大教堂守护神,传言 7 月 15 日祭司日的天气必持续四十天。卒时嘱遗体葬大教堂墓园内,俾承雨露,改葬教堂内后,每至祭日,大雨滂沱,示其不快。斯威森名字意义不详,或谓“强壮的熊崽”,或谓“坚毅”。简的父母 1764 年 4 月 26 日的婚礼便在巴斯的一座圣斯威森教堂完成。

显的变化”,“她睡得久,睡得出奇地安稳……像在沉睡,从不醒来。她的面容变了,好像远离了世界,不过并不见有任何体力的消耗,我知道无力回天,担心永诀就要到来”。[4]

7 月 17 日,太阳照耀直到黄昏,虽然日落后雨水再度降临。玛丽的日记写道:“大家认为简在大约傍晚五点半时死去。”她的意思可能是简有突发性的发作,曾一度昏迷,当时卡桑德拉因事外出,她六点差一刻回来时,简已恢复了知觉,两姐妹安静地提到刚才的意外。莱福德医生也被请来,宣布她已接近弥留,他相信她的一根大血管已经崩溃。[5]

莱福德医生开了些镇定的药——卡桑德拉没有说是什么,但应该是鸦片酊。简知道自己等不到药物起作用就会死去。“她挣扎了半小时之久,可怜的孩子!她说无法描述遭受的痛苦,尽管她并未感到具体的疼痛。当我问她需要什么时,她说她希望死,还说了一些话像‘上帝请给我忍耐力,为我祈祷,啊!为我祈祷’。她的声音不很自然,但她说的话我们都听得懂。”这是简失去知觉前半小时的情况。

在挣扎的过程中,简的头掉到床外,卡桑德拉用一只枕头放在自
274 己膝盖上把她撑住。卡桑德拉不愿意她移动,维持这样的姿势坐了六小时,玛丽凌晨一点来换班,也坐了两小时,卡桑德拉三点钟时回来继续守候。一小时后,简过世了:“大约一小时后她咽下了最后一口气。我亲手把她的双眼阖上,我感觉万分感恩,能与她共度生命最后的一刻。”[6]后来,卡桑德拉用华美的语言表达了强烈的情感。前文已部分引用过,这里值得我们重温:“她是我生命中的太阳,为每一份欢乐镀上金光,给每一份忧伤带来慰藉,我从不曾对她掩饰我心中的一丝念头。她离开我,我仿佛失去了自己的一部分。”

玛丽 7 月 18 日的日记更直接:“凌晨四点半,简咽下最后一口气,

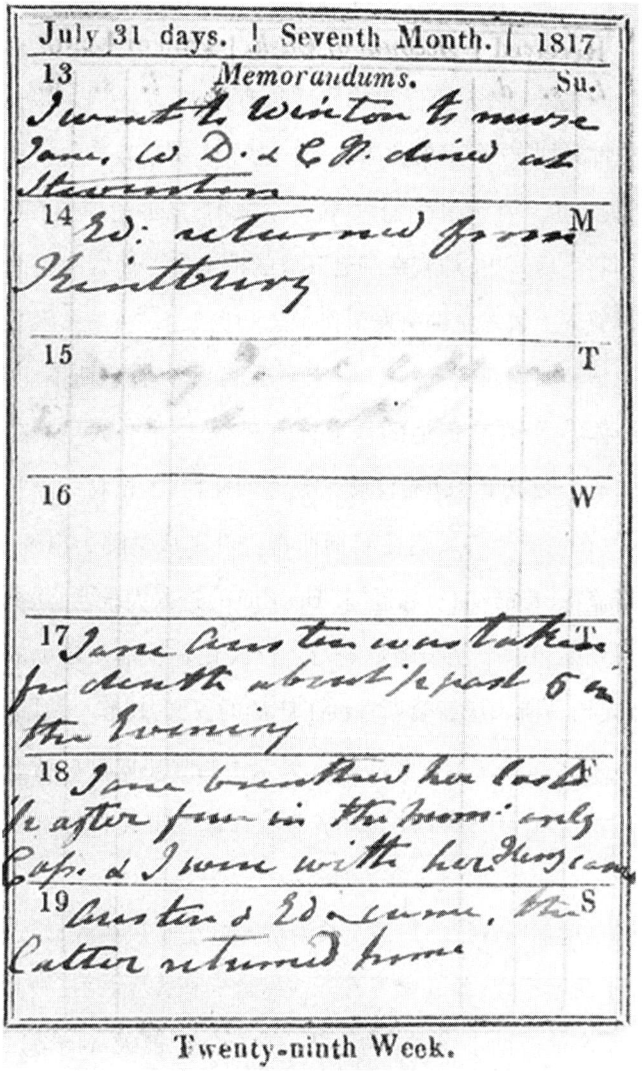

July 31 days. | Seventh Month. | 1817

13 *Memorandums.* Su.

I went to Winton to nurse Jane, W D. & C. H. dined at Steventon

14 Ed: returned from Kintbury M

15 T

16 W

17 Jane Austen was taken for death about ½ past 5 in the Evening T

18 Jane breathed her last ½ after four in the morn: only Cass. & I were with her. Henry came F

19 Austen & Ed. came, the latter returned home S

Twenty-ninth Week.

玛丽·奥斯丁日记一页：“简·奥斯丁被认为已死。”

只有卡西和我在旁。亨利也来了。”无疑是由于亨利的争取,简的遗体将葬于温彻斯特大教堂墓地,场面虽然壮丽,但简大约宁愿葬在史蒂文顿或乔顿。由于亨利新任圣职,与主教相识,希思科特太太也因为过世夫婿的关系与托马斯·伦内尔教长有往来,而伦内尔跟丘特和奥斯丁家庭都是朋友,葬事就此敲定了。为了不妨碍教堂每日的礼拜活动,葬礼决定于 7 月 24 日早上举行。下葬前,简的遗体放在学院街 8 号寓所一间小房间里,静躺在一具开放的棺木中,“面容甜美而宁静”。卡桑德拉剪下了数绺她的头发留作纪念和送人。[7]

爱德华和弗朗西斯 7 月 23 日来到温彻斯特,查尔斯不能来,詹姆斯也因身体不适没来,但他的儿子詹姆斯-爱德华一大早就在灿烂的朝霞中骑马十四英里从史蒂文顿来到温彻斯特。[8]棺材的盖板已经放下,棺木放在棺架上等候运往温彻斯特。灵车从学院街出发,经由市区的金斯盖特(Kingsgate)和近门(The Close)进入大教堂,送葬行列只有她的三兄弟和一个侄子随柩而行。仪式在教堂本堂砖砌的北端举行,主持人托马斯·沃特金斯宣读了庄严的仪文,树起一块临时碑石,等候永久墓碑和碑文的制作。简·奥斯丁是那年温彻斯特教堂第三
275 位也是最后一位下葬者,教堂潦草的准备甚至把葬礼的日期错写成“7 月16 日”。

随后是遗嘱的宣读。简请卡桑德拉做她遗嘱执行人,她遗留给她一切,除了两笔遗金,各五十英镑。一笔给亨利,以示他在她心中的特殊地位,感谢他协助书籍的出版,以及救济他目前经济的穷困。另一笔则送给比容夫人——伊莱扎的看顾者,这是一个动人的措施,纯粹是简对这位法国妇人和她表姐之间友谊、勤劳和长期服务的感激,简向来便关心那些被忽视的人。她没有留给侄子和侄女任何东西。

几天后,《索尔兹伯里和温彻斯特日报》刊登了简的讣闻:“简·

奥斯丁小姐于 18 日星期五在本市去世。奥斯丁小姐是本郡前史蒂文顿教区牧师乔治·奥斯丁的幼女，著作有《爱玛》《曼斯菲尔德庄园》《傲慢与偏见》以及《理智与情感》。她仪态温和，情感真挚，公正率直，人鲜能及，无论生前死后，皆足为基督徒最谦卑之楷模。"[9]

奥斯丁家人各自回家，詹姆斯和詹姆斯-爱德华开始写诗和纪念的文字，他们可能也协助了亨利撰写黑色大理石墓碑上的碑文。碑文由三个虔诚的长句组成，从头到尾不提她伟大的名声：

纪念
简·奥斯丁
本郡史蒂文顿教区
前牧师乔治·奥斯丁
之幼女，
久经疾苦，不改基督徒坚忍不拔之信心
于 1817 年 7 月 18 日辞世，
享年四十一岁。

她以心地仁慈，
性格和蔼，禀性超然高举，
赢得相知者之仰慕，
亦复为亲近者所珍爱。

亲友悲戚之情，与爱心共生， 276
人天相失，追思莫及。
强为宽怀曰：

一生乐善仁慈，信心坚定
忠诚奉献，纯洁无染，
救世主
必当迎迓于天国。

卡桑德拉把简的讣闻和纪念文字寄给了安妮·夏普和另一些人。生命没有停下脚步，卡罗琳去了温彻斯特上学，爱德华带着女儿范妮和莉兹（Lizzy）去了巴黎。丘特太太在日记中说亨利9月间曾在舍伯恩代理詹姆斯的职务数星期，也提到12月间在维恩庄园上演的一出喜剧《情敌》，詹姆斯-爱德华是维恩庄园的常客，三十四年前，“史蒂文顿的少年少女”在他们谷仓中演过这出戏，詹姆斯撰写开场白，亨利朗诵。至于简·奥斯丁，那时八岁，坐在台下瞪大了眼睛。

注释

［1］简·奥斯丁给詹姆斯-爱德华·奥斯丁的信，1817年6月12日。引文来自乔治·霍尔贝特·塔克，《丰厚的遗产》，第111-112页。信中所说“这对她的病情来说实属罕见”，暗示莱福德医生确实诊断出具体病症。癌症会产生疼痛，但当时尚无此名目。

［2］查尔斯·奥斯丁的日记，今藏国家海事博物馆（National Maritime Museum），格林尼治（AUS/109）。

［3］这是玛格丽特·安妮·杜迪合理的猜测，见其1993年版《〈凯瑟琳〉及其他作品》。

［4］亨利在传记里认为这首幽默的“文塔”诗是简1817年7月15日的作品，成于“她辞世前一天”。我同意查普曼的意见，认为即使去世三天前，她也不可能写出这六个诗节。他猜想可能是詹姆斯写的，但在简病入膏肓之际，詹姆斯不会有心情来写打油诗。查普曼指出1870年的《回忆录》和1813年的《传记》都未言及此诗，但他仍然将此诗列入《次要作品》，第451-

452 页。

［5］莱福德医生告诉奥斯丁太太之语，奥斯丁太太在信中再转达给安娜。引文见迪尔德丽·勒·费伊，《家庭记录》，第 230 页。

［6］卡桑德拉·奥斯丁给范妮·奈特的信，1817 年 7 月 20 日。

［7］卡桑德拉·奥斯丁 7 月 20 日的信描写了简在棺木中的面容。当 1845 年卡桑德拉过世时，她的侄子詹姆斯-爱德华·奥斯丁-利告诉他的姐姐安娜说，她的棺木放在餐室里，让人不能进餐，迫使家人去客厅吃饭。学院街屋前的两间房间（现在合为一间了）天花板甚低，其中一间宽十英尺，长十五英尺，有弓形纱窗，另一间稍大，前后有窗。

［8］伊莱扎·丘特 7 月 24 日的日记说那天天气“温和宜人”。

［9］R.W.查普曼在他的《奥斯丁小姐的英语》（“Miss Austen's English”，1923）一文中指出，“公正率直”（candor）一词与今时用途不尽相同。约翰生博士的解释是“不存恶意，不吹毛求疵”，而奥斯丁自己在《傲慢与偏见》中则意谓“接纳众人之善，使之成为更善，且不言人之恶”。

无需多说，简·奥斯丁一生秉持克己仁爱的基督教最高价值观。同样，她自己写的三篇祈祷文，虽是精心创作，但完全符合传统，说明她信仰安定，没有质疑。正如亨利在简的生平介绍结尾所言：“她的观点完全符合国教教义。”

第二十五章　补　叙

277 卡桑德拉的悲戚没有妨碍她有效执行简交给她遗嘱执行人的任务，简死后五个月，她的两部手稿，《凯瑟琳》和《艾略特一家》同时出版了[1]，她和亨利共同商议把书名更改为《诺桑觉寺》和《劝导》，而亨利继续与默里先生交涉。我们一再引用到的生平信息也是亨利此时写就的，他写作的地点和日期是“伦敦，1817 年 12 月 13 日”。一星期后他还在伦敦，又追加了一段后记，从简的书信中引了两段文字。他赞美她无瑕的人格、耀眼的智慧、写作的谦逊和个性的安详。作为牧师，他还强调了她的虔敬。这篇颂词亲切优雅，他声称她对生命了无遗憾，除了生活中“小小的失望”。她的理想无不圆成，她从没说过一句苛刻的话——这是礼貌之辞，并非完全属实。

埃格顿发行了第三版的《傲慢与偏见》，把原有的三卷压缩为两卷，依然受到欢迎。《诺桑觉寺》和《劝导》在《爱丁堡杂志》中深获好评，且预言读者一旦读够了像司各特、拜伦、埃奇沃思和葛德文等人的浪漫传奇，“我们眼前这些作品的可爱作者将会成为英国最受人欢迎的小说家之一”，不过《不列颠评论家》唱反调，说奥斯丁“缺乏想象”。[2]一年来默里先生印行的两本书卖得很好，替卡桑德拉赚了五百英镑，其后销售稍降，1820 年时，他的库存尚有两百八十二册，折价销售。[3]十五年后英国出版界才有人再版，1820 年代中期法国出现了奥斯丁全译本的六册小说，它们是首次出现的插图本，图片精良，《爱玛》的书名也变成了《爱玛——新爱玛，或曰英国本世纪的新人物》，说明 278
法国人把奥斯丁的书当作了解古怪英国邻居的指南了。

简死后不久，詹姆斯出现了疾病的征兆。一如简，他与疾病作斗争，决心只要还能跨上马背，他便继续他热爱的骑马运动，当无力办到时，他便叫人把他抬到户外。1819 年 11 月，他放弃了挣扎，躺上了床，12 月病逝。他的去世意味着他的遗孀玛丽、孩子詹姆斯-爱德华和卡罗琳都得离开史蒂文顿，而亨利接管了教区，搬进了牧师公馆，有如他的父亲，也计划招收学童，打算再度结婚。根据卡罗琳的叙述，亨利“非常照顾我的母亲，但他丢不掉他那高傲的习性，鸠占鹊巢从来便令人不快，何况继承者还得意扬扬”。[4]历史重演了，卡罗琳和她母亲伤心地搬去巴斯。次年 4 月，亨利迎娶了埃莉诺·杰克逊小姐，我们对新娘所知不多，只知道她是乔顿帕皮伦牧师的侄女，而帕皮伦则是传说中有意向简·奥斯丁求婚的人。埃莉诺后来成为亨利安静而忠诚的妻子。

亨利是奥斯丁家族居住在史蒂文顿老家的最后一人，1823 年，教区被他哥哥爱德华的儿子威廉·奈特接管。此时作为房主的爱德华认为此屋太老旧，不值得修葺，他向来是兄弟中最有商业头脑的人，这次得到了证实的机会。他把奥斯丁先生的老公馆，连同草莓园和前面的坡地全部捣毁，在附近重建了一座坚实而四方形的新公寓。威廉则和奥斯丁家一位老友波特尔先生的女儿卡罗琳·波特尔结婚，双双搬进了新居。十二年间他们生育了八个子女，但他的妻子在第八个孩子出生时去世，他哥哥的妻子在这同时也因生产第七个孩子而亡故。他们每十八个月便生一个孩子的陋习，到此又葬送了两条性命。

詹姆斯的儿子詹姆斯-爱德华继堂兄威廉之后也于 1824 年领了圣职，但未获得教区收入或房产。他只做到助理牧师。他放弃了早年
279 写小说的计划，变成一个“爱打猎、钓鱼、跳舞的年轻人”（他自己的话），定期出入舞厅、跑马场和戏院。他为人亲和、帅气，一生幸运。和威廉一样，他也通过关系介绍，找到新娘，娶了丘特太太的侄女爱玛·史密斯，他们是在维恩庄园结识的。丘特太太给她侄女的信上说：“我始终看好这桩婚事……他肯定是个令人愉快的伴侣：爽朗，活泼，愿意交流，乐于朗诵，但不妨碍别人，而是以适度的诗歌和传奇让我开心，不会让人失去冷静的理智。”[5]她为这一对新人提供了一笔津贴，他的舅奶奶利-佩罗特也喜欢他们，八年后让他们继承了伯克郡的斯卡利茨庄园，连同一大笔金钱。他和爱玛本性温良，育有三女七子，儿子们十三岁才离家前往伊顿、温彻斯特和哈罗公学。爱玛生育十次，都安然无恙。詹姆斯-爱德华虽然不再写小说，却写了维恩庄园狩猎史，随后也写下了最早一部《简·奥斯丁回忆录》，那时是 1869 年。他写书前曾专程回到史蒂文顿，重访故地，他从他聪明的姐姐安娜和卡罗琳处也得到有力的帮助。安娜那时寡居，生活清贫，而卡罗琳则终身未婚。

奥斯丁的声望上升极慢，她的书也卖得平平。1821 年，理查德·惠特利即后来都柏林的主教，在《评论季刊》上发表了一篇文章赞美奥斯丁以基督徒信仰为基础的道德观。1837 年，司各特在他的私人日记

中对她有高度的称许。1843 年,麦考利在《爱丁堡评论》中谈论范妮·伯尼时,赞叹奥斯丁塑造人物的高超手法,把平凡与独特熔为一炉,接近莎士比亚的境界。尽管这些都是评论界的名人,并为她保证了一群追随者,但她当时还不是像司各特、萨克雷或狄更斯那样受大众欢迎的作家。不过 1850 年代,有人开始去温彻斯特大教堂寻访奥斯丁的坟墓,教堂的司事还表示奇怪,不了解他们为何而来。[6] 1850 年代,当乔治·亨利·路易斯多次赞美奥斯丁,尤其是她那充满戏剧性的力量时,他只期待那些"有教养的小众"懂得欣赏。[7] 然而这个 280
"有教养的小众"中的一人是乔治·艾略特,她的名著《米德尔马契》第一部分显然受到了不少奥斯丁的影响。另一位女作家朱莉亚·卡瓦纳于 1862 年深刻地谈到奥斯丁的作品:"我们仔细洞察她作品中那犀利而平静的讽刺,我们会感到强烈的失落,而非欢乐的满足。有时候,还远不止于失落。"[8]

然而在为她写回忆录的侄儿笔下,奥斯丁却不是这回事。他优美的文笔把简描写成一个温柔、开心的家庭妇女,她的写作只是业余者的娱乐,受到维多利亚时代读者的欢迎,也提升了批评界对她的小说的兴趣和小说的知名度。她的书开始有了不同的版本,到了世纪末,廉价书和插图本大量涌现:例如,1892 年登特书局版(Dent's),1897 年麦克米伦(Macmillan)的汤姆森插图版,1903 年奈尔森版(Nelson's),1906 年人人文库版(Everyman),1907 年牛津世界经典文学版(Oxford World Classics)等。到了 1923 年,R. W. 查普曼开始刊行他依据旧本校对的新版,至于平装本则始于 1864 年陶赫尼茨(Tauchnitz)在德国莱布尼兹发行的六册全集,收在他的《英国作家珍藏集》(Collection of British Authors)中,不过在英国平装本要到第二次世界大战爆发前不久才登场。《傲慢与偏见》是第一册,作为企鹅经典文学插图本(Penguin Illustrated Classic)于 1938 年 5 月发行,随后则是 1943 年 5 月的《诺桑觉寺》,同年 9 月的《劝导》,《爱玛》和《曼斯菲尔德庄园》到 1966 年才有平装本出现,而《理智与情感》则于 1969 年最后出现。美国平装本来得更迟,霍顿·米夫林(Houghton Mifflin)于 1956 年首次发行了《傲慢与偏见》。在 1990 年代,你可以在火车站书摊上花一英镑的钱,买一册一次性的奥斯丁小说,下车便可丢入垃圾桶,如果你舍得。然而电影、电视、连续剧、预告片和考试大纲,把奥斯丁变成了一项大的产业。

亨利的财源中断了。自从他把史蒂文顿教区交给侄子威廉后,他搬到萨里郡的法恩汉姆,在文法学校教过书,任本特利教堂助理牧师。他的行止较难追踪,他光华时代的老友曾提供他一些圣职,他可能去
281 过德国与其中之一联系,然后似乎又去了法国。1825 年经法院的裁决,他想取得前妻夫婿财产的希望告终了。他涉猎广泛,出版了一册研究深入的布道文,研究沃德州新教徒遭受迫害的历史①,希望能得到一点收入,帮助难民。他还争取到一笔公款请人局部重建了本特利教堂,但工程显然不健全,他死后全给拆除了。他唯一成功的行动是让出版商理查德·本特利答应替他妹妹的书排印新版。

那是 1832 年夏天,亨利自称他和卡桑德拉是版权"联合共有者",但不属实。依照简的遗嘱,卡桑德拉是唯一的版权所有者,不过卡桑德拉显然同意他的做法,使他和本特利的交涉得到更多方便。[9] 她拥有五本书的版权,亨利要求每本版权给他五十英镑,他共得两百五十镑,但本特利只给了他两百一十英镑,因为他得付埃格顿继承人《傲慢

---

① 瑞士沃德州(Vaudois)的新教徒居民,从 1686 年起频遭法国凌辱。

与偏见》的债务。他是个精打细算的出版商,曾要求更多关于这位“女作家”的生平资料,但亨利拿不出来,只能一再重复地说“我亲爱的妹妹没有轰轰烈烈的一生”,同时还说,“她或者别人都没有用日记记录她的行为和言谈。不瞒你说,她从未指望被当作公众人物去展示,无论是什么情况”。简生前肯定曾给他和伊莱扎写过许多信,若他没有保存,便是不想旁人看见,就像卡桑德拉一样,但看来前者更有可能。本特利还希望得到一幅肖像,亨利只能拿出一张卡桑德拉 1804 年画的水彩画像,是简坐姿的背影,看不到正脸。显然,这幅肖像没有派上用场。他出版了奥斯丁一套六册“标准小说系列”,在随后数十年间还再版了好几回。

在母亲最后的日子里,亨利常去乔顿村舍拜访她。自从爱德华赔偿了一万五千英镑给官司诉讼人后,他保有了乔顿房地产权,母亲得以安稳地居住。1820 年后,她的嫂嫂利-佩罗特给她每年一百英镑,让 282
她的生活过得更好。正如许多健康疑虑症患者一样,奥斯丁太太反而比她健康的朋友们都更强健,对来访的孙儿詹姆斯-爱德华,她说:“啊,亲爱的,你离开我时我躺在沙发上,现在我还躺在沙发上。我觉得上帝或许把我忘记了,不过我想,祂想来时,自然会来找我的。”[10]她活到八十七岁,她的视力变得很差,她最后的数年有许多不适,困于病榻,全仗卡桑德拉和玛莎·劳埃德照料。她寿终于 1827 年 1 月,至死神智清醒。她是全家的力量,坚强、自信,不同常人。她跟家中最聪明的女儿相处并不好,然而她写诗的行为和阅读品味无疑有助于造就简的才华。她葬于乔顿教堂墓园,在教堂祈祷室中立了一块纪念碑,立碑人是卡桑德拉、查尔斯、弗朗西斯、亨利和爱德华。

爱德华从不生病,在戈德默沙姆庄园中过了一生平静舒适的日子,他活到八十五岁,有女儿和弟媳的照料,他在安眠中辞世。他的女儿范妮曾从她姑母处得到许多有关爱情和婚姻的指导,二十七岁时嫁给一位富贵且有地产的男爵,爱德华·纳奇布尔。当时他是鳏夫,已有六个孩子,范妮显然延续了她十六岁时便照顾弟弟妹妹的艰辛生活,再加上自己的九个小孩。她的日记显示她必须依赖基督徒的信念应付生命中的需求。她的丈夫进入议会,有强烈的保守思想,当议会改革方案通过时,他愤而辞官,离开了议会,不过后来他们还是把他请了回来。他是个爱挑剔的人,极怕丑闻缠身,曾两次解雇女佣人,只因她们挑起家中年轻男子的爱意,也曾激怒大女儿离家私奔,而十年间毫无悔意。[11] 肯特郡的经营始终很好,范妮的大儿子成为当地贵族,被尊称为布雷伯恩勋爵。1884 年他出版了第一版《简·奥斯丁书信集》,不过后来他也卖掉并散落了不少原件书信。

283 弗兰克的妻子玛丽是另一个可怜的妇女,是生儿育女的牺牲品,就像爱德华的伊丽莎白,她于 1823 年在戈斯波特寓所生第十一个孩子时去世。他谨慎地选择了下一个太太,既作为伴侣,也是管家,并且从可靠的家庭圈子中挑选:玛莎·劳埃德,姐妹们长期的伴侣和朋友,她时年六十三岁,同意替弗兰克照顾房舍和家务。他的孩子们都不高兴,利-佩罗特太太也不满意,那时她正在考虑把斯卡利茨庄园送给他,因此改变了主意,但给了他一万英镑的现金。对他而言,这是更好的安排,他随即在朴茨茅斯附近买下朴茨当宅邸。迁升、荣耀旋踵而来:1830 年升海军少将,获威廉四世最后授权的巴斯勋位,1838 年升为海军中将。

同样在海军界谋生的查尔斯则没有这般幸运,奥斯丁兄弟无不勤勉上进，他却始终困顿在低微和贫苦中。1820 年在家人的反对声中，他娶了亡妻的妹妹，建立了第二个家庭。他长年供职于康沃尔海岸警备队，1826 年得到去海上的机会，回到西印度军港，然而船上一支桅杆砸到头上，他因伤又被送回地面八年，三十年来他停留在上尉的头衔上。1838 年他回到海上，带着两个孩子在地中海服务，之后终于升为海军少将，七十三岁管辖东印度军港时，却因染上霍乱在缅甸去世。他的霉运在他的后代中延续，当他兄弟的子孙代代过着中上阶层的生活时，他的儿孙却掉进了社会底层。难以相信，他的一个曾孙沦为面包车司机，另一个是杂货店助理，只有他们的一个姐妹继承家风当了小学教师。奥斯丁家庭第五代后则脱离了英国：其中之一移民阿根廷，另一个变成美国大兵的新娘。[12]

当玛莎·劳埃德嫁给弗兰克后，卡桑德拉便一个人孤零零地住在乔顿村舍，她继续过了十七年，忙于编织、缝纫和园艺。[13]她的侄子小 284
爱德华·奈特，住在邻近的乔顿宅邸，她常去拜访弗朗西斯和玛莎，偶尔也喜欢去找侄女和侄孙女谈简的往事，简在德文郡有个爱慕者的故事便是这样传出来的。弗兰克的女儿凯瑟琳还记得一些更惊人的话，卡桑德拉告诉她：“[简]的一些信非常有趣，信中写到她胜过自己认识的那些已婚妇女，能享受属于自己的自由。”[14]简所表示的得意和玩笑话跟家人的叙述不很相同——但又如此可信——我们真希望能多见到一些，然而信件已无从找到。

卡桑德拉曾多年为简的信件该怎样处理而伤脑筋，她的侄女卡罗琳有清楚的记载：她“仔细阅读了每一封信，然后烧去大部分（她亲口告诉我的），那是她去世前两三年的事——她留下了一些，送给侄女们作为纪念，但就我所见，有些部分还是被剪掉了”。[15]我们会对她的决定深表遗憾,然而在为妹妹的尽责上她无可厚非。她烧毁的好些信是简在痛苦中写的,无疑会流露出间接甚至鲁莽的言论,而有些她则认为太过私密了。鉴于那时没有博物馆可以代为珍藏,她照管和处理简其他作品的行为也可作为借鉴。简早年的三本笔记,她把一本送给查尔斯,一本送给弗朗西斯,另一本送给詹姆斯-爱德华。《劝导》部分的手稿和“最后的手稿”(即后来的《桑迪顿》)送给了安娜·勒弗罗伊,《贵妇苏珊》给了范妮·纳奇布尔,《小说计划》和《意见书》给了查尔斯。

卡桑德拉过世前两年曾给夏普小姐送去三十英镑的现金礼物,显然她想起了简的遗嘱。她应当也会欣赏简的朋友有如此的毅力,此时夏普小姐在利物浦近郊的埃弗顿成功开设了一所女校,还盖了两座半独立的别墅,眺临梅西河。她在当地隐居,1853 年去世,堪称“一位聪敏、强大的妇人,埃弗顿社区的人们经常怀念她”。[16]

卡桑德拉认真执行了简的遗嘱,另有一事值得一书,这事颇为蹊
285 跷。简遗嘱中给比容夫人的五十英镑,并非她们英法两家关系的结束。1822 年 8 月,卡桑德拉付了十英镑给“佩里戈尔先生”(应是佩里戈尔太太),1824 年,亨利再有三笔款项付给比容夫人的女儿,共计三十五英镑。[17]此刻亨利正在等候法国法院的裁决,希望拿回部分伊莱扎应有的财产,法院定案后,付款也终止了。不过从此卡桑德拉开始介入,此时比容夫人应已过世,1825 年 8 月,卡桑德拉的银行账簿显示了付给“佩里戈尔太太”十基尼的记录。四年后,1829 年,她又汇给她五英镑,如此延续了十六年之久,通常是每年两次,偶尔也会更多,例如 1843 年她汇出了四次。[18]那年卡桑德拉写了遗嘱,要查尔斯从他继承得来的财产中继续“每年付给住在波特曼广场爱德华大街的玛丽·

佩里戈尔太太二十英镑，分季付出，直到寿终”。[19]这些付款究竟是对比容母女照顾伊莱扎母子的感恩，还是她们在亨利银行中投资失败的赔偿，我们不得而知。也有可能玛丽·佩里戈尔是个厉害的讨债鬼，再不然便是她无力谋生。总之，简和卡桑德拉的善意，使这重看似微不足道的法国关系得以维持，足见奥斯丁家两位姐妹对贫苦妇人关怀的无微不至。她们的兄弟做慈善事业也不遗余力，出入基督教知识普及会或者教会机构，救助“苦难中的爱尔兰人”和“无家可归者”，简和卡桑德拉则从不忘记比容夫人和她的女儿佩里戈尔夫人。[20]

卡桑德拉的一位侄孙女记得她是个“面色苍白，眼睛深黑的老妇人，鼻梁拱起，笑容和善，身穿长袍，头上戴着系缎带的软帽，二者都是黑缎缝制而成”。[21]她于 1845 年 3 月去世，不在家中，而是在拜访弗朗西斯期间，弗朗西斯那年七十岁，刚被任命为北美洲及西印度军港统帅，正准备启程上任，在他们的年代，高龄不算是工作的障碍。他那时再度成为鳏夫——玛莎于 1843 年去世，和她姐姐玛丽一样——他 286
携子带女，一个儿子作他的随军牧师，另一个儿子作他的副官：好一支家庭队伍。卡桑德拉来向他们道别。在他们准备出发的忙乱中，她和亨利单独待在朴茨当的家中，她突然头部疾病发作，倒在地上，可能是中风。当时亨利非常无助，立即传呼他的侄女卡罗琳前来帮忙。卡罗琳描写当时的情况是：“当我抵达时，所有船员都已在朴茨茅斯港口登船。叔叔[弗朗西斯]不可能延迟他们的出发，他匆匆赶来看他姐姐最后一面——这是他唯一能做的事。我发现亨利在照料一切，我的查尔斯叔叔不久也到了。”[22]尽管疾病发作，卡桑德拉仍保持清醒，逗留了一个星期才病逝。

她的遗体送回了乔顿，葬在母亲墓旁。詹姆斯-爱德华曾于 1817

年骑马从汉普郡赶来参加简的葬礼，二十八年后，他乘坐自己的马车又参加了卡桑德拉的葬礼。参加葬礼的人极少，只有她的哥哥亨利、弟弟查尔斯，还有三个侄子。那是一个晴朗而风劲的三月天，“给我最深刻的印象是，大风就像她的年龄和状况一样挥扫大地，无边落木萧萧而下，仪式还未结束，落叶已盖满她的棺木”。詹姆斯-爱德华在给他姐姐安娜的信中如此说。[23]亨利依然潇洒如昔：“他令人愉快，一点不显老”，像一阵风，他转瞬便不见了。他乘那天的夜车回到利明顿。

随着卡桑德拉的过世，乔顿村舍对爱德华·奈特和他的家庭就不再有用。室内的家具全数卖去，房屋隔成小间，出租给劳工。这种情况维持了一个世纪，直到 1940 年，多萝西·达内尔小姐创办了简·奥斯丁协会，其第一个目标就是收购村舍。当时的屋主还是奈特家族，三位房客则以每周两先令六便士的代价租赁，市长爱德华·奈特愿意出售他的自由保有权，但价格远非新成立的协会所能负担：他要价三千英镑。世界大战的爆发使得情况更为艰难，所幸两位著名的奥斯丁学者，伊丽莎白·詹金斯和 R. W. 查普曼开始介入，乔顿村图书馆原先占用了房舍一楼的一间房间，现让位给奥斯丁协会。1946 年 12 月
287 在《泰晤士报》上的呼吁募集了一千四百英镑，而 1947 年托马斯·卡彭特从奈特家买下了他们的自由保有权，意在修复村舍，用以纪念他 1944 年在大战中阵亡的儿子。屋顶全翻新了，他也逐步替村舍的房客找到了新住处，全屋终于 1949 年 7 月对外开放。这一切的实现不是靠有钱有势的机构，而是由达内尔小姐发起，并得到与她相伴一生的姐姐贝雅特丽齐的协助和鼓励。这似乎再合适不过。

1850 年，亨利在坦布里奇韦尔斯温泉疗养镇突然去世。弗朗西斯

又活了十五年，享年九十一岁，那时他被尊称为爵士，荣任海军元帅。他是奥斯丁兄弟中唯一有照片的人，你会看到他是多么英俊，一双奥斯丁家人特有的灵敏眼睛，坚定下垂的嘴角和卷曲蓬松的银发。五十年来，他认真保管着简的许多信件，但令人惊异的是，他没有做任何明言的交代，而他的女儿范妮也不跟人商量，擅自销毁了这一叠叠无价的资料。[24]

简·奥斯丁的家庭能量充沛，丰富多彩，勇于冒险，他们有足够的本领让人感到新奇和有趣，然而，如果没有简，他们还是会被人遗忘的。我们认为他们值得回忆，皆因简的著作。然而，在各个方面，简却比他们任何一个都更难呈现。她对自己一无所求，不求一间自己的房间，也无意取得英国小说家的一席之地，即使对她的外表，我们也不能清楚掌握。她的大家庭向我们进军，不是穿着五光十色的海军军服，便是凝重漆黑的牧师教袍；他们儿孙成群，担心遗嘱的内容，也常居住在豪华的庄园里；然而唯有她，总是忽隐忽现，有如夜空里的一片云。

但她却有办法，正如戴维·塞西尔勋爵所说，让替她写传记的人感到“虽然，如其所愿——她是熟人，但并非密友”。[25]她的犀利和无法容忍愚蠢的天性，让人时时担心会冒犯、曲解她，愚蠢地误读了史料。然而困难来了：她是少有伟人作家中一面受到大众的欢迎，而另 288
一面也是学术界的宠儿。讨论她的文字浩如烟海，有的光芒四射，有的古怪离奇，但想读尽它们是不可能的，例如从 1952 年到 1972 年间，专著和论文便有五百五十一种，还不包括八十五篇博士论文。[26]然而在学术的高墙外，许多读者强烈认为简·奥斯丁是他们私人的财富，不容许外人指手画脚，也不受制于任何质疑或理论。

然而，本书也试图讲述奥斯丁生平的故事，在这最后一页的空间里，我必须回归她自身。回到那个孩子：她曾在书籍的避难所中找到一个新世界，比她摸索的现实世界更有意义。回到一个女孩：当她发现自己创作故事的可能之后，她的想象力起航，飞往惊人的方向。回到一个充满活力、喜欢跳舞、爱说笑话的姑娘，她也曾梦想有个丈夫，虽然她已决定将全部心力投入写作。回到一个二十五岁的女子，她对人失望，对写作失去兴趣，曾梦想有个舒适的婚姻，即使没有爱情，但她终于还是放弃了这个念头。回到一个富有爱心的姐妹和姑姑，她一心顾念家人，纵然有时也盼望独自一人的安宁，供她思考和创作。回到一个女人，她与女家庭教师为友，关心仆人。回到一个作家，她成就辉煌，技艺高超。而在垂死的边缘，她鼓起勇气，通过写作，直面死亡，与之搏击。回归人，她宁愿沉默，也不愿对心爱之人的言行作任何批判，而对他人的言语，她笔之于书，一读再读。这便是我心目中最喜爱的奥斯丁形象，对全世界的意见付之一笑。幸运的是，她拥有那么多的笑端。如今，关于她的评论浩如烟海，足够她永远取笑。

注释

［1］虽然书的扉页内出版日期为 1818 年，事实上它们 1817 年 12 月底已经上市。它们是四卷版，售价每册二十四先令。

［2］两种评语引自迪尔德丽・勒・费伊，《家庭记录》，第 234–235 页。

［3］他共印了一千七百五十册。

［4］卡罗琳・奥斯丁，《回忆录》，第 57 页。

［5］伊丽莎白・丘特 1828 年给爱玛・史密斯的信，引自麦琪・雷恩，《简・奥斯丁家族五代》，第 210 页。

［6］詹姆斯–爱德华・奥斯丁–利，《简・奥斯丁回忆录》，第 117 页。

［7］路易斯的文章写于 1859 年，布莱恩・索瑟姆引用于《简・奥斯丁：批评遗产》，第二卷，第 21 页。

［8］引文见《简·奥斯丁：批评遗产》，第二卷，第18页。

［9］亨利·奥斯丁给理查德·本特利的信，1832年7月24日。大英图书馆附加手稿，46611，ff. 305。

［10］詹姆斯-爱德华·奥斯丁-利，《简·奥斯丁回忆录》，第11-12页。

［11］玛丽·多萝西娅·纳奇布尔十九岁时嫁给小爱德华·奈特——他们间没有血缘关系，只因范妮（他的姐妹）嫁给了爱德华·纳奇布尔爵士（她的父亲），但这种关系也让纳奇布尔反对玛丽的婚姻。他们婚后住在乔顿府第，一切美满，除了父亲的不乐意。十年后他终于尽释前嫌，跟女儿言归于好，但次年玛丽却因难产去世。爱德华·奈特又娶阿黛拉·波特尔为妻，建立了第二个家庭。

［12］信息取自琼·科德（Joan Corder）未发表的论文，《简·奥斯丁的亲属》（“Jane Austen's Kindred”，1953），伦敦武器装备学院。关于查尔斯孙子查尔斯·约翰的四个孩子，老大（另一个查尔斯·约翰）生于1881年，起初做水泥匠，后来驾面包车（他喜欢马），他死于1905年，留下一个孩子杰弗里（Geoffrey）在莫里斯车行（Morris Motors）卖汽车，他没有子嗣。老二弗朗西斯（Francis），杂货店助理，1887年生，1916年卒。老三伊迪丝（Edith），在英国西部任小学教师，知道自己是简·奥斯丁的后代，她卒于1949年。最小的男孩赫伯特（Herbert）生于1889年，是印刷工人，曾服役于两次世界大战，1915年结婚，1925年在布里奇沃特（Bridgewater）开了一家印刷工厂（Eastgate Press）。他告诉琼·科德他手头有“一张属于简·奥斯丁的翻板小书桌，一张家庭世系谱，溯源于公元1500年和一些（有纹饰的）银器”。移民去阿根廷的便是他的儿子，他还有一个女儿玛格丽特（Margaret），生于1918年，1945年嫁给了纽约的梅尔文·格林格拉斯（Melvin Greengrass）。

［13］“花园也始终是我的兴趣所在。”见卡桑德拉·奥斯丁给费拉德尔菲亚·惠特克的信，1833年2月6日，《奥斯丁档案》，第289页。

［14］R. W. 查普曼，《事实与问题》，第67页。

［15］卡罗琳·奥斯丁，《我的姑姑简·奥斯丁》，第10页。

［16］引文取自奥特利圣玛丽地区的克里格-霍华德太太（Mrs. Creaghe-Howard）1926年2月12日给《泰晤士报》的信，谈论夏普小姐：“我的婶婶米

德尔顿小姐(Miss Middleton)[1817-1894]跟她很熟悉,常常谈到她。从她的谈话中,我猜想她是一位聪明、强势的女士,在埃弗顿社区中无人不晓。她绝少谈及她来利物浦前的生活,对她的年龄也保持神秘。”夏普小姐的遗嘱中提到米德尔顿小姐。

[17] 亨利在霍尔银行账簿上的记录是3月26日付“佩里戈尔先生”五英镑,6月12日二十英镑,12月7日付佩里戈尔太太十英镑。稍后的付款,时而先生,时而太太,应该是银行的错误。所有的付款都是给佩里戈尔太太的。

[18] 账目全见于卡桑德拉・奥斯丁的霍尔银行账户。

[19] 卡桑德拉的遗嘱见《简・奥斯丁协会报告》(1969),第106页。

[20] 我无法梳理出比容夫人和佩里戈尔夫人的卒年和她们去世的地方。

[21] 玛丽・奥古斯塔・奥斯丁-利,《詹姆斯-爱德华・奥斯丁-利,女儿对他的回忆》(*James-Edward Austen-leigh, a Memoir by His Daughter*, 1911),第164页。

[22] 卡罗琳・奥斯丁,《回忆录》,第65页。

[23] 詹姆斯-爱德华・奥斯丁-利给安娜・勒弗罗伊的信,1845年3月29日,《奥斯丁档案》,第294页。

[24] 根据麦琪・雷恩(《简・奥斯丁家族五代》,第231页)所说,这些信件的焚毁触怒了弗朗西斯爵士的女儿凯瑟琳。凯瑟琳继承了她姑母许多智慧和神采。她嫁给约翰・哈巴克为妻,但丈夫不久精神失常,靠她写小说养家。她替简姑母“完成”了《沃特森一家》,随后还写了九本小说。她五十岁时去加利福尼亚州照看她的一个儿子,她死于美国。

[25] 戴维・塞西尔勋爵,《简・奥斯丁肖像》(*A Portrait of Jane Austen*, 1978),第10页。

[26] 巴里・罗斯(Barry Roth)和乔・魏因斯海默(Joel Weinsheimer),《简・奥斯丁研究书目注疏》(*An Annotated Bibliography of Jane Austen Studies 1952-1972*, 1973)。

附录一

简·奥斯丁临终时的疾病

奥斯丁死后两百年所做的任何疾病诊断当然都是臆测。1964 年，科普爵士认真研究她的病情后，结论说她患了艾迪生病（Addison's disease，一种皮肤呈褐色的副肾疾病），今天有治愈的可能，当年却是绝症。他提出的证据是简自己所说皮肤的变色（"又黑又白，还有种种古怪的颜色"），和听到她舅父遗嘱宣读时因情绪激动而造成胆汁大量分泌的症状。

艾迪生病是一种肾上腺的结核症，能导致呕吐、脱水和皮肤的变色，不过它还有一些其他的症状并不符合奥斯丁当时的情况。艾迪生病导致的皮肤变色是一种太阳晒黑后的健康颜色，而肾上腺遭到结核症破坏后，脑下垂体（pituitary）过分的补救造成黑色素（melanin）大量散发，因此遏止了可体松（cortisone，荷尔蒙的一种，亦称肾上腺皮质激素）的制造。这种反应通常会使皮肤加快变色，旁观者常以为病人气色很好。但奥斯丁无此现象，她的侄女卡罗琳只注意到她面呈死灰的颜色（"她非常苍白"）。

艾迪生病没有奥斯丁所体验到的高烧，却会使得血压改变，例如患者站立起来时会突然晕眩，甚至崩溃。奥斯丁也没有这种迹象。再者，艾迪生病患者病情稳定，没有像奥斯丁那样时好时坏的波动。

另一可能，奥斯丁患的是淋巴癌（lymphoma，或称恶性淋巴瘤），一种霍奇金氏病（Hodgkin's disease）——癌症的一种，有反复性的高烧，身体持续恶化并可能导致死亡。

290 这病她可能1813年便得了，只是潜伏不显，直到1815年和1816年之交的冬季。1813年7月底至9月底，奥斯丁脸部有剧烈的疼痛，她的侄女范妮在日记中曾有记载，而奥斯丁自己在书信中也曾提到。居住乔顿期间，范妮的日记写道，她“脸上常感冰凉”，“面孔僵硬”，“面部非常痛楚”，她宁可在乔顿宅邸过夜，也不愿意把脸孔暴露在夜晚的空气中，步行回乔顿村舍，短短8月、9月间这样的事便发生过六次。她写信到戈德默沙姆时，也谈到旅途受凉和脸部连续几天的“剧烈疼痛”。近乎苦行而从不抱怨的她，“剧烈”的痛苦肯定是相当严重。

任何患有三叉神经痛（tic douloureux）的病人，都不愿意把脸暴露在冷空气中，借以避免剧烈的痛苦。当淋巴癌出现的前期而免疫系统遭到抑制（immuno-suppression）时，三叉神经痛常会随带状疱疹（shingles）而来。如果奥斯丁真的1813年便患了潜伏性的淋巴癌，可能在两三年内看不见任何症状。然而这个假设最大的缺点是，简不曾有过明显的“带状疱疹”，否则如此痛苦的经验简不会不提，纵然她有苦行的耐力，也很难不被她周遭的人发现。尽管如此，简的死亡仍然很有可能是淋巴癌造成的。

这篇文字的内容曾经得到

埃里克·贝克医生（Dr. Eric Beck）的指点。

附录二

《非洲故事》，出自范妮·奥斯丁的袖珍笔记本，1809 年，包含对奴隶制度的态度*

简·奥斯丁的父亲乔治·奥斯丁牧师于 1760 年成为安提瓜岛(Antigua)一座大型农庄的受托人之一，农庄主人是他牛津的朋友尼布斯(James Nibbs)，也是简的长兄詹姆斯·奥斯丁的教父，且曾把儿子乔治·尼布斯送来史蒂文顿学校上学，奥斯丁家庭因此或多或少跟奴隶买卖牵上了一点关系。不过事实上，十八世纪的英国家庭很少不与奴隶买卖有点瓜葛。 291

简·奥斯丁在《爱玛》书中借简·费尔法克斯的口吻谈论奴隶制度，正是她对这问题的立场。当费尔法克斯说，帮人家物色女管家的代理机构无异就是“人肉贩子”时，埃尔顿太太回答说：“假如你在讽刺奴隶买卖的话，我可以告诉你，萨克林先生早就是废除奴隶制度的先锋了。”费尔法克斯继续说，其实这两种活动“虽然大不相同，因为执

---

* 肯特郡研究中心(Centre for Kentish Studies)，U951 F24/6。

行者的罪过有别。但对于那些承担更大痛苦的受害者来说，我看不到区别何在”。奥斯丁在这里谈的是“女家庭教师”，不是奴隶，但她认为读者同意她的观点，即奴隶的贩卖是一种犯罪行为。

奥斯丁太太的表妹，塞缪尔·库克太太，于1799年出版的一册小说《烽火台》，也表示对奴隶制度的不满。虽然故事发生于十七世纪，废除奴隶的运动尚未出炉，但当一位在巴巴多斯(Barbados)农庄工作的年轻淘金者把钱寄回家时，他的弟弟为哥哥辩护说：“他至少没有殴打那些可怜的黑摩尔人(blackamoors)来赚这些钱呀。”这话说来轻松，但利用黑人赚钱却是一件不争的事实。

我们也应当记得，简·奥斯丁和她父亲最崇爱的诗人是威廉·库珀，他们在家中朗诵的诗歌也经常来自库珀。而库珀是个废除奴隶制度的大力拥护者。

最后，下面的《非洲故事》，出自范妮·伯尼1809年日记，也说明了对奴隶问题的关注，对奴隶交易的恐惧在当时已非常普遍，以至于出版商非常自信地认为，女性日记中有这样的故事，尽管幼稚但充满同情，一定会受到普遍欢迎。

非洲故事

欧威夷爱着隔壁村舍的姑娘。村子里的小伙子公认她是当地最美的姑娘，而她爱着，深深地爱着欧威夷。他们两情相悦，也根据部落的习俗选定了婚礼的日子。

“我的欧拉，”当他们并肩漫步在棕榈树铺展的树荫之下，欧威夷对她说，“让我们将头顶遮阳的美丽浓荫编织，筑成我们的小巢，你去山下汲水，使这些褪色的叶子复苏，它们将变得双倍甜蜜，仿佛感激这给予滋养的纤纤玉手。”

“然后，”姑娘答道，“你的欧拉将笑迎你的归来。棕榈树挂满露珠的树冠也滴下晶莹的露珠，仿佛将你含泪相迎。”

“然后，我将愉快地打猎归来，”欧威夷答道，“将战利品放在我的欧拉脚下。当我划着独木舟乘风破浪，我捕获的所有鱼都归欧拉；想起你就使我更加勤奋；无论我将长矛掷向猛虎还是凶鹿，我的手臂因欧拉而鼓足勇气。”

双方结为连理的大喜日子终于到了。部落的长者都聚集在乡村帐篷的荫蔽下，这种帐篷只在特殊场合才会使用。婚礼庆典如期举行。一如既往，村民们以最热情的喜悦祝贺这对年轻的新人。在他们纯真无邪的狂喜中，忽然传来一阵异样的喧声。天真的村民从座位上惊起。很快，这恐慌的来源就被查明。一艘欧洲轮船在附近的海边靠岸，部分船员已经登陆，残忍地要将这些无辜的人们与他们的故土和心爱的一切拆散。然而，当他们靠近村庄，他们发现所有村民正聚集一处。尽管他们也结集起来，却担心寡不敌众，于是开了一枪，企图以此警示遣散村民。这伎俩有些奏效，他们就又朝不同方向开了三四枪，可怜的受害者惊愕倍增。侵略者趁此机会冲向人群，受惊的非洲人四散而逃。欧威夷想拉上跌倒的欧拉，但只是徒然。侵略者追赶着他，把他和其他几个人一起关了起来。尽管欧拉快要吓死了，但依然试图抓住他，而侵略者却从欧拉的手中夺走了他，连同其他俘虏，一起运上白人的船。欧威夷和他的同乡很快就离开了养育他们的土地，如今，这土地承载着他们挚爱的一切。

“哦，我的欧拉，”欧威夷大喊着，用锁链疯狂地击打甲板，“谁来浇灌那为我们遮荫的棕榈？——你，欧拉，但是，将用你的眼泪。”

然而，对于那些听者的坚强的心，他的哀怨如一阵阵风。轮船迅速地抵达了目的地。欧威夷和他不幸的乡邻被卖身为奴。

他在这种处境下度过了一段时间。每天，他和同伴都遭到残酷的虐待，无论怎样勤勉小心都无法避免。最后，忍无可忍，欧威夷和其他五人一起逃入树林。残暴的奴隶主立刻发现了他们的逃跑，使尽全身解数来惩罚他们。只有欧威夷一个人逃脱了。一天晚上，他从藏身处出来，偷偷走近种植园，想要知道同伴的命运。他看到的第一件东西就是绞刑架，人们正准备对一些不幸者施刑。——他很快确认了自己的猜测：他的朋友将惨遭这可怕的刑罚。他们被拖上绞刑架，他看到了流血，然后又逃回了树林。

夜晚漆黑。欧威夷不知道自己为什么活着，不觉走到了岸边。他坐在一块悬崖下，看着每一道闪电将大海照亮。刹那间，暴风骤起。在这阵阵风中，欧威夷每时每刻都听见欧拉的呼唤。他侧耳倾听——一些悲惨的声音不绝入耳，在闪电的照彻下，他看到不远处有一艘船，不，是沉船。他一发现这不幸的目标，就立刻起身，离开避雨的悬崖，走到水边——溺水而肿胀的尸体在他身边漂浮。他顿时焦急地打量眼前的场景。海浪把一个尸体抛至他身边，是一位村妇。他一眼就认出，这正是他的欧拉——她的手腕上还有锁链留下的伤痕。他得出结论：她一定也和他一样，成了白人强盗的牺牲品。然而，这些强盗，同他们暴力之下的俘虏一样，都葬身大海。

"我的欧拉，"欧威夷从地上抓起爱人的手，放在自己胸前，"你抛弃了你的爱人，但他必须跟随着你。当他们将你拖出故土，你无法想象，这暴力是欧威夷对你的召唤，召唤你伴他安息。"

他将刀刺入心脏，沉入深深的海浪。

文献目录简编

列出简·奥斯丁著作的所有研究——多年来读过的书籍、文章、引言——显得荒谬。同样，我二十世纪七十年代初开始系统阅读奥斯丁同时代人的作品——小说、戏剧、书信和随笔——当时我正研究玛丽·沃尔斯通克拉夫特的一部作品。这些都也未在此列出；注释足以表明我曾参考过它们。因而，这是一份简短而基础性的文献目录。

未出版资料

In the Hampshire Record Office: the Austen-Leigh Archive; poems of James Austen; diaries of Mrs James Austen; letters of Eliza de Feuillide on microfilm; diaries and letters of Mrs William Chute and her mother; Heathcote papers

汉普郡档案馆：奥斯丁-利文档；简·奥斯丁诗歌；詹姆斯·奥斯丁太太日记；伊莱扎·德·弗伊德书信微缩胶片；威廉·丘特夫人与母亲的

日记、书信;希思科特所藏档案

In the British Library: the letter-book of Tysoe Saul Hancock; the Hastings papers; letters from Henry Austen to Richard Bentley; letters of Sir Francis Austen and Charles Austen

大英图书馆:泰索·索尔·汉考克书信;黑斯廷斯档案;亨利·奥斯丁给理查德·本特利的信;弗朗西斯·奥斯丁爵士与查尔斯·奥斯丁书信

At Hoare's Bank: ledgers relating to accounts held by members of the Austen family and by Philadelphia Hancock

霍尔银行:奥斯丁家族与费拉德尔菲亚·汉考克家族账目

In the Kent County Archives: diaries and letters of Lady Knatchbull (Fanny Austen, later Knight)

肯特郡档案馆:纳奇布尔夫人(范妮·奥斯丁,婚后姓奈特)的日记与书信

Archives du Ministère des Affaires Etrangères, Quai d'Orsay, L 20

《外交部档案馆》,奥赛码头,L 20

At the College of Arms, London: thesis by Joan Corder, 'Jane Austen's Kindred' (1953)

伦敦武器装备学院:琼·科德论文,《简·奥斯丁的亲属》,1953

Papers in possession of Mr Alwyn Austen

阿尔文·奥斯丁先生所藏档案

Hampstead Burial Register

汉普斯特德葬礼登记本

Caplan, Clive, 'The Military Career of Captain Henry Thomas Austen of the Oxfordshire Regiment of Militia, 1793-1801', forthcoming issue of *Persuasions* (magazine of the Jane Austen Society of North America)

克莱夫·卡普兰,《牛津郡军团亨利·托马斯·奥斯丁上尉的军旅生涯,1793-1801》,即将发表(《劝导》杂志,北美简·奥斯丁协会)

已出版资料

Austen, Henry, 'Biographical Note', prefaced to first edition of *Northanger Abbey* and *Persuasion* (1818). He revised it and added a little extra information for Richard Bentley's edition in 1833

亨利·奥斯丁,《生平介绍》,《诺桑觉寺》《劝导》首版序言(1818)。1833 年本特利版本中,他对此进行修改并补充了额外信息

Brydges, Sir S. E., *Autobiography* (1834)

S. E. 布里奇斯爵士,《自传》,1834

[Austen-Leigh, James-Edward, but published anonymously as] 'by a Sexa-genarian', *Recollections of the Early Days of the Vine Hunt* (1865)

[詹姆斯-爱德华·奥斯丁-利,匿名出版]花甲人之著,《维恩庄园猎场早年岁月回忆录》,1865

Berry, Mary, *Miss Berry's Journal*(3 vols., 1865)

玛丽·贝利,《贝利小姐日记》,1865

Austen, Caroline, *My Aunt Jane Austen, a Memoir*, written in 1867 and published by the Jane Austen Society in 1952

卡罗琳·奥斯丁,《回忆我的姑姑简·奥斯丁》,作于 1867 年,简·奥斯丁协会 1952 年出版

——*Reminiscences*, written in the 1870s and published by the Jane Austen Society in 1986

——《回忆录》,作于 1870 年代,简·奥斯丁协会 1986 年出版

Austen-Leigh, James-Edward, *A Memoir of Jane Austen* (1870), the first biography, with material from his sisters Anna Lefroy and Caroline Austen

詹姆斯-爱德华·奥斯丁-利,《简·奥斯丁回忆录》,第一本传记,资料来自他的姐姐安娜·勒弗罗伊和卡罗琳·奥斯丁

Lord Brabourne, *The Letters of Jane Austen*(2 vols., 1884)

布雷伯恩勋爵,《简·奥斯丁书信集》,两卷,1884

Pingaud, Léonce, *Un agent secret sous la Révolution et l'Empire: Le Comte d'Antraigues* (Paris, 1894)

莱昂斯·潘戈,《大革命与帝国期间的密探:安特雷格伯爵》,巴黎,1894

Hill, Constance, *Jane Austen, Her Homes and Her Friends* (1904)

康斯坦斯·希尔,《简·奥斯丁:她的家庭与朋友》,1904

Hubback, J. H., and Edith C., *Jane Austen's Sailor Brothers* (1906)

J. H. 和伊迪丝·C. 哈巴克,《简·奥斯丁的海员兄弟们》,1906

Bigg-Wither, R. F., *Materials for a History of the Wither Family* (1907)

R. F. 比格-威瑟,《威瑟家族史资料》,1907

Austen-Leigh, William, and Knight, George Montague, *Chawton Manor and Its Owners* (1911)

威廉·奥斯丁-利,乔治·蒙塔古·奈特,《乔顿府第及其主人》,1911

Austen-Leigh, William, and Austen-Leigh, R. A., *Jane Austen, Her Life and Letters, a Family Record* (1913). An edition with further hand-written notes by R. A. Austen-Leigh is held in the HRO; and see Le Faye, below

威廉·奥斯丁-利,R. A. 奥斯丁-利,《简·奥斯丁:生平与书信,家庭记录》,1913。包含 R. A. 奥斯丁-利手写说明的版本藏于汉普郡档案馆;见下文,勒·费伊的著作

Austen-Leigh, Mary Augusta, *Personal Aspects of Jane Austen* (1920)

玛丽·奥古斯塔·奥斯丁-利,《简·奥斯丁的个人生活》,1920

Sherson, Erroll, *London's Lost Theatres for the Nineteenth Century*(1925)

埃罗尔·舍森,《十九世纪伦敦消失的剧院》,1925

Chapman, R. W. (ed.), *The Manuscript Chapters of* Persuasion (1926)

R. W. 查普曼编,《〈劝导〉章节手稿》,1926

——*The Watsons, a Fragment* (1927)

——《沃特森一家:片断》,1927

——*Works of Jane Austen*, 6 vols. (1923-54)

——《简·奥斯丁作品集》,六卷,1923-1954

——*Jane Austen's Letters to Her Sister Cassandra and Others*, 2 vols. (1932)

——《简·奥斯丁给姐姐卡桑德拉及他人的书信集》,两卷,1932

——*Jane Austen: Facts and Problems* (1948)

——《简·奥斯丁:事实与问题》,1948

Tompkins, J. M. S., *The Popular Novel in England* (1932)

J. M. S. 汤普金斯,《英格兰的流行小说》,1932

Jenkins, Elizabeth, *Jane Austen: A Biography* (1938)

伊丽莎白·詹金斯,《简·奥斯丁传》,1938

Lascelles, Mary, *Jane Austen and Her Art* (1939)

玛丽·拉塞尔斯,《简·奥斯丁与她的艺术》,1939

Harding, D. W., *Regulated Hatred: An Aspect of the Work of Jane Austen* (1940; printed in *Scrutiny*, viii, 4)

D. W. 哈丁,《被抑制的憎恨:简·奥斯丁作品的一个方面》,1940,见《细察》,viii,4

Leavis, Q. D., *A Critical Theory of Jane Austen's Writings* (1941-2; printed in *Scrutiny*, x, 1, 2 and 3)

Q. D. 利维斯,《简·奥斯丁作品的批评理论》,1941-1942,见《细察》,x,1,2,3

Austen-Leigh, R. A. (ed.), *Austen Papers, 1704-1856* (1942)

R. A. 奥斯丁-利编,《奥斯丁档案:1704-1856》,1942

Jane Austen Society Reports from 1949 to 1996

《简·奥斯丁协会报告》,1949-1996

Mudrick, Marvin, *Jane Austen: Irony as Defense and Discovery* (1952)

马温·马德里克,《简·奥斯丁:作为防御与发现的讽刺》,1952

Trilling, Lionel, *The Opposing Self* (1955)

莱昂内尔·特里林,《对立的自我》,1955

Southam, Brian, *Jane Austen's Literary Manuscripts* (1964)

布莱恩·索瑟姆,《简·奥斯丁文学手稿》,1964

——*Critical Essays on Jane Austen* (1969)

——《简·奥斯丁论文集》,1969

——*Jane Austen, The Critical Heritage* (Vol. I, 1968; Vol. II, 1987)

——《简·奥斯丁:批评遗产》,第一卷,1968;第二卷,1987

Laski, Marghanita, *Jane Austen and Her World* (1969)

玛伽尼塔·拉斯基,《简·奥斯丁与她的世界》,1969

Abbé Michel Devert, 'Le Marais de Gabarret et de Barbotan', *Bulletin de la Société de Borda* (1970)

米歇尔·德韦尔神父,《加巴尔雷与巴博丹的沼泽》,《波尔达社区通讯》,1970

Hodge, Jane Aiken, *The Double Life of Jane Austen* (1972)

简·艾肯·霍奇,《简·奥斯丁的双重生活》,1972

Roth, Barry and Joel Weinsheimer, *An Annotated Bibliography of Jane Austen Studies 1952-1972*(1973)

巴里·罗斯,乔·魏因斯海默,《简·奥斯丁研究书目注疏,1952-1972》,1973

Butler, Marilyn, *Jane Austen and the War of Ideas* (1975)

玛丽琳·巴特勒,《简·奥斯丁与思想之战》,1975

Hardy, Barbara, *A Reading of Jane Austen* (1975)

芭芭拉·哈代,《阅读简·奥斯丁》,1975

Cecil, Lord David, *A Portrait of Jane Austen* (1978)

戴维·塞西尔勋爵,《简·奥斯丁肖像》,1978

Piggott, Patrick, *The Innocent Diversion* (1979)

帕特里克·皮戈特,《无害的娱乐》,1979

Gilson, David, *A Bibliography of Jane Austen* (1982)

戴维·吉尔森,《简·奥斯丁文献目录》,1982

Tucker, G. H., *A Goodly Heritage: A History of Jane Austen's Family* (1983)

G. H. 塔克,《丰厚的遗产:简·奥斯丁家族史》,1983

Lane, Maggie, *Jane Austen's Family* (1984)

麦琪·雷恩,《简·奥斯丁的家族》,1984

——*Jane Austen and Food* (1995)

——《简·奥斯丁与食物》,1995

Tanner, Tony, *Jane Austen* (1986)

托尼·坦纳,《简·奥斯丁》,1986

Grey, J. David, *The Jane Austen Handbook* (1986)

J.戴维·格雷,《简·奥斯丁手册》,1986

Honan, Park, *Jane Austen: Her Life* (1987)

帕克·霍南,《简·奥斯丁传》,1987

Abbé Michel Devert, 'La Dame du Marais', *Bulletin de la Société de Borda* (1988)

米歇尔·德韦尔神父,《沼泽夫人》,《波尔达社区通讯》,1988

Le Faye, Deirdre, *Jane Austen: A Family Record* (1989)

迪尔德丽·勒·费伊,《简·奥斯丁:家庭记录》,1989

——(ed.), *Jane Austen's Letters* (1995)

——《简·奥斯丁书信集》,1995

Wilson, Margaret, *Almost Another Sister* (1990)

玛格丽特·威尔逊,《情同姐妹》,1990

Nicolson, Nigel, *The World of Jane Austen* (1991)

奈杰尔·尼科尔森,《简·奥斯丁的世界》,1991

Gard, Roger, *Jane Austen's Novels: The Art of Clarity* (1992)

罗杰·加德,《简·奥斯丁的小说:明晰的艺术》,1992

Collins, Irene, *Jane Austen and the Clergy* (1994)

艾琳·柯林斯,《简·奥斯丁与神职人员》,1994

Black, Maggie and Deirdre Le Faye, *Jane Austen Cookbook* (1995)

麦琪·布莱克,迪尔德丽·勒·费伊,《简·奥斯丁菜谱》,1995

谱系图

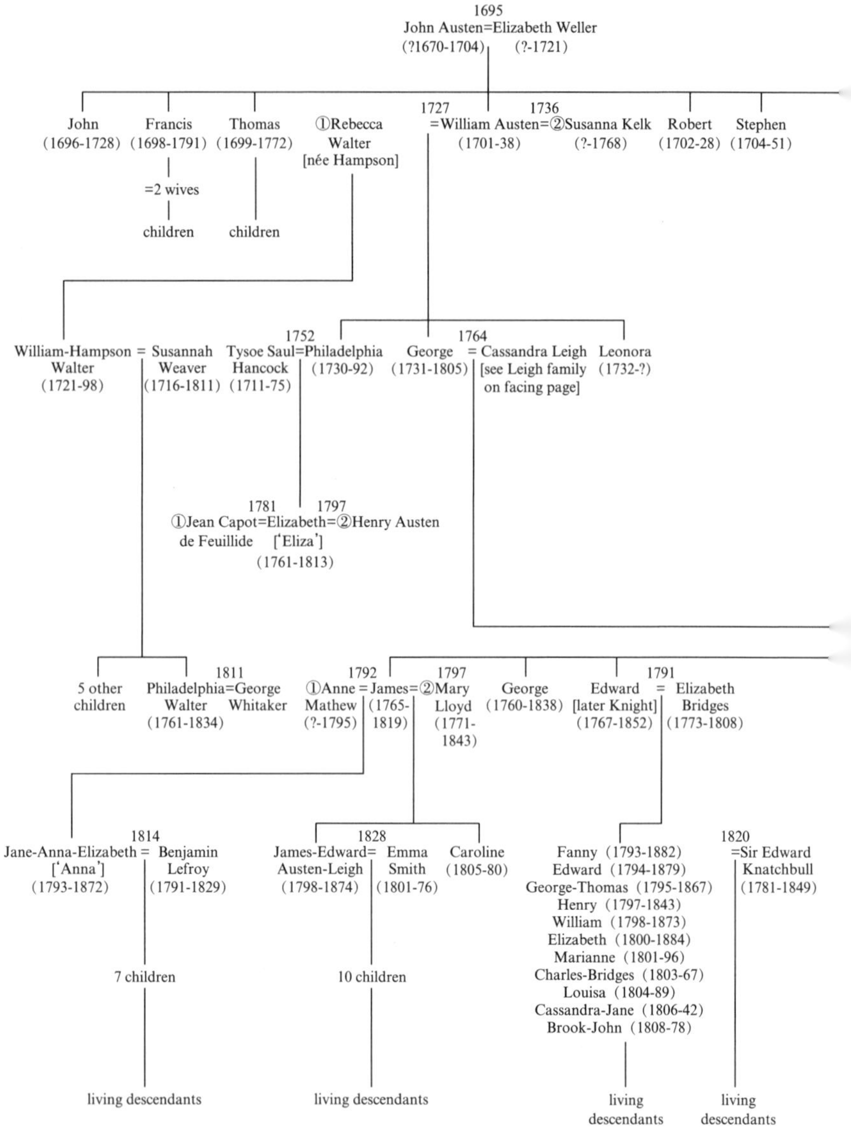

1695
John Austen=Elizabeth Weller
(?1670-1704) (?-1721)
John (1696-1728)
Francis (1698-1791)
=2 wives
children
Thomas (1699-1772)
children
①Rebecca Walter [née Hampson]
1727
=William Austen=
1736
②Susanna Kelk (?-1768)
(1701-38)
Robert (1702-28)
Stephen (1704-51)
William-Hampson Walter (1721-98) = Susannah Weaver (1716-1811)
1752
Tysoe Saul Hancock (1711-75)=Philadelphia (1730-92)
George (1731-1805)
1764
= Cassandra Leigh [see Leigh family on facing page]
Leonora (1732-?)
1781
①Jean Capot de Feuillide=Elizabeth ['Eliza'] (1761-1813)=②Henry Austen
1797
5 other children
1811
Philadelphia Walter (1761-1834)=George Whitaker
1792
①Anne Mathew (?-1795) = James (1765-1819)=②Mary Lloyd (1771-1843)
1797
George (1760-1838)
Edward [later Knight] (1767-1852)
1791
= Elizabeth Bridges (1773-1808)
1814
Jane-Anna-Elizabeth ['Anna'] (1793-1872) = Benjamin Lefroy (1791-1829)
7 children
living descendants
1828
James-Edward Austen-Leigh (1798-1874)= Emma Smith (1801-76)
10 children
living descendants
Caroline (1805-80)
Fanny (1793-1882)
Edward (1794-1879)
George-Thomas (1795-1867)
Henry (1797-1843)
William (1798-1873)
Elizabeth (1800-1884)
Marianne (1801-96)
Charles-Bridges (1803-67)
Louisa (1804-89)
Cassandra-Jane (1806-42)
Brook-John (1808-78)
living descendants
1820
=Sir Edward Knatchbull (1781-1849)
living descendants

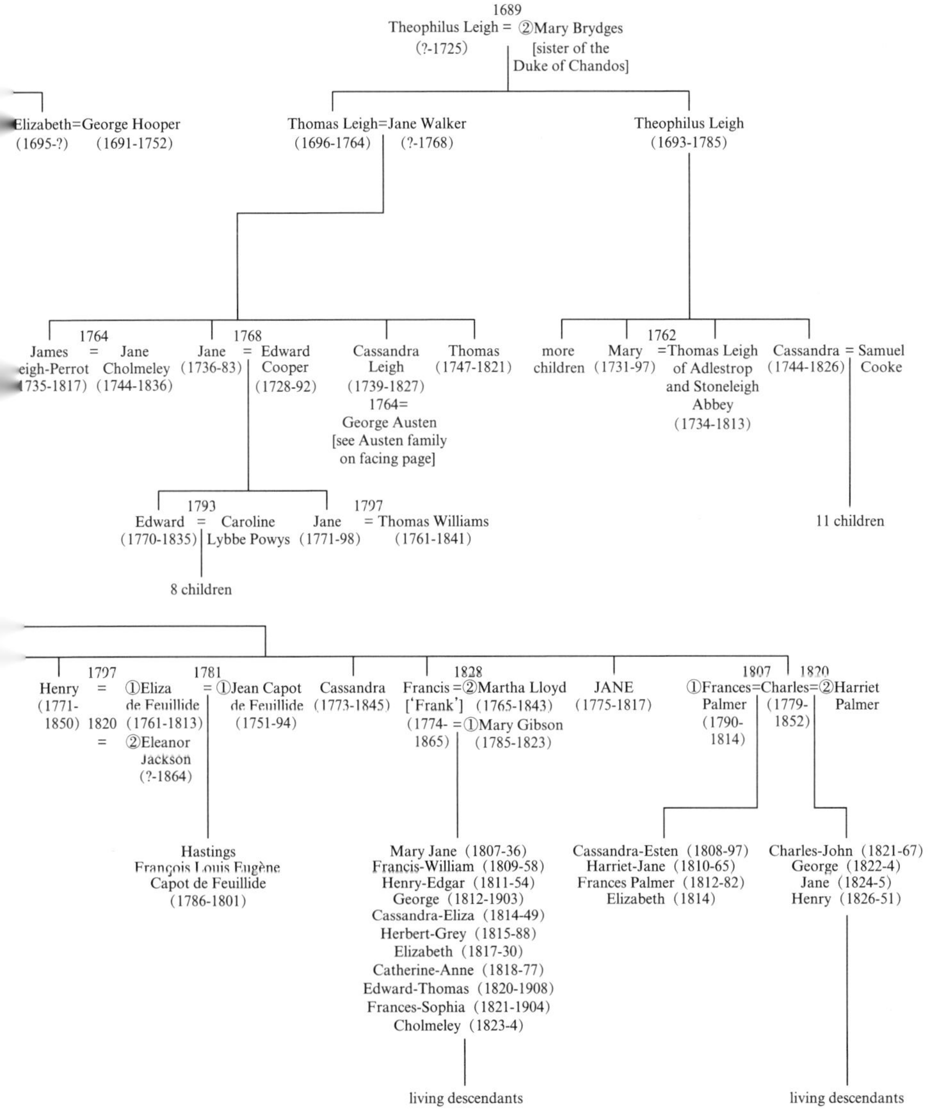
1689
Theophilus Leigh = ②Mary Brydges
(?-1725)
[sister of the Duke of Chandos]
Elizabeth=George Hooper
(1695-?) (1691-1752)
Thomas Leigh=Jane Walker
(1696-1764) (?-1768)
Theophilus Leigh
(1693-1785)
1764
James = Jane
eigh-Perrot Cholmeley
735-1817) (1744-1836)
1768
Jane = Edward
(1736-83) Cooper
(1728-92)
Cassandra
Leigh
(1739-1827)
1764=
George Austen
[see Austen family on facing page]
Thomas
(1747-1821)
more children
1762
Mary =Thomas Leigh
(1731-97) of Adlestrop and Stoneleigh Abbey
(1734-1813)
Cassandra = Samuel
(1744-1826) Cooke
11 children
1793
Edward = Caroline
(1770-1835) Lybbe Powys
8 children
1797
Jane = Thomas Williams
(1771-98) (1761-1841)
1797
Henry = ①Eliza de Feuillide (1761-1813)
(1771-1850)
1820 = ②Eleanor Jackson (?-1864)
1781
= ①Jean Capot de Feuillide
(1751-94)
Hastings
François Louis Eugène
Capot de Feuillide
(1786-1801)
Cassandra
(1773-1845)
1828
Francis =②Martha Lloyd
['Frank'] (1765-1843)
(1774-1865) =①Mary Gibson
(1785-1823)
Mary Jane (1807-36)
Francis-William (1809-58)
Henry-Edgar (1811-54)
George (1812-1903)
Cassandra-Eliza (1814-49)
Herbert-Grey (1815-88)
Elizabeth (1817-30)
Catherine-Anne (1818-77)
Edward-Thomas (1820-1908)
Frances-Sophia (1821-1904)
Cholmeley (1823-4)
living descendants
JANE
(1775-1817)
1807
①Frances=Charles=②Harriet
Palmer (1790-1814)
(1779-1852)
1820
Palmer
Cassandra-Esten (1808-97)
Harriet-Jane (1810-65)
Frances Palmer (1812-82)
Elizabeth (1814)
Charles-John (1821-67)
George (1822-4)
Jane (1824-5)
Henry (1826-51)
living descendants

索　引

（索引页码为原书页码，即本书边码）